介词的演变、转化及其句式

张谊生 著

商務印書館
创于1897 The Commercial Press

2018年 · 北京

教育部规划基金项目（13YJA740079）
“介词演化的规律、机制及其句法后果研究”

目　录

第四编 介词“把”的句式及其配价

前　　言

广义的"介词"，可以理解为"语言中出现于体词性成分前后表示各种格关系的附着性标记成分"。除了体词性成分外，有些介词也可以附在表指称的谓词性成分前后。一般而言，介词大多是前置的（preposition），但也有些是后置的（postposition），还有一些是前后框式的（circumposition）。在绝大多数语言中，介词都是一种不可或缺的、非常重要的语法范畴。汉语的介词是一个相对封闭的类，绝对数量相当有限，大约在150个左右，但是，介词在汉语语法体系中却占有极其重要的地位。虽然介词本身一般不能单独使用，可是由其构成的介词短语，不但使用频率很高，而且用法多样，个性突出。介词的句法功能，通常都是通过附着于介宾构成介词短语充当状语、定语、补语及句首修饰语等体现的。介词的表达功用，主要就是可以用来引介与特定的动作、事件相关的，表示空间与时间、凭借与依据、工具与材料、方式与比较、原因与目的、处置与被动等语义及句法关系的成分。总之，在汉语各类虚词中，介词无疑是关系多样、功用复杂、涉及因素颇广的一类。

作为一个语法学术语，汉语的"介词（字）"最早是由《马氏文通》提出来的，马氏认为："凡虚字用以连实字相关之意者，曰'介字'。介字云者，犹为实字之介绍耳。"此后，黎锦熙的《新著国语文法》在《马氏文通》以及陈承泽《国文法草创》等研究的基础上，为现代汉语介词语法地位的确立，奠定了基础。不过，不同的时期，不同的研究者对于汉语介词以及介词短语的性质曾经有不同的看法，甚至对于究竟是否应该为汉语介词建类，也有过不同的意见。比如，吕叔湘《中国文法要略》、王力《中国语法理论》《中国现代语法》、赵元任 *Mandarin Primer*（《国语入门》，李荣译为《北京口语语法》），都曾依据不同的理由，分别提出应该将介词归入或称为“关系词”“联结词”“前置外动词”，而且，这一系列观点，在其各自的语法体系中，都还是具有一定的理据的。其实，即使赞同为汉语介词建类的学者，对于介词的名称、性质和范围，也存在过一系列不同的看法。譬如对于介词的称谓，曾有学者提出过类似“副动词”“前置词”“引介词”等名称，很显然，不同的名称，实际上反映了研究者对于汉语介词及其介词短语的不同认识。就汉语介词的研究状况而言，这一百多年来，大致经历了三个阶段：（一）**草创与起步阶段**。这一阶段从《马氏文通》开始一直持续到 20 世纪 50 年代初期。（二）**改进与发展阶段**。这一阶段从 20 世纪 50 年代中期一直到 90 年代初期。（三）**创新与繁荣阶段**。这一阶段从 20 世纪 90 年代中期一直到现在，目前还在进一步发展中。

当前这一阶段的介词研究，其创新与繁荣的趋势，主要体现在以下三个方面。

首先，研究成果系统丰富渐趋多元化。除了发表在各种语言学杂志、集刊、学报上的有关汉语介词各个方面、各种层次的论文以外，从 20 世纪 90 年代中期开始，已陆续出版了一系列各具特色的汉语介词研究专著。比如，金昌吉《汉语介词和介词短语》（1996 南开大学出版社）、傅雨贤《现代汉语介词研究》（1997 中山大学出版社）、陈昌来《介词与介引功能》（2002 安徽教育出版社）、马贝加《近代汉语介词》（2002 中华书局）、张赪《汉语介词词组词序的历史演变》（2002 北京语言文化大学出版社）、刘丹青《语序类型学与介词理论》（2003 商务印书馆），等等。发展到近些年来，出版的介词研究专著，更是趋向多元化与实用化。譬如，王鸿滨《〈春秋左传〉介词研究》（2005 世界图书出版公司）、赵大明《〈左传〉介词研究》(2007 首都师范大学出版社)、史冬青《先秦至魏晋时期方所介词研究》(2009 齐鲁书社)、周文华《现代汉语介词习得研究》(2011 世界图书出版公司)、钱玉莲《汉语介词与相应英语形式比较研究》(2011 世界图书出版公司)、李德鹏《现代汉语双音节介词成词研究》(2011 光明日报出版社)、田春来《〈祖堂集〉介词研究》(2012 中华书局)、万莹《相似介词"X"与"X 着/了"比较研究》(2013 武汉大学出版社),等等,已涉及介词研究的多个领域,包括共时与历时、专书与专论、演化与比较、习得与应用等各个方面。

其次,研究理论借鉴创新呈现多样化。与汉语语法研究的整体发展趋势相一致,早年的介词研究,主要还是以结构主义理论为基础,重在分布与功能的描写、归纳,用法与义项的分析、刻画。然而,近20年来各种语言理论和语法理论,尤其是认知语言学、功能语法方面的理论被系统、完整地介绍进来后,包括语法化、主观化、词汇化、构式化、标记化、附缀化,以及类型学、元语言乃至转换生成语法、格语法、配价语法等各种理论和方法,都被有效地应用到与汉语介词相关的各种研究中。再加上研究手段的不断更新和提高,计算机和网络的普遍使用,参考和借鉴前人的成果已经变得十分快捷、方便,大规模查找相关的例句也已变得非常容易、精确。对某一个或某一类介词的分布和搭配、用法和用频的统计,甚至可以精确到不同的时期和不同的语体。总之,这些年来汉语介词研究的理论基础与研究方法,与 20 世纪 90 年代初期相比,已经完全不可同日而语了。

最后,研究队伍成熟扩大趋向年轻化。近 20 年来,汉语介词研究的中坚力量,当然还是奋战在各个高校语言学科的专家、学者。但是,绝对不能忽视的是,这些年来,在各位导师的精心指导下,一届又一届的研究生陆续完成了一批又一批研究汉语介词的博、硕士学位论文,数量相当可观。仅就 CNKI 收录的 1999 年以来研究介词的博士学位论文、硕士学位论文来看：根据“题名”来统计，博士学位论文有 27 篇，硕士学位论文有 507 篇；按照“主题”来搜索，博士学位论文就有 218 篇，硕士学位论文达到 2230 篇。举个具体例子，这 15 年来，仅就研究历史专书介词的这一类博、硕士学位论文来看，就有《诗经》《春秋左传》《国语》《战国策》《墨子》《庄子》《孟子》《荀子》《韩非子》《列子》《盐铁论》《潜夫论》《论衡》《三国志》《南齐书》《抱朴子》《型世言》《洛阳伽蓝记》《祖堂集》《景德传灯录》《朱子语类》《新编五代史平话》《清平三堂话本》《新校元刊杂剧三十种》《牡丹亭》《金瓶梅》《醒世姻缘传》《徐霞客游记》《红楼梦》《西游记》《封神演义》《老残游记》等几十种，而且，同一部专书，有时还有两篇硕士学位论文分别从不同角度对其介词加以研究的。

在看到已经取得重大进展的同时，也必须看到存在的问题。我认为，主要存在于三个方面。

首先，对介词的各种特殊功能关注不够。毫无疑问，既然词类都是词的语法分类，既然汉语缺乏严格意义上的形态变化，那么，就应该而且必须根据词的句法功能，主要是分布、搭配来确定词类的性质与特征、功能与用法。然而落实到各介词，还有一个对各种功能怎样对待与取舍的问题，因为现代汉语介词，基本上都是由古代汉语的动词逐渐虚化而来的；但是，各词的介词化时间、动因、机制并不完全相同，尤其是汉语介词没有任何形式标记，所以，汉语介词及其介词短语的句法功能必然参差不齐。我们认为，很有必要分清介词的两种功能：基本功能与特殊功能。所谓基本功能，就是指只要是介词，就必须具有的句法功能。据考察，汉语介词的基本功能有：a. 附着定位。就是指介词附在体词性词语前构成介词短语；除非在特定的情况下，介词宾语一般不能外移或省略。b. 不能单用。就是指介词是黏着的，必须首先组成介词短语以后才可以充当各种句法成分，单独一个介词是不能独立使用的；即使在会话语境中，通常也不能单用。c. 不做谓语。就是指任何介词都不能单独充当句子的谓语中心，介词短语一般只能充当状语、定语、补语等；如果某个词还可以充当谓语中心，那么，它一定是个动介兼类词。d. 不能并存连用。就是指正常的情况下，不可能出现两个同类的同功能介词并列使用的情况；如果介词两个连续使用，那么，肯定不能用在同一个层面上。所谓特殊功能，就是指并非每个介词都必备的，只是某些介词除了具备介词的基本功能之外，各自还专门具有的某些功能。根据已有的研究，介词的特殊功能包括：a. 可以附在谓词性词语或小句之前；b. 可以在对话的答句中单独回答问题；c. 可以受副词、助动词的修饰；d. 可以用正反并列方式提问；e. 可以悬空而不带介词宾语；f. 可以出现同类介词叠加现象；g. 可以省略、隐含甚至脱落；h. 可以后加时体语素构成复合词。这些特殊的功能，要么是那些尚未完全虚化的介词所保留的功能，要么是那些正在再虚化的介词所衍生的功能。这表明，介词的特殊功能，是指一部分介词还或多或少地保留着的实词性功能，而另一部分介词已经而且正在向更加虚化的词类或成分转化。从语法化的角度看，这种特殊功能都是很正常的，完全符合语言发展和进化的规律。所以，本书的一些章节，就是专门探讨介词特殊功能的，比如介词悬空、介词叠加、介素构词等。

其次，对当代介词的新兴用法缺乏研究。语言是一种动态的过程，而绝不是一种静态的定式，作为表达汉语的各种句法-语义手段之一的介词，自然也不例外，必然会始终处于不断的变化之中，只是不同历史时期变化的方式、速度和作用、结果有所不同而已。30 多年来，随着社会生活和科学技术的迅速发展，当代汉语在词汇、语法、语用乃至语音等各个层面都发生了深刻的变化。语言传播的方式已发生了重大改变，特别是网络交际的大众化和普及化，使得大量特殊的甚至临时的语法手法能够迅速在语言交际中被模仿类推而广为接受，从而导致了汉语表达方式更加趋向多样性与灵活性。同样，当代汉语的虚词，包括不少介词的用法，这些年来也已有所改变，经过一段时间积累，有些细微的变化就会从量变转向质变。如果仔细比较一下 30 年前后的介词用法，就可以清楚看到，当代汉语的一部分介词在功能与特征、作用与功效、成员与类别、用频与范围等各个方面，都已发生了十分微妙的变化。尤其是进入 21 世纪以来的最近 10 多年来，当代汉语介词的发展更是呈现出一系列与以往不同的特点。而且，近年来网络中又出现并流行了一系列新兴的介词。这些年来，语法学者在研究介词用法和探索介词演化时，尽管也曾不同程度地涉及当代介词的发展与变化，其中有些个案分析还十分深入，但是，有意识地对当代介词的发展趋势和演化规律进行多角度的、成系统的考察与研究，迄今还相当少见。因此，本书各章力求从多个角度切入，根据当代介词的特点从不同的侧面切入，分析当代介词变化的性质与特征、规律与作用、动因与机制，着重对那些变化比较显著的、具有一定典型意义的介词变异现象，做出微观的阐述，尽可能通过对当代介词各种新功能的探讨，揭示汉语介词的发展趋势。

最后，对介词继续发展与演化很少探究。迄今为止，研究汉语介词发展、演化的各种论文可以说汗牛充栋，而较有代表性的专著主要有：马贝加《近代汉语介词》(2002 中华书局)、张赪《汉语介词词组词序的历史演变》(2002 北京语言文化大学出版社)、马贝加《汉语动词的语法化》(2014 中华书局)以及一些专书介词研究论著。然而，综观这些成果，绝大多数的研究重心几乎都集中于从实词，主要是动词向介词演化的过程，包括介词化的过程与时代、介词化的机制与动因等，但是对于介词形成以后进一步的发展演化，除了刘丹青《语序类型学与介词理论》(2003 商务印书馆)外，目前还很少有学者专门研究、论证。其实，正如汉语的一部分动词由于句法的位置分布与表达的语用需要，会逐渐虚化为介词一样，汉语的介词一旦形成后，在具体的使用中由于受到各种句法、语义、语用因素的影响，其中一部分介词必然还会进一步虚化。由此可见，介词的连词化、副词化、标记化、附缀化等介词继续语法化现象，与介词的形成、功能、用法一样，同样非常值得关注与探究。有鉴于此，本书有意识在这方面投入更多的关注与精力。主要包括以下四个方面：a. 辨析介词的性质与属性，探讨介词与动词、连词的动态关系。本书第一编前两章通过对交互类短语的语义功能刻画及其配价分析，从多个角度辨析了“跟、和、与、同”的介、连属性之区别。b. 研究介词进入词内的各种词汇化特征。本书第二编通过介词悬空这一演化机制，多角度地研究了“用来”和“拿来”、“无以”和“难以”、“以至”与“以致”内部的介词性语素，是怎样参与重组词汇化进而副词化和连词化的。c. 研究介词的进一步发展与演化。本书第三编对介词“及”和“由”的连词化展开了多方面的研究，通过“于”对介词的附缀化、零形化做了分析与解释。d. 分析介词构成句式的特殊功能。比如由介词“把”构成的各种“把”字句，经过这一千多年的演化，早已成了近代汉语、现代汉语中的基本句式，但是，本书第四编所关注的是三种特殊的“把”字句：近、现代汉语中的“把个”句，“把＋N＋Vv”祈使句，述结式“把”字句。

具体而言，全书总共 16 个研究专题，分为 16 章，每个专题解决一个具体的问题；以期通过四组互相关联的文章，多方面地揭示汉语介词的性质、特征、功能、变化；尤其是对汉语介词再发展的过程趋势、形成动因、句法后果，本书做了多角度的探索和多层面的分析。细究这 16 章，其中有 2 章是属于中观研究的，第二编第一章研究介词悬空的方式与后果、动因与作用，第三编第一章分析介词叠加的方式与类别、作用和后果，都是对介词进行整体研究的；其他 14 章都是微观研究的，绝大多数都是与汉语介词的发展、演化有关的课题。本书虽然是研究汉语介词的，但由于介词一直处在不断的演化过程中，所以，实际上本书涉及的语法现象，既包括动词、连词、助词，也包括附缀、词缀、零形式。尤其值得一提的是，本书对由介词构成的句式是关注最多的，除了详细讨论了三种特殊的“把”字句之外，辨析了表被动的“由”字句和“被”字句，以及表方式与原因的“以至”句与“以致”句，还分析了“及其”的多样性指代式连接功能，探讨了“X之于Y”的比况句式及其连用构式。本书之所以把这一系列性质与功能各异的、正在发展中的与介词相关的句式，统统归入介词研究，是因为我们相信，这些句式的形成与用法，都是介词再虚化的结果。

本书各章，除了古、近代例句统一标注出处外，大致分为两种情况：早期完成的一部分文章，限于篇幅，现代汉语例句大多不标出处；后来撰写的一部分文章讨论比较特殊的语言现象，比如介词的悬空、叠加与脱落以及介词短语“X之于Y”连用构式等特殊的现象，所有例句全部标明出处。标注出处的例句，书籍、杂志、报纸外加书名号，标注具体篇目的网站，则不加书名号；报纸、博客上的当代语料，能够标出年、月、日的，尽量详细标出。需要特别指出的是，由于本书的一部分研究对象，有相当一些是正在发展、变化中的语言变异现象，比如介词的悬空用法与叠加用法等，从规范性的角度看，有些例句可能还难以得到普遍的认同；尤其是那些从网络上搜集来的例句，其可接受度也许还不是太高。不过，我们认为，随着这类介词的进一步演化与发展，尤其是这类特殊用法的大众化和普及化，一些本来只是变异的、临时的、特定的表现手法，大多数都会被一再模仿、类推而逐渐接受，从而加快汉语介词变化的步伐，改变人们对这些介词功能的认识。

第一编

介连兼类以及介词构式

第一章　交互类短语与介连兼类词的分化

0. 前言

0.1 在现代汉语中，“跟、和、与、同”这四个虚词都可以既当介词又当连词。如何区别和分化这组介连兼类词及其组合的结构形式，一直是现代汉语语法研究和教学中的一个不能回避而又颇费周章的问题。迄今为止，前人所提出的一些分化方法，虽然都有其合理、有效的一面，但总是难以贯彻到底，似乎都存在着一些难以解决的矛盾和问题。

0.2 本章首先简略回顾以往所提出的一系列分化方法。凡是可以利用这些通行的方法解决的语言现象，这里不拟进一步讨论。我们试图在汲取前人研究的合理成分的基础上着重讨论一些使用一般方法难以分化的语言现象，以期通过分析与之有关的短语的语义特征和表述重点，对一些长期以来一直未能得到合理解释的疑难问题提出自己的解释，进而归纳并提出区分的依据和分化的方法。

0.3 为了便于说明，这里以“跟^1”代表诸连词，“跟^2”代表诸介词；举例时则保留原字①。

1. 方法与问题

1.1 六种分化方法。自从20世纪50年代以来，海内外各种语法书、教科书以及有关的论述在分化“跟^1”与“跟^2”时，曾提出了一系列切实可行的方法。归纳起来，大致有六种：替代法、互换法、分解法、插入法、题化法、转换法。下面分别说明：

（一）**替代法**。所谓替代，就是用“他/她们俩”来替代“N_1 跟 N_2”。凡是替代以后语义不发生变化的，其中的“跟”是“跟[1]”；语义发生变化的，其中的“跟”是“跟[2]”。比如：

S1　N_1 跟 N_2 爱看戏→他们俩爱看戏。

N_1 跟 N_2 耍滑头→＊他们俩耍滑头。

（二）**互换法**。所谓互换，就是将“N_1”和“N_2”的位置前后互相调换。凡是互换后其基本语义不变的，其中的“跟”是“跟[1]”；语义发生变化的，其中的“跟”是“跟[2]”。比如：

S2　N_1 跟 N_2 爱看戏→N_2 跟 N_1 爱看戏。

N_1 跟 N_2 耍滑头→＊N_2 跟 N_1 耍滑头。

（三）**分解法**。所谓分解，就是将“N_1”和“N_2”分解开来，再分别同后面的述谓成分组合。凡是重新组合而基本语义不变的，其中的“跟”是“跟[1]”，否则其中的“跟”是“跟[2]”。比如：

S3　N_1 跟 N_2 爱看戏→N_2 爱看戏＋N_1 爱看戏。

N_1 跟 N_2 耍滑头→＊N_2 耍滑头＋N_1 耍滑头。

（四）**插入法**。所谓插入，就是指在“N_1”与“跟”之间插入状语及其他成分。凡是可以插入的，其中的“跟”是“跟[2]”；不能插入的，其中的“跟”是“跟[1]”。比如：

S4　N_1 跟 N_2 爱看戏→＊N_1 常常跟 N_2 爱看戏。

N_1 跟 N_2 耍滑头→N_1 常常跟 N_2 耍滑头。

（五）**题化法**。所谓题化，就是在“N_1”之后略作停顿，并附上语气词使其成为话题。凡是可以题化的，其中的“跟”是“跟[2]”；不能题化的，其中的“跟”是“跟[1]”(参看汤廷池 1979)。比如：

S5　N_1 跟 N_2 爱看戏→＊N_1 啊，跟 N_2 爱看戏。

N_1 跟 N_2 耍滑头→N_1 啊，跟 N_2 耍滑头。

（六）**转换法**。所谓转换，就是将“N_1”转移到“N_2”及其述谓成分之后，重新与其他词语组合。凡是可以转换的，其中的“跟”是“跟[2]”；不能转换的，其中的“跟”是“跟[1]”。比如：

S6　N_1 跟 N_2 爱看戏→＊跟 N_2 爱看戏，N_1(认为没有必要)。

N_1 跟 N_2 耍滑头→跟 N_2 耍滑头，N_1(认为没有必要)。

上述六种方法正好是互补的，可以归纳如表一：

表一

类别＼方法	替代	互换	分解	插入	题化	转换
跟[1]	＋	＋	＋	－	－	－
跟[2]	－	－	－	＋	＋	＋

1.2　三种不同情况。这六种分化方法在一般情况下，应该讲确实是行之有效的。但是，有时也会出现一些难以自圆其说的现象。主要有三种情况：

问题之一是“N_1 跟 N_2 分手了”这类结构形式。通行的观点认为其中的“跟”是“跟[2]”(参看宋玉柱 1988，储诚志 1992)，但这类结构形式在其基本语义不变的前提下，不但适用于插入法、题化法和转换法，而且还适用于替代法和互换法。

问题之二是“N_1 跟 N_2 很融洽”这类结构形式。通行的观点也认为其中的“跟”是“跟[2]”(参看储诚志 1992，沈锡伦 1987)，但这类结构形式在其基本语义不变的前提下，同样不但适用于插入法、题化法和转换法，而且还适用于替代法和互换法。

问题之三是"N_1 跟 N_2 是对头"这类结构形式。通行的观点认为其中的"跟"是"跟[1]"(参看宋玉柱 1988，沈锡伦 1987)，但这类结构形式却不适用于分解法，反而适用于插入法、题化法和转换法。

为什么这三种结构形式都不能用前面所归纳的方法来加以分化呢？为什么这些结构形式对其他五种方法都适用而偏偏都不适用于分解法呢？它们之间是否存在着某种程度的内在一致性呢？究竟怎样才能有效地分化这些结构形式中的"跟[1]"与"跟[2]"呢？这一切正是迄今为止一直被忽视而没能解释清楚的，也是我们这里所关心、并试图解决的问题。

2. 交互类短语

2.1 零涉、单涉与双涉。出现于"N_1 跟 N_2"之后充当述谓短语的语言成分，数量众多，情况复杂，可以从多种角度分类。如果从该短语同"N_1 跟 N_2"搭配后，"N_1"和"N_2"是如何充当该短语的关涉对象和陈述对象这一角度着眼，大致可以分为三大类：A. 零涉短语；B. 单涉短语；C. 双涉短语②。

这三类短语的区别在于：当"N_1 跟 N_2"同零涉短语搭配后，"N_1"和"N_2"都不充当该短语的关涉对象，但都是该短语的陈述对象。比如"N_1 跟 N_2 爱看戏""N_1 跟 N_2 很幸福"等。当"N_1 跟 N_2"同单涉短语搭配后，其中的"N_2"充当该短语的关涉对象，而"N_1"则充当该短语的陈述对象。比如"N_1 跟 N_2 耍滑头" "N_1 跟 N_2 打招呼"等。当"N_1 跟 N_2"同双涉短语搭配后，既可以是"N_2"充当关涉对象，"N_1"充当陈述对象，也可以是"N_1"和"N_2"一起充当陈述对象，同时又互为对方的关涉对象。比如"N_1 跟 N_2 分手了""N_1 跟 N_2 相遇了"等。

三类短语的语义关系类型可以归纳如表二：

表二

类别关系／短语	N_1		N_2	
	关涉对象	陈述对象	关涉对象	陈述对象
零涉短语	－	＋	－	＋
单涉短语	－	＋	＋	－
双涉短语	±	＋	＋	±

一般说来，凡是与零涉短语同现的，必定是"跟[1]"，凡是与单涉短语同现的，必定是"跟[2]"。这两类短语较易识别，而且都适用于前面归纳的分化方法，无须专门讨论。这里所要讨论的是双涉短语。双涉短语在语义上的一个最为重要的特征就是：该类短语的实现取决于"N_1"和"N_2"的相互作用，只有通过"N_1"与"N_2"的彼此依存、相互衬托、互为参照，该类短语才能得以实现。所以，可以称之为交互类短语。

交互类短语是一个封闭的类，我们在前面提到的，三种不能用一般的方法进行分化的结构形式中的述谓短语，正好代表了交互类短语的三个小类：对待类；相对类；关系类。

2.2 对待类短语。对待类短语都具有［争、谐、离、合］的语义特征。其核心都是对待动词。主要有：

相见、相视、相交、相会、相逢、相遇、相约、相知、相识、相好、相爱、相依、相通、相比、相持、相连、相邻、相扰；同居、同行、同好、同姓、同龄、同门、同宗、同族、同年、同庚、同班、同校、同业；合作、合用、合计、合并、合谋、合股、合影、合演、合写、合著、合译；对话、对视、对看、对弈、对垒、对阵、对立、对抗、对峙、对质、对骂；通话、通婚、通奸、通信、通气、通商、通航、通邮；交流、交谈、交往、交心、交手、交接、交锋、交换、交火、交战、交界；结拜、结亲、结合、结伴、结怨、结仇、结交、结盟；分手、分别、分家、分居、分享、分担、分摊；会商、会面、会合、会谈、会晤、会盟；商量、商讨、商议、商谈、商榷、商定；接头、接洽、接触、接吻、接壤；互助、互访、互通、互派、互换；并行、并存、并举、并列；斗法、斗智、斗勇、斗嘴；比较、比试、比武；约定、约好、约会；闲谈、闲聊、闲扯；竞争、竞赛；团聚、团圆；和解、和好；齐年、齐名；斗争、斗嘴；决战、决斗；争斗、争雄；再见、再会；叙谈、畅谈、攀谈、深谈、长谈、密谈；永别、惜别、离别、诀别、话别、告别；面商、协商、磋商；建交、断交、复交；讲和、言和、议和、失和；有缘、无缘；碰杯、干杯；讨论、辩论；聊天、谈心、探讨、切磋；拌嘴、扯皮、翻脸、闹翻、摊牌、散伙、决裂；顶牛、抬杠、抗衡、扭打、干仗；来往、往来；热恋、调情、偷情、厮混、鬼混、亲嘴、幽会、姘居；重逢、握手、赛跑；聊、谈……例如：

(1) 我和魏连殳相识一场，回想起来，倒也别致，竟从送殓始，以送殓终。

(2) 吴荪甫睁大了眼睛，还是这一句话。孙吉人和王和甫对看了一眼。

需要注意的是，对待类短语还有两个特殊而自由的小类：自由隐含类和自由后置类。

所谓自由隐含，就是指该短语同“N_1 跟 N_2”搭配时，“N_2”既可以出现于表层，也可以隐含于深层，其隐现是自由的。例如：

(3) 开罢斗争会，风言风语都说小二黑跟小芹要自由结婚了。

(3′) 开罢斗争会，风言风语都说小二黑(　)要自由结婚了。

隐与现的区别在于：当“N_2”出现时，“N_2”既可以充当“N_1”的关涉对象，也可以同“N_1”一起既当陈述对象，又当关涉对象；当“N_2”隐含时，“N_2”只能是“N_1”的关涉对象。此外，显性的“N_2”一般是具体的、明确的、定指的；而隐性的“N_2”则往往是抽象的、模糊的、泛指的。可以组成自由隐含类短语的动词主要有：

结婚、离婚、订婚、复婚、成家、圆房；打牌、打球、打拳、下棋、跳舞、练功、比赛；打赌、赌博；交涉、吵架、骂架、打架；吵、闹……

所谓自由后置，就是指该短语同“N_1 跟 N_2”搭配时，“N_2”既可以位于动词之前，也可以位于动词之后，其位置是自由的。例如：

(4) 其实，郑江东跟杨宏基并不认识。

(4′) 其实，郑江东并不认识杨宏基。

同样，前与后的区别也在于：当“N_2”位于动词前时，“N_2”既可以充当“N_1”的关涉对象，也可以同“N_1”一起既当陈述对象，又当关涉对象；当“N_2”位于动词后时，“N_2”只能是“N_1”的关涉对象。此外，前置的“N_2”大都属于表述的话题，后置的“N_2”则往往是表述的焦点。可以组成自由后置类短语的动词主要有：

拥抱、亲吻、亲近、接近；配合、联合、联系；串通、勾通、勾结、勾搭、团结；认识、结识、结交、熟悉；遇到、碰到；脱离、疏远、顶撞；混杂、混合、掺杂、掺和；打、顶……

2.3 相对类短语。相对类短语都具有[亲、疏、异、同]的语义特征。其核心都是相对形容词。主要有：

相同、相似、相当、相像、相符、相近、相称、相配、相异、相反、相契、相投；类似、近似、恰似、酷似；对等、对立、对劲；亲热、亲密；和谐、和睦；要好、友好；一样、一致；合拍、投机、谐调、般配、融洽、热乎、恩爱；陌生、生疏、隔膜；不错、不同、不和、不睦、不像、不似；像、熟、好……例如：

(5) 艾艾也和她妈妈年轻时候一样，自从有了罗汉钱，每天晚上把钱捏在手里。

(6) 鲁镇的酒店的格局，是和别处不同的：都是当街一个曲尺形的大柜台，……

2.4 关系类短语。关系类短语都具有[敌、友、亲、疏]的语义特征。

关系类短语都是由判断动词“是”加上关系名词(短语)组成的。从逻辑的角度看,所构成的都是关系判断。关系名词有两种:一种是对称性关系名词(短语)。主要有:

同乡、同学、同窗、同党、同伙、同胞、同僚、同伴、同行、同道;朋友、战友、好友、良友、密友、净友、挚友、校友、难友;亲家、冤家、本家、仇家、怨家;仇人、情人、敌人、爱人;知己、知音、知交;相知、相识;近亲、远亲、至亲、表亲、姻亲;亲戚、亲属、亲眷;情敌、仇敌、政敌、论敌、死敌;伙伴、舞伴、游伴;世交、至交、贫贱交、布衣交、忘年交、生死交;对方、对手、对头、对象;伴侣、情侣、配偶、老伴;搭档、乡亲、邻居、街坊;连襟、妯娌;哥儿们、老相识、一路货、合伙人、关系户……

另一种是互逆性关系名词(短语)。主要有:

夫妻、夫妇、伉俪、小两口、两口子、兄弟、手足、兄妹、姐妹、姐弟;父子、父女、母子、母女、娘儿;叔侄、舅甥、姑嫂、祖孙;师生、师徒、师兄弟、上下级……例如:

(7) 算起来,我和建华十五年前还是<u>同窗</u>呢,只是这几年很少见面了。

(8) 其实,郑副部长和夏筠只不过是名义上的<u>夫妻</u>,两人分吃分住已有好几年了。

关系名词中,有相当一些还是语法词甚至短语词,比如“关系户、亲兄弟、老战友”等。

3. 表述重点

3.1 表述重点与话题的选择。从表述的角度看,由于表述重点的不同和话题的选择的不同,交互类短语在同“N_1 跟 N_2”组合后,都可以表示两种不同的语义关系:主从义和对等义。所谓主从义,就是指在表述中，"N_1"处于能动的、积极的、主导的状态，而"N_2"处于被动的、消极的、从属的状态。所谓对等义，就是指在表述中，"N_1"和"N_2"同时处于能动的、积极的、主导的、相互对等的状态。试比较下列三组句子：

(9) 我和她分手了，其实，我早就想和她分手了。

(9′) 我和她分手了，我们俩终于心平气和地分手了。

(10) 中国跟日本社会制度不一样，中国是一个发展中的社会主义国家。

(10′) 中国跟日本社会制度不一样，各有各的长处和短处，应该取长补短。

(11) 他和柱子是朋友，但是他并没有因为是朋友就放弃了原则。

(11′) 他和柱子是朋友，他俩从小就是亲密无间的好朋友。

在上面三组句子中，每组前句表示的是主从义，后句表示的是对等义。前句的表述重点是"N_1"，后句的表述重点是"N_1 跟 N_2"。前句的"N_1"处于积极主导的地位，而"N_2"则处于消极从属的地位；后句的"N_1"和"N_2"处于等同的、并列的地位，已经组成了一个紧密无间的整体。前句的"N_1"一般要重读，"N_1"后面可以略有停顿；后句的"N_1 跟 N_2"一般要重读，"N_2"后面可以略有停顿。由此可见，尽管前后两句的先行分句的表层形式是一致的，但其深层语义关系和结构关系却是不同的。所以，每组前句中的"跟"是"跟^2"，后句中的"跟"是"跟^1"。而且，由于表述重点和话题的选择的不同，前后两句的先行分句的语用功能也有着相当的差异。

3.2 行为、状态和关系。回过头来看，正因为"N_1 跟 N_2"同交互类短语的三个小类组合后，都可以既表示主从行为、状态和关系，又可以表示对等行为、状态和关系，所以这三类短语组成的结构形式都既适用于插入法、题化法和转换法，又适用于替代法和互换法。换句话说，其适用于插入法、题化法和转换法时，所表示的是主从义，其中的“跟”是“跟[2]”；其适用于替代法和互换法时，所表示的是对等义，其中的“跟”是“跟[1]”。

而这三个小类之所以都不适用于分解法，并不是因为其中的“跟”不是“跟[1]”，而是因为交互类短语在语义上都具有对应性和互逆性的特点，总是要求两个关系元与之同现，一般不能与单数名词搭配。其实，并不是所有的交互类短语都不适用于分解法。前面提到的自由隐含类，由于另一个关系元可以隐而不现，所以就适用于包括分解法在内的全部六种方法。

3.3 并行、协同与联合。除了表示主从义和对等义之外，一部分对待类——自由隐含类短语还可以表示第三种语义关系：联合义。所谓联合义，就是指在表述中“N_1”和“N_2”始终处于并行、协同、一致对外的状态和关系之中。试比较下列三句：

(12) 二狗和柱子吵了起来，他怪柱子不应该什么都瞒着他。

(12′) 二狗和柱子吵了起来，两人谁也不肯示弱，争得面红耳赤。

(12″) 二狗和柱子吵了起来，说他们俩也要去，不会给大家添麻烦的。

上面三句，前句表示主从义，是“二狗”主动“和柱子吵”；次句表示对等义，是“二狗和柱子”互相“吵”；末句表示联合义，是“二狗和柱子”一起同“大家”“吵”。尽管次句和末句中的“跟”都是“跟[1]”，但表述重点不同：次句的“N_1”和“N_2”之间存在着对等性的交互行为，而末句的“N_1”和“N_2”之间则具有内在的一致性，其联合性行为是针对隐含着的他人（下文中出现了）的。

总的说来，可以在不借助于其他方式的情况下直接表示联合义的，毕竟只有为数不多的自由隐含类短语。而其余的对待类以及所有相对类和关系类短语都必须借助于其他词语的相应语境的提示才能表示联合义。例如③：

(13) 小雪娘和小雪(跟他)又商量了好半天，还是想不出个好办法来。

(14) 旅馆的工作人员和服务小姐(全都)很友好，大家关系一直很融洽。

(15) 白桦和叶楠是(他的)老战友，所以，他们一向是无话不谈的。

在这三句中，(　)中的语言成分都是必不可少的。如果没有这些词语的制约及相关语境的提示，三个句子所表示的就不再是联合义了。

4. 区分标记

4.1 从我们所收集到的实际用例看，交互类短语同“N_1 跟 N_2”搭配时，总会有些相关的语言成分或语言现象与之同现。如果我们有意识地利用这些成分或现象作为我们区分“跟¹”与“跟²”的标记，应该讲不失为一种切实可行的方法。下面我们在吸取前人研究成果的基础上，结合调查和考察的结果，提出六种适合于分化交互类短语的区分标记。

4.2 分离标记和空位标记。分离标记是指“N_1”与“跟”之间所插入的状语及其他成分。凡是出现分离标记的，该句所表示的必定是主从义，其中的“跟”必然是“跟²”。例如：

(16) 小芹(已经)和小二黑商量得差不多了，如何肯听她娘的话。

(17) 梦莲(以前)跟一山确实亲热过一阵子，可现在甚至连话也不愿跟他讲。

(18) 他(大学时代)和老郑是同桌好友,现在又是老郑的同行兼同事。

空位标记是指"N_1"承前或蒙后省略的现象。凡是出现空位标记的,该句所表示的必定也是主从义,其中的"跟"必然也是"跟[2]"。例如:

(19) 区长说:"( )跟你闺女商量一下再讲吧。"

(20) ( )跟她姐姐一样,月芳肚里也藏不住话,有什么就说什么。

(21) 你怕什么?( )跟他是多年的老朋友了,他还会为难你吗?

4.3 统括标记和协同标记。统括标记是指范围副词"都、全、全都"等。凡是在"N_2"与述谓短语之间出现统括标记的,该句必定表示联合义,其中的"跟"必然是"跟[1]"。例如:

(22) 那天晚上,老李和老金(都)下棋去了,值班室的电话响了很长时间没人接。

(23) 对于所谓的荒诞派艺术,王黎明和谢惠珍(都)很陌生。

(24) 其实,春梅和春花(都)是她儿时的伙伴。

协同标记是指协同副词"一起、一齐、一同、一道、一处、一块儿"等。协同标记一般只能同对待类短语同现。有两种情况,凡是自由隐含类短语与"N_2"之间出现协同标记的,该句所表示的是联合义,其中的"跟"是"跟[1]"。例如:

(25) 丁一山和何世雄(一起)交涉了好几次,可是一点效果也没有。

(26) 其实,丽萍和国民(一道)结婚,只是一种巧合,并没有什么特别的含义。

凡是非隐含对待类短语与“N_2”之间出现协同标记的，该句一般表示对等义，其中的“跟”应该也是“跟[1]”。例如：

(27) 半个多世纪以来，杨宪益和戴乃迭(一齐)合译了多种中外古典文学名著。

(28) 兔子和乌龟(一道)赛跑，引起了大家的兴趣，小动物们纷纷前来观战。

4.4 相互标记与复指标记。相互标记是指“互相、相互、彼此、互为、之间”等表示交互对等关系的词语。凡句中出现相互标记的，该句所表示的一般都是对等义，其中的“跟”应该是“跟[1]”。例如：

(29) 铁锁和二妞见了面，因为这地方还没有夫妻们对着外人握手的习惯，只好(彼此)笑了笑，(互相)道：“你也回来了？”

(30) 老黎跟孩子们还不太熟，他们(之间)还存在着长期分离形成的生疏和隔膜。

(31) 大家都觉得，国昌跟他妻子天然的是一对(相互)补充、天造地设的好伴侣。

复指标记有两种，即单复标记和双复标记。凡是用“他、她、那人、那位”以及用复述“N_1”的方式回指“N_1”的，都是单复标记。凡是句中出现单复标记的，该句所表示的一般都是主从义，其中的“跟”应该是“跟[2]”。例如：

(32) 这天铁锁和同乡商议回家之事，(他)听说路上不好走，准备第二天一早动身。

(33) 梦莲和玉芬本来就挺要好的，这次(她)听说有困难，自然会来帮忙的。

(34) 铁锁跟小常是老朋友了,(他)觉得跟小常在一起能增长不少见识。

凡是用"他/她们、他/她俩、两人、两个、双方"等词语以及用复述"N_1 跟 N_2"的方式回指"N_1 跟 N_2"的,都是双复标记。凡是句中没有分离、空位标记而又出现双复标记的,该句可能表示联合义,也可能表示对等义,但其中的"跟"总归是"跟[1]"。交互类短语表示联合义肯定伴有统括、协同标记,较易识别。下面所举的例句都是表示对等义的。例如:

(35) 海峡两岸的董万华和邵玉华(两位老人)在相隔了四十五年后重逢,(他俩)能否复婚团圆?人们议论纷纷、争执不一。

(36) 大太太与二太太一向不和睦,可是在家政上,(二位)的政见倒是一致的。

(37) 福贵和银花从小就是邻居,(两人)还挺合得来,福贵娘也觉得满高兴。

需要指出的是,上述六种区分标记的区分功能是有强弱之分的。比较而言,分离标记、空位标记和统括标记的区分功能较强,一般不受其他标记的干扰和语言环境的影响,可称之为强标记;协同标记、相互标记和复指标记的区分功能较弱,只能在没有强标记的情况下起到参照性的区分作用,可称之为弱标记。

5. 复标与无标

5.1 上面我们所分析的都是各种区分标记在句中单独出现的情况。然而,在实际语言中常常会出现一些两种标记交叉共现的复标形式,有时又会出现一些不带任何标记的无标形式。在这里我们主要讨论两种标记共现时所呈现的种种复杂情况,同时还将提出分化无标形式所应采用的方法。常见的复标形式主要有三种:强标主导型、谐同互补型和似是而非型。

5.2 强标主导型。强标主导就是指当具有对立区分功能的强、弱标记共现时,强标记的区分功能起了决定性的主导作用。典型的强弱共现都同分离标记有关,主要有三种:分离与相互、分离与双复、分离与协同。各举一例:

(38) 最终,黑旋风(还是)跟刘麻子他们谈妥了,今后大家都不许(互相)拆台。

(39) 英国(虽然)跟俄国结了盟,但(两国)在外交上、军事上,尤其是在近东和中亚地区仍然存在着尖锐的矛盾。

(40) 萧队长(常常)跟大伙儿(一起)谈心、聊天,拉家常。

这三个句子尽管后面分别出现了相互、双复和协同标记,但前面同时又出现了分离标记,所以表示的还是主从义。也就是说,当对立的强弱标记共现时,弱标记的区分功能就弱化而消失了。

5.3 谐同互补型。谐同互补就是指当具有相似区分功能的区分标记共现时,两种标记互相配合、相互补充。常见的谐同共现也有三种:分离与空位、分离与单复、空位与单复。例如:

(41) 大家都说,不忙,(　)(还是回去)跟你爱人合计一下再作决定吧。

(42) 他(居然)跟一山打了一架,(他)原以为这样一打开事情就了结了。

(43) 他已经不像一开始那样喜欢她了,(　)跟她约会、跳舞,也觉得乏味而无趣,(他)甚至想到应该设法离开她了。

其他如统括与双复、协同与双复、相互与双复也都属于谐同互补型的。

5.4 似是而非型。似是而非就是指看上去好像是两种标记共现，实际上并不是。大致有两种：分离与统括、协同与统括。分离和统括是一对互相对立的强标记，按理讲是互相排斥的，但有时似乎也可以看到两者共存的现象。例如：

(44) 那天下午，老黎(竟然)跟老郑(都)吵了起来。

(45) 张老师(那天晚上)跟宋校长(都)已谈过了，可至今不见一点动静。

其实，前句的"都"并不是一个统括标记，因为它并不是一个范围副词，而是一个语气副词，表示强调与出乎意料。后句的"都"虽然是个范围副词，但也不是我们所说的统括标记，因为它所总括的对象不是前面的"N_1 跟 N_2"，而是隐含了的"谈"的内容。

统括标记和协同标记同自由隐含类短语同现后，两者的区分功能是一致的，按理应该可以谐同互补，但实际上语言交际的适量原则似乎限制了这种共存的出现。有时，我们好像也发现了两者共现的实例，可是仔细分析一下，其实并不是严格意义上的共现。例如：

(46) 昨天晚上，那些姑娘跟你们(都)(一起)跳舞了吗？

从上下文可以看出，这句的"都"所总括的是"N_1"，而不是"N_1 跟 N_2"，所以也不是真正的统括标记。当然，脱离语境这是一句歧义句。

5.5 无标形式[④]。前面已经指出，所有由交互类短语同"N_1 跟 N_2"组成的无标形式都是歧义结构。换句话说，所有这些结构形式都是两种或三种语义关系和结构关系合用了同一个语言形式。如果不借助于一定的语境就不能确定其中的"跟"的词性。对于这种无标形式，使用前面归纳的六种分化方法，显然是行不通的。唯一的办法就是为其添上各种区分标记，把它们分化为两种或三种不同的结构形式，进而确定其中"跟"的词性。比如：

S1　N_1 跟 N_2 打架了→N_1（刚才）跟 N_2 打架了

S2　N_1 跟 N_2 很相似→N_1（这点）跟 N_2 很相似

S3　N_1 跟 N_2 是邻居→N_1（从前）跟 N_2 是邻居

S1′　N_1 跟 N_2 打架了→N_1 跟 N_2（互相）打架了

S2′　N_1 跟 N_2 很相似→N_1 跟 N_2（彼此）很相似

S3′　N_1 跟 N_2 是邻居→N_1 跟 N_2（两人）是邻居

S1″　N_1 跟 N_2 打架了→N_1 跟 N_2（都）打架了

S2″　N_1 跟 N_2 很相似→N_1 跟 N_2（都）很相似

S3″　N_1 跟 N_2 是邻居→N_1 跟 N_2（都）是邻居

经过分化可以看出：上面前三句表示主从义，次三句表示对等义，后三句表示联合义。所以，前三句中的"跟"是"跟^2"，次三句和后三句中的"跟"是"跟^1"。

6. 结语

6.1 对于由交互类短语同"N_1 跟 N_2"组成的结构形式，目前似乎存在着两种截然相反的倾向：其一是不承认歧义的存在，认为这类结构形式一旦进入句子，歧义将自行消失，其中的"跟"都是"跟^2"（参看储诚志 1992）；其二是不承认歧义可以分化，认为语境可以突出某一方面的特征，但不会消除其两面性，其中的"跟"实际上是一个介连复合体（参看张健、陶寰 1993）。

我们认为，这两种观点都失之偏颇。一方面，既然交互类短语在语义上都具有相互性的特点，它所表示的行为、状态和关系必然会有两个关系元；这两个关系元既可以是具有对等地位的格角色，也可以是具有主次地位的格角色，而这种语义平面的两重性反映到句法平面必然会形成双重的对应关系；所以，歧义是客观存在的。另一方面，作为一个静态的语言单位，一旦进入动态的言语之中，使用者必然会根据自己的表述重点和话题的选择的需要，对客观存在的双重可能性进行抉择——尽管这种抉择常常是不自觉的，并据以创造出一个与之互相依存和谐调的语言环境；而语言研究者的任务就在于揭示形式和意义之间种种对应和不对应的规律，设法找出（或补上）相应语境中的区分标记；所以，歧义又是可以分化的。

6.2 通过前面的考察和分析，我们认为下列五点是清楚的：(一)由于交互类短语在语义上都会有[＋相互]的特征，因此当它们同"N_1 跟 N_2"组合后，在结构关系和表义功能两个方面都存在着一些不同于一般述谓短语的特殊之处；(二)在一定的语言环境中，由于表述重点和话题的选择的不同，这类短语组成的结构形式可以分别表示两种或三种语义关系，而脱离了一定的语境则都是歧义结构；(三)由于交互类短语同"N_1 跟 N_2"搭配后其语义和结构之间存在着双重对应关系，因此，以往所提出的分化"跟^1"与"跟^2"的六种方法对其都是不适用的；(四)分化含有交互类短语的结构形式，必须借助于经常与之共现的六种区分标记——如果是无标形式，则需要添上区分标记，进而确定"跟"的词性；(五)利用这六种区分标记进行分化时，必须充分注意有标与无标、单标与复标、强标与弱标之间种种错综复杂的关系。

附注

① 本章绝大多数例句均有出处，为了节省篇幅，不一一标注。

② 本章所说的"关涉对象"并不局限于动词与介词的宾语，凡是述谓短语语义作用的承受对象，包括句子的主语，均可以称之为"关涉对象"。

③ 下面例句(　)中的内容，大多数是原例句中本来就有的，但可以省去；也有一小部分是原例句中本来是没有的，但可以添加的。

④ 所谓"无标形式"，其实就是指那些没有分辨语境的由交互类短语同"N_1 跟 N_2"组成的表达形式。

参考文献

储诚志 1991 连词与介词的区分,《汉语学习》5 期。

储诚志 1992 与介词“跟”相关的句法、语义问题,载陈肇雄主编《机器翻译研究进展》,北京:电子工业出版社。

沈锡伦 1987 从“和”字看介词和连词的区别,《语文学习》2 期。

宋玉柱 1988 关于连词和介词的区分问题,《汉语学习》6 期。

汤廷池 1979《国语变形语法研究:移位变形》,台北:台湾学生书局。

陶红印 1987 相互动词及相互动词句,《句型和动词》,北京:语文出版社。

张健、陶寰 1993 论组合性并列连词,《汉语学习》5 期。

周国光 1991 关系集合名词及其判断句,《语言教学与研究》1 期。

第二章　介连兼类词与交互动词的配价性质

0. 前言

0.1 20 世纪末，配价语法曾经受到广泛关注：学者们不但深入探讨了这一理论在汉语研究中的作用和价值，而且还广泛运用这一理论和方法分析并解决了一系列现代汉语中的实际问题①。

然而，语言学界在确定配价的原则和方法等方面，一直没能取得共识，迄今为止，在不少问题上仍然存在着分歧。人们已经注意到：在确定动词的配价指数方面，引起各家分歧最大而且也是最多的，几乎都是一些交互动词②。因此，本章准备在吴为章（1982）、刘丹青（1986），尤其是袁毓林（1993）的基础上，对交互动词配价结构中的若干问题做进一步的研究和梳理。

0.2 对于配价的性质，究竟是属于语义范畴，还是语法范畴，抑或是句法-语义范畴，我国语言学界一直存在着不同的看法。我们认为，作为一种结构关系语法，配价语法主要是研究以价载体为中心的深层语义关系及其在表层结构的表现形式——包括配价指数、句法选择、同现限制、语义配置等各个方面。总之，“确定配价应该以语义分析为基础，同时得有形式上的可操作性③。”

0.3 讨论交互动词，必然要涉及“跟、和、与、同”这四个介连兼类词。为便于行文，下面我们以“跟”代表这四个兼类词，以“跟[1]”代表诸连词，“跟^2”代表诸介词（举例时则保留原字）。此外，我们还以“N_1”和“N_2”分别代表交互动词所关涉的两个方面；又以“SN_s”代表“N_1”和“N_2”的各种联合形式，以“O”代表交互动词所带的体宾或谓宾。

0.4 迄今为止，人们所提出来的用以分化“跟、和、与、同”这组兼类词的方法很多，有关这方面的情况，我们已有专文论述④。至于在本章中，我们分化“跟^1”和“跟^2”的原则是：凡是“N_1”与“N_2”之间可以插入其他成分的，其中的“跟”是“跟^2”；反之，则是“跟^1”；凡是可以用各种形式的“SN_s”来替换“N_1 跟 N_2”的，其中的“跟”是“跟^1”。

1. 交互动词的鉴别与范围

1.0 我们鉴别交互动词的依据是动词的语义基础，但同时也必须具有一定的功能特征和形式标准。

1.1 鉴别框架。凡是在语义上要由两个方面的人或物同时参与才能实现或实施的动词，称之为交互动词。交互动词所构成的事件(event)一般需要两个论元角色同时参与，即主体成分“N_1”和从体成分“N_2”。例如：

(1) 我和魏连殳相识一场，回想起来，倒也别致，竟以送殓始，以送殓终。

上面“我”是主体成分，“魏连殳”是从体成分，句中的“和”是“跟^2”。当然这两个论元角色也可以以联合、并联、替代、复制等方式合成一个合体成分“SN_s”，再同交互动词共现。例如：

(2) 我跟她终于分手了，我们最终还是分手了。

上面“我跟她”和“我们”都是合体成分，句中的“跟”是“跟^1”。例(1)和例(2)的区别还表现在：从结构关系看，例(1)的“我”是主语，“和魏连殳”是状语，而例(2)的“我跟她”“我们”都是主语。从表达角度看，例

(1)的“我”,而例(2)的“我跟她”“我们”都是表达重点,是话题。

有时,交互动词所构成的事件需要三个论元角色同时参与:主体成分“N_1”,从体成分“N_2”,客体成分“O”。例如:

(3) 我已经跟老李商量过这件事了。

上面“这件事”就是客体成分。同样,前两个论元角色也可以合成一个合体成分“SN_s”。例如:

(4) 英国和伊朗重新建交,两国互换了大使。

根据交互动词的语义特征和句法功能,我们确定了辨析交互动词的两个鉴别框架。

框架一:N_1 跟^2 N_2 ______(O);

框架二:SN_s ______(O)。

凡是既可以进入框架一,又可以进入框架二的动词都是真正的严格意义上的交互动词(见附录一和附录二)。

对于上述框架,还需要补充说明如下:

(一) 客体成分“O”的有无、隐现,不影响对交互动词的确定。例如:

(5) 我和惠芬同居一室,共事多年。

(6) 他和老伴和睦相处,互助互让,共享天年。

上面“共事、相处、互助、互让”没有带“O”,“同居、共享”则带了“O”,但它们并没有实质性的区别,都是含有交互义的交互动词。

(二) “SN_s”作为一个合体成分,主要包括“N_1 跟^1 N_2”“N_1N_2”“N们”及“N 俩”等多种组合形式。例如:

(7) 这样算来,我跟她已经有三年没有共事了。

(8) 敌人只顾逃命,骑兵步兵搅在一起,狼狈逃窜。

(9) 经过多年分离之后,他们终于团圆了。

(10) 姐妹俩唇枪舌战,相持不下。

(三) 现代汉语中有相当一些动词具有两个以上的义项,当它表示A义时,可以进入上述两个框架,是交互动词;表示B义时,则不能分别进入上述两个框架,又不是交互动词。例如:

(11) 明天晚上我有事,我跟你换一下好吗?

(12) 这双鞋太小,请您再换一双大一点的好吗?

前句的"换"是"对调、交换"的意思,含有交互义,后句的"换"是"替换、变更"的意思,不含有交互义。严格的研究方法自然应该首先将这些动词加以分化,然后再按照义项分别处理。不过,由于本章只讨论交互动词,不涉及其他义项,所以为了行文和称说的方便,我们姑且就直接把含有交互义项的动词称之为交互动词。

那么,我们为什么要设计两个鉴别框架呢?这是因为我们可以据此剔除一些似是而非的伪交互动词和准交互动词。

1.2 伪交互动词。交互动词在表示交互义时,常常可以接受副词"相互、互相、交互、相、互",代词"彼此、各自"等的修饰。例如:

(13) 一听这话,我和二姐互相对视一眼,会意地笑了。

(14) 主裁判匆匆走到场边,同巡边员彼此交换了一下各自的看法。

在这些句子中,"互相、彼此"等都是一些羡余(redundancy)成分,去掉以后完全不影响表达。

问题是上述副词和代词也可以修饰一般的非交互动词,从而使得这些动词带上了临时的交互义,并可以进入框架二。例如:

(15) 你和他都相互谦让点,不就没事了吗?

(16) 因此可以说,在句子里,动词和名词互相依赖、互相制约。

很显然,上面的"谦让、依赖、制约"虽然都可以表示交互义,但却不是真正的交互动词。那么,我们怎样才能将这类伪交互动词从交互动词中剔除呢?其中的一个方法就是直接将修饰成分副词或代词提取,凡是副词、代词提取后,动词的交互义随即消失的都不是交互动词。提取法的局限是,有些句子提取副词、代词后,句子就不自足,难于成立,因而也就不存在有没有交互义的问题。所以,有时必须使用鉴别法。我们发现,凡是由于接受了副词、代词修饰后才表示交互义的伪交互动词都只能进入框架二,不能进入框架一。例如:

(17) 我和弟弟先是互相批改,再一起核对答案。→? 我先是和弟弟互相批改,再一起核对答案。

(18) 新干部和老干部应该彼此尊重,互相学习。→? 新干部应该和老干部彼此尊重,互相学习。

伪交互动词之所以不能进入框架一,是因为这些受副词、代词修饰的动词所表示的交互义一般都是对等的,而不像本身含有交互义的动词,通常都可以根据表达的需要,或表示对等交互义,或表示主从交互义。总之,框架一可以帮助我们剔除那些虽然也能表示对等交互义,但一般不能表示主从交互义的伪交互动词。

1.3 准交互动词。在现代汉语中,有一部分动词在实行或实施时,尽管"N_1"和"N_2"所处的地位并不相等,但也需涉及两个方面的人或物,所以这些动词也含有一定程度的交互义,也可以进入框架一。例如:

(19) 玉芬就是不肯跟她母亲道歉。

(20) 她居然跟多年的老朋友翻了脸。

那么,“道歉、翻脸”类动词究竟是不是严格意义上的交互动词呢?我们认为不是的,它们只是一些准交互动词。因为这类动词在实行或实施时,只有“N_1”将“N_2”作为行为的对象,而“N_2”并没有将“N_1”作为行为的对象。换句话说,“N_1”只充当行为的发出者,而不充当行为的承受者;而“N_2”只充当行为的承受者,而不充当行为的发出者。也就是说,“母亲”根本就不存在跟女儿“道歉”的事,而“老朋友”也压根就不存在跟“她”“翻脸”的事。正因为这类动词的语义作用方向都是单向的,所以它们都不能进入框架二。譬如“顶嘴”和“吵嘴”,“斗智”和“斗法”看似意思很接近,但“顶嘴”和“斗智”是准交互动词,而“吵嘴”和“斗法”则是真交互动词。它们的区别通过下列变换式可以清楚地看出:

S1 N_1 跟[2]N_2 顶嘴≠N_2 跟[2]N_1 顶嘴。∵→＊他们顶嘴了。

S2 N_1 跟[2]N_2 吵嘴≈N_2 跟[2]N_1 吵嘴。∵→他们吵嘴了。

S3 N_1 跟[2]N_2 斗智≠N_2 跟[2]N_1 斗智。∵→＊他们斗智了。

S4 N_1 跟[2]N_2 斗法≈N_2 跟[2]N_1 斗法。∵→他们斗法了。

总之,凡是只能进入框架二而不能进入框架一的动词,或只能进入框架一而不能进入框架二的动词,都不是严格意义上的交互动词,因此也都不在我们讨论之列。

2. 交互动词的句法选择

2.0 从价载体对所带补足语的强制程度看,补足语可以分为两类:必有补足语和可有补足语。必有补足语必须在表层结构中同价载体同现,而可有补足语只是在语义上同价载体具有一定的联系,在结构上则可以根据表达的需要或隐或现。

根据交互动词是否可以同补足语“O”同现,首先可以把交互动词分为 a、b 两类:二价交互动词和三价交互动词。

2.1 二价交互动词。作为二价动词，V_a 的一个重要的句法语义特征就是，都不可能有补足语“O”。根据其对其他补足语的强制性选择的程度及补足语的共现形式，又可以将 a 类动词再分化为三个小类（见附录一）。

V_a^1 的句法配价有序形式有两个，即Ⅰ式和Ⅱ式。

Ⅰ式的两个补足语都必须强制性共现。其有序形式为：N_1 跟^2N_2V。例如：

(21a) 他从来不与老黑来往。

(22a) 经理没有和客人见面。

在Ⅰ式中，N_1 是施事，必须前置；N_2 是与事，必须左置介宾化。Ⅰ式所表示的是主从交互义，其中的 V_a^1 都是严格意义上的二价交互动词。

Ⅱ式的两个补足语都已经多样化地合成为一个 SN_s。其有序形式为：SN_sV。例如：

(21b) 他与老黑（他俩）从来不来往。

(22b) 经理和客人（他们）没有见面。

在Ⅱ式中，N_1 和 N_2 已经融合，彼此不能分离；作为主事，SN_s 必须位于 V_a^1 的左侧。Ⅱ式所表示的是对等交互义，其中的 V_a^1 已不再是严格意义上的二价交互动词，只是一个受到了特定共现限制的准二价交互动词[⑤]。

V_a^1 交互动词是交互动词的主体，在 V_a 类交互动词中占有相当大的比例。而且，Ⅰ式和Ⅱ式也是 V_a 动词两个基本有序形式，其他形式都是以此为基础有所发展变化而形成的。

V_a^2 的句法配价有序形式有三个，除了Ⅰ式、Ⅱ式之外，还有Ⅲ式。

Ⅲ式的两个补足语也必须强制性共现。其有序形式为：N_1VN_2。例如：

(23a) 少剑波早就跟孙达得认识。(Ⅰ式)

(23b) 少剑波跟孙达得(他们)早就认识。(Ⅱ式)

(23c) 少剑波早就认识孙达得。(Ⅲ式)

(24a) 他恋恋不舍地和同学们告别了。(Ⅰ式)

(24b) 他和同学们(他们)恋恋不舍地告别了。(Ⅱ式)

(24c) 他恋恋不舍地告别了同学们。(Ⅲ式)

在Ⅲ式中,N_1 是施事,N_2 是受事,N_2 必须右置宾化。而且在该式中,只有 N_1 是行为的发出者,而 N_2 只是行为的承受者,尽管该行为的实行或实施还是要涉及 N_1 和 N_2 两个方面。所以Ⅲ式的 V_a^2 实际上所表示的是单向交互义,这时的 V_a^2 也不再是严格意义的二价交互动词,而是一个典型的准二价交互动词。

V_a^3 的句法配价有序形式也有三个,除了Ⅰ式、Ⅱ式之外,还有Ⅳ式。

Ⅳ式的两个补足语可以只出现一个。其有序形式为:N_1V。例如:

(25a) 小二黑已经跟小芹结婚了。(Ⅰ式)

(25b) 小二黑跟小芹(他们)已经结婚了。(Ⅱ式)

(25c) 小二黑已经结婚了。(Ⅳ式)

(26a) 小黑昨天跟铁头打架了。(Ⅰ式)

(26b) 小黑跟铁头(他们)昨天打架了。(Ⅱ式)

(26c) 小黑昨天打架了。(Ⅳ式)

在Ⅳ式中,尽管与事 N_2 可以不在表层中出现,但是从配价的语义结构看,N_2 还是必不可少的,所以,Ⅳ式中的 V_a^3 还是二价交互动词。

2.2 三价交互动词。作为三价动词,V_b 的一个重要的句法语义特征就是,都可以带上补足语"O"。根据其对其他补足语的强制性选择的程度及补足语的共现形式,也可以将 b 类动词再分化为三个小类(见附录一)。

V_b^1 的句法配价有序形式有两个，即Ⅴ式和Ⅵ式。

Ⅴ式的三个补足语都必须强制性共现。其有序形式为：N_1 跟^2 N_2VO。例如：

(27a) 她已经连续四年没有同家人一起共度春节了。

(28a) 总理随即又同来宾交换了纪念礼品。

在Ⅴ式中，N_1 是施事，必须前置；N_2 是与事，必须左置介宾化；O是受事，必须右置宾化。Ⅴ式所表示的是主从交互义，其中的 V_b^1 都是严格意义上的三价交互动词。

Ⅵ式的 N_1 和 N_2 都已经多样化地合成为一个 SN_s。其有序形式为：SN_sVO。例如：

(27b) 她同家人(他们)已经连续四年没有一起共度春节了。

(28b) 总理同来宾(他们)随即又交换了纪念礼品。

在Ⅵ式中，N_1 和 N_2 已经融合，彼此不能分离；作为主事，SN_s 必须位于 V_b^1 的左侧，而受事O，则必须右置宾化。Ⅵ式所表示的是对等交互义，其中的 V_b^1 也不再是严格意义的三价交互动词，只是一个受到了特定共现限制的准三价交互动词[⑥]。

V_b^2 的句法配价有序形式有四个，除了Ⅴ式、Ⅵ式之外，还有Ⅰ式和Ⅱ式。在Ⅰ式和Ⅱ式中，V_b^2 的O只隐含于深层，而没有在表层中出现。例如：

(29a) 我已经跟总经理商量过这个问题了。(Ⅴ式)

(29b) 我跟总经理(我们)已经商量过这个问题了。(Ⅵ式)

(29c) 我已经跟总经理商量过了。(Ⅰ式)

(29d) 我跟总经理(我们)已经商量过了。(Ⅱ式)

V_b^2 同 V_b^1 的区别有两点。首先，V_b^1 的O必须强制性地右置宾化，

而 V_b^2 的 O 出现与否是非强制性的。所以，一部分 V_b^2 的 O 既可以隐含于深层，也可以带上格标而前置主题化。例如：

(29e) 关于这个问题，我已经跟总经理商量过了。

而另一部分 V_b^2 的 O 虽然不能前置，但也可以隐含。例如：

(30a) 那天晚上，一些老干部和大学生在陈毅广场一起合唱抗战歌曲。（Ⅵ式）

(30d) 那天晚上，一些老干部和大学生在陈毅广场一起合唱。（Ⅱ式）

其次，V_b^1 的 O 一般都是体词性的，而 V_b^2 的 O，既可以是体词性的，也可以是谓词性的。例如：

(31) 六姐和四姐商量着怎样向家里争取那一点点的自由。

在Ⅰ式和Ⅱ式中，尽管 V_b^2 的 O 可以不在表层中出现，但是从配价的语义结构看，O 还是必不可少的，所以，Ⅰ式中的 V_b^2 还是三价交互动词，而Ⅱ式中的 V_b^2 也还是准三价交互动词。

V_b^3 的句法配价有序形式有五个，除了Ⅴ式、Ⅵ式、Ⅰ式和Ⅱ式之外，还有Ⅳ式。在Ⅳ式，V_b^3 的三个补足语可以只出现一个，不但 O 可以隐含，N_2 也可以不出现。例如：

(32a) 我们班今天上午跟三班比赛足球了。（Ⅴ式）

(32b) 我们班跟三班（我们）今天上午比赛足球了。（Ⅵ式）

(32c) 我们班今天上午跟三班比赛了。（Ⅰ式）

(32d) 我们班跟三班（我们）今天上午比赛了。（Ⅱ式）

(32e) 我们班今天上午比赛了。（Ⅳ式）

一般说来，V_b^3 尽管有五个有序形式，但较常用的主要是Ⅴ、Ⅰ、Ⅳ

三式。例如：

(33a) 她竭力跟我争辩这些无谓的问题，最终毫无结果。(Ⅴ式)

(33c) 她竭力跟我争辩，最终毫无结果。(Ⅰ式)

(33e) 她竭力争辩，最终毫无结果。(Ⅳ式)

在Ⅳ式中，尽管 O 和 N_2 都可以不在表层中出现，但是从语义关系看，它们都是必不可少的，所以，Ⅳ式中的 V_b^3 仍然是三价交互动词。

综上所述，下面将六类交互动词与六种句法配价有序形式的相互关系归纳如下表：

交互动词类别 / 句法配价有序形式		V_a^1	V_a^2	V_a^3	V_b^1	V_b^2	V_b^3
Ⅰ式	N_1+跟[2]+N_2+V	+	+	+	−	+	+
Ⅱ式	SN_s+V	+	+	+	−	+	+
Ⅴ式	N_1+跟[2]+N_2+V+O	−	−	−	+	+	+
Ⅵ式	SN_s+V+O	−	−	−	+	+	+
Ⅲ式	N_1+V+N_2	−	+	−	−	−	−
Ⅳ式	N_1+V	−	−	+	−	−	+

需要再次强调的是，虽然 a 类动词和 b 类动词有时可以具有相同的句法配价形式，但其深层的语义配价关系是截然不同的。

3. 交互动词的同现选择

3.0 交互动词在由深层向表层转化组成句子时，不但要对其必有成分、可有成分的隐现方式进行句法选择，而且还要根据其自身的语义特点对各种同现成分的表义方式和组合形式、生命特征和指称特征、语义角色和语义配置等进行选择。下面就从四个方面加以论述。

3.1 联合交互与多向交互。这一节主要考察交互动词的同现语境及其表义方式的限制和影响。前面我们分析交互动词时，都是以这些动词必须表示涉及两个方面的主从交互义和对等交互义为前提的。其实，有相当一部分交互动词，除了可以表示这两种语义关系之外，还可以表示另外两种语义关系：联合交互义和多向交互义。

3.1.1 联合交互。所谓联合交互义，就是指在一定的同现语境中，N_1 和 N_2 可以联合起来同其他或隐或现的成分互为交互对象。据考察，V_a^2、V_a^3、V_b^3 这三类交互动词都可以表示联合交互义。

首先，由于 V_a^2 的 N_2 都可以右置宾化，所以，"N_1 跟$^1N_2V_a^2$"这一结构形式，实际上是有歧义的。在一定的语境中，它既可以表示 N_1 和 N_2 之间的对等交互行为，也可以表示 N_1 和 N_2 联合起来同其他对象的交互行为。例如：

(23b′) 没来小分队之前，少剑波跟孙达得早就认识。

(23d) 刘勋苍这个人，少剑波跟孙达得早就认识。

在(23d)中，"认识"的对象是"刘勋苍"，表示的是联合单向交互义。自然，如果脱离了特定的同现语境，"N_1 跟$^1N_2$"所表示的一般总是双向对等交互义。所以，要想明确地表示联合交互义，就必须在表层中补出共同的交互对象：或右置宾语化，或左置主题化。例如：

(23e) 少剑波跟孙达得早就认识刘勋苍了。

(23f) 对于刘勋苍，少剑波跟孙达得早就认识了。

上面(23d)和(23f)都是前置主题化，区别在于是否带上了主题标记。需要注意区别的是，V_a^2 另带 O 时，同 V_b^1 往往是同形的。例如：

(34) 金竹轩和金玉宝互称表兄弟。

(35) 金竹轩和金玉宝勾结日本人。

它们的区别是，V_b^1 带上 O 之后，N_1 和 N_2 之间仍有交互义，而 V_a^2 带上 O 之后，N_1 和 N_2 之间则没有交互义只有联合义了。所以，例

(35)可以分解为“金竹轩勾结日本人”+“金玉宝勾结日本人”，而例(34)则不可以分解为“金竹轩互称表兄弟”+“金玉宝互称表兄弟”。

为了避免歧义，V_a^2 在表示联合交互义时，常使用总括副词“都、全、全都”，协同副词“一起、一同、一道、一块儿”等。

其次，由于 V_a^3 的 N_2 可以隐含，所以，在一定的语境中，“N_1 跟^1 $N_2V_a^3$”也可以是一个歧义结构。既可以表示 N_1 和 N_2 之间的对等交互行为，也可以表示 N_1 和 N_2 一起或分别同其他对象的交互行为。例如：

(26b′) 小黑跟铁头昨天打架了，两个各不相让，拉都拉不开。

(26d) 小黑跟铁头昨天打架了，他们把二蛋的头给打破了。

在(26d)中，“打架”的对象是“二蛋”及其他人，表示的是联合交互义。同样，如果脱离了一定的语境，“N_1 跟^1 N_2”所表示的一般也是对等交互义。所以，要想明确地表示联合交互义，就必须在表层中补出共同的或各自的交互对象。由于 V_a^3 不能带宾语，所以一般只能左置介宾化。例如：

(26e) 小黑跟铁头昨天跟二蛋打架了。

(36) 金贵和银贵已经跟翠花、菊花订婚了。

上面(26e)和(36)都表示联合交互义，区别在于：(26e)的“二蛋”是 N_1 和 N_2 共同的交互对象。同样，为了避免歧义，V_a^3 在表示联合交互义时，也可以使用总括副词和协同副词。

最后，同 V_a^3 一样，V_b^3 的 N_2 也可以隐含，所以，在一定的语境中，“N_1 跟^1 $N_2V_b^3$”也可以是一个歧义结构。既可以表示 N_1 和 N_2 之间的交互行为，也可以表示 N_1 和 N_2 一起或分别同其他对象的交互行为。例如：

(37a) 刘芳跟月娟闹意见了，她俩已经好几天不答腔了。

(37b) 刘芳跟月娟闹意见了，说她俩也要参加，班干部不应该事事都瞒着她俩。

(38a) 丁一三跟何世雄交涉了一会儿，他们都感到彼此之间并不像原来想象的那样不可调和。

(38b) 丁一三跟何世雄交涉了一会儿，他们看到王主任似乎一点也不肯让步，只好怏怏地走了。

上面(37b)和(38b)“闹”和“交涉”的对象是“班干部”和“王主任”，表示的是联合交互义。同 V_a^3 一样，V_b^3 要想明确地表示联合交互义，也需要以左置介宾化的形式将共同的或各自的交互对象补写出来。例如：

(37c) 刘芳跟月娟同班干部闹意见了。

(38c) 丁一三跟何世雄同王主任交涉了一会儿。

同样，也可以使用总括副词和协同副词来分化歧义。

那么，上述三类交互动词在表示联合交互义时同表示主从交互义和对等交互义时，在动词性质和配价指数方面有没有实质性的区别呢？我们认为没有区别，V_a^2、V_a^3 仍然是二价交互动词，V_b^3 仍然是三价交互动词。因为在表示联合交互义时，“N_1 跟^1 N_2”是作为一个对外的，某种意义上讲，只相当于表示主从交互义的前项——N_1。

3.1.2 多向交互。所谓多向交互义，就是指有一部分交互动词除了可以同“N_1 跟 N_2”同现表示双向(主从或对等)交互之外，还可以同代表三个或三个以上方面⑦的“SN_s”同现，表示多向交互义。

如果我们将只代表两个方面的 SN_s 记作 $SN_{s双}$，将既可以代表两个方面又可以代表三个或三个以上方面的 SN_s 记作 $SN_{s多}$，那么，据此又可以将交互动词分为双向和多向两大类。多向交互动词既能进入 $SN_{s双}$ ______(O)框架，也能进入 $SN_{s多}$ ______(O)框架，而双向交互动词只能进入前一框架，但不能进入后一框架。

据考察，双向交互动词都具有[＋必须在两方之间进行]这一语义特征。比较典型地具有这一语义特征的交互动词主要有以下四类。结婚类，比如：结婚、离婚、订婚、复婚；成家、成亲、结合、分手；分居、姘居、同居、通奸、幽会、性交、交配、交媾、交尾等。争斗类，比如：争斗、搏斗、格斗、角斗；反目、作对、斗气、争执、较量、斗嘴、吵嘴、拌嘴；冲突、抵抗、抗衡、摩擦等。关系类，比如：缔交、建交、结盟、复交；有关、无关、无干；搭伴、就伴、携手、决裂；讲和、言和、失和等。分合类，比如：遇到、碰头、碰到、接头、接洽、邂逅；告别、离别、话别、握别、永别等。从构词的角度看，绝大多数“相 X”“对 X”“互 X”“交 X”“争 X”等词都是双向交互动词。

根据是否可以带 O，双向交互动词和多向交互动词又都可以分为 a、b 两类。先看 a 类动词的情况。试比较下面两组句子：

(39a) 大春跟喜儿成亲了。→他们成亲了。→ *他们全家成亲了。

(39b) 大春跟喜儿团圆了。→他们团圆了。→他们全家团圆了。

(40a) 法国跟德国断交了。→两国断交了。→ *法德等各国断交了。

(40b) 法国跟德国结盟了。→两国结盟了。→法德等各国结盟了。

a 句与 b 句中的交互动词的选择性差异就在于：前者是双向的，后者是多向的。b 类动词的情况也是如此：

(41a) 法国和德国互为敌国。→两国互为敌国。→ *法德等六国互为敌国。

(41b) 法国和德国共管莱茵河。→两国共管莱茵河。→法德等六国共管莱茵河。

(42a) 经理跟外商交涉交货日期。→他们交涉交货日期。→ *各方人员一起交涉交货日期。

(42b) 经理跟外商商量交货日期。→他们商量交货日期。→各方人员一起商量交货日期。

上面 a 句中的 V_b 是双向交互动词，b 句中的 V_b 是多向交互动词。那么，当 a、b 类交互动词表示多向交互动词时，它们还是不是二价交互动词和三价交互动词呢？答案还是肯定的，不过，同双向交互动词一样，凡是与 SN_s 同现的 V_a 和 V_b，都已经不再是严格意义上的二价动词和三价动词了，只能算是受到了特定共现限制的准二价交互动词和准三价交互动词。其实，无论是 $SN_{s双}$ 还是 $SN_{s多}$，其中的两方或多方都已经相互融合、合而为一了，都是作为一个整体与 V_a 和 V_b 同现的，尽管在语义深层确实存在着略有差异的语义关系，但这种差异并不能改变动词的配价指数。

3.2 自足度和自由度。这一节考察交互动词的语义配置与句法结构的关系。主要讨论交互动词同其补足语同现后所组成的句法结构的自足度和自由度。

3.2.1 自足度。所谓自足度，就是指一部分交互动词的自足程度降低，在同"N_1 跟 N_2"或"SN_s"共现后，尽管从配价结构的角度看，已经饱和了，但是从句法的角度看，它们仍然不自足，还需要一些自由补足语与之同现，从而使得一些配价结构的非必有论元在句法结构中成了必有成分。大致有三种情况。

首先，相当一些 V，尤其是一些单音节 V 的后面还须带一个相应的补语，否则该结构形式就不自足。例如：

(43) 丈夫和妻子分居[多年],现在又合[在一起过了]。

(44) 风、雨、土混[在一处],连[成一片]。

再比如:

A　N_1 跟 N_2 凑[到一起]　B　N_1 跟 N_2 争[得面红耳赤]

N_1 跟 N_2 连[成一线]　N_1 跟 N_2 闹[得不可开交]

N_1 跟 N_2 吵[作一团]　N_1 跟 N_2 处[得非常投机]

N_1 跟 N_2 搅[在一块]　N_1 跟 N_2 好[得像一个人]

C　N_1 跟 N_2 同学[一场]　D　N_1 跟 N_2 共事[多年]

N_1 跟 N_2 对视[一眼]　N_1 跟 N_2 相处[甚久]

N_1 跟 N_2 较量[一番]　N_1 跟 N_2 并行[于世]

N_1 跟 N_2 长谈[一次]　N_1 跟 N_2 相逢[在即]

其次,有一部分 V 的前面必须有一个相应的状语,否则,该结构也不能自足。例如:

(45) 陇海线与京广线[在郑州]相交。

(46) 记不得我和张先生第一次是[在何处]见面的。

再比如:

A　N_1 跟 N_2[在村口]遭遇　B　N_1 跟 N_2[必须]连写

N_1 跟 N_2[在武汉]汇合　N_1 跟 N_2[可以]合用

N_1 跟 N_2[在密室]接头　N_1 跟 N_2[暗中]勾结

N_1 跟 N_2[在庐山]相逢　N_1 跟 N_2[私下]串通

最后,还有一部分 V 同 N_1N_2 同现后,组成的四字短语也是不自足的,通常只能充当主谓谓语句的谓语,所以前面还须有一个主语。例如:

(47) [武则天]软硬兼施,恩威并重。

(48) [纳粹德国]已经内外交困，走投无路。

再比如：

A　[SN]羞愧交集　　B　[SN]土洋并举
　　[SN]旗鼓相当　　　[SN]前后矛盾
　　[SN]悲喜交加　　　[SN]水陆并发
　　[SN]南北对峙　　　[SN]纵横交错

需要指出的是，上面[ ]内的补语、状语以及 SN 后面的并列式小主语都是列举性的，实际上可以有多种选择，但[ ]内成分的重要性和必要性则是不容置疑的。

3.2.2 自由度。所谓自由度，就是指一部分交互动词的自由程度降低，在同“N_1 跟 N_2”或“SN_s”共现后，一般很少单独充当谓语。大致有三种情况。

首先，充当联合短语的前项(或者后项)。例如：

(49) 我跟他虽然不是同宗[同姓]，却是同年[同庚]。

(50) 老两口子相亲[相爱]，相濡以沫。

再比如：

A　N_1 跟 N_2[互敬]互助　　B　N_1 跟 N_2 齐心[协力]
　　N_1 跟 N_2[相依]相存　　　N_1 跟 N_2 分工[合作]
　　N_1 跟 N_2[同门]同宗　　　N_1 跟 N_2 交叉[重叠]
　　N_1 跟 N_2[共生]共存　　　N_1 跟 N_2 合力[同心]

其次，充当连谓短语的前项。例如：

(51) 那几个家伙也是分赃[不均]，正吵作一团。

(52) 中日俄韩四国联合[开发图们江地区]。

再比如：

A N_1 跟 N_2 相持[不下]　B N_1 跟 N_2 合股[投资兴办工厂]

N_1 跟 N_2 争执[不休]　N_1 跟 N_2 轮流[照看年迈父母]

N_1 跟 N_2 相安[无事]　N_1 跟 N_2 协力[共建校园文明]

N_1 跟 N_2 纠缠[不清]　N_1 跟 N_2 结伙[抢购紧俏商品]

最后，充当状中短语的前项。例如：

(53) 梅派名角和裘派新秀同台献技，联袂[出演]。

(54) 中国人民志愿军和朝鲜人民军并肩[作战]，抗击美军。

再比如：

A　N_1 跟 N_2 联名[上书]　B　N_1 跟 N_2 相映[成辉]

N_1 跟 N_2 交口[称赞]　N_1 跟 N_2 齐头[并进]

N_1 跟 N_2 携手[前进]　N_1 跟 N_2 配套[出售]

N_1 跟 N_2 联手[前进]　N_1 跟 N_2 同步[运行]

需要说明的是：(一)含有交互动词的连谓短语和状中短语是很难截然分清的。我们的标准是，凡是完全不能单用的前项就归入状中，凡是有时还能单用的就归入连谓。但是，由于绝大多数状中式本来就是连谓式发展而来，所以，作为一种处于过渡状态的语言现象，其界限总是模糊的。(二)处于状中短语前项的那些词，原来自然是动词，但随着其独立充当谓语功能的丧失殆尽，到底仍然是动词还是已经转化为副词(或者说是状词)还很难做出绝对的判定[8]，同上面所述一样，这也是一种处于过渡状态的语言现象。

上面我们分别从自足度和自由度这两个角度分析了交互动词在同“N_1 跟 N_2”共现时的句法组合情况，其实这两个方面是相通的：动词与“N_1 跟 N_2”同现后之所以不自足，在一定程度上是由于其自身缺乏自由度造成的；而凡是不能自由充当谓语的动词，不论以何种方式与“N_1 跟 N_2”同现，其整个结构必然是不自足的。

3.3 述人特征与述物特征。从交互动词的生命度看，大多数都具有[＋述人]、[＋有生]的语义特征，一部分则具有[－述人]、[－有生]的语义特征，还有少数则具有[±述人]、[±有生]的语义特征。为了便于称说和讨论，下面分别以 $V_{甲}$、$V_{乙}$、$V_{丙}$ 来表示这三类动词。在这一节中，主要考察交互动词的生命度语义特征对其所表示的交互义的作用方向的制约和影响。

3.3.1 述人动词 $V_{甲}$。凡是只能同具有[＋述人]、[＋有生]语义特征的 N_1 和 N_2 同现的交互动词都是 $V_{甲}$ 类动词。例如：

(55) 我跟我们的小技术员互相对视了一眼，会心地笑了。

(56) 连长和指导员配合得很好，连里的工作很快就搞上去了。

我们发现，凡是同 $V_{甲}$ 同现的 N_1 和 N_2 都可以因不同的语用表达需要，分别表示主从交互义或对等交互义。比如上面两例表示的都是对等交互义，下面两例则是主从交互义：

(57) 李月珍已经连续三年没有同家人一起共度春节了。

(58) 她随时处在危险之中，我怎么好意思同她分手。

由于 N_1 和 N_2 都具有[＋述人]、[＋有生]的语义特征，而作为一个有生的个体，“人”都是具有主观能动性的，所以，具有相互关系的两个方面的人在从事某项行为时，既可以是一方为主，一方为辅，也可以相互平等，不分主次。换句话说，$V_{甲}$ 的生命度特征为其所具有的两种表义方式奠定了语义基础。

值得注意的是，有些 N_1 和 N_2 虽然没有[＋述人]的语义特征，但也可以同 $V_{甲}$ 同现，表示两种基本的语义关系。例如：

(59) 本公司非常愿意再度与贵公司合作开发新产品。

(60) 师大附中同复兴中学在暗中争夺优秀生源。

其实,公司、学校、工厂、部队、机关、党派等机构组织名称,虽然不具有[+述人]的语义特征,却具有[+有生]这一语义特征。同样,这些 N_1 和 N_2 也具有一定程度的主观能动性,所以也可以根据不同的表达需要,显示不同的语义关系。

有时,我们也发现一些[-述人]、[-有生]的 N_1 跟 N_2 与 $V_甲$ 同现,表示主从交互义。例如:

(61) 这些枯藤就这样同中间的那棵老槐树紧紧地拥抱着。

(62) 在他的脑海里,积极入世的意识一直在同消极遁世的意识激烈地竞争和搏斗着。

很显然,上述用法只是一种修辞上的拟人手法,所以同 $V_甲$ 的生命度语义特征还是不矛盾的。

3.3.2 述物动词 $V_乙$。凡是只能同具有[-述人]、[-有生]语义特征的 N_1 跟 N_2 同现的交互动词都是 $V_乙$ 类动词。例如:

(63) 龟山跟蛇山隔江对峙。

(64) 粳米和籼米混杂在一起,很难分清。

由于所有具有[-述人]、[-有生]语义特征的 N_1 跟 N_2 都不具有主观能动性,尽管在理论上,人们也可以根据表达的需要,有意识地突出其中的某一个方面以表示主从交互义。但是从语言的实际使用,尤其是我们所收集到的实际用例看,由于缺乏特定的语用需要和语义基础,绝大多数 $V_乙$ 所表示的都是对等交互义,很少表示主从交互义。试比较:

A 左圈与右圈部分重叠　　B 左圈部分与右圈重叠

A 线与 B 线完全重合	A 线完全与 B 线重合
前院与后院在这里相通	前院在这里与后院相通
东江与西江在这里交汇	东江在这里与西江交汇

上面 A 式是常见的习见表达式,B 式则是特定的罕见表达式。至于像下面这样的句子,主语只能是 SN_s,因此也只能表示对等交互义:

(65) 龟蛇对峙,龟蛇被人并提,这种事究竟有没有什么特别的意义呢?

3.3.3 兼述动词 $V_{丙}$。凡是既能同具有[＋述人]、[＋有生]语义特征的 N_1 跟 N_2 同现,又能同具有[一述人]、[有生]语义特征的 N_1 跟 N_2 同现的交互动词都是 $V_{丙}$ 类动词。例如:

(66a) 家父多年来同锦辉先生相交甚欢。

(67a) A 线和 B 线呈四十五度相交。

(68a) 东边的人流很快同西边的人流汇集在一起。

(69a) 东江和西江在这里汇集后,再一起向珠江口奔腾而去。

$V_{丙}$ 的表义方式比较灵活。大致有两种情况。首先,$V_{丙}$ 同[＋述人]、[＋有生]的 N_1 跟 N_2 同现时,其表义倾向与 $V_{甲}$ 相似,同[一述人]、[一有生]的 N_1 跟 N_2 同现时,其表义倾向又与 $V_{乙}$ 相似。比如上面四个例句都可以换一种表义方式,但例(67)、(69)变换后就显得不甚自然,甚至难以接受:

(66b) 家父同锦辉先生多年来相交甚欢。

(67b) ?A 线呈四十五度和 B 线相交。

(68b) 东边的人流同西边的人流很快汇集在一起。

(69b) ?东江在这里和西江汇集后,再一起向珠江口奔腾而去。

形成上述表义方式差异的语义基础和语用需要同 $V_{甲}$ 和 $V_{乙}$ 也基本一

致，此处不赘。其次，$V_{丙}$ 还可以同一个[＋述人]、[＋有生]N，一个[－述人]、[－有生]N 同现。据考察，当 $V_{丙}$ 与具有不同生命度的两个 N 同现时，无论是[＋述人]、[＋有生]N 在前，[－述人]、[－有生]N 在后，还是[－述人]、[－有生]N 在前，[＋述人]、[＋有生]N 在后，所表示的都是主从交互义而不能是对等交互义。例如：

(70) 于是我只好独自一人在那块绿色的草坪上茫然地坐了一会，便与清泉和草坪依依惜别。

(71) 为了去异地谋生，我们只好同熟识的老屋永远地告别了。

(72) 那场战争渐渐地与我们离得似乎越来越远了。

(73) 那辆汽车当时跟我相距还不到十米远，现在回想起来，真是万幸。

这是因为具有不同生命度的 N_1 和 N_2 属于不同的语义范畴，一般总是选择其中的一项作为话题或表述的重点，而不大可能将它们融合。

3.4 语义角色和语义配置。

3.4.0 交互动词有其自身的语义基础和语义特征，而这种基础和特征同其对语义格角色和语义配置式的选择有着必然的联系。如上所述，根据交互动词不同的生命度特征，可以分为 $V_{甲}$、$V_{乙}$、$V_{丙}$ 三类，而上述三类动词各自不同的语义基础和特征制约着它们对补足语的格角色和配置式的选择。

3.4.1 语义角色。首先，$V_{甲}$类动词可以选择的语义角色共有四个：

1) 施事[1]（格标为“O”）。

定义：动作行为的有生发出者或主导者，同时又是该动作行为的被动协同者。示例：

S1 他主动跟我商量。 S2 他不愿意跟我对弈。

2）与事[1]（格标为“跟”）。

定义：动作行为的有生承受者、协同者，同时又是该动作行为的主动参与者。示例：

S1 他主动跟我商量。　S2 他不愿意跟我对弈。

3）主事[1]（格标为“O”）。

定义：动作行为的发出兼承受的有生联合体。示例：

S1 我跟他（我们）商量过了。

S2 他跟金三爷（他俩）以前不认识。

4）受事[1]（格标为“O”）。

定义：动作行为的有生或无生承受者。示例：

S1 他根本不认识王起明。　S2 他热烈地拥抱自己的战友。

S3 英国和日本互换大使。　S4 德国和法国共管莱茵河。

或（格标为“关于、至于、对于”）。示例：

S5 对于这个家伙，我们早就认识。

S6 关于这个问题，我们已经商量好了。

其次，$V_乙$ 类动词可以选择的语义角色也有四个：

1）主事[2]（格标为“O”）。

定义：与某一现象或情况有关的无生联合体。示例：

S1 金沙江与嘉陵江在重庆汇合。

S2 北京和开罗相隔万水千山。

2）受事[2]（格标为“O”）。

定义：被某一现象或情况所关涉的无生客体。示例：

S1 塔里木和准噶尔之间隔着天山。

S2 汉语和满语分属不同的语系。

3）当事[1]（格标为“O”）。

定义：与某一现象或情况有关的处于主要地位的无生主体。示例：

S1 前舱就在这里与后舱相隔。 S2 真善美必须与假恶丑相对。

4）与事[2]（格标为“跟”）。

定义：与某一现象或情况有关的处于次要地位的无生从体。示例：

S1 前舱就在这里与后舱相隔。 S2 真善美必须与假恶丑相对。

再次，$V_{丙}$ 类动词可以选择的语义角色则有五个：

1）施事[2]（格标为“O”）。

定义：动作行为的有生发出者或主导者。示例：

S1 我们终于跟故乡依依惜别。

S2 我们永远地告别了熟识的老屋。

2）当事[2]（格标为“O”）。

定义：与某一现象或情况有关的处于主要地位的无生主体。示例：

S1 那辆汽车当时跟我相距还不到十米远。

S2 战争离我们越来越远了。

3）与事[3]（格标为“跟”）。

定义：与某一现象或情况有关的处于次要地位的有生或无生的从体。示例：

S1 这件事情与我无关。 S2 我们终于跟故乡依依惜别。

4）主事[3]（格标为“O”）。

定义：与某一现象或情况有关的有生或无生的联合体。示例：

S1 他们二人多年来相交甚欢。

S2 东经170°与北纬37°在此相交。

5）受事[1]（格标为"O"）。

定义：与前同。示例：

S1 他非常熟悉这一带情况。

S2 我们永远地告别了熟识的老屋。

3.4.2 语义配置。价载体无论对语义结构的选择还是对句法结构的选择，在决定其位数方面是一致的，所以，语义格角色的数目也就从一定程度上决定了补足语的价数和存在形式。根据其自身的语义基础和特征，交互动词在充当谓语（P）时，分别对各种语义角色加以指派，从而形成了六种语义配置形式。

语义配置式一：P（施事、与事）。示例：

S1 他不跟我对弈。　S2 海霞已经订婚了。

语义配置式二：P（施事、受事）。示例：

S1 我们永远地告别了老屋。　S2 少爷居然私通了老爷的丫鬟。

语义配置式三：P（主事）。示例：

S1 他俩终于离婚了。　S2 黑色、白色错落相间。

语义配置式四：P（施事、与事、受事）。示例：

S1 小平同志连续三年与上海人民共度春节。

S2 我已经跟外商交涉过了。

语义配置式五：P（主事、受事）。示例：

S1 穆塞双方如期交换战俘。

S2 我们俩后来也通过别人交换了一些礼物。

语义配置式六：P(当事、受事)。示例：

S1 那辆汽车跟我相距不远了。

S2 真理在一定程度同谬论是相对的。

值得注意的是，上述六种语义配置形式同本章第二节所归纳的六种句法配价有序形式之间存在着既对立又交叉的相互关系。

首先，同一个语义配置式可以有不同的句法有序式。比如配置式一就可以呈现为有序式Ⅰ式和Ⅳ式。示例：

S1 小二黑和小芹结婚了。 S2 小二黑结婚了。

其次，同一个句法有序式可以表现不同的语义配置式。比如有序式Ⅰ式可以表现配置式一和配置式四。示例：

S1 我跟他在路口分手了。 S2 我跟他在家里商量好了。

总之，由于一部分语义角色可以不在表层中出现，所以，深层次的语义配置式同表层次的句法有序式必然会呈现错综复杂的对应关系，而这正是我们在研究交互动词配价时需要特别注意的。

4. 结语

交互动词是现代汉语中的一种具有特殊的语义基础和句法功能的动词。这类动词同普通的(主要是国外的)配价指数理论存在着既相适应又不适应的矛盾——在 N_1 充当主语的情况下，交互动词的配价指数还是比较清楚的，但是当 SN_s 充当主语时，其配价指数就会变得相对模糊，而这也正是历来各家分歧的根由所在。

毫无疑问，在 SN_s 充当主语的情况下，交互动词的语义特征和句法功能都不同于一般意义上的二价动词和三价动词。然而，其价质和价量并没有发生实质性变化，所以，我们姑且称之为受到了特定共现限制的准二价交互动词和准三价交互动词，以区别于真正的严格意义上的二价、三价动词。上述分析究竟是否妥当，祈望各位先生、同仁批评指正。

附注

① 参看沈阳、郑定欧《现代汉语配价语法研究》，北京大学出版社 1995 年；又周国光"现代汉语形容词配价研究述评"，《汉语学习》1995 年第 2 期；周国光"现代汉语动词的配价研究"，《汉语学习》1996 年第 1 期。

② 交互动词也有称为"相互动词"（陶红印）、"相向动词"（刘丹青）、"准双向动词"（袁毓林）、"互向动词"（范晓）、"单向动词"（吴为章）以及"复指动词"（李临定）的，不过各家所指略有差异，范围也不一。参看周国光"现代汉语动词的配价研究"，《汉语学习》1996 年第 1 期。

③ 参看陆俭明"《现代汉语配价语法研究》序"，《汉语学习》1995 年第 4 期。

④ 参看张谊生"交互类短语与连介兼类词的分化"，《中国语文》1996 年第 5 期。

⑤⑥ 我们之所以认为 V_a 和 V_b 交互动词在同 SN_s 共现表示主从或对等交互义时，仍然是二价动词和三价动词而没有变价为一价动词和二价动词，是因为这些动词同普通的一价、二价动词不同，它们不能同单向名词共现。当然，其主语 SN_s 又确实合成了一个整体，不能再分解为两个成分，因而也不同于普通的二价、三价动词，所以，我们姑且称之为受到了特定共现限制的准二价动词和准三价动词。

⑦ 这里所说的"方面"，并不一定都是指"个体"，除了指三个或三个以上的个体外，也可以指三个或三个以上的整体。

⑧ 参看张谊生"副词与状词的区别"，《汉语学习》1995 年第 1 期。

参考文献

范晓 1991 动词的"价"分类，《语法研究和探索》（五），北京：语文出版社。

李临定 1990《现代汉语动词》，北京：中国社会科学出版社。

刘丹青 1986 汉语相向动词初探，《语言研究集刊》（第一辑），南京：江苏教育出版社。

沈阳、郑定欧 1995《现代汉语配价语法研究》，北京：北京大学出版社。

陶红印 1987 相互动词及相互动词句,《句型和动词》,北京:语文出版社。
文炼 1982 词语之间的搭配关系,《中国语文》1 期。
吴为章 1982 单向动词及其句型,《中国语文》5 期。
袁毓林 1993 准双向动词研究,《现代汉语祈使句研究》,北京:北京大学出版社。
张谊生 1996 交互类短语与连介兼类词的分化,《中国语文》5 期。

附录一　现代汉语交互动词分类表

V_a^1:遇、搅(～在一起)、混、好(～得像一个人)、凑、联、吹(他俩到底还是～了)、像、约合;联欢、联手、联盟、联名、联姻、联运、联袂;连缀、连写、连用;相见、相视、相交、相成、相映、相会、相抵、相逢、相遇、相约、相识、相好、相爱、相依、相通、相比、相连、相邻、相扰、相等、相当、相称、相处、相对、相间、相符、相商、相待、相斗、相背、相安、相干、相关、相望、相协、相打、相骂、相左、相悖、相类、相仿、相同;同学、同路、同行(háng)、同名、同姓、同房、同班、同校、同事、同类、同族、同门、同宗、同辈、同好(hào)、同龄、同年、同庚、同科、同业;合作、合计、合并、合谋、合股、合流、合影、合拍、合沓、合拢、合伙;对应、对质、对话、对照、对视、对看、对垒、对阵、对立、对抗、对待、对打、对峙;通话、通婚、通奸、通信、通车、通气、通商、通航、通邮、通好;交融、交集、交口、交困、交往、交心、交手、交接、交锋、交火、交战、交界、交兵、交叉、交错、交加、交尾、交配、交媾、交织;结拜、结亲、结义、结合、结伴、结怨、结仇、结交、结盟、结伙;分手、分别、分界、分工、分赃、分离、分居、分袂、分爨、分开;会面、会商、会合、会谈、会晤、会盟;共存、共处、共事、共勉、共生;互助、互让、互利、互惠;并肩、并行、并举、并重、并进、并发、并排;争吵、争持、争霸、争雄、争执、争鸣、争衡;接头、接壤、接洽、接火、接吻;斗法、斗气、斗嘴;比试、比武、比邻、比配、比肩;和解、和好;汇集、汇合;话别、诀别、分别;唱和、酬和；媾和、讲和、言和、议和、失和；座谈、深谈、长谈、密谈、攀谈；有缘、无缘、有关、无关、绝缘、无干；缔交、断交、复交；作对、敌对、配对；投合、偶合、吻合、契合、混合、暗合；角斗、争斗、决斗、战斗、格斗、搏斗；聚合、聚集、聚齐；团聚、团圆；修好、交好、约好、说好、讲好；讲定、说定、约定；重合、重逢、重婚、重叠；鼎持、鼎立；拌嘴、吵嘴；话旧、叙旧；齐名、齐心；竞争、竞赛；谈心、谈话；搭伴、搭档、搭配；碰杯、干杯、碰头；做伴、就伴；换班、换亲、换帖；缔约、缔盟；酣战、决战、开战、混战、作战；拉手、拉扯；扯平、扯皮；杂交、性交、姘居、幽会；抗衡、冲突、反目、火并、纠缠、较量、匹敌、计较；口角、闹翻、冲突、抵触、破裂、摩擦、论战、厮混、僵持；调笑、调情；解约、协作、约会、怄气；来往、往来、邂逅、关联；挂钩、握手、论争、闲扯、破裂、媲美、为伍、为伴、偕老、晤面、干仗、寒暄、切磋、毗连、抬杠、探讨、呼应、扭打、拼打、决裂、角逐、酬唱、串供、见面、亲嘴、携手、平行等。

V_a^2：顶、打、离、连；拥抢、亲吻、接近、接触；配合、联合、联系；勾搭、私通、勾通、勾结、团结、认识、结识、结交；熟悉、熟识；遇到、碰到；脱离、疏远；混杂、混合；掺杂、掺和；惜别、离别、告别、永别、握别；连通、连接；会见、顶撞等。

V_a^3：结婚、离婚、订婚、复婚、成婚；成家、成亲；结亲、圆房；打牌、打球、打拳、下棋、跳舞、练功、赌博；吵架、骂架、打架、闹架、斗架；谈天、聊天；恋爱、热恋；偷情、鬼混、拼命、摊牌、翻脸、吵嘴、顶牛、干仗、作战；分家、斗争、失败、赛车、赛马、赛跑；摔跤、配套、换防等。

V_b^1：比、赛；合用、合译、合著；倒换、调换、交换、交流；共管、共居、共享、共度、共栖；互通、互称、互为；分享、分属、分摊；相差、相距、相隔；均摊、均沾、均分、均享、均有；结成、连成；争夺、争抢、轮流、轮换等。

V_b^2：吵、争、搞、隔；联络、联接；同居、同行（xíng）；合唱、合演、合营；对弈、对调、对换、对称、对骂；并列、互换；汇演、会审、会商、协商、磋商、面商；商量、商讨、商议、商谈、商定；讨论、辩论、争论、议论；交谈、畅谈、谈判、论争等。

V_b^3：闹、赌、聊、谈、比赛、交涉、争辩、打赌等。

附录二　含有交互义的习语和成语

玩点子、玩心眼、换个儿、掉过儿、咬耳朵、打交道、闹别扭、闹意见、对着干、唱反调、差不多、差不离、合得来、合不来、说得来、说不来；和平共处、暗中较劲、打个照面、唱对台戏；臭味相投、沆瀣一气、狼狈为奸；交头接耳、眉来眼去、勾肩搭背；邂逅相遇、不期而遇、萍水相逢、一见如故、一见倾心；依依不舍、难分难舍、形影不离；青梅竹马、同病相怜；一刀两断、藕断丝连；握手言欢、志同道合、情投意合、意气相投；心心相印、相敬如宾、相濡以沫、同心协力；众寡悬殊、相差无几、一鼻孔出气；一模一样、各有千秋、平分秋色；平起平坐、分庭抗礼、伯仲之间、旗鼓相当、棋逢对手、并驾齐驱、势均力敌；如出一辙、不相上下、不分高低、不分轩轾、铢两悉称、唇枪舌战等。

第三章 “从 X 到 Y”介词框架的构造与功能

0. 前言

0.1 “从 X 到 Y”是现代汉语中使用频率很高而又争议较多的一种格式。从 20 世纪 80 年代初以来，语法学界的前辈和时贤已经对此进行了广泛的探讨，并为此展开了热烈的讨论。毫无疑问，以往的探索在一系列问题上业已取得了相当的进展。然而，由于研究的目的、对象、角度、方法以及理论背景各不相同，有关该格式的许多基本的问题，迄今未能形成共识①。

0.2 本章不准备对该格式的功能、意义和用法进行全方位的探讨，而是打算从不同的角度切入，对“从 X 到 Y”的一些尚未被充分认识而又带有普遍意义的问题进行多侧面的考察，以期进一步加深对这格式的形式、意义和功能的了解，进而揭示其特征和内在规律。本章主要讨论五个问题：偏正与联合、变形与变式、端项与列项、空间与时间、语形与语用。

1. 偏正与联合

1.0 从“从 X 到 Y”的功能和意义看，首先可以分为两大类：偏正式和联合式（下称 A 式和 B 式）。这两类格式至少在四个方面存在着区别和对立。

1.1 动词与介词。从词性看,A 式中的“到”是动词,而 B 式中的“到”是介词。其差异在于:a. 动词“到”后可以插入时态助词,介词“到”后不能插入时态助词:

(1) 拉法热已从里斯本神不知鬼不觉地到了布宜诺斯艾利斯。(《读者文摘》精华第四卷)

(2) 从双龙洞到(*了)冰壶洞有石级。(叶圣陶《记金华的双龙洞》)

b. A 式的“到 Y”后面可以出现趋向动词;B 式的“到 Y”后面不能出现趋向动词:

(3) 去年冬天,我从英德到连县去,沿途看到松树郁郁苍苍,生气勃勃,傲然屹立。(陶铸《松树的风格》)

(4) 据说从姚店到花艳岭(*去),是整整二十里呢。(吉学沛《夜走花艳岭》)

1.2 具体与抽象。从意义看,A 式具体、明确,B 式抽象、含糊。大致说来,a. A 式“到”相当于“到达”“前往”,B 式“到”接近于“以至”“及至”。例如:

(5) 她跟曹慧英一样,从青训队到八一队,然后调进了国家队。(鲁光《中国姑娘》)

(6) 他发现从山脚到顶峰的铁栏杆上挂满了各式各样的锁。(《现代家庭》)

b. A 式的“从 X 到 Y”在逻辑上必定有自己明确的施事,在句中可以出现也可以不出现,而 B 式的“从 X 到 Y”在逻辑上常常没有而且也补不出自己确切的施事。例如:

(7) [ ]从北京到上海,两天以后又经杭州去了宁波。

(8) [?]从北京到上海，坐火车大约需要十五个小时。

1.3 谓性与体性。从功能看，尽管两式都可以充当主语、宾语和定语、状语，但A式是谓词性的，而B式是体词性的。区别在于：a. A式是包含一个动宾词组的偏正词组，B式是包含两个介词词组的联合词组。例如：

(9) 她从后街到前街，从镇里到野外的山坡上，旮旮旯旯都找遍，也没见踪影。（浩然《高高的黄花岭》）

(10) 从未庄到鲁镇是一滩浅浅的沼泽。（鲁迅《祝福》）

前句的"到前街"是一个动宾词组，和前面的介词词组"从后街"一起组成偏正词组，充当句子的谓语；而后句的"到鲁镇"是一个介词词组，和前面的介词词组"从未庄"一起组成联合词组，充当句子的主语。

b. A式可以单独充当谓语，可以独立成句；B式不能单独充当谓语，不能独立成句。例如：

(11) 早在本世纪的黎明，李四光只有十四岁，从湖北黄冈家乡到汉口。（徐迟《地质之光》）

(12) 炮兵阵地[分布在]从跑马场到小营门附近的壕墙内外。（冯骥才等《义和拳》）

前句的"从X到Y"是一个自由独立的分句，而后句的"从X到Y"只是一个黏着的句法成分，没有[ ]中的述谓成分就不能单用。

1.4 动态与静态。从表达看，A式趋向于表动态的动作行为，B式趋向于表静态的性质状态。具体表现为：a. A式表示主体行为，B式表示客观状态。例如：

(13) 一九一五年孙中山从北京到太原，经过阳泉的时候曾经下车察看这里的煤铁矿藏。（《祖国各地》第四集）

(14) 从南边的帕米尔高原和昆仑山，到北边的准噶尔盆地和阿尔泰山，都有他的足迹。(碧野《将军之歌》)

b. 在A式中，行为主体的位置要移动，而在B式中，表述对象的位置不移动：

(15) 从西头到东头，又从东头返回西头，找回的已不到三分之一。(王晓玉《阿贞》)

(16) 从口腔到胃里，忽然凉了一下，身上的毛孔猛地一收缩，打个冷战，非常舒服。(老舍《骆驼祥子》)

这两句的区别在于：前句的行为主体(句中未出现)从西到东发生了实在的位移，而后句的表述对象(这里指祥子)并没有发生实在的位移。

总之，现代汉语中存在着两种同形的"从X到Y"，肯定一种而否定另一种，都是片面的。

2. 变形与变式

2.0 从"从X到Y"的形式和结构看，可以发现，除了典型的"从X到Y"之外，这一格式还可以有种种变形和变式。

2.1 变形。所谓变形，实际上包括两种情况：a. 一种情况是指"从""到"本身可以替换："从"有时可以换成"自、由"等；例如：

(17) 离开济南，准知道是顶着炸弹走；自济南到徐州沿途轰炸，已有一两个月的惨事了。(《老舍散文选》)

(18) 祥子开始说过去的事，从怎么由乡间到城里说起。(老舍《骆驼祥子》)

"到"有时可以换成"至、而、及"等；例如：

(19) 从中层以上社会至国民党的右派，无不一言以蔽之曰：

“糟得很。”(毛泽东《湖南农民运动考察报告》)

(20) 韩威把火柴举到铁门边,从上而下再照一遍,突然“呀”地惊叫一声。(修来荣《狼巢匪影》)

当然,也可以前后一起替换:

(21) 我们自始至终没有过多的寒暄和客套。(吕志青《偶》)

(22) 他的脸慢慢地由红而白,把以前所受过的一切委屈都一下子想起来,全堵在心上。(老舍《骆驼祥子》)

b. 另一种情况是指“从”“到”前后添加各种成分:“从”前可以加“自、打”等[②],“X”后面可以加“起”;例如:

(23) 自从盘古开天地,三皇五帝到于今,长征是历史记录上的第一次。(《毛泽东选集》二卷)

(24) 从学前教育起直到大学基础教育这全过程的语言教育,必须全面规划,统筹办理。(张志公《向〈中学语文教学〉提点希望》)

“到”前可以加“直、又、再”等,“Y”后面可以加“为止”;例如:

(25) 老张挑着大拇指,把眼睛挤成一道缝,那条笑的虚线从脸上往里延长,直到心房上,撞的心上痒了一痒,才算满足了自己的得意。(老舍《老张的哲学》)

(26) 从去年十二月初到今年五月底为止,差不多半年时间,他居然一次也没露过面。(魏崇《十月》)

当然,也可以前后一起加:

(27) 人民解放军……从一九四九年四月二十一日开始渡江作战起至现在为止的十三个半月内占领了除西藏、台湾及若干其他海岛以外的一切国土。(毛泽东《为争取国家财政经济状况的基

本好转而斗争》)

上述“自从、直到”已呈现凝固化倾向。

2.2 变式。所谓变式,包括三种情况:a. 一种是省略与紧缩。省略就是略去“从”或“到”。例如:

(28) 从新石器时代开始到现在至多不过一万年,(　)金属时代的开始到现在不过数千年,(　)人们开始利用电能到现在不过一百多年,……(李四光《人类的出现》)

(29) 自六日起(　)十四日止,所有皖南国民党军队果然将该部新四军实行“一网打尽”。蒋先生并于十七日下午下令解散新四军全军,审判叶挺。(毛泽东《国民党与民族主义》)

紧缩就是将多个“X”或“Y”,压缩在一个“从X到Y”之中:

(30) 从庆和堂 X_1、旧鼓楼大街救世军龙宅 X_2 到护国寺李静的姑母家不远。(老舍《赵子曰》)

(31) ……他们访问了一个又一个用户,结果,从轻纺工业到煤炭 Y_1、交通 Y_2、农机 Y_3 等许多大买主,都说他们不是不需要钢材,而是没有分配指标。(沈世鸣《经济改革中的一场风波》)

也可以前后一起压缩:

(32) 从县革会主任 X_1、县委办公室主任 X_2、县工商局长 X_3,到丁一的相好 Y_1,他的夫人 Y_2,他年轻时崇拜过的演员 Y_3,都蜂拥而至,走马灯似地前来说项。(何西来《公仆与主人之间》)

b. 另一种是分裂与扩展。分裂就是“从X”和“到Y”被各种成分隔开。例如:

(33) 两个人从圣保罗教堂穿过贱卖街,到了贾灵十字街。(老舍《二马》)

(34) 自从赵子曰在去年下雪的那一天,思想过一回,直到现在脑子的运动总是不得机会。(老舍《赵子曰》)

扩展就是一个“从 X”后面跟上几个“到 Y”或一个“到 Y”前面出现几个“从 X”:

(35) ……自以为从后脑到肩背,到臀部,到脚跟,全部贴着船底了,才说一声“行了”,船就慢慢移动。(叶圣陶《记金华的双龙洞》)

(36) 从他的脸上,从他的身上,从他的装束打扮上,一直到他的眼光神态上,都可以看出他是那样的自信。(魏崇《十月》)

c. 再一种是连环与回环。连环就是“从 X”和“到 Y”的依次使用,回环就是“从 X”和“到 Y”的交替使用:

(37) 于是看小旦唱,看花旦唱,看老生唱,看不知什么角色唱,看一大班人乱打,看两三个人互打,从九点多到十点,从十点到十一点,从十一点到十一点半,从十一点半到十二点,——然而叫天竟还没有来。(鲁迅《社戏》)

(38) 这是两个认识的过程:一个是由特殊到一般,一个是由一般到特殊。(毛泽东《矛盾论》)

总之,“从 X 到 Y”在现代汉语中并不是一种孤立的格式,为了表达的需要,可以具有各种变化形式,从而形成了以“从 X 到 Y”为核心的一组相关格式。

3. 端项与列项

3.0 从“X”和“Y”的语义类别和相互关系看,可以分为端项式和列项式两种[③]。在“从 X 到 Y”这一格式中,由“X”到“Y”蕴含着一个系列,“X”和“Y”在该系列中可以有两种不同的位置:一种是充当端项,位于整个系列的两端;一种是充当列项,占据整个系列的一段。端项式和列项式在三个方面存在着区别和对立。

3.1 封闭与开放。由于在整个系列中所占据的位置不同,端项和列项在向外扩展时,呈现明显的对立:端项只能是封闭的,列项可以是开放的。所谓封闭,就是整个系列不能再扩展了。例如:

(39) 从我国的西北直到旧日的波斯,横亘着数千公里的大沙漠。(秦似《幼林》)

(40) 人类能从原虫到人类,从野蛮到文明,就因为没有一刻不在革命。(鲁迅《黄花节的杂感》)

"我国的西北"和"旧日的波斯"是这段距离最东和最西的两个顶端,"野蛮"和"文明"是人类社会发展阶段的最低和最高的两个阶段,所以,这些系列都是封闭的,"到 Y"后面不能再扩展了。所谓开放,就是整个系列还可以再扩展。例如:

(41) 从一无所知到知之不多,到知之甚多,这是一个不断转化的过程。(《伟大转变和重新学习》,《人民日报》社论)

(42) 欧洲比较团结,由共同市场到共同体到联盟,抱成一团。(许博渊《欧洲不声不响地前进》1998-07-27《新民晚报》)

"知之不多"还可以扩展到"知之甚多","共同体"还可以扩展到"联盟"以及其他形式,所以是开放的。其实,列项式并非一定要用几个"到 Y",也可以采用"X"或"Y"紧缩式:

(43) 从满清末期的士大夫,老新党,陈西滢们……一直到最近期的洋场无赖式的文学青年,都是他所亲身领教过的。(瞿秋白《〈鲁迅杂感选集〉序言》)

(44) 秋瑾的血不会白流,一百年来无数仁人志士——从秋瑾

到刘胡兰，江竹筠，张志新——的血不会白流。（夏衍《秋瑾不朽》）

或者采用双项式，即扩展项虽然存在，但并没在表层中出现：

（45）沙丘的高度一般是从几米到几十米（，到上百米不等）。（竺可桢《向沙漠进军》）

从上下文看，括号中的扩展项是可以补出的，因为作者在文中又写道："沙丘的高度一般从几米到几十米，也有高达一百米以上的。"

3.2 有序与无序。从"X"和"Y"在整个系列的位序看，它们的区别在于：端项式一般是无序的，列项式必定是有序的：

（46）从宿舍到训练房有一段相当长的路。（鲁光《中国姑娘》）

（47）社会主义由理论到现实，到按国情和时代要求建设社会主义，是科学社会主义同各国实际相结合，并进一步丰富和发展的过程。（《邓小平文选》）

前句是无序的，完全可以说成"从训练房到宿舍"，而后句是有序的，绝不能说成"由现实到理论，到……"。一般说来，"X"和"Y"表空间关系的，大都是端项式，无序的；表时间关系的，大都是列项式，有序的（当然，这只是一种倾向而已）：

（48）不过我们至今也还有用手进食的地方，像从兰州到新疆，"抓饭""抓肉"都是很驰名的。（梁实秋《吃相》）

（49）前不久我有机会到西北中州和南方去了几个地方，我看了从大学到中学、小学，直到幼儿园的语言教育。（张志公《向〈中学语文教学〉提点希望》）

当然，端项式在特定的语境中，由于受搭配成分、表述对象、主观视点等的制约，也会由无序转化为有序。例如：

（50）从广场大门直到“芒果瞻仰棚”都站满了端着枪的士兵。（李准《芒果》）

（51）由此可知，从游击区到根据地，是一个艰难缔造的过程，依消灭敌人和发动民众的程度如何而定其是否已从游击区过渡到了根据地的阶段。（毛泽东《抗日战争的战略问题》）

（52）从公社到边境的一切道路和关卡，都被严密封锁。（敖德尔斯《含泪的笑声》）

上面三例都是端项式，就划线部分而言，孤立地看似乎是无序的，但前句“到”前有“直”，次句实际说的是发展阶段，后句主观视点在“公社”，所以都是有序的，不可逆转的。

3.3 双向与单向。从“X”和“Y”在系列中延伸的方向看，其区别在于：端项式大都可以是双向的，而列项式只能是单向的。也就是说，在端项式中，既可以由“X”延伸到“Y”，也可以反过来由“Y”延伸到“X”。例如：

（53）他“啊——啊”大叫起来，然后说不清是从梦到醒还是从醒到梦。（王蒙《球星奇遇记》）

（54）我的路也铸定了，每星期中的六天，是由家到局，又由局到家。（鲁迅《伤逝》）

这种双向式还可以连续使用：

（55）一个正确的认识，往往需要经过由物质到精神，由精神到物质，即由实践到认识，由认识到实践这样多次的反复，才能够完成。（毛泽东《人的正确思想是从哪里来的？》）

像下面这种则可以认为是引申的双向式：

（56）从门到窗子是七步，从窗子到门也是七步。（尤利乌

斯·伏契克《绞刑架下的报告·二六七号牢房》）

（57）她对"异光奇色的新世界"从不习惯到习惯，而对穷乡僻壤的生活则又从习惯到不习惯了。（雷达《作品小析》）

在列项式中，只有"X"可以延伸到"Y"，而"Y"是不能反过来延伸到"X"的。例如：

（58）中国由劣势到平衡到优势，日本由优势到平衡到劣势，中国由防御到相持到反攻，日本由进攻到保守到退却——这就是中日战争的过程，中日战争的必然趋势。（毛泽东《论持久战》）

（59）马先生从一进门到现在，始终没敢正眼看温都太太。（老舍《二马》）

需要指出的是，端项式可以有双向式，但在表达中也可以不以双向形式出现，而列项式则是在任何情况下都不能采用双向式。所以，既然下面两例可以补上反向部分，那么肯定是端项式：

（60）从炎夏到寒冬，（从寒冬到炎夏，）主席屋里的那盏台灯，整夜整夜都是那样明亮。（《毛主席关怀警卫战士学文化》）

（61）谣言像是展开翅膀的黑老鸹，从屯子的北头到南头，（从南头到北头，）到处飞鸣着。（周立波《暴风骤雨》）

反过来，下面这例的反向部分省略后并不影响表达：

（62）他出过国……现在又是一名拖拉机手，操纵着那么大的，二十几匹马力的大车，从早到晚，从晚到早地在这无垠的平展展的黑海洋里驰骋。（丁玲《杜晚香》）

总的说来，决定一个"从 X 到 Y"到底是端项式还是列项式，实际上要受三方面条件制约：a. 格式本身——能否扩展或紧缩；b. "X""Y"的语义特征；c. 特定的语用需要。从另一个角度看，端项和列项之间在许多方面又是相通的：端项中蕴含有列项，列项中包含有端项。本来就是一个系列，只是截取的“点”不同而已。

4. 空间与时间

4.0 从“X”和“Y”的语义特征和表义范围看，尽管看似五花八门，林林总总，但从更高的层次看，归根结底就是两种关系：空间关系和时间关系，其他各种情况都可以认为是空间和时间的不同表现形式和具体引申用法。

4.1 空间的语义类型。由“从X到Y”所表示的空间关系，主要有以下几类：方位、处所、面积、度量、范围、层级等。

a. 方位与处所。方位包括“东、南、西、北；上、下、前、后、左、右；内、外”等，一般都要成对地使用。处所都是地点名词，包括专有名词和普通名词。可以有处所标，也可以没有④：

(63) 我们几十个人都举着望远镜，从左到右，从东到西，细心地观察着道路、山头、村庄和河流。(徐海东《奠基礼》)

(64) 从晋西北到晋察冀，从冀东到东北，从河北到山东沿海，……有广大群众基础的抗日民主根据地。(孙犁《风云初记》)

b. 面积与度量。面积包括平面与侧面、内部与表层、规则与不规则等。度量包括数量与度量、重量与容量、长度与高度等：

(65) 从二十马力到七十五马力的拖拉机都有合适的配套犁。(《红旗》1978年第2期)

(66) 从山上到山下，也有五里地。(海默《我的引路人》)

c. 范围与层级。范围包括类别与类型、界域与范畴等。层级包括层面与阶段、程度与级次等。例如：

(67) 整个承乾宫,从田妃到宫女和太监们,都提心吊胆,连大气儿也不敢出。(姚雪垠《李自成》)

(68) 对课也渐渐地加上字去,从三言到五言,终于到七言。(鲁迅《从百草园到三味书屋》)

4.2 时间的语义类型。由"从 X 到 Y"所表示的时间关系,主要有以下几类:年代、时节、时辰、年龄、顺序、过程等。

a. 年代与时节。年代包括抽象的以数目表示的年代和具体的特定事件的年代。时节包括节日、假日、四季、节气等。例如:

(69) 从宋太祖建隆元年(公元 960 年),到欧阳修写这篇《苏氏文集序》的皇佑三年(公元 1051 年),相距九十二年。(《古代散文选》中册)

(70) 从春到夏,我心里老在盘算,怎样把那一点简单的故事扩大,成为一篇十多万字的小说。(老舍《我怎样写〈骆驼祥子〉》)

b. 时辰与年龄。时辰包括年月日和星期、小时和分秒等。年龄既可以指人的岁数,也可以指事物的经历等。例如:

(71) 从一九五六年生产资料所有制的社会主义改造基本完成到一九七八年党的十一届三中全会之前,我们党作过有益的探索。(《邓小平文集》)

(72) 可惜有一种人从幼到壮居然也毫不为奇的过去了,从壮到老便有点古怪,从老到死,却更奇想天开。(鲁迅《热风》)

c. 顺序与过程。顺序包括次序和位序、组合顺序和排列顺序等。过程包括程序和步骤、演化过程和发展过程等。例如:

(73) 如果让一个科学研究人员什么事都做,从找材料、跑材料、搞设备到搞研究,那么这个研究人员就不可能很快搞出什么成

果来。(陈吾愚《充分发挥知识分子在新时期的作用》)

(74) 社会主义制度从孕育,形成到它在全世界普遍建立并取得最终胜利,是一个漫长而曲折的过程。(《邓小平文选》)

4.3 空间时间的关系。首先,空间和时间其实是相通的,空间的存在要占据一定的时间,时间的体现要依存于一定的空间。所以,人们可以通过空间位置来表示时间关系:

(75) 由南京而武汉,他勤苦的工作;工作后,他默默的思念他的妻子。(《老舍文集》三卷)

(76) 同志们很多是从上海的亭子间来的;从亭子间到革命根据地,不但经历了两种地区,而且是经历了两个历史时代。(《毛泽东选集》二卷)

其次,表示空间距离可以同时表时间,表示时间顺序也可以同时表空间:

(77) 从上海到西双版纳,到"金三角",一路打工,一路流浪,历时一年半,他又回到了上海,应聘到一所学院当教师。(《现代家庭》1996 年第 11 期)

(78) 从赋予广东福建两省特殊政策,灵活措施,到兴办深圳等五个特区,从开放十四个沿海城市,扩大沿海开放地区,到形成沿海开放带,……对外开放由沿海到内地,领域不断拓宽。(《邓小平文选》)

最后,还可以通过在一定空间中的人物来表示时间。例如:

(79) 从袁世凯到蒋介石,中国人民不但没有得到什么民主,反而陷于封建加法西斯的更黑暗更残暴的统治之下。(《要大力发扬民主和加强法制》,《光明日报》社论)

(80) 从高迎祥到李自成,在这一支农民军中有一个好的传统:遇到重大的问题就召集众将领一起商议,谁都可以自由地发表意见。(姚雪垠《李自成》)

4.4 时空的表达模式。时空的表达模式主要有四种:点、线、面、类。

a. 点和线。“从X到Y”无论是表示空间关系还是时间关系,都离不开“点”和“线”这两种模式。

所谓“点”,就是起讫两点,“X”和“Y”分别表示起点和终点。可以是空间的,也可以是时间的。例如:

(81) 从科学大楼到行政大楼,他一路奔跑着。(陈漱意《罗刚杀人》)

(82) 他忽然醒了,不是那种自自然然的由睡而醒,而是猛的一吓,像由一个世界跳到另一个世界,都在一眨眼的工夫里。(老舍《骆驼祥子》)

“科学大楼”和“睡”都是起点,而“行政大楼”和“醒”都是终点。

所谓“线”,就是指整个距离,从“X”到“Y”是一条或直或曲的线,一个不可分割的线形。例如:

(83) 天气热得厉害,从八里桥到洋河边不过十二三里路,白鼻的胸脯上,大腿上便都被汗湿透了。(丁玲《太阳照在桑干河上》)

(84) 从昨晚到今朝,两条贱腿没有停过,但求太平无事。(茅盾《子夜》)

b. 面和类。“面”和“类”主要适用于空间关系,因为时间的特点是一维性,很难形成一个“面”,也很少形成一个“类”。

所谓“面”,就是指整个范围,“X”和“Y”所表示的是整个一片,含有

"到处""处处"的周遍义。例如：

(85) 从东到西，从南到北，这十字形的长大的广场变了人群、花朵和旗子的海洋。(周立波《李大贵观礼》)

(86) 他从早到晚，由东到西，由南到北，像被人家抽着转的陀螺，他没有自己。(老舍《骆驼祥子》)

所谓"类"，就是指同类事物。"X"和"Y"表示具有代表性的事物，通过对它们的列举，可以显示该类事物的基本面貌：

(87) 航标灯的款式可多啦！从山麓灯塔到江面浮鼓，从水深信号杆到桥洞涵标……到处都有它们的踪迹。(秦牧《长河浪花集》)

(88) 爬是自古有之，例如从童生到状元，从小瘪三到康白度。(鲁迅《准风月谈》)

总之，"从X到Y"框式介词在表达过程中，既可以重在空间也可以重在时间，而且两者是相通的。

5. 语形与语用

5.0 从"从X到Y"的语表形式和语用功能的关系看，相互之间存在着既对应又不对应的对立统一关系。也就是说，相同的语表形式，出于说话人的不同需要，就可以显示不同的表达效果。

5.1 同类与异类。为了追求不同的表达效果，说话人在"从…到…"格式中既可以嵌入语义相似的"X"和"Y"，也可以嵌入语义相对的"X"和"Y"。前者是为了显示一种过程，后者是为了表达一种变化。试比较：

(89) 从纺线到织布都学会了。(吴伯箫《记一辆纺车》)

(90) 从伟大到可笑相差只有一步。(谢德林《创业记》)

再比如,同样是社会形态变化,可以循序渐变,也可以突然改变:

(91) 从中华人民共和国成立到社会主义改造基本完成,这是一个过渡时期。(《毛泽东选集》五卷)

(92) 西藏自治区早已完成了从封建农奴制到社会主义的伟大变革。(栗裕《激流归大海》)

同样是指人,"X"和"Y"可以是同类,也可以是异类,同类表列举,异类表转变:

(93) 一百多年来,先进的中国人,从洪秀全,康有为到孙中山,为了国家的富强,都曾向西方寻求武器。(王福如《四个现代化和社会主义民主》)

(94) 从军长到伙夫,职位变了,可是为人民、为国家尽职尽力的思想作风不能变。(魏崇《十月》)

"洪秀全、康有为、孙中山"都是"先进的中国人",而"军长"和"伙夫"在该部队中则处在职别的最上层和最下层。

总之,语用目的不同,所选的"X"和"Y"也不同。

5.2 客观与主观。一般情况下,"X"和"Y"之间的语义关系不外乎三种类型:对称义、类别义、顺序义。例如:

(95) 丘陵地带是比较贫瘠的部分,大自然在那里的储藏最少,却把各种好东西从浅山到深山一路藏过去,越是云深不知处的地方宝贝也最多。(侯金镜《漫游小五台》)

(96) 从土建图、设备安装图,到工艺流程线,都是他搞出来的。(刘富道《南湖月》)

(97)《荷塘月色》则以"一路行去"为行文线索,从小路到荷塘到伫立环顾到神往遐想,形成明显的空间顺序,使各层情景得到步

步深化，……（何以聪《朱自清早期散文的艺术特色》）

上面三例中“X”和“Y”的对称义、类别义、顺序义都是客观存在的，是不以说话人的主观意志为转移的。然而，有时，为了特定的表达需要，说话人完全可以利用“从…到…”这一格式，在其中嵌入特定的“X”和“Y”，从而构成主观的对称义、类别义、顺序义。先看主观对称义：

(98) 这里头可以倾注无限量的心力，从一个孩子的一啼一笑到全体孩子的长育进步；这里头可以得到无限量的愉悦，从每时每刻的努力工作到三年两载的颇有成绩。（叶圣陶《搭班子》）

(99) 从少年犯到老教师，从残疾人到大明星，从大花脸到刘宾雁，从普通农民到国家总理，都以不同的心态从他的镜头里涌现。（《中国青年报》通讯）

上面两例中的“X”和“Y”脱离了这一格式，本来并没有严格意义上的对称义，是作者为了表达需要而组成的临时对称义。

同样，类别义和顺序义也可以是临时的。例如：

(100) 从故乡山村最早的夜校灯光，到秋收起义的烈火都是父亲和革命先辈们亲手点燃。（毛岸青、邵华《我们爱韶山的红杜鹃》）

(101) 15岁的段迪芳早早托起了家庭重担，从当家理财到只身一人四处为患病的二姐筹集医疗款。（《现代家庭》）

“夜校灯光”和“起义烈火”，“当家理财”和“筹集医疗款”都是由于作者的安排而有了类别义。再看顺序义：

(102) 从蒋信伟身上，我看到了中国中年知识分子从沉沦到奋斗，到走出困境，到迈向光明，以及业余爱好，夫妻生活苦涩和欢乐的一个侧面。（1996年11月《现代家庭》）

(103) 从门前的石狮子到相互间的礼让到社会上的“师道尊

严”均被打倒了。(《中国青年报》通讯)

上述顺序义也都是作者根据需要而安排的,带有一定的主观性。

需要指出的是,主观义并不是凭空编造的,它们都必须具有潜在的客观语义基础。

5.3 状态与变化。由于表达目的的不同,同一个“从 X 到 Y”,既可以表示状态、性质,也可以表示发展、变化。试比较:

S1 从门到窗子,一共有七步。

S2 从门到窗子,都擦洗过了。

S1 从古猿到人类,都离不开空气和水。

S2 从古猿到人类,经历过好几个阶段。

S1 从长沙到丹东,处处是欣欣向荣的景象。

S2 从长沙到丹东,差不多整整走了三个月。

S1 从建立新中国到粉碎“四人帮”,都得到了人民的支持。

S2 从建立新中国到粉碎“四人帮”,正好是二十年时间。

上面 S1 所表示的都是性状,都属于静态的;而 S2 所表示的都是变化,都属于动态的。这两者的不同,同“X”和“Y”本身的语义无关,关键就在于说话人的表达方式和语用需要。再看实例:

(104) 从开花到果子成熟,大约得三个月,看来我是等不及在这儿吃鲜荔枝了。(杨朔《荔枝蜜》)

(105) 农作物从种子发芽、成长到开花结实,并不是一帆风顺的。(《农作物抗病品种的培育》)

同样是开花结果,前句指的是一种状态,后句指的是一种变化。

5.4 自由与黏着。从表达功用看,“从 X 到 Y”还有一个小小的特点,那就是:特定的语境和语用需要可以使黏着的“从 X 到 Y”转化成为一种自由的成句形式。譬如下面这些“从 X 到 Y”本来都是黏着的联合格式，一旦将它们用作篇名、书名，那么，它们就会获得一定程度的自由——可以单独充当文章的标题。例如：

(106) “从百草园到三味书屋”(鲁迅《朝花夕拾》)

(107) “从讽刺到幽默”(鲁迅《伪自由书》)

(108) “由冰心到废名”(沈从文《沫沫集》)

(109)《从鸦片战争到五四运动》(胡绳)

总之，同样是使用“从 X 到 Y”，但作者可以通过对“X”和“Y”的选择以及对整个格式的调整，以适应不同的表达需要。

6. 余论

通过对“从 X 到 Y”格式的多角度考察，我们觉得：研究现代汉语中的固定格式，仅仅局限于该格式本身的术语名称、结构关系是远远不够的。要想比较清楚地认识这类语言现象，就应该尽量做到：(一)既要描写该格式的典型组配，又要弄清与之相关的各种变化形式。(二)既要发掘该格式框架成分的意义和功能，又要研究可换成分的特征和关系。(三)既要弄清该格式的内部结构关系，又要考察其外部使用语境。(四)既要探求静态的格式义，又要揭示动态的语用义。唯有如此，才能使问题的研究更加深入、更加全面，才能使我们的探索更有价值、更有意义。

附注

① 参看全部参考文献。

② “自从”“打从”只能表示时间关系，不能表示空间关系。

③ 参看储泽祥(1997)。

④ 参看金锡英(1981)、储泽祥(1997)。

参考文献

白荃 1992 论作主语的介词结构“从…到…”，《汉语学习》1 期。
储泽祥 1997《现代汉语方所系统研究》第三章，武汉：华中师范大学出版社。
崔应贤 1981 也谈“从…到…”结构——兼与张文周等同志商榷，《郑州大学学报》（哲学社会科学版）3 期。
胡蓉 2010 “从 X 到 Y”格式研究，广西师范大学硕士学位论文。
金锡英 1981 也谈“从…到…”结构，《黔南民族师专学报》1 期。
李芳杰 1983 说“从…到…”，《武汉大学学报》（人文科学版）1 期。
李凤吟 2006 关于“从 X 到 Y”格式，《泉州师范学院学报》3 期。
李晋荃 1982 固定格式“从 A 到 B”的意义、功能和结构，《苏州大学学报》1 期。
宋秀令 1980 现代汉语中的“从…到…”结构，《山西大学学报》（哲学社会科学版）2 期。
王元祥 1991 也谈“从…到…”结构，《贵州师范大学学报》（社会科学版）3 期。
吴延枚 1981 由“从…到…”谈起——和张文周同志商榷，《淮阴师专学报》4 期。
邢福义 1980 关于“从…到…”结构，《中国语文》5 期。
邢相文、曹秀玲 2015 现代汉语“从……到……”格式考察，《汉语学习》2 期。
徐复岭 1982 就“从 A 到 B”结构与有关同志商榷——兼谈“到”字的词性问题，《齐鲁学刊》1 期。
余大光 1980 “从…到…”是介词结构吗，《中国语文》5 期。
张爱华 1980 也谈“从…到…”结构，《淮阴师专学报》4 期。
张文周 1980 能在判断句中作主语的一种介词结构，《中国语文》3 期。
朱林清、莫彭龄、刘宁生等 1987 “从…到…”，《现代汉语格式初探》，天津：天津人民出版社。

第四章 “X 之于 Y”的构式化与“之于”的介词化

0. 前言

众所周知，“之”是个书面语结构助词，主要用在定中短语与主谓短语当中[①]；而“于”是多功能介词，“于 NP”可以介引表“时处、对象、被动、源点、终点、比较”等后补成分。那么，下列“X 之于 Y”的“之”及其“之于”的性质与作用，该如何认定与解释呢？

S1 啤酒之于青岛，不仅是名片和标签，更以其底色融入城市性格，成为一种文化，一种生活方式。

S2 寒山寺之于苏州，其重要性与标志性，就如同兵马俑之于西安，故宫之于北京，西湖之于杭州。

“之”和“于”究竟是什么关系？两句的“X 之于 Y”在表达上到底有哪些区别和联系呢？

关于古代汉语“X 之于 Y”的构造及其“之于”的表达功用与组合特征等，前辈学者已有所论及，业界也已发表了一系列研究成果[②]。然而，对于现代汉语“X 之于 Y”的关注，迄今为止却极为有限：不但相关的探讨几乎一项也没有，而且，所有当前通行的各种语文词典和虚词词典，全都不承认“之于”作为一个词的词法地位，当然也都没有为之立目[③]。

本章将从共时平面考察现代汉语“X之于Y”及其“之于”性质与特征、功能与作用。首先分析“X之于Y”的结构关系与功能类别，然后探讨“X之于Y”的关涉功能以及一部分“之于”的介词化，最后考察“X之于Y”表比况的方式及其连用导致的多项构式化。

本章用例主要引自北大语料库及报刊、网络上的报道，例句全部注明出处（略有删节）。为便于行文，本章用“X”和“Y”替代“之于”前后的句法成分，包括名词、代词、动词及其相应的短语。对于连用的多项“X之于Y”，必要时分别标上数字以示区分。在分析相关例句的某些句法成分时，加（ ）的，表示该成分是原有的；加[ ]的，表示该成分是添加的。

1. 构造性质与功能类别

1.0 本节主要分析“X之于Y”的结构类型、表达功能以及“之于”的性质与特征。

1.1 “X之于Y”的结构与类别。对于古汉语“X之于Y”的结构关系，一直存在不同认识（陈仕益2008）；其中较有代表性的观点认为，这是主语＋“之”＋介词结构的格式（王力1980，楚永安1986等）。根据现代汉语“X之于Y”的分布与功能，尤其是在整个句子中的关系与作用，我们认为，“X之于Y”可以分析为“体词语＋介词短语的特定构式”。当整个构式“X之于Y”充当主语时，该“体词语X”就是句子的主语。例如：

(1) 先生之于王氏《词话》，研索甚深，获益匪鲜，也是可以看得出的事实。（《读书》vol-057）

(2) 从目前曝光的信息看，微信之于社会化电商，扼住要害，但又步伐谨慎，至少微信5.0让外界得窥一斑，却又浅尝辄止。（《社会化电商压境：阿里向左 微信向右》2013-08-14《北京商报》）

之所以将“X之于Y”分析为主语“X”＋介词短语“之于Y”的特定构式，是因为从该短语的内在语义关系看，正是“X”才是短语核心：是“先生”，“研索甚深”；是“微信”，“扼住要害”。后附“之于Y”的作用，主要就是指明行为的对象或范围：“先生”研索的对象是“《词话》”，“微信”扼住的对象是“电商”。那么，为什么介词短语会后附于主语之后呢？因为汉语介词都是由动词虚化而来，其中部分还保留着动词功能，在一定语境中还可以做谓语。

也就是说，古汉语中一部分“X之于Y”本来是主谓短语中间插入了取消结构独立性的“之”。试比较：

(3) 贾山上书曰：“古之贤君于臣也，尊其爵禄而亲之，疾则临视之无数，死则往吊哭之，临其小敛、大敛。……”(《后汉书·礼仪下》)

(4)(皇甫)规对曰：“天之于王者，如君之于臣，父之于子也。……”(《后汉书·皇甫张段列传》)

两个“于Y”短语，本来都具有一定的述谓性与独立性，所以，“X于Y”与“X之于Y”尽管句法功能不同，但都可以单用。发展到现代，虽然跨层的“之于”已经介词化，“X之于Y”的表述性已经弱化，但自足性仍然存在，所以，可以单独充当主语等句法成分。

当“X之于Y”构式充当宾语、定语时，该“体词语X”就是句子的宾语、定语。总之，“X”与“之于Y”必须作为一个固化构造一起使用，予以整体理解。试比较：

(5) 潘先生之于国学，是有其家学渊源的，他自幼受到严格的庭训，加上一生的自学不倦，造诣过人。(《读书》vol-041)

(6) 董子健之于黄晶晶的初恋，就像是一个恐高症患者之于高空滑道，在禁忌面前，初恋原来如此不堪。(《〈青春派〉：酥脆甜心青苹果味》2013-08-05《京华时报》)

从内在语义关系看，前句是构式单用，可以分析为“对于国学潘先生是有其家学渊源的”；后句用了两个构式，就必须作为前后关联的一个整体加以理解，分析为“董子健对于黄晶晶的初恋，就好像恐高症患者对于高空滑道一样”。由此可见，随着构式的定型化，尤其是隐喻表达的经常化，“X 之于 Y”构式已由单一构式，逐渐扩展到前后关联的套叠、连用构式。

与前贤最大不同在于：本章不认可“之”是连接介词短语“于 Y”的，而认为是介词“之于”介引“Y”构成介词短语“之于 Y”的。也就是说，按照通行的语法体系，“之”是助词，“于”是介词，隶属于不同的语法单位，处于不同的句法层面。然而，这一结构中的“于”虽然在句法上仍可以分析为后面“Y”的直接成分，但在音步上、用法上早就与“之”合成了一个复合词[④]，尽管在不同的分布中其词汇化程度还存在差异——只能用在“X 之于 Y”之内的还是个准介词或者说韵律词、语法词[⑤]，“之于 Y”可以独用的则已经是介词了。

从句法功能看，现代汉语“X 之于 Y”构式，主要是一个体词性结构而非一个谓词性小句[⑥]，因为在搜集、统计的 2000 多条现代汉语有效语料中，后接语气词可以分析为独立单用的小句“X 之于 Y”，一例也没有，全都是充当主、宾语及定语的。例如：

(7) 毕加索之于今天西方的观众早已成为“古典大师”。(《读书》vol-114)

(8) 语言之于存在之思犹如母亲之于孩子，所有的只是宽容与奉献，挚爱与赤诚。(《读书》vol-100)

(9)《万叶集》在日本文学史上的地位恰如《诗经》之于中国文学史。(《读书》vol-129)

(10) 当然“KTV 小姐”之于老板的最大好处还是招徕客户。(1994 年《报刊精选》)

我们之所以认为"X之于Y"现在已经是一个凝固化的定型构式，还因为有相当多"X"，在语义上已很难单独充当主语、宾语或定语，来单独与后面的谓词相匹配。例如：

(11) 早晨抑或是黄昏，在街头巷尾，常常能看见三三两两的老人，他们甩甩胳膊、伸伸腿，健康之于他们难道比年轻人更重要？(1994年《人民日报》)

(12) 他说："黄土之于科学家就像是钢琴之于音乐家，音乐家用钢琴谱出美妙的音乐，科学家在黄土上不断取得创新和超越。"(2004年新华社《新闻稿》)

"健康难道比年轻人更重要""黄土就像是钢琴"的说法，显然都是难以成立的，必须与"之于Y"结合在一起表述，才能合乎情理。由此可见，在这一构式中，介词短语"之于Y"尽管在形式上只是个后附成分，但在内容上有时候却是表达过程中不可或缺的构成要素。

此外，特定表述当中，两个或多个"X之于Y"还可以并列充当主语或宾语。例如：

(13) 江淹之于南浦、李白之于长江，自是醉唱千缕别情。(1993年3月《人民日报》)

(14) 这一点恰如迎客松之于黄山，园林之于苏州，标志着那个领域鲜明的风格。(2004年新华社《新闻稿》)

需要说明的是，在调查的语料中，我们也发现少数做主语的"X"是由动词语充当的。例如：

(15) 唐人李白曾有"难于上青天"的诗句，但今天，"上青天"之于人类，已远非难事。(《读者》合订本)

(16) 拒绝诱惑之于为官者是十分不易的，被中央领导同志称为"一个有良心的县委书记"——山西省翼城县委书记耿根喜由拒绝诱惑而陷入诱惑又摆脱诱惑。(1996 年 7 月《人民日报》)

其实,"上"与"拒绝"都是指称性动词,功能上接近体词。此外还有主谓式的"X"。例如:

(17) 历史上这类事件还可以举出许多,如民族大迁徙之于罗马帝国的命运;异族入侵之于汉民族的文化性格特征,等等。(《读书》vol-096)

(18) 在仍然存在边界争议的情况下,印度国产航母下水之于中国,并非没有连带效应。(《印度国产航母下水有多大效应》2013-08-13《京华时报》)

汉语小句充当主语本来就无须添加标记,但充当主语的主谓式"X"在功能上还是指称性的。为了体现"X"的指称性,有些作者在主谓之间插入了"的"以转化为偏正短语。例如:

(19) 若姚明被交易,他的离去之于火箭队友,将会有一系列连锁反应,谁都不希望,背靠"姚钱树"乘凉的日子,就这么一去不复返了。(《这棵"姚钱树"不要移走》2011-01-18《新民晚报》)

(20) 宋建平的夜不归宿之于林小枫,如同火上浇油。(王海鸰《中国式离婚》)

总之,无标或有标的指称性谓词语充当主语"X",并不会改变"X 之于 Y"构式的基本性质。

据此,可以归纳如下:a. 从结构关系看,"X 之于 Y"是由介词短语"之于 Y"后附体词语"X"的特定构式;b. 从句法功能看,"X 之于 Y"是充当主、宾语为主的体词性短语;c. 从构成特征看,其中的"之于"作为具有引介功能的复合体是个正在词汇化的准介词。

1.2 关涉向比况的延展。"X之于Y"的表达功能，可以分为互有关联的表关涉与表比况两个方面。关涉重在说明"X"对"Y"的影响，接近于"对于Y来说，X"。比况又可以分为两种，一种重在强调X^1跟Y^1之间的关系，不但同X^2跟Y^2，甚至同X^3跟Y^3等都非常相似、几乎一样；再一种只是显示某种情形与X跟Y之间的关系十分相似、几乎一样。试比较：

(21)《财星》杂志记者访问米高梅后，撰文称梅耶是"事业家""外交家"，而塞尔堡之于米高梅就像米高梅之于好莱坞(≈塞尔堡跟米高梅的关系就像米高梅跟好莱坞的关系)一样重要。(《读书》vol-172)

(22) 我一直都是好酒之徒，酒之于我，如同宝剑之于英雄，红粉之于佳人(≈英雄与宝剑的关系、佳人与红粉的关系，就像我与酒的关系一样，非常相似)。(2011-02-28 彩龙社区)

(23) 越是不可思议的东西越是发人深思，此般情形犹如光线之于视觉(≈此般情形，与光线跟视觉的关系，几乎一样)，当你踱入暗处势必努力掰开眼睛。(《读书》vol-084)

从表义性质来看，表关涉与表比况是相通的，是同一功能的不同表义侧重：从"X之于Y"内"X"与"Y"之间的关系来看，是关涉；将表述重点进一步扩展到与"X之于Y"内在关系具有相类性的其他关系时，是比况。所以，关涉与比况经常并存，先关涉，再比况。例如：

(24) 朋友之于我，诚如空气之于有肺动物，水之于鱼，不可一日无也。(袁昌英《爱美》)

(25) 风声涛声之于寂静，正如风之于空气，涛之于海水，是一是二。(钱锺书《写在人生边上》)

(26) 在波普看来，伟大的哲学之于哲学家，并不同于伟大的

绘画之于画家或伟大的音乐之于音乐家。(《读书》vol-144)

(27) 只有共产党才能救中国,也只有你才能救我。你之于我来说,就是贝之于壳,香之于佛,曲之于歌,水之于河,笔之于墨,秤之于砣,党之于国。(《你之于我》2012-06-17 新浪读书)

可见,关涉是基础,比况是延伸;关涉只阐明关系,比况是用双项或多项关涉的关系来强化。

一般情况下,用"之干 Y"表达各种关涉功能,只用一个"X 之于 Y"就可以了,有时,为了特定的表达需要,也可以采用两项、三项并列的方式,表示相同的关涉性关系。例如:

(28) 只要有某些生产因素,如土地之于农民,市场之于商贩,就能继续保持固定不变的规模,这种情况总是要发生的。(《读书》vol-063)

(29) 不被生活重担压得精疲力尽的人,不知闲的快乐;不到自己体力退化而真正来不得的人,也不知闲之重要;不是想利用无多的生命从事心爱的事业——例如文人之于写作,学者之于研究——而偏不可得的人,也不知闲的可贵。(苏雪林《当我老了的时候》)

(30) 成年人之于孩子、大孩子之于小孩子、天资高的孩子之于病弱孩子,当然是强者了。(《读书》vol-061)

(31) 所以,在直接经验的领域,不能把本身抽象地分解为各种器官,并按照因果关系使它们与各种不同的功能相对应,如眼之于视、耳之于听、脑之于思等等,这些都属于要被悬置的心理学和生理学抽象。(《读书》vol-107)

并列关涉与并存比况的区别还在于:关涉句中的"如、例如"主要凸显列举义,而非像似义。

既然比况义多是一种隐喻性说明,所以,虽然两个或三个"X 之于

Y”可以成句，但其本身语义往往不自足，必须结合前句或后句的陈述或说明，才能表达其确切的比况义。例如：

(32)（相反，两种或多种文明的融合往往会迸发出巨大的能量，产生出新的文明。）罗马文明和日耳曼文明之于欧洲，中国文明和西方文明之于日本，都是如此。(《读书》vol-082)

(33)（此外，杰出的表演艺术家，视司鼓、操琴为左臂右膀，所谓“珠联璧合，相得益彰”。）鲍桂山之于杨小楼，犹如杭子和之于余叔岩、杨宝森，白登云（鲍氏高足）之于程砚秋。(《读书》vol-150)

(34)（然古昔中国译经之巨子，必须先即为佛学之大师。）如罗什之于《般若》、《三论》，真谛之于《唯识》，玄奘之于性相二宗，不空之于密教，均既深通其义，乃行传译。(《读书》vol-133)

(35)（中国30余年体制改革和区域发展的经验一再证明，宏大改革发展目标的实现往往需要微观主体在一个个点上率先突破、形成示范。）正如小岗村家庭联产承包责任制之于农村改革，顺德乡镇企业崛起之于企业产权改革，蛇口工业区市场化探索之于深圳特区的腾飞。(《龙华时刻》2012-09-20《南方日报》)

上述多项“X之于Y”比况句，都必须结合前句（ ）的叙述，才能显示其比况的确切含义。

1.3 “之于”的性质与功能。如前所述，由于双音节韵律的挤压作用，现代汉语“之于”已凝固定型化了，形成了一个复合体。也就是说，“之于”的“之”本来只是相关结构中的一个连接成分，但由于“X之于Y”习用性的长期制约，“之”与“于”早已完全凝固，基本成词了；而且，准介词“之于”所能表达的特定的关涉功能，也不是介词“于”所能承担的了。所以，现在绝大多数“X之于Y”中的“之”，都已经是不可或缺的了。例如：

(36) 我爱书，也感谢书，书让我走出混沌与蒙昧，书让我明白做人的道理。书之于我(比较：? 书于我)，犹水之于鱼(比较：? 水于鱼)，须臾不可相离。(1996 年 1 月《人民日报》)

(37) 并购大亨的眼里只认得钱，钱之于他(比较：? 钱于他)甚至不具有交换价值，只是一组红绿跳动的数字，他崇尚智力游戏，喜好冒险、挑战、刺激。(《人情温度与市场法则》2013-08-05《光明日报》)

上面诸例"X 之于 Y"都是四音节的，由于音节与构造的制约，这个"之"就更不能省略了。

不过，在考察过程中，我们也发现了少量的"之于"的"之"可以不用的情况。试比较：

(38) 生活之于人，波澜起伏者少，平淡枯寂者多。太多的平淡枯寂，会消泯人的生命热情；失了生命热情的人，便无创造欲望。(1994 年《市场报》)

(39) 生活[之]于人，是苦情剧，是励志剧，是肥皂剧，也是情景喜剧；我喜欢后者，情景喜剧，料多味猛！(《与其在别处仰望 不如在这里并肩》2013-02-25 腾讯微博)

(40) 法国女哲斯达尔夫人言，爱之于男只是人生插曲，而[之]于女则是生命全书；拜伦等亦以诗陈此说，颇类似中国俗谚"男子痴，一时迷，女子痴，没药医"。(《读书》vol-144)

那么，这种现象是否就意味着"之于"还没有词汇化呢？显然不是。其实，不用"之于"而用"于"，有时为了协调音步，例(39)是凑成四字格，有时只是作者的替换选择。进一步观察可以发现，即使典型的介词"对于"，也会出现与介词"于"共现的情况[7]。试比较：

(41) 庚子以前在戊戌年，后有辛亥年，戊戌之于庚子，正反成文，庚子[之]于辛亥，江河直下；到和议成，赔款定，清社之屋已为定局，只剩时间问题了，辛丑辛亥本相连续也。（俞平伯《我生的那一年》）

（42）大罗山对于温州，正如紫金山对于南京、崂山[对]于青岛，乃至西湖[对]于杭州、东湖[对]于武汉，山水因城而闻名，城因山水而更灵秀。（《大罗山》2003-06-08 百度百科）

总之，一部分“X于Y”的存在，甚至与“X之于Y”并存，或者是为了表达的需要，或者是旧用法的遗留，并不能用来证明“之于”尚未介词化。也就是说，“之于”作为一种跨层连用体，虽然在表达功能上本无关联，在构词基础上也缺乏理据，从而导致其直到现代还较难彻底完成其构词身份的重新分析(re-analysis)[⑧]，但实际情况却是，“X之于Y”作为经典的文言格式，两千多年来一直承担着重要的表达功用，在持续频繁的使用中，不但整个结构已经定型而构式化，而且其中的“之于”也已基本介词化了。

2. 关涉功能及其介词化

2.0 本节主要讨论“X之于Y”关涉功能的表述基点、表达方式及其相应的介词化。

2.1 关涉的对象与方式。关涉功能是个广义概念，细分起来，以体词语“X”作为表述基点，大致可以分为主动、被动与相关三大类；表达方式可以分为单向关涉、交互关涉两种。

主动式的“X”是广义施事[⑨]，“Y”是关涉对象；被动式则相反，“X”是关涉对象，“Y”是广义施事；至于相关式，“X”与“Y”之间存在各种关联，但没有明确的施受关系。试比较：

（43）陈（陈寅恪）之于王，风谊平生师友间，故他对于王国维

死因的看法，较为超脱。（《读书》vol-133）

（44）现实之于她，不是柴米油盐，而是溪流、云朵、鲜花；色彩绚烂，如诗如画。（《读者》合订本）

（45）红晕之于人脸，按常规染在颧骨的居多，不知为什么嫦娥却在腮帮子上承接了它。（铁凝《嫦娥》）

三个"X之于Y"都表关涉，但发话人表述基点选择不同，关涉的对象自然也不同。再比如：

（46）我之于酒，从劫难始，系十五岁那年高考人为地落榜。迎面的打击，把少年的弱脊梁打坍软了，躺在床上经受绝望的煎熬。（1994年《市场报》）

（47）酒之于我，或淡或浓，全是个人爱好，正如鱼与熊掌之间的顾盼。只是我以为，经过把酒共醉的朋友，可以看出真性情，酒中知己，也是可遇而不可求的。（《关公坊里春意浓》2009-03-15《三峡晚报》）

（48）爱之于我，不是肌肤之亲，一蔬一饭；它是一种不死的欲望，是疲惫生活里的英雄梦想。（1997年《作家文摘》）

比较而言，准介词"之于"表关涉时，选择表达"X"与"Y"各种相关性的占大多数。例如：

（49）不单是诗人，就是被关闭在牢狱里的囚犯，到了秋天，我想也一定会感到一种不能自已的深情；秋之于人，何尝有国别，更何尝有人种阶级的区别呢？（郁达夫《故都的秋》）

（50）人之于世，时时处处无不面临着诸种诱惑：美妙的名、珍奇的物、丰厚的利、妩媚的色……凡此种种，给人以强烈的刺激、奇妙的幻想。（1996年7月《人民日报》）

前例表示“对于人类,秋天”如何,后例接近于“人生在世”的时间关系。相关式“X”与“Y”关系的建立大多具有临时性,所以,更倾向于后附“来说/而言”以凸显话题性。例如:

(51) 读书界对畅销书的态度,总有点儿不公正。其实,“畅销”之于写书者来说,无疑是一件欢欣鼓舞的事。(冯骥才等《真善诚的〈日子〉——文艺界人士读〈日子〉》)

(52) 当网友问起保护未成年人的问题时,兰和认为,实质上,保护未成年人的问题之于本案而言,是个伪命题。(《李家法律顾问:受害人身份尚不明 道歉还太早》2013-08-13《广州日报》)

值得注意的是,两项并用的“X之于Y”除了并列关涉外,也可以表示交互关涉。例如:

(53) 因此说,色之于性,性之于色,两者之间是不能分离开的。(元音老人《佛法修正心要》)

(54) 先想一个问题,亲之于子(指未成年的子女)、子之于亲,其关系是相同与否?(俞平伯《贤明的、聪明的父母》)

(55) 就入世一面而言,其人名至实归,世之于他或他之于世,彼此都“觉有情”,也弥足珍视。(《读书》vol-159)

(56) 作为一个积极关注社会、关心经济发展的著名作家,他对经济之于文学和文学之于经济有一番独特的思考。(1994年《报刊精选》)

从语义关系来看,交互关涉就是“X”与“Y”互为关涉对象。就结构关系来看,两个“X之于Y”大多构成并存的联合结构,但分离式也可以构成表交互关系的并列复句。例如:

(57) 物质文明之于精神文明,是基础;精神文明之于物质文

明，是动力。（1994年《报刊精选》）

（58）我之于人，怨以德报；人之于我，恩将仇报。凡此种种，均付诸因果，不与较量，逆来顺受而已，不知魔障何来？（《读书》vol-138）

（59）拉萨之于北京十分遥远，因为，我们这些传播信息的人没有尽到责任，难怪天子脚下的北京人会提出许多傻问题；而北京之于拉萨却并不遥远，因为，打开电视，拉萨人可以和任何一地同时面对天下，于是世界也不再陌生。（1994年《人民日报》）

而两个关涉性“X之于Y”连用时，后一个“X之于Y”的“X”，还可以承前省略。例如：

（60）的确，“正大综艺”之于中央电视台，（ ）之于观众，是一个叫响的节目，而两位男女搭档作为主持，亦已形成一定风格，在观众中享有一定声誉。（1994年《人民日报》）

（61）研究这个问题，之于深圳有其区域的特殊性；（ ）之于全国则像深圳的改革试验一样，具有探索性、超前性。（1994年《报刊精选》）

“之于Y”省略“X”表关涉，既可以连续省略，也可以只是对前句“NP”的承前省略。例如：

（62）当然，不以宗教为“皆妄”的，还有不少哲人，马克斯·韦伯，克里斯托弗·道森，T. S. 艾略特，不仅不以为妄，而且从不同的角度，阐述宗教之于自由，（ ）之于西方文化，（ ）之于现代社会的巨大意义——这最后一点，丹尼尔·贝尔在《资本主义文化矛盾》一书，也是再三申论。（《读书》vol-151）

（63）唐山站的改扩建工程是集团公司最大的单体工程，具有任务重、工期紧、要求高、压力大等特点。由于其体大量大，[这项工程]之于集团公司和建筑公司拓展铁路高铁建设领域具有重要意义。(《中国中铁电气化局集团建筑公司唐山站施工纪实》2013-06-14 人民网)

省略式"之于 Y"的频频出现,标志着"之于"的关涉功能渐趋成熟,正在逐步向介词转化。

2.2 "之于"与"对于"对用。由于功能相近,"对于""之于"经常对举、并用。例如:

(64) 翁姑对于儿媳,也如父母之于子女,掌握着无上的权威。(苏雪林《棘心》)

(65) 宝剑对于男人,就像钗簪之于女人,也是一种贵重的"首饰"。(《读书》vol-166)

与"对于"相比,"之于"的关涉功能要相对弱一些;而且,"之于"除了表关涉外,还经常扩展到表比况,而"对于"一般只重在表关涉;所以,二者配合使用时,通常都是"对于"居前主要表关涉,兼作比况前提,"之于"居后主要表比况,兼表关涉对象。再比如:

(66) 机器人和电脑在我们今天对于文明的作用,犹之于过去识字对文明的作用。(《读书》vol-073)

(67) 学术空气的自由吐纳,对于创作和评论的成长,有如布帛菽粟之于民生。(《读书》vol-089)

(68) 这一天的《华盛顿邮报》,大标题是《中国的巨大损失》,文章认为:"李鸿章对于中国的意义,就如同格拉斯顿之于英国、俾斯麦之于德国、迪亚斯之于墨西哥、麦金利之于美国。"(穆忆阳《1901 年:外媒如何报道李鸿章病逝?》2015-01-27 博客中国)

当然,如果前项是非主动类的关涉,那么,"之于"居前也是可以的,只是频率不高。例如：

(69) 对于一个网站而言，标题和关键词之于一个网站，就像一个人的名字和介绍对于一个人。一个良好的名字和简洁的介绍会给别人留下深刻的印象，但是网站标题和描述的定位具体有哪些呢，需要注意些什么呢？(《随意交流》2012-12-27 网络推广交流社区)

(70) 在此情势下，这场尚未"盖棺"的"蛋官司"，之于河北大学，打个平手就是胜利；而对于"格林"公司，接受调解，即意味着失败……(1994 年《报刊精选》)

正因为对举时大多是非主动关涉用法，所以，对用的"对于"也经常要附加"来说"。例如：

(71) 文化对于中国人来说，就像人之于空气一般，是无处不在的东西，而不是经由肤色的认同重新寻找自己的文化。(《读书》vol-185)

(72) 古文献《吠陀》对于印度教徒来说，正如《圣经》之于基督教徒、《可兰经》之于伊斯兰教徒，是其宗教信仰的主要来源。(斯塔夫里阿诺斯《全球通史》中译本)

(73) 方尖碑之于广场仅仅是一种位置关系；而对于我来说，谐和广场首先具有存在的意义，比如：它是巴黎的交通要塞。(《读书》vol-107)

上面有先关涉进而比况的用法，其实"对于""之于"也可以有并列关涉的用法。例如：

(74) 先秦儒家学派，本身有其产生、演变和发展的一定过程，对此作者有很好的揭示，如言孔子对于儒家学说的"开创"、孟子之于儒家学派的“中兴”，又孟、荀后于孔子而又有许多“高于孔子的地方”等，力图从“思想史的变化史实”中，求得某种关于文化发展的规律性认识。(《读书》vol-079)

(75) 业内人士指出，对于造纸业和航空业，人民币升值分别意味着进口纸浆成本的降低和外币负债的降低；而之于银行业，因其是经营本币的企业，因此是本币升值最大、最直接的受益者。(《人民币升值利好三行业》2013-08-13《经济日报》)

与“对于”并用的“之于”，虽然在句法功能与表达效用上与“对于”已非常接近，但其独用的自由度还不够高，所以，严格地讲，还只能分析为准介词，也就是韵律词、语法词。

2.3 “之于 Y”独用及介词化。一旦介词短语“之于 Y”可以独立使用，而且这些“之于 Y”的前面已补不出“X”了，那么，这个“之于”的性质与功能就非常接近于介词“对于”了。可以认为，发展进化到这一步，“之于”作为一个独立的关涉介词，已经基本成熟了。例如：

(76) 一夜成名，万众瞩目，灯火阑珊，恍若入梦。之于命运，这往往是一个转折，既可能是精彩人生的起点，也可能是悔之不及的开始。(《宋祖英升任海政文工团团长 美丽转身获祝福》2013-08-14 人民网)

(77) 这一切，在路上的张爱兰，渐渐有些懂了，她发现自己开始真正了解父亲，了解过去，之于当下的真正分量。不为别的，只为那些生命，为他们，最可爱的人。(《女子替父寻志愿军战友 帮更多老战士赴朝祭战友》2013-08-01 人民网)

独用的“之于 Y”在表达功能上，与介词短语“对于 Y”，也已经相当接近了。试比较：

(78) 一方面，公权力尚没有受到有效约束和监督，关门操作难免会权力自肥，谋求部门利益；另一方面，某些公权力官僚主义突出，之于(≈对于)保障房，未必看作是公共服务供给，而会有"施舍"心理。(《保障房建设应该引入听证程序》2013-08-09《现代金报》)

(79) 自伦敦奥运会后，林丹与赛场渐行渐远，之于(≈对于)30岁的他，世锦赛是新的开始，也可能是人生转折点。(《林丹想退就果断退吧》2013-08-04《新京报》)

当然，虽然已经介词化了，但相对于同义介词"对于"，"之于"还是有其个性特点。主要有两点：a. 基点选择不同，"对于"以主动式为主，而"之于"以相关式和被动式为主。例如：

(80) 我相信，人类对于书的喜爱，一定会随着他自身意识的提升而与日俱增。阅读改变了我的人生，让我从一名童年辍学的女孩成为一名作家。(《阅读改变人生》2013-11-07 新浪博客)

(81) 他们视书如命，深知书之于人类的意义，远远超出个人的得失。正因如此，为了保护书籍，在"文化大革命"期间，他们挨批挨斗，甚至甘愿丢命的那份对书的情结，读后令人钦佩。(《读书的真义》2012-06-30 散文网)

(82) 虽然有人慨叹，80年代以后出生的人，对于父辈的经历，了无兴趣已达到令人吃惊的地步，但至少作者的同龄人读到这些似曾相识的故事时，会有一些快乐或痛苦，被从灵魂深处唤醒，掩卷之余或微笑，或叹息，或沉吟，会再三回味。(《〈玉带桥〉读后感》2011-10-03 新浪博客)

(83) 然而，父辈的坎坷经历，之于儿子，化为了"不能干这行"的无可奈何的家训。(1994年《报刊精选》)

上面两对"对于Y""之于Y"，表述基点都正好相反——分别选择了主动式与被动式。

b. 自足程度不同。独用的"之于"用"来说/而言"配合的比率，要远高于“对于”。例如：

(84) 之于中国人来说，房子不仅仅是居住的地方，而且是家的承载体。过去提起房子，我们会想到父母联想到温暖的家，而现在提到房子，我们眼前浮现的可能会是不断上涨的房价和一摞摞的钞票。(《居住进化论》2013-09-02 看看新闻网)

(85) 但他们(指开发商、炒房客们)带来的楼市虚热注定只是一场幻觉，之于城市发展而言，不仅毫无益处，甚至是饮鸩止渴。(《被利益绑架的言论不能以“教授”身份发》2013-08-07《扬子晚报》)

在调查的语料中，“之于 Y”独用时后附“来说/而言”的比率，接近30%；而“对于 Y”独用时后附“来说/而言”的比率，不到10%。不管怎么讲，独用表关涉的“之于”，现已是个比较成熟的、与“对于”各有特色的关涉介词，应该没有问题了。

3. 比况功能及其构式化

3.0 本节主要考察“X 之于 Y”表比况的方式与用法，尤其是排比用法的构式化趋势。

3.1 比况的谓词与方式。“X 之于 Y”表比况，通常都须要在后句使用比况谓词。典型的比况谓词，单音节的有“像、如、犹、若、是”等，否定式是“不像、不如、不是”等。例如：

(86) 如今，一旦人们把他们的名字与某一项重大科技成果连接到一起时，这才一下子恍然大悟，原来一个个都是些惊雷震天般的角色！像邓稼先之于两弹，赵九章之于火箭卫星，彭士禄之于核潜艇等，就是这样的情形。(1996 年 8 月《人民日报》)

(87) 何广位擒虎捉豹，若马拉多纳之于足球，似乔丹之于篮板，如邓亚萍之于乒台，将力与美展示到出神入化的极致。(《读

者》合订本)

(88) 外来文化之于日本,绝不是随便披上一件衣服,而是当饭菜吃,或许一开始饥不择食,狼吞虎咽,但下肚之后便是消化与吸收,排泻乃至拉肚子。(《读书》vol-198)

(89) 巴特勒质疑生理性别作为自然事实先于文化建构的社会性别存在,她说:"社会性别之于文化并不像生理性别之于自然。"(李银河《女性主义》)

相对而言,双音节比况谓词的数量较多,比较常见而且典型的,有"犹如、如同、就像、正像、好像、好比、有如、正如、就如、宛如、恰如、譬如、比如"等。例如:

(90) 你的爱之于我,正如甘霖艳阳之于造化,一蔬一饭之于人类。(《虎口脱险》2012-04-27 人人网)

(91) 也不必说"绚烂之极归于平淡",只就是平常,恰如棉布之于绫罗绸葛,柴扉炊烟之于钟鸣鼎食,自然抹去了"为文造情"多有的刻意造作之痕。(《读书》vol-128)

(92) 李香君形象之于侯方域宛如一把道德匕首,刀刃所至,一片血肉模糊,而有趣的是,刽子手又照样由文人孔尚任担任。(《读书》vol-175)

(93) 何况将自己的身世及人生经验,搀入虚构的小说,中外作家均有此例,譬如曹雪芹之于《红楼梦》,迭更司之于《大卫·考伯菲尔》皆是。(苏雪林《棘心》)

三音节的否定式比况谓词,主要有"不亚于、不同于、不等于、不定是"等。例如:

(94) 对于这位女大学生,他的痴情真不亚于但丁之于Beatrice,《日记》中关于这方面不乏精彩的描写。(《读书》vol-110)

(95) 且不说唐诗很少这样的例证，就是从情理上推断，也不至于如此，因为西王母之于汉武帝并不同于杨贵妃之于唐玄宗，这种“暗示”和“表现”与其说是来自文本语言或杜甫“有意安排”还不如说是来自后世对背景意图的穿凿附会。(《读书》vol-141)

比较而言，“犹如、就像、好像”最常用。此外，还有三音节肯定式“相当于、接近于”等。

从另一个角度看，在用“X之于Y”表比况时，发话人为了将比况关系阐释得更加清楚，还会在后面附用“然、一样、一般、相似、如此”等，以补充说明其相似性关系。例如：

(96) 一旦俗了，不仅喝彩声捞不着，连自己都矮人三分，连个姓甚名谁都不敢堂而皇之地亮相，害得后人徒费诸多笔墨考证，比如《金瓶梅》之于兰陵笑笑生然。(1993年8月《人民日报》)

(97) 诗借语言而存在，语言分析对诗的研究就十分重要，好比色彩分析之于绘画，旋律与和声的分析之于音乐一样。(《读书》vol-055)

(98) 舞台上固然不乏拙劣的表演损伤了脚本的例子，但也同样有过杰出的表演艺术家使一个死剧复活的例证。这和插图之于文字内容之间的关系是颇为相似的。(《读书》vol-032)

(99) 编年史是死的历史，但编年史可以转化为活的历史。当生活的发展需要它们时，死历史就会复活，过去史就会再变成现在的。古典时代之于文艺复兴，中世纪时期之于浪漫主义都是如此。(《如何认识历史认识理论》2013-08-05《文汇报》)

就比况机制而言，绝大多数是隐喻(metaphor)，但也有少数是转喻(metonymy)。例如：

(100) 另外，民间丰富多样艺术形式大多附着在一定的民俗

活动中，如剪纸窗花之于婚俗，功德画之于丧俗。（1994年《报刊精选》）

（101）小说中的女主人公说，爱之于我，不是肌肤之亲，不是一蔬一饭，它是一种不死的欲望，是疲惫生活里的英雄梦想。（《读书》vol-205）

（102）正如泰禾集团总裁黄其森先生所言："院子之于我们中国人，早已不仅仅是一种生活方式的铺陈，更作为一种内在于我们文化血脉的基因，体现着对生命真意的世界观。"（《北京院子产品发布会圆满落幕》2013-08-09新浪网）

"婚俗""丧俗"与"剪纸窗花""功德画"的关系，都是相关的而非相似的；同样，对"我"来说，"爱"与"肌肤之亲、一蔬一饭、欲望、梦想"的关系，也都是相关的，而非相似；同样，"生活方式、文化基因、世界观"与"院子"的关系，也都是相关的，不是相似的。可见，"X之于Y"用于比况的基础，除了相似性也可以是相关性，尽管比率不高。

3.2 单项比况与双项比况。如前所述，凡是发话人将关涉的侧重点延伸到"X之于Y"与同类"X之于Y"或其他相似现象之关系时，就会转向表比况。这就表明，表示比况义以两个或两个以上的"X之于Y"为常，但单用一个"X之于Y"，也可以表示比况。例如：

（103）希望之于李叔同，正如隐在神明的启示，保留着人在选择中的自由。（《读书》vol-130）

（104）教育之于中国，犹如一条长河，告别洪荒年代，历经秦砖汉瓦、唐风宋韵，在私学、官学、新学的绵延更迭中汇入现代文明。（1994年《报刊精选》）

（105）改革之于华北铝，犹如春风化雨带来的是企业潜能释放。（1994年《报刊精选》）

（106）环境形象之于企业形象，犹如面容之于人，反映着企业的整体管理水平、经济实力和精神面貌。（1994 年《报刊精选》）

看来，只要使用比况谓词，就可以直接构成比况式；甚至还可以采用后补说明的方式。例如：

（107）如同水之于人的生命，资源和再生资源是国民经济和社会发展的重要物质基础。（1994 年《报刊精选》）

（108）就像百年前的电之于工业经济一样，阿里云特别强调以数据为中心的云计算，成为数据处理和分享的第一平台，以更好地为他的用户服务。（《杭派软件：同个名字同个梦想》2013-07-31 浙江在线）

另一方面，比况类也可以采用并列的“X 之于 Y”，来说明并存的相似性比况关系。例如：

（109）过了几年，谢先生到上海时，要我陪他去玩一次大世界，正好是翻手为云的两个有趣例子。故宫之于北京老学者，大世界之于我辈老上海，就和文章中的陈词滥调一样。（《读书》vol-185）

“故宫之于北京老学者”与“大世界之于我辈老上海”是并列关涉，但相对于“陈词滥调”，又都是相似的比况用法了。

对举的比况式，是包含了两个不同隐喻的两项比况式，与并列关涉的性质不同。试比较：

（110）音乐之于舞蹈，在于其以视听同步的效果强化舞蹈的节律感和逻辑性；而文学之于舞蹈，在于几乎百分之百的接受者都是用“文学性”的运思来诠释。（1994 年《报刊精选》）

（111）贺知章之于李白，宗泽之于岳飞，可谓伯乐；然而伯乐的推荐保举并没有改变他们悲剧的命运。杜甫之于李白，元稹之

于白居易，陈亮之于辛弃疾，可谓知音；可是这种知音根本帮不了他们什么忙。（《读书》vol-021）

前句的两个“Y”相同，但不同的“X”构成了两个关涉，而后句两个“可谓”就是两次比况。

3.3 比况连用及其构式化。既然隐喻关系的相似具有多样性的特点，那么，要想说得更加清楚、更加透彻，使用“X之于Y”就需要不止一项而是多项，就形成了连用式。例如：

（112）至于《国际歌》之于全世界无产者，苏联早期革命歌曲之于斗争中的各国革命人民，我国三四十年代的抗战歌曲之于当时中国的劳苦大众和知识分子，其巨大的动员作用更是人所共知、无须赘述。（《读书》vol-046）

（113）因此，“荷花淀派”之于白洋淀，“山药蛋派”之于晋中和晋东南，“新感觉派”之于上海，以及三十年代的东北作家群和京派作家，新时期以来的北京作家群、湖南作家群、陕西作家群、新边塞诗等，其地域色彩都是很显著的。（《读书》vol-098）

从而构成“（犹如）X^1之于Y^1，X^2之于Y^2，X^3之于Y^3……X^n之于Y^n”的连用排比构式。例如：

（114）弗罗姆选用“孤独”一词作为《逃避自由》一书的主要出发点，其重要性就如同“力比多”之于弗洛伊德，“集体无意识”之于容格，“焦虑”之于霍妮，以及“自卑”之于阿德勒一样，具有理论中心的地位。（《读书》vol-105）

（115）此外，如《诗经》之于原始文化，《楚辞》之于南方神话、巫术、歌舞，晋南北朝文学之于门阀制度，宋词之于音乐和歌妓，明清文学之于城市市民文化，“五四”新文学之于中西文化的碰撞冲突……都是学者们注意的重点，其中大可开列一批名著的书目。

(《读书》vol-129)

典型的排比类比况式,气势充沛、论证充分,具有很强的论证乃至感染的力度。再比如:

(116) 张艺谋可说是为中国电影界捧回最多奖杯的导演。他的每一部获奖电影,都与一位作家的名字相连,如《红高粱》之于莫言,《菊豆》之于刘恒,《大红灯笼高高挂》之于苏童,《秋菊打官司》之于陈源斌,《活着》之于余华等等。(1994年《作家文摘》)

(117) 当代文学中是有不少青年作者,有意无意地学习鲁迅,比如残雪、余华之于鲁迅的"酷",陈村之于鲁迅的"哀",张炜、张承志之于鲁迅的"烈",一些慷慨豪迈的批评家之于鲁迅的"苛",然而所得不过一鳞半爪,离全体精神太远,正所谓"才高者菀其鸿裁,中巧者猎其艳辞,吟咏者衔其山川,童蒙者拾其香草"——也许还有:夸夫恶汉学其骂人。(《读书》vol-205)

排比构式一旦形成,比况构式义就定型了,所以,甚至连比况谓词也可以省略不用了。例如:

(118) 中国现代文学起点的五四文学运动,并不是本土文化自然而然地演进的结果,而是表现为一种横向的移植,[就像]文研会之于俄苏文学、北欧文学,创造社之于德国浪漫派和日本"私小说",新月社之于英美诗歌,太阳社之于拉普文学,都有着明显的血缘关系。(《读书》vol-098)

(119) 由于封建主义滞缓了近代中国社会和文化的发展,中国新文学向西方求师是很自然的。[正如]鲁迅之于契诃夫、果戈理,郭沫若之于惠特曼、歌德,曹禺之于易卜生和奥尼尔,冯至之于歌德、里尔克,卞之琳之于里尔克和瓦雷里,戴望舒之于波德莱尔和洛尔加,艾青之于韩波和凡尔哈仑。(《读书》vol-021)

由此可见，经过长期的积淀，多项排比式“X之于Y”的构式化用法，现在基本成熟了[10]。

4. 结语与余论

4.1 综上所述，归纳如下：首先，随着分布的定型化与共现的高频化，现代汉语“X之于Y”已经成了一种特定的“体词语＋介词短语”的构式。表关涉与表比况是“X之于Y”同一语义关系不同的观察视点与表义侧重：关涉是构式语义基础，比况是表义功能延伸。其次，“X之于Y”表关涉可以分为主动、被动与相关三大类，功用上还可以分为单向关涉、交互关涉两种。由于功能相近，“之于”“对于”可以对举、并用；介词短语“之于Y”一旦可以独用，那么，就表明“之于”的性质与作用接近于“对于”，已经完全介词化了。再次，“X之于Y”表比况，一般都需要使用比况谓词。比况表达式可以单项陈述，也可以并存共比。隐喻关系的多样性导致“X之于Y”的多项连用式，从而逐渐导致了排比构式化。最后，就“X之于Y”表达功能的侧重所导致的句法后果来看，关涉功能的进化、成熟，导致了介词化，而比况功能的发展、演化形成了连用、排比的构式化。

4.2 通过对“X之于Y”的研究，还可以提供如下启示：(一)语言结构与语法单位，都不是固定不变的静态定式，而是一系列动态的过程；在相互之间不同作用的影响下，都会发生或慢或快的转化。(二)由于汉语词类没有形态变化，词的句法功能往往会随着不同句法环境和语用需求而逐渐改变，所以，分析汉语的句法结构，必须坚持用动态的、联系的观点。(三)迄今为止，语言学界前辈所引进的西方语法理论和体系，包括语法术语与结构单位，虽然经过借鉴与改造总体上确实可以为研究汉语所参照运用，但由于汉语特有的个性，有时则不能拘泥于一般的定义与规则。(四)语言研究者既要尊重前人的研究，更要关注语言事实的变化，既要遵循人类语言的普遍规律，更要实事求是地对各种已经演化、尤其是正在变化的语言现象展开认真细致的调查与分析，唯有如此，才有可能揭示出符合实际的语言规律。

附注

① 除了结构助词外，"之"还可以是代词、动词；所以，汉语中实际上存在性质与功能完全不同的两类"之于"：一类是代词"之"附加介词"于"，这类"之于"前面一般都有动词谓语，多构成四字格短语，比如"公之于众、求之于人""取之于民、用之于民"等。另一类"之于"主要构成"X之于Y"或"之于NP"结构，其中的"之于"已经或者正在转化为表关涉的介词；具体情况参看本章1.2和1.3的研究。

② 从马建忠《马氏文通》(1983:289)、吕叔湘《中国文法要略》(1982:119)到王力《汉语史稿》(1980:394)、楚永安《文言复式虚词》(1986:500)等，都对古代汉语"X之于Y"及其"之于"的性质有所论及。王力(1999:463)曾认为：有时候，不是在主语谓语之间用"之"，而是在主语和"于"字介宾词组之间用"之"，这样形成的结构再做句子的主语。此外，从20世纪80年代一直到21世纪初，又陆续发表了一系列研究古代汉语"X之于Y"及其"之于"的研究成果，具体成果参看本章参考文献。

③ 通行的语文词典主要指：傅兴岭、陈章焕主编《常用构词字典》(1984中国人民大学出版社)、罗竹风主编《汉语大词典》(1991汉语大词典出版社)、孙全洲主编《现代汉语学习词典》(1995上海外语教育出版社)、北京外国语大学英语系《汉英词典》组编《汉英词典》(修订版，1995外语教学与研究出版社)、商务印书馆辞书研究中心编《应用汉语词典》(2000商务印书馆)、李行健主编《现代汉语规范词典》(第2版，2010外语教学与研究出版社、语文出版社)、中国社会科学院语言研究所词典编辑室编《现代汉语词典》(第6版，2012商务印书馆)。虚词词典包括：北京大学中文系1955、1957级语言班编《现代汉语虚词例释》(1986商务印书馆)、曲阜师范大学本书编写组编著《现代汉语常用虚词词典》(1992浙江教育出版社)、侯学超编《现代汉语虚词词典》(1998北京大学出版社)、吕叔湘主编《现代汉语八百词》(增订本，1999商务印书馆)、张斌主编《现代汉语虚词词典》(2001商务印书馆)、朱景松主编《现代汉语虚词词典》(2007语文出版社)。

④ 楚永安《文言复式虚词》(1986)、闵祥顺《谈复式文言虚词"之于"》(1990)对此都有相应的论证。

⑤ 韵律词是指读音上已经相当于一个词，结构上还未完全凝固，语义上也未完全融合的词。语法词是指具体使用时句法上已具备了单词的功能与作用，只是在深层结构与词义融合方面还未完全融合成词，也就是指一些尚未彻底定型或者

未被完全认可的单词。韵律词与语法词，都还不是完全定型的词汇词。

⑥ 马建忠(1983:289)、吕叔湘(1982:119)分别认为“X 之于 Y”是“读”和“字结”。马建忠认为：凡与起词有对待之义者，必介“于”字以系其后，而又参以“之”字者，所以，读之也。故“之于”二字，即所以申其对待之义，而用若读之坐动者然。吕叔湘则指出：有时，我们把谓语里的补词提出，用“之”字和主语合成组合式字结，这也是强调谓语的主要部分的一种方法，可算组合式字结的极端活用了。我们认为，马建忠将这类结构归入“读”(接近于小句)是有一定依据的，因为古汉语“X 之于 Y”后接“也”类语气词比率相当高，有些确实是分句。至于“组合式字结”，恐怕只是一种临时活用的句法单位。

⑦ 在有前文的情况下，到底是“之于”省略为“于”，还是“对于”省略为“于”，是清楚的；但如果前面没有出现“之于”或“对于”，就必须根据上下文的语义关系断定，或者就是只能存疑、待定了。

⑧ 这也就是为什么迄今为止绝大多数语文词典、虚词词典都没有收录“之于”一词的原因吧。

⑨ 所谓“广义施事”就是谓词的主体承当者，包括“狭义施事(张三开汽车)”“当事(张三在门口)”“感事(张三很满意)”“经事(张三受过苦)”“主事(张三很小气)”“系事(张三是民工)”等。

⑩ 有关句式构式化的基本特征与表达功用，请参看 Goldberg(1995)及其吴海波(2007)的汉译本。

参考文献

陈仕益 2008“之于”结构研究中的进步与倒退，《乐山师范学院学报》4 期。
楚永安 1986《文言复式虚词》，北京：中国人民大学出版社。
方梅 2008 由背景化触发的两种句法结构——主语零形反指和描写性关系从句，《中国语文》4 期。
冯胜利 2000《汉语韵律句法学》，上海：上海教育出版社。
侯晓菊 2002 古代汉语“……之于……”式分析，《阴山学刊》2 期。
刘丹青 2008《语法调查研究手册》，上海：上海教育出版社。
吕叔湘 1982《中国文法要略》(初版 1942)，北京：商务印书馆。
马建忠 1983《马氏文通》(初版 1898)，北京：商务印书馆。
闵祥顺 1990 谈复式文言虚词“之于”，《兰州商学院学报》2 期。
沈家煊 2006“糅合”和“截搭”，《世界汉语教学》4 期。
王力 1980《汉语史稿》，北京：中华书局。
王力 1999《古代汉语》(初版 1964)，北京：中华书局。

王世贤 1986 试论古汉语中“之于”的语法结构,《松辽学刊》(社会科学版)3 期。

王永安、万新 1998 论先秦汉语的“N_1 之于 N_2 也”结构,《河南师范大学学报》(哲学社会科学版)5 期。

吴福祥 2006 语法化演变的共相与殊相,《语法化与汉语历史语法研究》,合肥:安徽教育出版社。

吴海波 2007《构式:论元结构的构式语法研究》(译自 Goldberg 1995 “Constructions: A Construction Grammar Approach to Argument Structure”),北京:北京大学出版社。

袁本良 2002 古汉语“之于”句的语用考察,《贵州大学学报》(社会科学版)6 期。

袁本良 2004 古汉语“之于”句的语义分析,《安顺师范高等专科学校学报》2 期。

张国光 1995 “A 之于 B”结构的分布和探源,《贵州大学学报》(社会科学版)1 期。

张谊生 2010 从错配到脱落:附缀“于”的零形化后果与形容词、动词的及物化,《中国语文》2 期。

Bernd Heine, Ulrike Claudi & Friederike Hünnemeyer 1991 *Grammaticalization: A Conceptual Framework*, Chicago: The University of Chicago Press.

Paul J. Hopper & Elizabeth Closs Traugott 1993 *Grammaticalization*, Cambridge: Cambridge University Press. (《语法化学说》外语教学与研究出版社 2001 年)

第二编

介词的悬空及其句法后果

第一章　介词悬空的方式与后果、动因与作用

0. 前言

0.1 作为一种以表达介引功能为主的前置词，介词最基本的句法特征就是必须支配其后面的体词性成分。所以，一直以来，汉语语法学界在谈到介词的句法功能时，几乎都认为介词后面必须带有宾语以构成介词短语。尽管以往的一些研究已经注意到"被、给"等词的宾语可以从缺，但大多数不再称其为介词，而是将其归入助词或其他词类。也就是说，按照当前语法学界通行的观点，"介词不带宾语"或者说"介词悬空(preposition stranding)"的现象[①]，在汉语中是不存在的。

不过，也有一些学者认为汉语的介词是可以悬空的，比如，朱德熙《语法讲义》(商务印书馆 1982:181)就认为"'给'有两种作用，一是引出施事，一是引出与事。无论哪一种情况'给'字的宾语都可以省略。"并举例:"房子给(土匪)烧了/别给(我)打破了/我给(电视机)修好了"。很显然，朱德熙主张直接用在动词前的"给"仍然是介词，只是宾语省略了而已。刘丹青(2002a)根据 Tsunoda 对 130 种语言的统计，指出前置词语言中有 8%—10%明显允许介词悬空，并且为介词悬空下了明确的定义[②]。而且，刘丹青(2002a、2004)在研究框式介词和先秦汉语语序类型时，还分别对现代汉语"用……来、用……以、从……中"三组框式介词中的悬空现象，以及先秦汉语介词悬空的三种格式，做过富有

启发意义的归纳与总结。此前，董秀芳(1998)曾从零形回指的角度讨论过“与、以、为”的宾语缺省情况。此外，彭睿(2007)也从构式语法化的角度讨论过“从而、因而、以及”等词的词汇化动因。然而，对于“NP用来VP”格式中“用”的支配对象的前置，储泽祥、曹跃香(2005)和屈哨兵(2006)的研究，似乎并不认同介词悬空说，储、曹文更明确认为“介词不能悬空”。

0.2 可见，汉语介词到底是否可以悬空，究竟应该怎样认识动介兼类词的宾语位移、缺略，迄今存在较大分歧，亟需深入探讨。由于刘丹青(2002a、2002b、2004)诸文因研究专题所限，虽涉及介词悬空，但都没有展开讨论；而董秀芳(1998)和彭睿(2007)的关注重点并不在于此；所以，a. 汉语中到底有哪些介词可以以何种方式悬空；b. 不同介词悬空后究竟会有什么样的句法后果；c. 导致介词悬空的动因是什么；d. 介词悬空后在表达上会有哪些作用；这些问题都还有待进一步探索。因此，本章拟在已有研究的基础上，对介词悬空的历时与共时做一中观式的考察与研究[③]。

0.3 本章所说的“介词悬空”，是指任何一个介词或曾经的介词后面没有宾语的现象，不管悬空是由于什么原因导致的，也不管悬空后该介词在性质上又发生了什么变化。无论是“前置、移位”还是“省略、隐含”，是“脱落、缩略”还是“句法空位、零形回指”，总之，不管悬空的方式和结果怎么样，只要介词或介素后支配成分从缺，一律称之为介词悬空。由于汉语动词和介词间存在着演化、依存关系，不少介词的悬空形式到底是原动词先虚化为介词，然后该介词出现了悬空式，还是动词先有悬空式，然后该动词虚化成介词，同时继承悬空式；有些可以分辨，有些难以辨别；对此，本章不做严格区分[④]。据考察，不涉及方言，汉语中大致有“以、自、为、与、用、由、因、从、拿、被、给、叫、让、借、藉、据、按、照、依、随”等20来个介词可以悬空，约占到介词的七分之一。需指出的是，有些介词曾出现过两种不同的悬空方式，形成了相同或相异的后果与作用，比如“以、用、被、给、依、照”等，对于这些介词，本章将分别予以描写和讨论。

0.4 除了前言和结语，本章分为两个部分，首先从结构形式的角度描写介词悬空的方式，进而考察因介词悬空而导致的句法后果；然后从语用表达的角度探讨介词悬空的动因，进而分析介词悬空以后形成的表达功用。本章所引例句，除少量转引的以外，大多从《汉籍全文检索系统》(第二版)和北大语料库检索而得，现、当代的还引自一些新闻报道；所有例句均标明出处。为便于行文，本章用“Ø”标明介宾悬空的位置；用下划线指示该介词的支配对象，尽管大多数所谓的介宾由于句法结构的限制和业已凝固成词，在实际语言中并不都能回到该介词或介素后面的悬空位置上。

1. 悬空的方式及其句法后果

1.0 介词悬空的方式，可以从承前省略、隐含脱落与紧邻凝固三方面考察。这三种方式之间的区别是相对的，存在着一定的依存和交叉关系。就各介词个体而言，尽管存在跨类现象，但一般都有其最主要的悬空方式。悬空后产生的句法后果，则有保持不变、独立转类与参与重构三种。

1.1 承前省略式。所谓承前省略，就是指介词宾语或者说名义上的宾语已经在前面以不同的句法形式出现了，介词后没有用“之、是、此”等代词加以复指，而是采用了承前省略的形式。比如古汉语中表工具、对象的邻体格介词“以、与、为”等，经常以这种方式悬空。例如：

(1) 宋人有善为不龟手之药者，世世以洴澼絖为事。客闻之，请买其方百金。聚族而谋曰：“我世世为洴澼絖，不过数金；今一朝而鬻技百金，请与之。”客得之，以Ø说吴王。(《庄子·逍遥游》)

(2) 卫鞅复见孝公，公与Ø语，不自知膝之前于席也。(《史记·商君列传》)

(3) 初，白公父建亡在郑，郑杀之，白公亡走吴，子西复召之，故以此怨郑，欲伐之。子西许而未为Ø发兵。(《史记·楚世家》)

表来源或原因的根由格介词"自、以、因、用、由"等，也常可以用这样的方式悬空。例如：

(4) 日居月诸，东方自Ø出。父兮母兮，畜我不卒。(《诗经·邶风·日月》)

(5) 至于夷王，王愆于厥身，诸侯莫不并走其望，以Ø祈王身。(《左传·昭公二十六年》)

(6) 臣视非之言，文其淫说，靡辩才甚。臣恐陛下淫非之辩而听其盗心，因Ø不详察事情。(《韩非子·存韩》)

(7) 又城处水之阳，而以阴为称，更用Ø惑焉。(郦道元《水经注·汝水》)

(8) (盘庚)乃遂涉河南，治亳，行汤之政，然后百姓由Ø宁，殷道复兴。(《史记·殷本纪》)

凡承前省略式，语义上的介宾一般都须在前面出现。从实际用例看，其实，真正省略的成分大多并非介宾本身，而是复指代词。比如下面两种表述法都可以接受，差异就在于代词省略与否：

(9) 鞠武曰："燕有田光先生者，其智深，其勇沉，可与之谋也。"(《战国策·燕策》)

(10) 鞠武曰："燕有田光先生者，其为人智深而勇沉，可与Ø谋也。"(《史记·刺客列传》)

上述介词悬空现象，董秀芳(1998)曾从话语分析的角度认为是介宾位置上的零形回指；刘丹青（2002a）则从语序类型的角度分析为介词悬空。应该讲，从各自的理论背景和研究体系而言，这样处理都有其合理性。根据董秀芳（1998）的研究，此类悬空式从先秦到唐宋，呈现出一个不断增多到渐趋衰落的发展过程——先秦时有出现，两汉比较常见，唐宋以后就相当少见了。

1.2 隐含脱落式。所谓隐含脱落，就是指介词的支配对象不但在介词后没有出现，而且在前面也不明确出现。尽管介宾成分大多可从上下文中推测其有，但通常很难清楚地确定其所指，只是隐含其中；而语义上的隐含在形式上就是脱落。这种情况在近、现代汉语被动句中相当普遍。

主体格介词“为、被、给、叫、让”的共同特点就是，表被动时，或者因行为主体不很清楚或不宜明说，或者为了协调句式或简捷行文，介宾就只能隐含其中。首先，“为”表被动的悬空用法在先秦两汉已出现，其介宾大多还在前面出现，但已经出现了模棱两可的情况。例如：

(11) 晋人，虎狼也，若背其言，臣死，妻子为 Ø 戮，无益于君，不可悔也。(《左传·文公十三年》)

(12) 今将军内不能直谏，外为亡国将，孤特独立而欲常存，岂不哀哉！将军何不还兵与诸侯为从，约共攻秦，分王其地，南面称孤；此孰与身伏斧质，妻子为 Ø 戮乎？(《史记·项羽本纪》)

前句介宾是“晋人”，还是省略式；后句“将军”指秦将章邯，“妻子”究竟为谁戮，很可能是诸侯，也可能是秦王或其他人，有模糊性，应是隐含式。介词“被”表被动的句子出现在东汉[5]，“被”字悬空大约出现在六朝后期，其悬空式也存在着由承前省略到隐含脱落的演进过程。例如：

(13) 霆耀电光，王乃放箭，正破龙胸；龙被 Ø 射死，猴众称善。(《六度集经》卷四十六)

(14) 于是目连闻说，心中惆怅转加，慈母既被Ø凌迟，旧日形容改变。(《敦煌变文·目连缘起》)

“射”的主体是“王”，“凌迟”的主体则不必明说而隐含。至于“给、叫、让”三个词[6]，由于表被动的介词产生较迟，所以，其悬空式的出现更迟。处置句、被动句和对象句中的“给 V”，19 世纪中期已形成，但直接附在“VP”上作为被动标记的“给”，恐怕要到 20 世纪中叶才完全成熟。例如：

(15) 大水给Ø问住了，就硬着头皮顶他：“不抗怎么着？叫我当亡国奴啊？”这下老爹又给Ø问住了，瞪着眼儿说不出话来。(袁静《新儿女英雄传》)

至于“叫 V、让 V”表被动，更要到 20 世纪后期，而且，其使用频率与可接受度都还比较低。例如：

(16) 张老汉点了点头，收住泪点说：“村主任康顺风，村代表辛在汉，都叫Ø抓走了，共抓去七个。”(马烽、西戎《吕梁英雄传》)

(17) 我在宾馆里和汉斯一起过夜，让Ø埋伏了。(苏童《女孩为什么哭泣》)

值得一提的是，汉语中的“为 V、被 V、让 V”等格式，究竟是动宾式、递系式还是悬空式，必须认真分辨。据考查，先秦汉语中表被动的“为 NV”句的形成比“为 V”句要早。例如：

(18) 出则事公卿，入则事父兄，丧事不敢不勉，不为酒困，何有于我哉。(《论语·子罕》)

(19) 良马固车，臧获御之则为人笑，王良御之则日取乎千里。(《韩非子·难势》)

所以，如果承认先秦表被动的“为 NV”句中的“为”是介词，那么，与此同时或略后形成的“为 V”句，就可以认为是介词悬空式。然而，先秦时期的“被 V”式则肯定不是介词悬空。例如：

(20) 以万乘之国，被围于赵，壤削主困，为天下僇笑。（《战国策·齐策》）

(21) 今兄弟被侵必功者，廉也；知友被辱随仇者，贞也。（《韩非子·五蠹》）

既然“被 NV”句要到东汉才出现，那么，这两句中的“被 V”就应该跟现代的“挨打、受罚”一样，是动宾短语。同样，也需要区分清朝中叶的“让 V”，虽然也可以表示近似的被动义，但并不是介词悬空而是隐含了兼语的递系式，因为当时表被动的介词“让”还没有形成（石毓智 2005）。例如：

(22) 到了晴雯的箱子，因问：“是谁的，怎不开了让搜？”（《红楼梦》七十四回）

(23) 纵让找了来，我们虽没行过这个令，想理去自然也得个会打鼓的……（《儿女英雄传》三十回）

对于被动句中“为、被、给”行为主体的省略或隐含，前人已做过多方面的研究，大多倾向于将其归入助词。至于“叫、让”的悬空现象，由于使用频率比较低，迄今还很少有人重视。因此，悬空的“叫、让”及其性质和归属，目前还处在有待进一步发展、需要深入研究的阶段。

此外，表对象者的介词“为”和“给”，也常以隐含的方式悬空。比较下面两个“为 V”：

(24) 楚围雍氏，韩求救於秦。秦未为 Ø 发，使公孙昧入韩。（《史记·韩世家》）

(25) 西向轮台万里馀，也知乡信日应疏。陇山鹦鹉能言语，

为∅报家人数寄书。(岑参《赴北庭度陇思家》)

同样是受益对象悬空，前句“为”的对象是第三人称“韩”，前面已出现；后句的对象则是第一人称“我”，前面没出现[7]，所以，前句是省略式，后句是隐含式。至于介词“给”的悬空对象，大多是难以或者不宜补出的，即使是第三人称或第二人称，也都要用隐含式。下面是隐含对象的早期用例：

(26) 乌大人接过去，又给∅收拾了收拾，便叫安公子戴上。(《儿女英雄传》四十回)

(27) 且慢说你我这等人家儿讲不到财礼上头，便是争财争礼，姐姐现有的妆奁，别的我不知道，内囊儿舅母都给∅张罗齐了，外妆公婆都给∅办妥了。(《儿女英雄传》二十六回)

隐含悬空式的介词，有相当一些一开始也是承前省略的，发展到后来隐含成了主要悬空式。

1.3 紧邻凝固式。所谓紧邻凝固，就是指一部分介词悬空后，由于经常与其后成分紧邻共现，相互间的分界逐渐消失，最终凝固成了一个双音节单词，原介词就成了一个黏着语素。又可以细分为两类。一类是承前省略式发展而来的。比如“借、藉、用、拿”可与连词“以、来”紧邻：

(28) 孟子所谓“必有事焉”者，言养气当用工夫，而所谓工夫，则集义是也，非便以此句为集义之训之。至程子则借∅以言是心之存，而天理流行之妙自见耳，只此一句已足。(《朱子语类·中庸》)

上句的“借”和“以”还是承前省略而紧邻，尚未凝固，下面的“藉以、借以”已接近于词汇化：

（29）玄宗道："朕学此法，亦藉Ø以防身耳。"（《隋唐演义》八十五回）

（30）此后，彼因自护马头，我即借Ø以捍蔽海疆，似为国家之利。（梁廷枏《夷氛闻记》四卷）

"藉以"跟"借以"用法相近，略具书面色彩。"用、拿"都是动介兼类词，介词"用"悬空后仍与"以、来"紧邻，介词"拿"只与"来"相邻；"用以"成词较早，"用来、拿来"较迟。例如：

（31）先生之言，粹然儒者之言也。然用Ø以律己则可，用Ø以律人则不可；用Ø以律君子犹可，用Ø以律天下之人则断不可。（纪昀《阅微草堂笔记·滦阳消夏》）

（32）楼上有铜制的大龙，肚子里装几百斛酒，派人从楼上往下喷洒，被风一吹像是飘落的露水，又把这所楼称为"粘雨台"，用Ø来洒落尘土。（曹绣君《古今情海》）

（33）女人是拿Ø来疼，拿Ø来爱的，而不是拿Ø来出气的，疼爱女人的男人其实就是爱自己。（欧阳晓《人生》）

表原因和承接的介词"因、从"与其后的连词"而"，也经历了从紧邻到凝固的过程。例如：

（34）靖前锋乘雾而行，去其牙帐七里，颉利始觉，列兵未及成阵，单马轻走，虏众因Ø而溃散。（吴兢《贞观政要》）

（35）如果没有张志新的"加盟"，《永远的丰碑》（电视栏目，引者注）将因Ø而缺憾，因Ø而失彩，因Ø而掉价，因Ø而教育意义"打折"，必将招致后人诟病、贻笑、责难……（石飞《〈永远的丰碑〉不能没有张志新》）

（36）汤武存则天下从Ø而治，桀纣存则天下从Ø而乱，如是者岂非人之情固可与如此，可与如彼也哉？（《荀子·荣辱》）

表时处的介词“以、由”等，也能以倒置或隐含的方式悬空，与助词“来”紧邻而凝固成词。例如：

(37) 司徒掾班彪曰：三代以Ø来，《春秋》所记，王公国君，与其失世，稀不以女宠。(《汉书·元后传》)

(38) 临死，意欲葬山上，恐子不从，乃言必葬我渚下碛上。佷子曰：我由Ø来不取父教，今当从此一语。(《太平广记》三百八十九卷)

另一类是缩略介宾由介动复合而成的。比如“据、按、照”等，都可以缩略介宾而与动词紧邻，进而凝固为一个双音节词。其中“按、照”缩略的介宾，主要就是“理、道理”等。例如：

(39) 按Ø说，陆阳山还有我几个朋友，都是至交，有金毛海马孙得亮弟兄，水夜叉韩龙兄弟，还有万里飞来陆通，大概我这几个朋友许没在山里。(《济公全传》二百零二回)

(40) 照Ø说，她该心满意足了，该愉快欢乐了，但是她没有那样的感觉。(张清渝《跨越大海的爱》)

“据X”现在已形成了一个词族，除了“据说”外，还有“据称、据传、据悉、据闻”等，都与交代信息来源有关⑧。此外，还有“按想”一词正在凝固中，一般词典尚未收录。例如：

(41) 在与微软大打嘴仗的同时，谷歌据Ø传也正准备与雅虎重启结盟谈判，想尽一切办法挫败微软的收购企图。(《大骂微软垄断 谷歌欲助雅虎》2008-02-05《东方早报》)

(42) 我并未去过十三陵，按Ø想，那些正位皇帝们，长眠的地方，定然比这个更加高级很多了。蓝天白云，高树绿草，这片建筑，在阳光下发着威严的光芒。(黑子《一座皇陵的荒唐》)

介词“依”也可以与动词紧邻，只是用频较低还没有词汇化，有时介宾还须在前面出现。例如：

(43) 更难能可贵的是，刘晏奉旨能率先依Ø办，佐国能忠心耿耿，既有济国之举，又得百官之望。(张鸿生《刘晏》四章)

此外，介词框架“从…来/中”也可以省略或缩略中间的介宾，业已从紧邻发展为凝固成词。例如：

(44) 昔苏峻事，公于白石祠中祈福，许赛其牛，从Ø来未解，故为此鬼所考，不可救也。(《搜神记·庾亮》)

(45) 澄左乳旁先有一孔，围四五寸，通彻腹内，有时光从Ø中出，或以絮塞孔，夜欲读书，辄拔絮，则一室洞明。(《太平广记》八十八卷)

紧邻凝固式介乎句法范畴和词法范畴之间，是汉语跨层式构词法的基本模式之一。比起其他两式来，紧邻凝固式涉及的介词最多，而且，这种悬空式生命力较强，直到现代还不断有新词产生。

1.4 保持、转类与重构。介词悬空导致的句法后果，不外乎三种：保持不变、独立转类与参与重构。保持不变就是指大多数承前省略的悬空式介词，这样的悬空大多只是语用层面上的临时性句法调整，悬空后通常并不会改变介词原有的基本功能与性质。比如下面三个介词的词性不变：

(46) 弟子入则孝，出则悌，谨而信，泛爱众，而亲仁，行有余力，则以Ø学文。(《论语·述而》)

(47) 而韩魏迫于秦患，不可与Ø深谋，与Ø深谋恐反人以入于秦，故谋未发而国已危矣。(《史记·苏秦列传》)

(48) 然袁盎亦以数直谏，不得久居中，调为陇西都尉。仁爱

士卒，士卒皆争为∅死。（《史记·袁盎晁错列传》）

动词的宾语因前置而宾位空缺，这在汉语中是相当普遍的，而先秦两汉的一些介词由于从动词虚化而来不久，介词化程度较低，还保留着较多的动词特性和功能，因此，一旦出于某种语用表达需要，人们就会自觉不自觉地沿用原动词的前置方式。随着介词虚化程度日益提高，与动词的差异日趋明显，这类用法也就越来越受到限制，所以，词性不变的悬空形式，大多没能保留到现代。

独立转类就是指一部分悬空后的介词，由于悬空格式的常态化而使得介词趋向独立，最终导致其本身的功能和性质发生了质的转变，成了另外一类的可以自由使用的虚词。例如：

(49) 至于幽王，天不吊周，王昏不若，用∅愆厥位。携王奸命，诸侯替之，而建王嗣，用∅迁郏鄏。（《左传·昭公二十六年》）

(50) 昔秦缪公不从百里奚、蹇叔之言，以∅败其师，悔过自责，疾诖误之臣，思黄发之言，名垂於后世。（《汉书·息夫躬传》）

上例"用、以"都处在介词与连词之间，如果认为划线的前因是前置介宾，就是介词；如果认为前面已经是原因分句，就是连词。当然，仍然认定为介词悬空或重新分析(re-analysis)为连词都有其合理性⑨。同样"被"与"给"也是这样，由于经常隐含悬空，实际上已独立转类。再比如：

(51) 行至雪山南畔，遇逢背逆回鹘一千余骑，当被∅劫夺国册及诸敕信。（《敦煌变文·伍子胥变文》）

(52) 遇到片子残破，中间断了一点的时候，他会自己用嘴哼唧着给∅补充上。（老舍《四世同堂》）

"被劫夺"的"被"和"给补充"的"给"，如果仍着眼于"∅"位的隐含成分，自然可以认为还是介词悬空，但也可以认为“被、给”就是直接附在“VP”上面表示被动和强调对象的，那么，就可以认定这种用法的“被、给”性质已经彻底改变了。后一种分析显然更为合理，也便于操作。

参与重构就是指部分悬空式介词，在双音化韵律机制作用下，转化成了一个构词语素，与其前后紧邻成分间的分界逐渐消失，由句法关系转变为词法关系，最终组合成了一个跨层结构双音节单词。重构与凝固基本一致，各有侧重；前者着眼介词作用，后者着眼介词变化。值得补充的是，同样是重构，既可以有介动式，也可以有动介式。比如用“以”重构的“以为”和“可以”就是：

(53) 不获命，以其良马见，为未致使故也。卫侯以Ø为乘马。(《左传·昭公二十年》)

(54) 民可以Ø乐成，不可与Ø虑始。今父老子弟虽患苦我，然百岁后期令父老子孙思我言。(《史记·滑稽列传》)

从开始紧邻、具备重构的可能到分界彻底消失、最终凝固成词是一个渐进而漫长的过程。譬如上面两例中的“以为”和“可以”，都还只是悬空式紧邻分布，离真正凝固成词还有相当一段的词化历程。

此外，隐含脱落式的“被”可以独立转类，也可以参与重构而凝固成词。所构成的词，除动词“被捕、被困”以外，既有情状化的“被动、被迫”，又有指称化的“被告、被试”。例如：

(55) 经由迷信堪舆术的流行，搀入了万象皆灵的基本概念，这使人被迫地审察四周的景色。(林语堂《建筑》)

(56) 蒋福得了原告的银钱，重新走来，定要王梦梅出票子捉拿被告。(《官场现形记》五回)

参与重构的悬空式，正处在语法化与词汇化乃至双音化的接口，介词悬空从句法省略或缩略开始，最后以进入词法层面的重组作为其结果，而且，这种悬空方式与汉语双音化趋势密切相关。

据此，对于介词悬空的方式、性质及其句法后果，可以总结如下：承前省略式主要是一种语用手段，其句法后果基本上都是介词词性不变，一部分后来转向隐含脱落式；隐含脱落式主要是一种句法转化，其句法后果大部分是独立转类，也有一部分维持不变，少数则参与构词；紧邻凝固式作为一种词法模式，其后果只能是成为一个语素，与其他成分一起构成一个双音节单词。

2. 悬空的动因及其表达功用

2.0 总体上看，介词悬空的动因有四个方面：首先，从类型特征看，汉语是汉藏语系的语言，没有像印欧语那样严格的形态变化，动词与介词的功能特征虽有差异但并非全都截然分明，动词的句法特征比较容易地被保留在或转用到一些介词中。尤其是汉语话题优先，动词支配成分的前置比较普遍，进而影响到介词宾语也可以前置而悬空。其次，从介词来源看，介词都是由动词逐渐虚化而成的，由于语法化是个渐进的过程，虚化程度比较低的介词，必然会存留一定的动词功能。这也正是为什么古代汉语介词悬空的现象比现代普遍，古汉语介词悬空所受的限制也相对较少。再次，从韵律特征看，两千多年来双音化趋势一直是汉语构词模式乃至句法构造的基本节律要求。这一韵律要求反映到介词短语的运用中，就是句法构造要求严整对称，词法构造双音节占绝对优势。像“按理说、照样拿”一类三音节构造常被压缩成“按说、照拿”。最后，从语用表达看，不少介词悬空，是为了强调表述重点、协调句子结构、追求简捷明快。由于这前三方面原因有些无须专门论证，有些前文已有所论及，所以，本节着重讨论语用动因，兼及韵律动因。至于介词悬空后所起的表达作用，除了部分保持不变仍表介引功能外，主要体现在关联化、标记化与情状化这三个方面。

2.1 强调与协调。强调就是指出于语用凸显的需要，一部分介宾为了强化而悬空。比如将介宾作为话题前置就能收到凸显的强化效果。介宾话题化后，如不宜用复指式就须要用悬空式。例如：

(57) 是故不知声者，不可与Ø言音。不知音者，不可与Ø言乐，知乐则几于礼矣。(《礼记·乐记》)

(58) 自暴者，不可与Ø有言也；自弃者，不可与Ø有为也。(《孟子·离娄上》)

"不知声者"和"不知音者"、"自暴者"和"自弃者"是需要强调的重点，都作为话题前置了；同时，由于两句都是对举式，重复用代词复指略显繁琐，所以，就选用了介词悬空式。再比如：

(59) 新野山僻小县，人民稀少，粮食鲜薄，豫州不过暂借Ø以容身，岂真将坐守于此耶？(《三国演义》四十三回)

(60) 西番之教，邪妄不经。我祖宗朝虽尝遣使，盖因天下初定，藉Ø以化导愚顽，镇抚荒服，非信其教而崇奉之也。(《明史·列传·西域》)

"新野山僻小县"和"西番之教"也是前置话题，只是该"借以、藉以"已趋向词汇化，前置已是句法的需要。从语法化角度看，正因为"借、藉"的宾语经常前置作话题，才导致其因紧邻而凝固。

叠加使用同类介词的强化方式也会导致介词悬空。在有些格式中，为了强化对某个成分的支配，有时就会有意无意地同时连用两个介词；当两个同类介词共同支配一个介宾时，其后一个就会悬空。比如介词"给"两种悬空式中的一种，就是因同类介词叠加而形成的。作为多功能介词，"给"既可以表处置，也可以表被动。使用中，为了表述精确，避免歧义，人们尽量用"把、将"表处置，用"被、叫、让"表被动。但有时在使用这两类介词时，常常会再加上一个"给"——先是为了加强支配，后来成了习惯用法。同类介词叠加的结果是，介词“给”必然以悬空形式出现。例如：

(61) 二话都没说，只是好像很着急，一下子就把电话给Ø挂上了。(陈建功、赵大年《皇城根》)

(62) 既心疼钱，又恨自己这样的不济，居然会被一场雨给Ø激病，他不肯喝那碗苦汁子。(老舍《骆驼祥子》)

“把电话挂上”和“给电话挂上”、“被一场雨激病”和“给一场雨激病”都可以说，两个介词一起共现，“给”就被挤到后面而悬空了。

我们认定处置句和被动句中的“给”是由于同类介词叠加而悬空的，还有其他两项佐证。首先，汉语中确实存在着动词重复或代词复指的现象。例如：

(63) 这可好了，我们太太要跟大爷大奶奶享福去了，谁知叫这位老爷子这么一拆，给Ø拆了个稀呼脑子烂。(《儿女英雄传》四十回)

(64) 我看咱们还是把要办的第一件事先给它办了。(《碧血情仇》台词，2001-09-05 广东有线电视)

“叫老爷子拆”和“给老爷子拆”都可以表被动，但“老爷子”只能出现一次，“给”悬空了；要想不悬空，就只能像后句那样用代词复指。其实，无论是重复还是复指，都是“给”悬空过程中的过渡形式。由此可见，这个“给”的悬空确实是叠加引起的。用生成语法管辖理论来解释，“给”前“NP”本来是“给”的受管成分，由于受管成分被其他介词管辖，介词“给”因所管成分悬空，就在原来管辖的位置上作为语迹(trace)留了下来。其次，早期出现的一些“给 V”格式，大多是在“把”字处置句和“叫”字被动句中，从而可以从历时发展的角度证明这种悬空式“给”的来源。例如：

(65) 这两天在南城外头，只差了没把我的肠子给Ø怄断了，肺给Ø气乍(炸)了！(《儿女英雄传》三十二回)

(66) 公子断没想到从城里头憋了这么个好灯虎儿来，一进门就叫人家给Ø揭了！(《儿女英雄传》三十八回)

同类介词的叠加，直到现代还时有出现。比如"把"与"拿"、"按"与"依"的竞争叠加：

(67) 呵呵，你又把你女朋友拿Ø来当模特了。(陈愉《绿岛小夜曲》)

(68) 发现官宦有徇情枉法者，一律按国法依Ø办，所以，湘中经济昌运，普民安居乐业。(首小宗《初上青香楼》)

"把女朋友当模特"和"拿女朋友当模特"、"按国法办"和"依国法办"都可以说，效果接近；但两个介词都用，后介词悬空了；"拿来"正在凝固成词，"依办"还处在悬空紧邻阶段。其实，从语法化角度看，同类虚词的更新、叠加、竞争是一种普遍的现象(刘丹青 2001)，介词也一样。

协调就是指由于一部分介宾作为其他句法成分已在前面出现，出于安排结构或者连贯句式的语用需要，该介词后面又不能或不宜用代词复指式，就必须或最好用介词悬空式。例如：

(69) 蚡所爱倡优巧匠之属，不如魏其、灌夫日夜招聚天下豪桀壮士与Ø论议，腹诽而心谤，不仰视天而俯画地，辟倪两宫间，幸天下有变，而欲有大功。(《史记·魏其武安侯列传》)

(70) 那个交警要不就是当时心情不好正好遇见你们几个倒霉蛋要拿Ø来出气，要不就是看见了美女想上来搭讪。不然，在这样的情况下是不可能把你们拦下来的！(丁然《又一种人生》)

这两句的介宾都是承前动宾而悬空，其深层语义是"招聚天下豪桀壮士”+“与天下豪桀壮士论议”、“遇见你们几个倒霉蛋”+“要拿你们几个倒霉蛋来出气”。要想使这种结构关系的句子，既协调又顺畅，虽然也可以用复指式“与之”“拿你们”，但总不如悬空式紧凑、连贯、顺畅。再比如：

(71) 事无大小，上及太后，下至大臣，愿先生悉以 Ø 教寡人。(《战国策·范雎说秦王》)

(72) 愚以为宫中之事，事无大小，悉以 Ø 咨之。(诸葛亮《出师表》)

这两句，介词后面无论是重复“事”，还是用代词“之”复指，都没有悬空式来得协调、通顺。

协调还包括用介词悬空来转化和构造特殊句式，尤其是用“所”字充当核心的体词化关系从句。用悬空来关系从句化时，介宾可以在前，也可以隔开在后(董秀芳 1998，刘丹青 2004)。例如：

(73) 故曰：好问近乎知，力行近乎仁，知耻近乎勇。知此三者，知所以 Ø 自治；知所以 Ø 自治，然后知所以 Ø 治人。(《汉书·公孙弘传》)

(74)吏因捕太子王后，围王宫，尽求捕王所与 Ø 谋反宾客在国中者，索得反具以闻。(《史记·淮南衡山列传》)

关系从句“所以自治”和“所以治人”都是体词性的，充当“知”的宾语；而“王所与谋反宾客”就是“王与之谋反的宾客”，悬空的“与”通过“所”而关系从句化，进而充当“捕”的宾语。

2.2 匀称与简捷。匀称就是指在一些含有介词结构的句子中，无论介宾是否在前面出现，为了使所表述的句子从形式到节律，均达到匀称、整齐的效果，该介词就须要以悬空式出现。例如：

(75) 范蠡以为大名之下难以久居,且勾践为人可与Ø同患,难与Ø处安,为书辞勾践曰:……(《史记·越王勾践世家》)

(76) 孝公用商鞅之法,移风易俗,民以Ø殷盛,国以Ø富强,百姓乐用,诸侯亲服,获楚、魏之师,举地千里,至今治强。(李斯《谏逐客书》)

介宾“勾践”虽然较短,但后面是对举的格式,重复回指或代词复指,都会显得累赘而参差不齐;而“孝公用商鞅之法”两句,本来就很长,不能直接放在介宾位置;由于后面连用多个四字结构句,如果用代词复指,就会破坏句子的对称性和严整性,所以,作者选用了介词悬空式。再比如:

(77) 三年,秦攻赤丽、宜安,李牧率师与Ø战肥下,却之;封牧为武安君。四年,秦攻番吾,李牧与之战,却之。(《史记·赵世家》)

(78) 蒙娜·丽莎近几个月每次到来时都不让仆从随进,而进入画室后主客双方简直也并不怎么出声说话,作画的和被Ø画的全凭眼神、表情乃至心灵交流,却配合得相当默契。(刘心武《永恒的微笑》)

同样“李牧与秦战”,前句用悬空式,后句用复指式;就因为前句是连动句,还带有处所补语“肥下”,为了使句子的结构更匀称、更平稳,最好用悬空式。“作画的”与“被画的”是并列对举式,只有采用严格的悬空式,才能使句子的结构形式和韵律模式都获得对应、均衡的效果。

简捷就是指在一些表被动和对象的句子中,介词宾语或者本来就已经不言自明,或者出于某种语用需要而不宜明说。在这种情况下,发话人如果仍然将主动者和对象者明确在介词后面表达出来,就会显得既不简洁,又不含蓄,为此就有必要使用介词悬空式。比如下面这两个被动句中,行为主体就不宜、甚至不能出现,不然,就会违背了简捷、得体的语用原则。例如：

(79) 还有管叔蔡叔，是疑心周公，率殷民叛，因而被 Ø 诛，一向公认为坏人的。（鲁迅《魏晋风度及文章与药及酒之关系》）

(80) 但是，杨扬在机关内，唯一能够倾吐内心，而不被 Ø 嘲笑的，也就这个黎芬了。（李国文《情敌》）

被谁“诛”、被谁“嘲笑”之所以没有明说，从内容看，是因为没有必要或难以表述；从形式看，是为了符合句子的四字结构的节律需要。再比如，介词“给”涉及的对象，通常都是不言而喻的，为了使表达简捷、明快，使结构简洁、畅通，有时就需要甚至必须运用悬空式。例如：

(81) 遇到片子残破，中间断了一点的时候，他会自己用嘴哼唧着给 Ø 补充上。（老舍《四世同堂》）

(82) 她脸儿涨得通红，最后“哇”地一声哭了，非常地失态，她解释说：“是因为我不认识他那个名儿，我心里头犯腻，心想他们几个都有不给 Ø 画圈的，我就这么一个不给 Ø 画算个啥呢？”（刘心武《难为情》）

前句必须悬空，“片子”出现就不通；后句如补出“他们”和“我”既不通顺，也太啰嗦。

至于那些紧邻凝固式双音节词，有相当一些即使在成词之前，也是不宜补出其介宾的。例如：

(83) 俗不重金银锦罽，而贵璎珠，用 Ø 以缀衣或饰发垂耳。（《晋书·四夷列传》）

(84) 盖物各有体，道情与词，笔路迥别，非可强而致也。辑录入杂体一卷中，借 Ø 以消余之烦恼，并借 Ø 以平天下之争心。（陈廷焯《词坛丛话》）

毫无疑问，这些双音节共现式，虽然在紧邻初期尚未凝固，而且，从语义上看可以插入介宾，但是，从表达效果和双音节要求看，即使在词汇化尚未开始的阶段，也还是须要使用悬空式。

通过对介词悬空动因的分析可以进一步证明：a. 语用法是语言发展的动因之一，语法就是语用法的经常化；b. 句法和词法并无绝对的界限，今天的词法构造很可能就是过去的句法格式；c. 语音形式，包括韵律、节奏与对称及双音化的发展趋势等，都会对句法结构和构词模式产生相当的制约作用。

2.3 关联化、标记化与情状化。所谓关联化，就是指介词悬空以后，介引功能弱化，关联功能强化，逐渐向连词发展，通过重新分析最终被确认为连词。大致分为两种情况，一种是由承前省略的惯用化直接转类而成的，主要有上古汉语中的单音介词“用、因、以、由、为”等。随着表述重点频繁地转移到前后小句、句子间的逻辑关系上，悬空的介词也就逐渐地转向了连词。例如：

(85) 许田者，鲁朝宿之邑也。邴者，郑伯之所受命而祭泰山之邑也。用Ø见鲁之不朝于周而郑之不祭泰山也。（《穀梁传·桓公元年》）

(86) 公子庆父、公子牙通乎夫人以胁公，季子起而治之，则不得与于国政，坐而视之则亲亲。因Ø不忍见也，故于是复请至于陈而葬原仲也。（《公羊传·庄公二十七年》）

(87) 御史进曰：“太公相文、武，以Ø王天下；管仲相桓公，以Ø霸诸侯。”（《盐铁论·刺复》）

“由、为”的连词化要到中古以后，而且，随着“由于”的出现，“由”作连词就比较少见了。例如：

(88) 叔翻到省之初，甚有善称；比来偏颇懈怠，由Ø卿不能相

导以义；虽无大责，宜有小罚；今夺卿禄一期。(《资治通鉴·齐纪》)

(89) 奉唐帝诏敕，为 Ø 东土众生未有佛教，特奔是国求请大乘。(《大唐三藏取经诗话·入竺国度海之处》)

再一种是由介词与连词“而、以、来”等以紧邻凝固的方式构成的双音节连词，大体有“因而、从而、借以、藉以、用以、用来”等。其中“因而、从而”主要表原因，“借以、藉以、用以、用来”主要表目的。由于“以”早已从介词转化为连词了，而“来”从动词虚化为连词时间还不长，用频也不高，所以“借以、藉以、用以”的连词化要比“用来”早得多。例如：

(90) 此句尤为姜尧章拈出，轻松纤软，元人小令借 Ø 以咏美人足云。(杨慎《词品》四卷)

(91) 时固安王公复为工部尚书，奏言此僧平素受国赐赉，积蓄颇多，宜藉 Ø 以营造墓塔，不须动支官钱。人以为得宜。(陆容《菽园杂记》四卷)

(92) 今有善男子、善女人等，求欲受持八戒清斋一日一夜，用 Ø 以检御身心，灭诸三业罪恼者。(张君房《云笈七签》四十卷)

至于“用来”，其连词化过程至今尚未完成，下面两个“用来”只能说接近于目的连词：

(93) 认真修缮市中心的一些陈旧或空置的传统建筑，用 Ø 来开发新兴的现代功能，如商店、饭店和酒吧等，对于改善城市环境和振兴区域经济，起到了积极的作用。(于泊之《历史建筑和传统街区的保护与利用》)

(94) 殷道严的构思是：村委会和公司不是衙门，不要石狮子，可以做两只猫，一只白猫，一只黑猫，用 Ø 来体现“白猫黑猫捉住老鼠都是好猫”的伟大真理。(陈世旭《将军镇》)

与“用来”相近的“拿来”，由于本身的词汇化还处在起步阶段，自然还谈不上连词化。

总之，介词悬空以后，无论是独立成词还是重新构词，因关联功能强化而转向连接是其中重要的功能变化。由于几乎都是从凭借类介词转化而来的，所以，这些连词都是表目的和原因的。

所谓标记化，主要就是指有些介词悬空后，其表达功能逐渐由介引功能转向表示更为虚化的句法功能或语用功能；尽管在句法上可以称之为助词，其实，从表达的角度看，在性质上已经成了一个标记词。主要有“给、被、叫、让”这四个标记，大致有两种不同的性质和作用。

如前所述，“给”表处置和被动时可以因同类介词的叠加而悬空，表被动或对象时也可以直接隐含介宾而悬空，随着隐含式用法的经常化，“给”的性质也逐渐发生了变化，最终两者殊途同归，成了口语中的自然焦点标记词。下面就是焦点标记“给”出现的典型句法环境。例如：

(95) ……以十余倍的兵力，将那铁网山匪窝给团团围住，成铁桶之势，一举剿灭。（刘心武《贾元春之死》）

(96) 子夜时分，屋里二十几个“成员”，都被他这一嗓子给喊醒了。（从维熙《驿路折花》）

(97) 在南墙根，他逐渐的给种上秋海棠，玉簪花，绣球，和虎耳草。（老舍《四世同堂》）

上面三句中的“给”从句法结构和基本语义看，都是可有可无的，但是从强调行为结果和增加口语色彩来讲，又是相当重要的，因为句中有了这个“给”，“围住、喊醒、种上”的结果才得到了明显而又自然的凸显。所以说，在现代汉语中，“给”已虚化成了一个凸显结果成分的专职焦点标记。

“给”虚化为焦点标记还只是一百多年前的事，而“被”作为被动标记（吴福祥 2006），至少有一千多年了。发展到现代，其原有的消极性语义积淀也已基本消失，成了一个最为典型的被动标记，不但已充分语法化、标记化了，而且其使用也已从仅仅表被动转向了各种语用目的。例如：

(98) 原来他的曾祖父，曾在清末参与过洋务，被派往过德奥意英俄等国，在德国停留的时候最长，并在那里为自己一家订制了一整套西餐餐具，有十八套九十件之多。(刘心武《一窗灯火》)

(99) 因为，我知道，一个人是不能没有导师的，但整天和导师在一起，收紧骨头被教诲着的话，那神经未必吃得消的。(李国文《爱之极》)

这两个流水句中，与行为主体有关的动词都有四个，都只有一个是被动的，如果不用被动标记，句子的结构必须重组，不但话题链(topic chain)要被打断，而且会显得非常不协调、不连贯。此外，值得关注的还有“叫”和“让”这两个标记，近年来正在由被动介词向被动标记转化。例如：

(100) 听你们一块儿下来的伤员说，你的腿叫 Ø 打断了，还坐着担架指挥呢！(魏巍《东方》下)

(101) 金俊武这小子终究年纪大一点，比少安的城府深，没有让 Ø 抓住尾巴。(路遥《平凡的世界》)

比起“被、给”来，“叫、让”口语色彩鲜明，但标记化程度还不高，还不是典型的被动标记。再比如：

(102) 领导说，看他们也可怜，得领着他们。你想想看，都是从各个地方叫 Ø 赶出来的，没人喜欢的，受够窝囊气的，哪儿哪儿都呆不下去，天不收地不管，一年四季没有个家，也没有个亲人在跟前。(丰临《镜子》)

(103) 结果,她还是让老师给赶了出来,并且还加上了我。月琴是一直笑着出来的,她满不在乎,对于学习她从来没有放在心上,记得当时她还说,反正都已经让 Ø 赶出来了,不如到外面去玩去吧?(凝秋《有爱走过》)

总之,这些介词悬空后,其本身的功能发生了一定的转变,从介引主体和对象逐渐发展为可以直接附着于"VP"的表达语法功能的标记词,其中"给"更是发展成了一个纯语用的焦点标记。

所谓情状化,就是指介词悬空缩略成词后,除了极少数转向名词或方位词外,绝大多数都与后面的动素一起从动词逐渐向以表情状为主的副词转化。细分起来,有两种情况,一种是介动式双音节词由直接做状语转向情态副词。比如连用式"据 X、按 X"类词,在依据类介词"据、按"等刚悬空的时候,大都动词性的,由于经常充当状语,逐渐虚化为情态副词。下面就以"据说"为例:

(104) 秦相叫灵隐寺济公给占算,这两个贼人落在哪里,济公占了半天,什么话也不说,叫咱们老爷据 Ø 说,叫你去有话说,把老爷都吓了一跳,也不知什么事,老爷派我叫你来了。(《济公全传》四十九回)

(105) 在飞龙镇上,我们打尖的时节,我们曾向招商店打探你们众位行踪,据 Ø 说你们大家奔莲花峪而来,我们故此也奔这条道来了。(《三侠剑》一回)

前"据说"的"据"是介词,"说"是动词;后"据说"已经副词化了,但缩略的介宾出现在前,还可以看出"据说"是由"据 Ø 说"省略而成的。随着主观性的不断增强,部分情态副词还会逐渐元语(meta-language)化,转向表示说话人主观态度,或者用来在篇章中衔接句子。

再一种是介宾短语凝固成词后,因宾素脱落而介素变成了情态副词。如介宾短语“照样”先凝固为双音节副词，在修饰单音动词时受双音步节律的制约，压缩了宾素“样”就成了单音节副词“照”。由于“照X”的频繁使用，一部分用频较高的如“照办、照搬、照抄、照登、照发”等，再构成新的双音节词，另一部分用频较低的如“照拿、照罚、照跑、照用”等，则还没有词汇化。例如：

(106) 昨日全国基础教育黄冈论坛上，中国教育学会常务副会长谈松华提出，中国基础教育改革不可照Ø搬美国模式。(《教育专家：中国基础教育改革不可照搬美国模式》2007-12-17《长江日报》)

(107) 20多年前，邓小平向撒切尔夫人解释“一国两制”构想时，用了一个很形象的比喻，即香港回归中国后，“马照Ø跑、股照Ø炒、舞照Ø跳”。(董建华《十年的成绩值得骄傲 对香港前途更有信心》)

“随带、随记、随读、随拍”的“随”由介宾式副词“随身、随时、随机”宾素脱落而形成。例如：

(108) 申请人按照以下顺序，于选房当日上午8:30前，随Ø带本人身份证原件前往金山桔园售楼部签到办理选房手续。(《福州597户经适房申购名单公示》2007-09-03《福州晚报》)

(109)每一个大学生记者，要写好一篇新闻稿，就必须养成随得随Ø记的习惯，把在校园内看到的一切与师生相关、有可能产生新闻的素材积累起来。(马炎《学子论文：浅论大学生记者如何写好第一篇新闻稿》)

总之，大部分紧邻凝固的介动式双音节词，虽然其中含有动素，但是由于原介词短语主要是充当状语，所以，紧邻凝固或宾素脱落后都会转向情态副词，有元语化用法的更转向了语气副词。

将上述三项功用放在一起观察，可以发现：这三种表达作用，既同悬空方式和动因有关，又正好对应了悬空的三种句法后果，关联化、标记化、情状化分别导致了连词、助词、副词的产生。

3. 结语与余论

3.1 限于篇幅，本章并没能穷尽介词悬空的各个方面，所做的研究只能算是粗线条的，疏漏之处在所难免，尤其是许多现象没能追本溯源，深入细挖。作为一篇中观的研究，本章的目的在于揭示介词悬空的方式、动因和作用，廓清人们对介词性质的认识，促进相关研究的深化与拓展。

总体而言，介词悬空既与汉语的类型特征、介词的演化来源有关，也受到语用表达需要的驱动和词语韵律节奏的制约。从悬空的类别看，主体格、根由格介词要比客体格、邻体格介词更容易悬空；而双音节介词基本上都不能悬空。在悬空的演化、发展过程中，篇章功能的强化导致连词化，语用功能的强调形成标记化，摹状功能的加强转向情状化。综观两千多年汉语介词悬空的演化规律，可以发现，悬空方式与句法后果及其性质特征，呈现出一定的阶梯式对应关系，可做如下归纳：

性质特征	语用手段运用	句法功能分化	词法范畴重组
悬空方式	承前省略悬空	隐含脱落悬空	紧邻凝固悬空
句法后果	介词词性不变	独立成词转类	参与重构新词

毫无疑问，介词悬空这一语言现象，在汉语发展的不同历史时代，必然会具有不同的性质和特征，从而形成了不同的规律和后果。尤其是不同时代的介词悬空现象，使用的自由度和出现的频率也大不一样，上古两汉时期的介词悬空现象要比后代普遍得多、频繁得多；近代以后，悬空现象往往伴随着双音词汇化现象同步发生。约而言之，大体可

以分为三个历史阶段。第一个阶段从上古一直到中古，这一时期的悬空现象比较多地出现于表邻体格和时处格的介词，其中较为常见的是“以、为、因、由、用、从”等。悬空的动因主要是因介宾前置或协调句式而省略了复指的代词；悬空的方式比较自由，频率也比较高；悬空的结果以关联化为主——介词转向连词。第二个阶段从中古一直到近代，这一时期的悬空现象比较多地集中于表主体格和对象格的介词，最常见的就是“被、给”这两个。悬空的动因主要是被动格式和受益格式中的行为主体和受益对象省略或隐含；其结果是导致标记化——被动标记和焦点标记“被”和“给”的形成。第三个阶段从近代一直到现代，这一时期的悬空现象比较多地发生于表工具格和根由格的介词，其中常见的有“借、用、拿、据、按、照”等。悬空的动因既与介宾前置、移位、脱落有关，也与韵律的双音化、介词的语素化有关；其结果就是参与重新构词，进而转向情状化——悬空的介词与其后成分逐渐融合构成一系列双音节情态副词，表达各种情状；少数则进一步向主观化和关联化发展，成为语气副词和目的连词。

当然，三个阶段的区分也是相对的，尤其是早期的悬空形式，一旦形成就一直会对介词运用产生影响。比如，“与”后介宾的省略曾经是上古汉语最重要的悬空现象，中古以后已经逐渐消亡。但是在一篇预测 2008 年奥运会百米短跑的新闻报道中，作者就用了《三英战“鸟巢”，谁与 ∅ 争锋》（《新民晚报》2008 年 7 月 2 日）这类上古汉语很常用的邻体格悬空式标题。又如，被动标记“被”在中古已形成，在其类推作用下，当代汉语的“叫、让”也开始走上了因悬空而标记化的道路。

3.2 介词悬空的重要性就在于：虽然介词悬空以后大多就不再属于介词了，但介词悬空却是一系列汉语语法功能发展的起点和动因。长期以来，在与汉语介词有关的不少研究中，许多问题之所以众说纷纭，莫衷一是，就在于人们不承认介词可以悬空。比如，对于附着动词表被动的“被”，至少有 5 种不同的观点[10]。也正因为语法学界总想坚守介词宾语不能缺略的底线，希望用统一的理论来解释各种相应的变异现象，所以，不少介宾缺略现象难以取得共识。比如，对于“用来”的“用”的支配成分缺省，就存在较大分歧。实际上，汉语中存在着“动＋连”“介＋连”两种同形异构的“用来”，理应区别处理（相关研究可以参看张谊生 2010）。其实，如果我们把观察的视角扩展到汉语方言，就可以发现更多的介词悬空现象，比如最典型、最常用的介词“把”，也可以在皖南的某些方言中悬空（胡德明 2006）。所以，我们认为，现在应该是还汉语介词悬空本来面目的时候了，只有承认介词悬空这一客观事实，充分认识其性质、功能和作用，进而揭示各种相关的动因和发展的趋势，才能有助于阐释现象、总结规律，进而推动汉语介词研究的深入发展。

附注

① “preposition stranding（介词悬空）”也是生成语法中的重要概念，主要指在 wh-移位（wh-movement）过程中，只移动 wh-短语，而介词留在原位不动的现象。比如“Which girl did you give the book to?”“Who will you go to the cinema with?”这种性质的“preposition stranding”也可以翻译为“介词滞后”或“介词遗留”（宋国明《句法理论概要》，中国社会科学出版社 1997：408）或“介词留守”（温宾利《当代句法学导论》，外语教学与研究出版社 2002：368）。本章所说的汉语中的“介词悬空”，在性质上与此并不完全相同，范围上也要宽得多。

② 刘丹青（2002a）对介词悬空下的定义是：“介词悬空指介词所统辖的 NP 因某种句法程序而出现在句子的其他位置，不再与介词直接相连。”本章的介词悬空比刘文宽泛。不过，已经连词化的“是以、此以、是由”等（参看徐丹 2007）以及根据句法规则必须倒置的“何以、谁与、胡为”等，由于倒置已经固定化和程序化，本章不予讨论。

③ 李宗江（2003）曾经从句末表处所的介词短语虚化及介词的词缀化等角度讨论过介词功能的悬空，不过，李文所说的悬空，实际上是指介词及其短语句法功能的弱化和虚化，与本章所讨论的介词悬空不是一回事。另外，郭锐“现代汉语和古代汉语中的介词悬空和介词删除”一文，已于 2009 年在《中国语言学》（第二辑）

发表。

④ 比如"以、因"是先从动词虚化为介词，再出现介词悬空式；而"用来、拿来"悬空之初"用、拿"还是动词，但后来出现介词"用、拿"的悬空式"用来、拿来"。这两种情况本章不做严格区分，统一归入介词悬空。

⑤ 表被动的"为""被"的性质、词类及发展情况，可参看唐钰明等的系列论文《论先秦汉语被动式的发展》《汉魏六朝被动式略论》《唐至清的"被"字句》(《中国语文》1985 年第 4 期、1987 年第 3 期、1988 年第 6 期)。

⑥ 表被动的"叫"有时也可以写成"教"，两者在使用频率和场合上略有不同。既然"叫"表被动时可以悬空，那么"教"应该也可以。例如：一旁高无庸急忙道："皇上龙体紧要，莫教淋出病来，回头皇太后和娘娘那里奴才们不好交代。"(傅恒《乾隆》)但总体上看，这种用法比较罕见，而且可接受度还不高，因此，本章不予讨论。

⑦ "为报"目前大多解释"为了报答"，比如苏东坡《江城子》"为报倾城随太守，亲射虎，看孙郎"。但此例的"为报"属于介词悬空，是"替(我)告诉"之意。又如杜甫《泛江送魏十八仓曹还京》"若逢岑与范，为报各衰年"、柳宗元《汨罗遇风》"为报春风汨罗道，莫将波浪枉明时"中的"为报"也都是"替(我)告诉"的意思。

⑧ "据 X"中间也可以插入介宾，或直接扩展为"据校方称、据小道传"等，或略加调整为"据我获悉、据我所闻"等，区别在于"X"能否独立成词。此外，《现代汉语词典》(第 5 版，2005)和《现代汉语规范词典》(第 1 版，2004)将"据说、据闻、据悉"等都标注为动词，而将"按说、照说"标注为副词。其实，从句法功能看，凝固成词后，这些词都应该是副词。

⑨ 上面这两个例句中的"用"和"以"，中国社会科学院语言研究所古代汉语研究室编《古代汉语虚词词典》(商务印书馆 1999：739，714)都认为已经是连词了。

⑩ 除了介词、助词外，王力《汉语史稿》(中华书局 1980：425)将这个"被"分析为助动词，桥本万太郎《汉语被动式的历史·区域发展》(《中国语文》1987 年第 1 期)看作动词，而吴福祥(2006：265)认为是被动标记。总体上看，助词是认可度最高的。其实，按照 Bernard Comrie 的观点，助词(particle)是一个理论前概念(pre-theoretical concept)，对于能够确定其语法性质的单位，还是应该尽量避免使用(参看刘丹青 2002a)。

参考文献

储泽祥、曹跃香 2005 固化的"用来"及其相关的句法格式，《世界汉语教学》2 期。
董秀芳 1998 古汉语中介宾位置上的零形回指及其演变，《当代语言学》4 期。
董秀芳 2002《词汇化：汉语双音词的衍生和发展》，成都：四川民族出版社。

郭锐 2009 现代汉语和古代汉语中的介词悬空和介词删除,《中国语言学》(第二辑),济南:山东教育出版社。

胡德明 2006 安徽芜湖清水话中的"无宾把字句",《中国语文》4 期。

李炜、唐钰明 2004 加强处置/被动语势的助词"给",《语言教学与研究》1 期。

李宗江 2003 句法成分的功能悬空与语法化,《语法化与语法研究》(一),北京:商务印书馆。

刘丹青 2001 语法化的更新、强化和叠加,《语言研究》2 期。

刘丹青 2002a 汉语中的框式介词,《当代语言学》4 期。

刘丹青 2002b 汉藏语言的若干语序类型学课题,《民族语文》5 期。

刘丹青 2003《语序类型学与介词理论》,北京:商务印书馆。

刘丹青 2004 先秦汉语语序特点的类型学观照,《语言研究》1 期。

彭睿 2007 构式语法化的机制和后果——以"从而"、"以及"和"极其"的演变为例,《汉语学报》3 期。

屈哨兵 2006 "用来"句被动观念的表现、成因及相关问题,《语言研究》1 期。

沈家煊 2001 语言的"主观性"和"主观化",《外语教学与研究》4 期。

沈家煊 2006 "糅合"和"截搭",《世界汉语教学》4 期。

石毓智 2005 被动标记"让"在当代汉语中的发展,《语言学论丛》(第三十一辑),北京:商务印书馆。

孙朝奋 1994《虚化论》评介,《国外语言学》4 期。

吴福祥 2006 汉语历史语法研究的检讨与反思,《语法化与汉语历史语法研究》,合肥:安徽教育出版社。

徐丹 2007 "是以"、"以是" ——语法化与词汇化,《语法化与语法研究》(三),北京:商务印书馆。

张谊生 2010 "用来"与"拿来"——兼论介词叠加及构式套用与介词悬空的关系,《语法研究和探索》(十五),北京:商务印书馆。

Bernd Heine, Ulrike Claudi & Friederike Hünnemeyer 1991 *Grammaticalization: A Conceptual Framework*, Chicago: The University of Chicago Press.

Paul J. Hopper & Elizabeth Closs Traugott 1993 *Grammaticalization*, Cambridge: Cambridge University Press. (《语法化学说》外语教学与研究出版社 2001 年)

第二章　介词悬空与"用来"和"拿来"的词汇化与关联化

0. 前言

0.1 在现代汉语中，"用来"是一个具有多种功能特征和结构关系的同形异构体。从性质看，可以是短语，也可以是词，但更多情况下则是一种介乎于词、语之间的连续体，或者说固化短语。在"用来"的诸多用法中，用频最高的、也最值得关注的，就是"NP＋用来＋VP"中的正在词汇化的、表示用途和方式的准副词"用来"。刘丹青(2002)在探讨框式介词时，曾经涉及这个"用来"，认为"用来"是框式介词"用…来"的介词悬空(preposition stranding)式。此后，储泽祥、曹跃香(2005)、屈哨兵(2006)分别对"用来"的性质、功能和用法，做了较为详细的考察。不过，由于储、曹文并不认同介词悬空说，认为其中的"用"都是动词，所做的分析和解释，显然还有待进一步验证；而屈文只是从表被动的角度讨论"用来"，并没有展开全面的论述，所以，这一现象还很有详细辨析和深入探讨的必要。

0.2 与"用来"具有类似用法的类固化短语，还有一个相近的"拿来"。比较而言，"拿来"的凝固程度要比"用来"略低一些，所以，当前通行的语文词典之一《现代汉语规范词典》(第1版，2004)已经为"用来"立目，解释为：动词，靠(它)或拿(它)达到某种目的[①]，并举例："写首诗，用来表达自己的感情。"不过，该词典和《现代汉语词典》(第5版，

2005)都没有将"拿来"作为单词收录。其实,与"用来"一样,这个"拿来"现在也已词汇化了,只是副词化程度远不及"用来"。

0.3 我们认为,"NP＋用/拿来＋VP"中的"用、拿",既可能是动词,也可能是介词,更常见的是固化中的构词语素;而"来"既可以是目的连词,也可以是构词语素。所以,除了少数尚未词化的"用＋来、拿＋来"短语外,汉语中实际上存在着动词性的"用、拿"因宾语移位而形成的谓词性"用来[1]、拿来[1]",介词性的"用、拿"因悬空而构成的副词性"用来[2]、拿来[2]",以及"用来[2]"因关联功能强化而形成的连词性"用来[3]"。为了使讨论相对集中,本章主要考察准副词"用来[2]"和"拿来[2]"以及正向目的连词演化的"用来[3]"。首先辨析"用来[1]、拿来[1]"和"用来[2]、拿来[2]"在功能、用法与表达上的差异;其次分析"用来[2]、拿来[2]"与"把"字句、"被"字句的介词叠加、构式套用以及相互间的共现配合;最后追溯"用来"和"拿来"的悬空化、词汇化、副词化以及关联化、构式化的发展历程和演化趋势。

0.4 本章共时例句多从北大语料库和《汉籍全文检索系统》(第二版)检索而得;共时例句除了检自于北大语料库以外,一小部分当代用例,引自由网络搜索而得的各类新闻报道用语。

1. 宾语移位与介词悬空

1.0 "用来[1]、拿来[1]"与"用来[2]、拿来[2]"之间尽管存在依存关系,其句法功能、表达方式密切相关,但总体上还是可以分辨的。本节从"NP"前置话题化、后置指称化以及表达功能差异三个方面辨析。

1.1 前置话题化。从句法结构看,在"NP＋用/拿来＋VP"格式中,前置话题化的"NP"到底是动宾移位的句式安排还是介词悬空的句法后果,其区别大致从以下两点加以鉴定。

1.1.1 "用/拿 NP"是否可以居后独用。如果"NP＋用/拿来＋

VP”格式，转化为“VP 用/拿 NP”后可以独立单用，那么，该“用来”和“拿来”是谓词性的，反之是副词性的。例如：

(1) 这些钱可以用来支付队员的工资和每场比赛的出场费、训练费以及国内外比赛的旅差费等。(1994 年《人民日报》)→支付队员的工资和每场比赛的出场费、训练费以及国内外比赛的旅差费等可以用这些钱。

(2) 北京外国语学院是专门用来培养多种外语人才的全国重点大学，也是拥有外教最多的外国语大学。(1994 年《报刊精选》)→ *培养多种外语人才，专门用北京外国语学院。

(3) 这支笔是女儿做作业用剩的，何家庆拿来写字，手都捏不住，就插在一枚子弹壳里继续写。(2004 年 4 月《人民日报》)→何家庆写字拿女儿做作业用剩的这支笔。

(4) 至于功率，促销员推销油烟机时，往往会拿来做宣传，说什么功率越大，吸油烟的效果就越好，其实这是一大误区！(《戳破促销谎言 油烟机灶具选购必杀技》2004 年 4 月《人民日报》)→ *促销员推销油烟机时，做宣传往往会拿功率。

鉴别的标准是：“用来^{1}、拿来^{1}”本身是谓词性的，“用^{1}/拿^{1}NP”作为两个述宾短语，在功能上是自足的，可以单独充当谓语；而“用来^{2}、拿来^{2}”已经转向副词性，而分裂后的“用^{2}/拿^{2}NP”作为两个介宾短语，在功能上是不自足的，在句中只能充当状语，修饰后面的“VP”。

1.1.2 “用/拿 NP”是否可以居后被否定。如果“NP＋不/没有用/拿来＋VP”格式，转化为“VP 不/没有用/拿 NP”可以成立，那么，该“用来”和“拿来”是谓词性的，反之是副词性的。例如：

(5) 这笔钱没有用来购买计算机等设备，而是为编写教材、培训师资、开设新的课程等，提供经费。(1996 年《人民日报》)→购买计算机等设备没有用这笔钱。

(6) 像潮水一样涌入的财富，几乎都用来支撑为宗教信仰、为殖民扩张而进行的战争，而没有用来发展真正能够让国家富强起来的工商业。(《读书》vol-033)→＊发展真正能够让国家富强起来的工商业没有用像潮水一样涌入的财富。

(7) 老兄，我请问你，今天有人来提款，库房里只有那二十几万银子，我不拿来应付，莫非跟客户说：那笔银子不能动，是为古先生留在那里收买缫丝厂用的？(高阳《红顶商人胡雪岩》)→应付客户提款，我不拿那二十几万银子，行吗？

(8) 冬天正是万事结束的时候，反拿来做岁首；春天正是万物萌动的时候，反不拿来做岁首，以致气象、精神都失去了。(钟毓龙《上古秘史》一百五十五章)→＊做岁首却不拿春天，以致气象、精神都失去了。

鉴别的标准是："用¹、拿¹"都是动词，述宾短语"用¹/拿¹NP"在功能上具有陈述性，在表达上具有述谓性，自然可以单独被否定；而"用²、拿²"都是介素，介宾短语"用²/拿²NP"在功能上只有描状性，在表达上只有限定性，所以，必须先限定后面的"VP"，然后才能一起被否定。

比较而言，虽然同样是前置话题化，但由于表达的经常化和使用的习语化，"NP用来²VP"和"NP拿来²VP"这两种句式已定性化、构式化了，现在已成了汉语中的常见构式(construction)。

1.2 后置指称化。现代汉语中，除了"NP"前置话题化的"NP＋用/拿来＋VP"格式外，还有另一种相关的变化形式，那就是"NP"后置指称化的"用/拿来＋VP＋的＋NP"短语。

1.2.1 由动词性"用¹、拿¹"构成的"NP"后置短语，主要功能是充当主语或宾语。例如：

(9) 用来包装日用商品、衣服鞋袜、电气用具、五金零件的塑料袋，很可能有毒，不宜盛放食品。(《中国儿童百科全书》)

(10) 我想，他们拿来垫箱子的这些书，自然都是一些平时没什么用的闲书。(《读史札记》)

“用^{1}/拿^{1}来＋VP＋的＋NP”充当主语时，“NP”同时又是“用^{1}、拿^{1}”逻辑上的宾语，所以，上述两个短语可以转化为“包装日用商品用塑料袋”和“垫箱子拿这些书”。充当宾语时，“NP”既是句子述语的宾语，又是“用^{1}、拿^{1}”逻辑上的宾语，形成了双重受事的语义关系。例如：

(11) 浙江省兰溪市银台度假村创办了一个农家博物馆，搜集了一大批用来抗旱的水车、用来碾米的石臼、用来加工麦粉的麦磨、用来织布的布机等过去的劳动工具，陈列在小竹楼、木屋内，供旅游者试用。(1996年《人民日报》)

(12) 巴勒斯坦警察部队今天查获了大约30公斤准备拿来袭击以色列人的烈性炸药，并逮捕了一些嫌疑犯。(1996年《人民日报》)

两句外层的语义关系是“搜集水车、石臼、麦磨、布机”和“查获烈性炸药”，内层则还有“抗旱用水车、碾米用石臼、加工麦粉用麦磨、织布用布机”和“袭击以色列人准备拿烈性炸药”。

1.2.2 由介词性“用^{2}、拿^{2}”构成的“用^{2}/拿^{2}来＋VP＋的＋NP”短语，是介词悬空的另一种形式，准副词“用来^{2}、拿来^{2}”充当定语内部的方式状语。此类短语也可以充当主、宾语，但由于“NP”是介词宾语，内部的语义关系是完全不同的。例如：

(13) 非洲医疗卫生条件较差，尤其是农村地区用来纹身的器具一般都没有经过消毒，溃疡、化脓时有发生，因而今天乐意纹身的人数已经大为减少，只是某些部族或某些地方还顽固地保持着

这种习俗。(1995年《人民日报》)

(14) 如果你观察得更仔细一些,你就会发现他毕竟有与众不同之处:那就是我们常常拿来形容一位饱学之士的一句话“一脸书卷气”,也就是说,他的文化修养形成了如此雍容温厚的风度与气派,使人一望即知他是一位学者。(《读书》vol-015)

由于后置的“NP”是介词宾语,所以,这类短语转换为“用没有经过消毒的器具来纹身”“拿‘一脸书卷气’来形容一位饱学之士”是自足的,可以单用;转换为“纹身用没有经过消毒的器具”“形容一位饱学之士拿‘一脸书卷气’”就不自足,后面还须要后续句。同样,此类短语充当宾语时也是如此。例如:

(15) “挽弓当挽强,用箭当用长;射人先射马,擒贼先擒王。……”他不知道这是杜甫的名句,只知道这是小分队用来对付匪徒的基本策略。(《读者》合订本)

(16) 可见,无店铺行销是结合行销与消费一体的事业,对于新生的资金不太雄厚的企业来说,似乎是可以拿来一试的销售方法。(1994年《市场报》)

由于“用²/拿²NP”都是副词性的,所以,转换为“小分队对付匪徒用基本策略”和“企业(要想)一试可以拿销售方法”也都难以独立。相应地,“NP”语义上的双重受事关系也是不存在的。

两种后置方式的并存,表明不但汉语的动词宾语可以借助于标记词“的”的插入而指称化,而且汉语的介词宾语也可以通过介词悬空的方式,借助于标记词“的”的帮助后置指称化。

1.3 各自表达功能。句法性质不同,表达功能自然也会有所不同,甚至有较大的差异。

1.3.1 在“NP用来¹VP”格式中,“NP”一方面是动词或动素“用¹”

的使用、消费的对象，另一方面又是“VP”花费、消耗、运用的物质、材料、用具等。例如：

(17) 双方父母准备结婚用的数千元钱，他们都用来建蔬菜日光温室和购买拖拉机，小家庭成了蔬菜生产专业户，年收入超过30000元。(1994年《人民日报》)

(18) 黄玉米面中含有廉价的淀粉，油脂和固醇，便于蚕消化，可用来替代传统的桑叶和目前喂蚕采用的由淀粉和豆油制成的食物。(1994年《人民日报》)

(19) 聪明的马可尼急中生智，把一个风筝放到空中，用来代替天线，终于使首次横跨大西洋的无线电拍发试验获得了成功。(《读者》合订本)

而在“NP用来^{2}VP”格式中，“NP”一方面是介词或介素“用^{2}”的介引、关涉的对象，另一方面又是实施“VP”所利用的工具、材料、方式等。例如：

(20) 战士王强下山时不慎右腿骨折，需要固定，在医生没有器械的情况下，张贵把自己新买的白衬衫撕成布条，把自己精心制作的棋盘锯成木条，用来给战士治病。(1994年《人民日报》)

(21) 在葡萄酒厂，过去当作废物的葡萄核，现在可以用来提取食油，而且有较高的营养价值。(1994年《市场报》)

(22) 这种变无意义为有意义的记忆法，经常被用来记忆数字，利用这种方法，尽量将工作上用得到的电话号码记下来，要联络事情时就省得再翻电话簿。(《哈佛经理时间管理》)

1.3.2 在“NP拿来^{1}VP”格式中，“NP”一方面是动词或动素“拿^{1}”的取得、支配、处理的对象，另一方面又是“VP”拿取、利用、采用的实物、器物、材料等。例如：

(23)政府发给我的奖金和社会捐款，除了还清住院欠下的债务外，剩下的家里一分钱也不用，要拿来为学校和村里架设电灯线。(1995年《人民日报》)

(24) 这点钱拿来过日子本来就不宽裕，再加上我刚刚离完婚，从家里出来时真的是一贫如洗一分钱都没有。(罗雪莹《从中国影后到文化界第一实业家》)

(25) 因此，兴义贵州醇酒厂说他们生产的酒香，倒不如说“贵州”二字作为牌子更吃香，要不为什么他们注册的“南盘江”商标不用，而把我厂专用的“贵州”商标拿来打“贵州醇”牌子呢？(1994年《报刊精选》)

而在“NP拿来^{2}VP”格式中，“NP”一方面是介词或介素“拿^{2}”的处置、对待的对象，另一方面又是实施“VP”所凭借的人物、事物、现象等。例如：

(26) 更为荒谬的是，不但国内名人成为造假的目标，甚至连外国人的姓氏也居然拿来作伪，有人著书立说居然大言不惭地假托已故洋人的大名。(1996年《人民日报》)

(27) 当斯大林看到周恩来同志发来的这份珍贵的电报后，立即驱散了疑云，因为他对周恩来的判断力早已有了解，像这样涉及欧洲命运的大事，中国的亲密战友决不会拿来“开玩笑的”。(姚华飞《一份“改写欧洲历史的中国情报”》)

(28) 这就是说，为了研究一首诗，就要将这二十种古今总集拿来加以比较，仔细查明各书中选没有选这篇《春江花月夜》，选在第几卷，一点也不含糊。(《读书》vol-147)

由此看来，无论从句法功能还是从表达功用看，现代汉语中确实存在着性质和功能不同的两种“用来”和“拿来”。就这个意义上讲，“用^{1}、拿[1]”逻辑上的动宾，都是由于动宾移位而导致的动词宾语前置或后置现象；而“用[2]、拿[2]”逻辑上的介宾，则是由于介词悬空而导致的介宾前置或后置现象。当然，由于语言发展是渐进的，既然谓词性的“用来[1]、拿来[1]”和副词性的“用来[2]、拿来[2]”之间存在演化继承关系，而且，后者的副词化过程还未完成，所以，二者之间的界限自然不会都是泾渭分明的质的区别，有时很可能只是一种相对模糊的量的差异。但是，在那些典型用例之间，各自的性质、功能和用法基本上还是可以分辨清楚的。

2. 介词叠加与悬空方式

2.0 本节主要从介词叠加的角度讨论“NP＋用来[2]/拿来[2]（下面简作“用来、拿来”）＋VP”构式与典型构式“把”字句、“被”字句的介宾共用构式套叠，以及“用来、拿来”的相互配合。

2.1 套叠处置式。套叠处置式是指“用、拿”的介宾“NP”同时又是“把”字句的介宾。

2.1.1 一般情况下，“用来”和“拿来”都位于“把 NP”之后，是为了强化处置而叠用介词的套叠式。下面的“用、拿”分别与“把”共用一个宾语“爱情”，从而导致了悬空。也就是说，“用 NP（来）VP”或“拿 NP（来）VP”与“把 NP（来）VP”本来都可以说，既然“NP”充当了“把”字的宾语，那么，叠用的“用”或“拿”就只能悬空了。因此，下面两句都可以有如下变换式：

（29）其实她也应该想到，女人把爱情用来作为经营、牟利的手段，后果是可想而知的。（朱佳《人生》）→女人用爱情作为经营、牟利的手段，后果是可想而知的；→女人把爱情作为经营、牟利的手段，后果是可想而知的。

（30）爱情总是美好的，没有人会在一开始就把爱情拿来作为游戏，顶多有的人只是把它当成了满足生理与心理欲望的一种方法。(《房子是女人的催情药》2008-06-10《新女报》)→没有人会在一开始就拿爱情作为游戏；→没有人会在一开始就把爱情作为游戏。

由于都是近义介词叠用，而且“用”和“拿”的表达功能也比较接近，所以，多数“把 NP 用/拿来 VP”都可以转换为“用/拿 NP(来)VP”或“把 NP(来)VP”句。不过，也存在差别：“把 NP 拿来 VP”的两种转换都不受限制，而一部分“把 NP 用来 VP”是不能转换为“把 NP(来)VP”句的。试比较：

(31) 如果要研究 6 岁儿童的入学适应能力，没有必要也没有可能把所有 6 岁儿童都拿来研究一番才下结论，只需要抽取一部分儿童作为样本来研究。(方富熹、方格《儿童的心理世界——论儿童的心理发展与教育》)→拿所有 6 岁儿童都来研究一番；→把所有 6 岁儿童都来研究一番。

(32) 英国《自然》杂志以整版篇幅报道著名物理学家陈难先教授，把数学上的莫比乌斯定理用来解决物理上既重要又困难的逆问题。(1993 年《人民日报》)→用莫比乌斯定理来解决物理上的逆问题；→ * 把莫比乌斯定理来解决物理上的逆问题。

这是因为“拿”与“把”在功能上更为接近，都可以表示对“NP”的处置，强调对待；而“用”主要是将“NP”作为工具和方式，强调功用，与“把”在功能上有一定的距离。当有些“把 NP 用来 VP”以凸显“NP”的功用作为表述重点时，就不适合直接转换为“把 NP(来)VP”句。

此外，特定情况下，“用来”也可以出现在“把”与“NP”之间。例如：

(33) 索保家不仅提供吃住，还把用来给藏民治病的医术，稍加改进给游客治疗高山反应等其他高原病。(1994 年《人民日报》)

(34) 他们也不需要为室内装饰和家具太费心劳神，最重要的是在地上铺一些杉树枝，几张鹿皮，把那口通常用来烧煮鹿肉的大锅，吊到一根铁链子上，这根铁链子则是固定在帐篷支架的顶端上的。(翻译作品《尼尔斯骑鹅旅行记》)

此类用法虽然也是“用”与“把”共用介宾导致的悬空形式，但位于“NP”后的“用来”与“把 NP”合用谓语，同表处置，而位于“NP”前的“用来”则另有谓语，是说明用途的。试比较：

(35) 即使是“把别人喝咖啡的时间都用来工作”的鲁迅先生吧，他也要聊天，要看画展，看电影，要喝茶……就是说，他老人家也有享受生活的时刻！(《读书》vol-023)

(36) 鲁迅把别人用来喝咖啡的时间都用到了工作上，他的一生给我们留下近700万字的著作。(《中国儿童百科全书》)

前句中“用来”表示“用喝咖啡的时间来工作”，后句中“用来”表示“用(若干)时间来喝咖啡”。

“拿来”出现在“把”与“NP”之间的频率，要比“用来”低得多。例如：

(37) (这些记者)把本来准备拿来做新闻的负面消息，当作了大肆炒作的素材，简直毫无职业道德可言。(《称“台湾艺人赈灾不够”挨骂 蔡琴哽咽：话被曲解》)

(38) 一只脚已经踏到门里了，又连忙退了出来，把拿来登记财物的账本笔砚，放在院中的花栏墙上，假装解手，悄悄地溜到了茅房里。(马烽、西戎《吕梁英雄传》)

这显然跟“拿”与“用”的功能、表达特点有关，尤其是“拿来”一般较少表示“NP”的用途。

2.1.2 最值得重视的是三重套叠的格式，就是“NP”同时作为“把（将）、拿”和“用”的宾语。例如：

(39) 胡政勇为给儿子治疗白血病，已倾家荡产，还沉浸在“白发人送黑发人”悲痛之中，为了给灾区家乡出一份力，他将家里仅有的用来换油盐钱的15个鸡蛋拿来出卖，全部捐给了灾区。（《一场感人肺腑的乡村慈善会》2008-05-20 中国共产党新闻网）

(40) 你这家伙居然把我用来告诫你们的话拿来吓唬我们，我看你也太弱智了！（《回家的日子》新浪博客）

就前例来看，“鸡蛋”分别是“将、拿”和“用”的介宾，可以分别转换为：他将鸡蛋卖钱，他拿鸡蛋卖钱；他用鸡蛋换油盐钱。其中“将”与“拿”不但介宾共用、谓语也合用；而“用”只是介宾共用，另有谓语。所以，“将”与“拿”是介宾叠加而导致悬空，“用”和“将、拿”是介宾套用而导致悬空。三重套叠式之所以都带有居前的“用来”，就是因为在“把 NP”与“拿 NP”介词叠加共表处置的同时，往往还需要一个能够说明用途的、与“把”共用介宾的悬空式“用来”。再比如：

(41) 人们惊为奇迹，因为人们只看见结果，却不知道为了这结果他（指张恨水）是怎么把别人用来闲玩和吃饭、睡觉的时间都拿来用功的。（乔迈《张笑天“高产”之谜》）

(42) 回到家的杨扬把原来用来装勋章的、大小刚好的小盒子拿来当作肥皂盒，勋章则丢到橱柜的一角。（翻译作品《银河英雄传说》）

上面两句的介词“把、拿”和“用”都共用了宾语“时间”和“小盒子”，“用来”都另有谓语。不过“拿时间”是介宾短语，而“拿盒子”似乎还带有动宾短语的痕迹。这也从一个侧面说明，“用”和“拿”不但本身的动介界限相对模糊，而且性质不同的“用”和“拿”相互间也可以合用、套用。

总之，由于汉语普通话介词“把”是不能悬空的[2]，所以，凡是“把”与“用来、拿来”合用时，“把”的宾语总是非常稳定的，从而导致“用来、拿来”只能以共用介宾的悬空形式出现。

2.2 叠加被动式。叠加被动式是指随着使用的构式化，“NP＋用/拿来＋VP”现在已经成了两个可以表示被动关系的固定格式，但使用中有时又可以或需要再加上被动标记词“被”。

2.2.1 从施受关系看，受事居前的“NP＋用/拿来＋VP”格式，所表语义本来就是被动的。例如：

(43) 另外一些研究者认为，纳斯卡地画是当时的秘鲁人用来祭天的，那些画中的动物是作为祭品给他们信仰的在天诸神欣赏的。(《中国儿童百科全书》)

(44) 化学厂是个老企业，工厂的盈利主要拿来搞技改，抓产品，走内涵扩大再生产的路子，以增强企业的实力。(1995年《人民日报》)

而“被”作为一个典型的被动构式的标记，不管是带上宾语还是不带，都可以表示被动，所以，一旦“NP＋用/拿来＋VP”格式与“被”共现，就形成了强化的叠加被动式。例如：

(45) 所以，B超常常被用来检查肝、脾、肾、心、胆囊、子宫和肿瘤的大小、位置等等。(《中国儿童百科全书》)

(46) “牛肉风波”还被拿来作为攻击政府的口实，人们纷纷上街游行抗议示威，三大反对党还发表联合声明决定抵制国会，并声称在政府与美国重新谈判牛肉协议之前，将无限期延迟开会日期。(《CEO总统难解“牛肉题”》2008-06-06《解放日报》)

严格地讲，这个“被”只是个强调凸显标记，从表被动的作用看，具有一定的羡余(redundancy)性。一般情况下，叠加式被动句的施事

（“被”的介宾）都是隐含的，所以，介词“被”叠加时通常也是悬空的。但是，有时为了说明具体的施事，“被”的宾语就必须在句中出现。例如：

(47) 他的有关黑体辐射逆问题的公式被国际著名天体物理杂志用来解决星际尘埃温度分布等重要问题，并被称之为“陈氏定理”。（1993年《人民日报》）

(48) 北京轻微的震感还被剧组人员拿来开玩笑并想加入到演出情节中，可当地震的消息被确认，而且伤亡数字越来越大，导演黄盈和制作人王少毅与5位演员立即表示要给灾区捐款。（《〈开心麻花〉首演全部票房捐献给地震灾区》2008-05-15《北京晨报》）

即使出现施事，“被”字仍然不是必须的；不过，“被”字使用与否，结构关系完全不同。例如：

(49) K线图这种图表源出于日本，（被）当时日本米市的商人用来记录米市的行情与价格波动，后因其细腻独到的标画方式而被引入到股市及期货市场。（《股市基本分析知识》）

(50) 柯廷先生在《墨尔本先驱报》上发表了一篇亲笔签名的文章，（被）我们的敌人拿来向全世界大肆宣传。（《第二次世界大战回忆录》第四卷 命运的关键）

插入在“NP＋用/拿来＋VP”中的“被＋施事”是状语，不用“被”字，该施事就成了主谓谓语句中的小主语。如果“被”字宾语是无定施事，那么，施事出现与否只能起到协调句式的作用。例如：

(51) 这是因为，《马约》刚通过时带给人们的乐观情绪消失殆尽，“危机”一词重又被（人）用来形容欧共体的处境：经济持续恶化，失业队伍不断增加，货币危机四伏，金融市场动荡。（1993年《人民日报》）

(52) 许晴是大牌，但她是个例外，她不装，很诚恳，照理眼下是她被(人)拿来当靶说事的敏感时期，她可以用一切理由推托采访，可是她没有。(《许晴懒理“性丑闻”：不给“对手”一点机会》2004-01-09《娱乐信报》)

2.2.2 特定情况下，“NP＋被(NP)用/拿来＋VP”叠加被动式后面，可以由“跟、和、与、同”再引入另一个对象，跟“NP”进行比较、对照，从而构成一种被动和比较相套叠的句式。例如：

(53) 再重复一遍开篇的问题，如果你的手里有着一名诺维茨基式的年轻球员的时候，那么会如何去运用？当易建联一次又一次地被用来和德克做比较的时候，他似乎一直都没能享受到德国人一样的重点培养计划——即使篮网官方总是不厌其烦地发布他的潜力无限的论调。(《阿联无战术部署难成德克 篮网潜力培养计划为空谈》2008-11-19TOM体育)

(54) 舒兹曾公开表示，强调精致咖啡文化的星巴克，被拿来跟麦当劳这种快餐连锁做比较，让他感到很痛苦。但现况是，不少分析师指出，星巴克就像2001年的麦当劳，患了盲目扩店的老毛病。(《在咖啡市场中捉对厮杀 麦当劳“腰斩”星巴克》2008-02-29《环球时报》)

上面“易建联”和“强调精致咖啡文化的星巴克”既是“做比较”的对象，同时又是“用、拿”逻辑上的介宾，由于句式安排需要，“用、拿”必须悬空。所以，下面两种变换都成立：

(55) 易建联也许是这个世界上最不喜欢回答这个问题的人，从踏进CBA第一天开始，就被人用来和姚明比较，被冠以“姚明接班人”、“姚明二世”这样的称号。(《阿联要面对新秀墙无情碰撞与姚明比较将无处不在》2007-10-05《东方体育报》)→易建联被人和姚明比较;→有人用易建联和姚明比较。

(56) 目前在民主党的总统预选中处于领先地位的候选人奥巴马,频频被拿来和当年的肯尼迪相比较,人们将其称为"新一代肯尼迪"。(《肯尼迪私生子要认祖归宗》2008-02-15《重庆晚报》)→奥巴马被人和当年的肯尼迪相比较;→(有人)拿奥巴马和当年的肯尼迪相比较。

除了直接使用"比较"一词外,有时也可以用"对比、相提并论"等比较类词语。例如:

(57) 1960年,罗伯逊被皇家队选中进入NBA,在那个时代,他被认为是第一个"大牌"后卫,他是覆盖能力很强的队员,经常被用来和各个时期的"全场英雄"作对比,同时他被认为是史上最全能的队员。(《媒体评NBA史上最强10人 乔丹领衔邓肯入选》2008-06-17新浪博客)

(58) 这一系列的举措不仅赢得业界一致赞赏,被不少网民拿来与力挺中国形象的"80后"一代相提并论,也使依托新技术而兴起的新产业有了更为清新和清晰的形象,成为后来居上的新一代企业肩负社会责任的先行者。(《灾难考验企业社会责任》2008-05-23《市场报》)

与"把"字句一样,"被(NP)"句式的"NP",也可以后置加上"的"指称化。例如:

(59) 难道你相信那些被人用来干艰辛劳作,挨抽打,受饥饿,劳累至死的牲畜,会对沉重生活有什么感觉吗?(翻译作品《安徒生童话故事集》)

(60) 这个在戏里偶尔被拿来开涮的"老总",在剧组却有极好的人缘,大家亲切地称他"老好"。(电影《武林外传》台词)

在指称化格式中，"NP"既是"被"字句的受事，又是"用"或"拿"的介词宾语，为了句式安排需要，"用、拿"必须悬空。所以，此类句式都可以有如下的变换。例如：

(61) 欧洲新年除夕之夜，被人们用来点缀喜庆气氛的烟花爆竹，也造成一些人员伤害，甚至无情地夺去了一些人的生命。(1994年《人民日报》)→烟花爆竹被人们用来点缀喜庆气氛；→人们用烟花爆竹来点缀喜庆气氛。

(62) 无怪乎当年被拿来为"文革"祭刀的邓拓似有先见，早就写下颇犯众怒的《专治"健忘症"》，今日重读此文，真是别有滋味。(《读书》vol-181)→邓拓被(某些人)拿来为"文革"祭刀；→(某些人)拿邓拓来为"文革"祭刀。

无论是话题式前置还是指称化后置，叠加被动式都可以跟判断句套用。例如：

(63) 无论在英格兰队还是英超赛场，杰拉德都是一个经常被用来和兰帕德进行比较的名字。(《小小罗笑捧英超顶薪12万英镑并肩三超级巨星》2007-04-18 小小罗吧)

(64) 第一个被拿来开刀祭旗的(NP)是一生追求进步、忠厚善良的历史学家吴晗。(1994年《作家文摘》)

前句"NP"既是判断主语，又是"VP"受事，还是比较对象；后句的"NP"隐含了，用"X的"替代。

2.3 相互配合式。配合式大致包括"用来、拿来"的并用、连用、合用与套用四个方面。

2.3.1 并用与连用。并用就是对举使用两个或并列使用多个不同的"NP"。例如：

(65) 女人是用来看的,用来哄的,用来疼爱的;男人是用来品的,用来爱的,用来依靠的。(《冬天里的夏天》新浪博客)

(66) 羊肉是拿来下锅子涮着吃的,猪肉、牛肉则用来炒菜、炸丸子、剁成肉馅包饺子、包子的。(姜丰《爱情错觉》连载之二)

同样是并用,前句前后各项都使用"用来",后句则交替使用"拿来"和"用来"。

连用就是对同一个"NP",连续使用两个或多个"用来"或"拿来"。例如:

(67) 它(指橡皮筋)是男孩用来弹石子、女孩用来束辫子、小贩用来捆青葱、领工钱的用来扎钞票的最便宜的工具。(《读者》合订本)

(68) 对于"报眼"的安排,目前并没有专门的规定,有的用来登内容提要,有的用来登日历气象,有的用来登新闻图片,有的用来登商业广告。(《中国儿童百科全书》)

在收集到的语料中,"用来"的多项连用明显多于"拿来"[③],"拿来"连用多为两项式。例如:

(69) 你想减掉多余的重量吗?那么,就将那些平时用于睡懒觉的时间拿来散散步,或者拿来做做其他运动吧。(《告诉你定期身体活动的七大好处》)

(70) 首先,这权力是公权而不是私权,人民赋予的权力是拿来为人民谋利益的,绝不是拿来谋取个人利益的;其次,权力即责任,权力为责任服务,而责任又制约权力。(《海南反腐倡廉警示教育展览发人深省 每个案件都是一面镜子》2008-06-04《海南日报》)

并用与连用虽然都是连续使用"用来"或"拿来",但并用是多话题的,而连用是单话题的。

2.3.2 合用与套用。合用就是对于同一个"NP"，交替配合使用"拿来"与"用来"。由于"拿来"和"用来"在表达上存在细微的差异——"拿来"侧重对"NP"的处置，"用来"重在说明"NP"功用。所以，要想先提出某个"NP"再说明其功用时，常常先"拿来"再"用来"。例如：

(71) 我不知道，剑除了拿来砍杀以外，还能够用来作什么？(翻译作品《罗德岛战记》)

(72) 这里都是砂地，拿来擦铜，倒是很好，可是用来种麦，可就完全不成了……(翻译作品《母亲》)

尽管被处置的对象也有功用，表功用的成分也受到处置，但有些句子的"拿来"和"用来"的位置还是不宜互换，调换后表义的协调性和精确性要受到一定的影响。再比如：

(73) 清理过的地区有一小块拿来开垦耕种，其它都用来盖小间的铸造厂和炼钢厂。(翻译作品《龙枪·兄弟之战》)

(74) 因为大家都明白，产值既不能拿来发工资，也不能用来交税收，而只有效益是实在的。(1995年《人民日报》)

当然，如果确实要凸显功用义，那么"用来"出现在前项、甚至中项，也都是可以的。例如：

(75) 团队精神，就是不要互相猜忌！见到他人的长处，先是心里酸酸的，继而嫉妒，继而不容，这种变味了的聪明才智，不是用来做正事，而是拿来做武器，互相暗地里拆台。(《高考作文九大思维》2008-06-03 新浪博客)

(76) 然而，网游的"最高同时在线人数"居然成了一些网游厂商拿来炫耀、用来描绘美好前景的资本，甚至成为一些网游上市公

司拿来忽悠大洋彼岸投资者的工具。(《繁荣背后难遮隐忧 中国网游产业未来正被透支?》2008-05-16《通信信息报》)

套用就是“用来”与“拿来”的套叠使用。比如某个“NP”既是“用”的后置介宾,同时又是“拿”的前置介宾。再比如“拿来”和“用来”各自的“NP”前后交织在一起。例如:

(77) 在这个什么都有可能颠倒的年代里,原本用来描绘鲜花果品的粉红蜡笔现在却拿来涂抹血腥惨状。(1995年《人民日报》)

(78) 他决心要攻下这座碉堡,这座碉堡里有机关枪,有炸药包,可以拿来作为攻击敌人的武器,可以用来作为占领许家大院的重要阵地。(陆文夫《人之窝》)

前句“粉红蜡笔”既是“用”的后置介宾,又是“拿”的前置介宾,套叠在一个单句中;后句前面的“碉堡”是后面“用来”的“NP”,后面的“机关枪、炸药包”却是前面“拿来”的两个“NP”。

从“用来”和“拿来”的配合使用,尤其是“用、拿”与“把”字句、“被”字句的套叠来看,可以得出如下结论:虽然“用来、拿来”本身只能充当状语,有副词化的倾向,但是,这些“用来、拿来”内部的“用、拿”仍然还存留着源介词的积淀,都还是凝固化的介词性语素。既然“用来、拿来”的词汇化是由于表达的需要而形成的悬空形式,那么,“用、拿、把(将)、被”等各类介词的叠加、套用、合用,就必然导致了多样性的悬空。总之,尽管“用来、拿来”已经副词化了,但其中“用、拿”所保留的介词性质还是不容怀疑的。

3. 悬空化、词汇化与关联化

3.0 本节主要探溯和揭示“用来”和“拿来”的历时演化和发展趋势。大致从三个方面展开探讨,“用来^2”和“拿来^2”各自的悬空化与词汇化，以及“用来[3]”的关联化。

3.1 从工具+目的框式介词到功用类悬空凝固体。从语言的结构形式与演化轨迹的依存关系看，介宾前置的“NP+用来+VP”悬空格式，应该是由非悬空的“用+NP+来+VP”格式转化而来。

3.1.1 调查发现，早在先秦，“用”就可以带工具宾语，但真正虚化为工具格介词，已经在唐宋以后了。由介词“用”与连词“来”构成的框式介词(circumposition)，要到南宋才初露端倪。例如：

(79) 如天地之化都没个遮拦，圣人便将天地之道一如用范来范成个物，包裹了。(《朱子语类》七十四卷)

(80) 易便有那“深”，有那“几”，圣人用这底来极出那“深”，研出那“几”。(《朱子语类》七十二卷)

“用 NP”表工具，“来 VP”表目的，两者互相配合，构成一个框式介词。元明时期，用例有所增加。例如：

(81) 贼兵急待要用兵器来捌时，那李俊一声胡哨，那四五只粮船内暗藏的步军头领，从板下拔去梢子，推开艎板，大喊一声，各执短兵抢出来。(《水浒传》一百零六回)

(82) 却说孙权与周泰守宣城，忽山贼窃发，四面杀至。时值更深，不及抵敌，泰抱权上马。数十贼众，用刀来砍。泰赤体步行，提刀杀贼，砍杀十余人。(《三国演义》十五回)

上述各句中的“用”虽然可以归入介词，还保留着一定的动性。在此基础上，随着“用”的介引对象由工具逐渐扩展到材料、用途、依据、方式等，介词性也就更加典型了。例如：

(83) 只见武吉犁了殷郊，殷郊一道灵魂往封神台来，清福神祇柏鉴用百灵幡来引殷郊。(《封神演义》六十六回)

(84) 不觉光阴已是十年之期，那些张士诚、方国珍、徐寿辉、刘福通，时常用金帛来聘他，伯温想此辈俱非帝王之器，皆力辞不赴。(《英烈传》十八回)

(85)胡惠乾如此作恶，我们本业中名声都被他丧尽，同他用武，又打不过他，除非用国法来治他，无如我们又是平民百姓，不能与朝廷官员来往，想来想去，只有学武可以报他的仇，可以上进。(《乾隆下江南》四十五回)

随着"用"的介词性日趋专职化，"用……来"框式介词性也更为典型了。再比如：

(86) 公子只得用大题目来正言相劝，说道："姐姐，你只管不肯睡，却不想二位老人家为你我两个费了一年的精神，又整整劳乏了这几日，岂有此时还劳老人家悬念之理？"(《儿女英雄传》二十八回)

(87) 那女子见李玄执意不肯，便兀自立着不走，却用媚术来勾引李玄，嫣然一笑，立时做出万分风情，向李玄身上捱来，口中说道：……(《八仙得道》二十一回)

(88) 因想，一不做，二不休，索性将昨日求签的事情告诉了他，看他再用什么话来支吾，再看他的神色态度是何等情状。(《八仙得道》七十一回)

与此同时，至迟在元末明初，由于凸显受事的表达需要，介词悬空前置式"NP＋用来＋VP"也就逐渐形成了④。比如下面前句"用药物"还保留一定的动宾特性，而后句"用碧玉箫"已经完全是介词短语了。而且后面的"来"也逐渐由表目的后置词(post-preposition)开始向构词语素转化。例如：

(89) 那药物是毒药当中最毒的一种，本是用来淬染射杀猛兽的毒箭头，猛兽没有不随着弓弦的声音而倒下。(《剪灯新话·富

贵发迹司志》)

(90) 桌子上放着一只古铜花瓶,里面插了几根孔雀的尾毛,旁边摆设了笔砚等文房四宝,都十分整齐。架子上还横着一管碧玉箫,是女子平时用来吹奏的。(《剪灯新话·令狐生冥梦录》)

与框式介词一样,介宾悬空式"用来"的最初的用法是将"NP"作为材料和工具来使用的。再比如:

(91) 沈韶就按她的话搞到了半杯青羊乳,用来滋润她的双眼,屈指算来有三十天光景,美女忽然白天也能行走了。(《剪灯余话·连理树记》)

(92) 邢国夫人说:"幸好你还没有正式上任,就不必再另外寻住处了,我们家旧日的住所,谨用来迎接你。"(《剪灯余话·贾云华还魂记》)

在频繁的紧邻共现中"用"和"来"逐渐凝固,其中的"用"也就由介词变成了介素。例如:

(93) 姬僚唤当驾官曰:"急与朕擒下此人,怎敢带剑上殿!"专诸将剑拆为两段,近前奏曰:"臣安敢带剑上殿,原是木剑用银箔贴得如此光耀,特用来拆鱼耳!"(《五代秘史》二十二回)

(94) 小钰说:"凡受了烫的,最怕火气攻心,断断喝不得水。我用童便人参护住他的疼,犀角能凉心,用来解他的火气。"(《绮楼重梦》三十八回)

而"用"的介引对象,无论是具体实物还是抽象现象,也都逐渐从使用义转向了功用义。例如:

(95) 碧峰道:"这'天开眼'三个字,有何用处?"弟子道:"用来转凡住世。"碧峰道:"果真住在天眼上么?"(《三宝太监西洋记》五回)

（96）一半也因家中太苦，二十年之中，倒有三分之二的光阴，费在诊病上头，得些蝇头薄利，用来孝敬父母。（《八仙得道》九十九回）

3.1.2 差不多也是在明清时期，“NP”后置的“用来＋VP＋的＋NP”指称式也开始出现了。例如：

（97）石若虚急忙投奔前村的酒家，访查全、贾二人用来抵押换酒的裘袍，想拿来看一看。可裘袍刚碰到手，就纷纷破碎。碎片好像蝴蝶一般，乘风盘旋，纷纷扬飞。（《剪灯新话·水宫庆会录》）

（98）翡翠鸳鸯镯，放在案头，锦垫垫好，止对着用来更衣的御座。（《雍正剑侠图》四回）

至于与“把”字句套用或合用的“把＋NP（＋VP）＋用来＋VP”，直到清末民国初年才出现。例如：

（99）王峻见他本领高强，史彦超被他打了一鞭，因此把浑身膂力尽用来战，心下又提防他暗器来伤。（吴璿《飞龙全传》三十二回）

（100）楼上有铜制的大龙，肚子里装几百斛酒，派人从楼上往下喷洒，被风一吹像是飘落的露水，又把这所楼称为“粘雨台”，用来洒落尘土。（《古今情海·情中豪》）

语法化的基本规律是，新形式形成并不会导致旧形式消亡。所以，尽管悬空式“用来”已经成熟，可动词性的“用来”一直沿用至今，而且不论是前置式还是后置式，都已趋向凝固化了。例如：

（101）帝以此术神奇，恐人妄用，且上帝立戒甚严，不敢宣扬。但拣一二诚笃之人，口传心授。故此术不曾绝传，也不曾广传。后来张良募来击秦皇，梁王遣来刺袁盎，公孙述使来杀来、岑，李师道用来杀武元衡，皆此术也。（《初刻拍案惊奇·程元玉店肆代偿钱

十一娘云冈纵谭侠》)

(102) 秦自商鞅变法以后,推行重农抑商的经济政策,注重发展农业生产,因此,制造了专门用来征收粮食税的禾石铜权。(阴法鲁、许树安《中国古代文化史》)

根据上述描写和分析,可以得出如下结论:无论是动词还是介词,“用”的宾语都可以前置或后置;“用来”都会凝固词化。在词汇化过程中,出现了分化的趋势,其中一部分“用”保留了原来的动词性,形成了动词性的固化式“用来”。因介词悬空而形成的副词性“用来”的词汇化历程,是从明初就开始的,在“用”和“来”渐趋凝固的同时,介词“用”也就逐渐演变成了介素。

3.2 从处置+目的框式介词到凭借类悬空凝固体。“拿来”的凝固程度还比较低,至今也还没有完全词汇化,而且,近代用例大多是动趋短语,目的式“拿来”形成比较晚。

3.2.1 与“用来”一样,“NP+拿来+VP”构式也是由非悬空的“拿+NP+来+VP”演化而来。介词“拿”的形成比“用”迟得多,表达功能也有所不同,“拿”的宾语“NP”一开始大多是“VP”处置、依据、利用的对象。据查,框式介词“拿……来”的出现大致在清中叶[⑤]。例如:

(103) 奉王爷的命,再敢拿贾府的人来冒充民女者,要拿住究治的。(《红楼梦》一百十九回)

(104) 你别拿你那玉帝来吓人,我这里只晓得祖师,凭你比天还大的面子,要见祖师,还得卖我一个情儿!(《八仙得道》六回)

(105) 臣等向在羲和国学习天文,因此就拿羲和两字来作臣等之名字,以表示志趣。(《上古秘史》三十三回)

有些“NP”,已经是一些拿来作为凭借的相对抽象的情况和现象等。例如:

（106）你的意思我猜着了，你想着只你一个跟了我出来，回来你怕担不是，所以拿这大题目来劝我。（《红楼梦》四十三回）

（107）万岁要他来找我，他不敢见我的面，也就罢了，为什么拿这等混话来惊吓人家？（《八仙得道》九十二回）

（108）幸喜他欢喜吃酒吃肉，我只得拿这个法子来诓着他。（《续济公传》八十一回）

3.2.2 相应地，随着"拿"支配的对象由具体而抽象，表达功能也彻底由前景转向了背景，介词"拿"就逐渐成熟了。于是，"NP"前置的悬空格式"NP＋拿来＋VP"在晚清也开始零星出现了。例如：

（109）原是劝勉人子事亲之意，你不要拿来认作了真，到底为人功名为大。（《说唐后传》三十九回）

（110）县官开堂审讯，他还在那里称孤道寡，嘴里胡说乱道，指东画西，说甚么我资州有多少兵，绵州有多少马，茂州有多少粮……这些话总是骗子天天拿来骗他的。（《二十年目睹之怪现状》八十一回）

需要分辨的是，在"NP＋拿来＋VP"格式中，有些"NP 拿来"似乎可以有两种不同的分析：既可以认为是宾语前置的动趋式，也可以分析为介宾前移的悬空式。我们认为，既然"拿劝勉人子事亲之意"和"拿这些话"只能分析为介词短语，那么，这个"拿来"也只能是悬空凝固体。再比如：

（111）我道："奇极了！官照怎么拿来做顽意儿？这又有什么顽头呢？"（《二十年目睹之怪现状》七十五回）

（112）天下是大器，天子之位是大位，他不管三七二十一，亦不问天下愿意不愿意，答应不答应，竟擅是想拿来送给人，这真是卖天下，卖万民，罪大恶极！（《上古秘史》八十三回）

“拿来”与“把”套叠使用的句式有两种，一种“把＋拿来＋的＋NP＋VP”格式。例如：

(113) 那奶奶装出十分媚态，敷衍杨仁，又把拿来的药丸亲自送给他吞了，才把总管爷如何相爱，如何有情，舌瓣莲花的说得有声有色。(《八仙得道》二十三回)

(114) 一面喊，一面就在龙床前的一张朱红雕漆抽屉桌上，捧出一个嵌宝五彩镂花景泰香炉，先焚着了些水沉香，然后把宫娥们拿来的龙脑香末儿撒些在上面。(《孽海花》二十七回)

此类格式中的“NP”，“药丸、龙脑香末儿”既是动趋式“拿来”的动词宾语，同时又是“把”的介词宾语，不是叠加悬空式。再一种“把＋NP＋拿来＋VP”格式则是介宾悬空式。例如：

(115) 他想闲坐无事，何妨把前日偷学的召鬼之法拿来试验一下。(《八仙得道》七十九回)

(116) 他又把那南方的甚么昆腔、小曲，种种的腔调，都拿来装在这大鼓书的调儿里面。(《老残游记》二回)

“召鬼之法”和“种种的腔调”既是“把”的宾语，也是“拿”的宾语，“把”和“拿”不但共用介宾，而且合用谓语。而且，从语义上看，此类套叠悬空式的“NP”往往不是具体事物。再比如：

(117) 每到无可奈何的时候，就把相士的话拿来自己宽解一会儿，也就过去了。(《宋代宫闱史》四十五回)

(118) 有个人很怕老婆，常为老婆下跪，他的朋友便将程颢《春日偶成》一诗改了几个字，拿来嘲笑他，朋友是这样改的：……(《古今情海・情中谐》)

差不多也是在民国初年，“拿来”的并用式以及与“用来”的合用式，都开始出现了。例如：

(119) 收刮来的民脂民膏，人君不拿来滥用，官吏不拿来中饱，就对得住百姓，百姓决不会怨的。(《上古秘史》一百五十五回)

(120) 这些看法只能拿来评议庸妇，而不能用来谈论贞节妇人。(《古今情海·情中案》)

同样，在加词式"拿来"形成的过程中，动词式"拿来"的前置式与后置式一直保留至今。例如：

(121) 那李粹然先在地方把他的赎银搜括了个罄净，把衙内的几副酒器杯盘，多的两条银带，都拿来煎化了赈济贫民。(《醒世姻缘传》三十一回)

(122) 由于《茅盾文集》未能如期出齐，现在到手的稿费不过十几万元；此次拿来拍卖的徐悲鸿、吴作人、黄宾虹等三人的作品，估价也只在30万元左右。(王昕《书韬苦心筹集茅盾研究基金》)

总之，尽管介词"拿"的句法特点和表达功能与"用"存在一定的差异，而且介词化时间较迟、程度略浅，而且尚未关联化，但是二者的演化动因和途径、悬空方式与趋势，基本上是一致的。

3.3 准副词"用来"的关联化与构式化。随着"用来"词汇化、副词化进程的发展，近年来，"用来"的表达功能又进一步虚化，一方面开始向目的连词演化，成了一个表目的关系的连词。另一方面，则频频构成排比句，开始向另一层面的构式化发展。

3.3.1 作为目的连词，"用来[3]"与同样因介词悬空而成的"以便、以期"最为接近。例如：

(123) 冯子建说，根据世卫组织的要求，像鼠疫等甲类传染病只要发生一例，就算是疫情暴发，要立即进行调查。而且对于每一个病患者，都要登记，用来(≈以便)及时分析并发现是否有疫情暴发的苗头。(《紧迫任务：严防大疫!》2008-05-21《人民日报》)

(124) 事实上，列宁早在新经济政策时期就已开始运用商品货币和利用市场杠杆，用来(≈以期)恢复和发展国民经济，这其实就是提出了商品市场在经济发展中的作用问题。(《中国特色社会主义与苏联模式的原则区别》2008-03-12《学习时报》)

也就是说，当一部分"用来"出现在后分句句首时，其原有的借助于"NP"以实现某种目的功用义为整个语境所蕴含的因果逻辑义所涵盖，随着语境吸收(absorption of context)作用的不断强化，"用来"的篇章功能得到显化，逐渐演化成一个衔接前后分句、表示目的关系的连词了。再比如：

(125) 在国家实行最严格的耕地保护制度情况下，我们要整治好这些资源，用来(≈以便)招商引资上项目，实现要素聚集、产业集中、企业集群、加快发展各类产业和基地，促进县域经济更好更快发展。(《吉林省辉南县委书记彭庆慧：做好产业承接大文章》2008-11-09《吉林日报》)

(126) 殷道严的构思是：村委会和公司不是衙门，不要石狮子，可以做两只猫，一只白猫，一只黑猫，用来(≈为的是)体现"白猫黑猫捉住老鼠都是好猫"的伟大真理。(陈世旭《将军镇》)

3.3.2 在"用来"连词化的过程中，大致有句法、表达和语义三个方面的动因(cause)。首先，句法分布。必须位于后分句的前端，如果位于两个小句之间，其篇章义就不可能被显化出来。试比较：

(127) 在山中跋涉了整整一夜后，她又听到了直升机的声响——这一次，她和同伴们捡到了空投的物资。或许，一根小小的红纱巾，根本不足以成为直升机的参照物。但黄惠兰说，这条纱巾可以用来提醒自己，生活永远充满希望。→黄惠兰说，她会把这条纱巾珍藏一生，用来(≈以便)提醒自己，生活永远充满希望。(《泪水中收获力量》2008-05-23《甘肃日报》)

(128) 在中国家喻户晓的“搜孤救孤”故事，曾被伏尔泰用来宣扬儒教文化中不畏强暴的精神力量。→“搜孤救孤”故事在中国家喻户晓，伏尔泰把它移植到法国演唱，用来(≈借以)宣扬儒教文化中不畏强暴的精神力量。(《读书》vol-152)

其次，表达方式。随着表达精确化和复杂化，位于“用来”前项的“NP”常常会被“VNP”短语(小句)所替代，一旦谓词性“VNP”替代了体词性的“NP”，单句就转化成了复句。例如：

(129) 各种废弃的厨房垃圾，可用来生产沼气或有机肥料。→分类收集和科学处理各种废弃的厨房垃圾，用来生产沼气或有机肥料，从而使废物得到再次利用。(《搞好农村垃圾分类是新农村建设的好抓手》)

(130) 廉租房、经济适用房是用来解决城市低收入群众住房困难的。→面向全体人民尤其是中低收入群体，加快建造廉租房、经济适用房，用来解决城市低收入群众住房困难。(《点评总理报告：以人为本渐入佳境，民生“清单”振奋人心！》)

再次，语义性质。“用”的对象渐趋多样化和模糊化，使得已经悬空的“用”因句子表层缺失了明确的“NP”而逐渐丧失其原有的介词性，进而向目的连素“来”靠拢，一起转为连词。例如：

(131) 为了对顾客和绩效后果承担的责任最大化，西方国家推行向顾客发放凭单，即代金券或背书政府补偿的信用卡，用来购买物品或服务。(《当代西方公共服务变革的趋势》)

(132) 泰山林场带头滥伐山林，用来为私人盖房、做家具，向

供销部门换取紧张物资，供私人享用；甚至把大批木材私卖肥已。（李继生《泰山保护神——周恩来总理关于保护泰山的几次批示》）

前句“用”的对象不够明确，到底是“凭单”，是“代金券”，还是“信用卡”，似乎都可以；后句则不够清楚，可以是“山林”“林木”“木材”，或者“滥伐来的木材”，似乎都不确切。

可见，正是在上述句法、表达、语义等多重因素的作用下，“用来”的目的功用义逐渐弱化和模糊化，目的关联义渐趋强化和清晰化；其表义功能也就由句内的概念义转向句际的功能义。在此基础上，那些位于后分句句首的“用来”，就可以重新分析为目的连词了⑥。

3.3.3 除了上述三个基本动因外，另外还有一些相关的因素，也起到了一定的促进作用。那就是连用与共现。首先，“用来”经常与目的连词“以”并列连用，从而受到了语义感染。例如：

(133) 现在的大学生，一年招五百万，各种类型的大学也在争这个待遇，以用来证明自己的“合格身份”。（冯越《堵住火车票上的漏洞》2008-01-22《大连日报》）

(134) 许多老师认为，高考作文审题立意应该设置较高难度，以用来区分学生的思辨与分析问题能力的高下，起到考试求取人才的目的。（《高考作文命题》2009-02-03 人民网）

“以”和“用来”的叠加使用，强化了句子的目的性关联，尽管从逻辑关系看，连用似乎是羡余的，但随着连用形式经常化，“用来”逐渐取代了“以”的关联性，“以”就可以不出现了。

其次，“用来”常常与表目的介词“为了”共现、配合，从而进一步诱发了关联性目的义。例如：

(135) 儿子深受刺激，为了纪念母亲，为了惩罚自己的不孝，他把树砍下，做成一张供桌，用来供祭母亲。（《读者》合订本）

(136) 国家鼓励企业向国际市场出口的产品是国内市场已经饱和，而国际市场尚有销路的或经过努力可以打开销路的；但是，为了换取更多的外汇，用来支付从国外引进别的技术、设备价款，满足自身发展的急需，就多数国内合营者来说，并不希望直接生产向国内市场销售的产品来满足自身的需要，而是希望生产向国际市场销售的产品。（曾鹏飞《技术贸易实务》）

当然，这两方面的因素都是辅助性的，换句话说，即使不与“以”连用、不与“为了”照应，“用来”也照样会逐渐关联化，只不过在连词化过程中“以、为了”起到了一点催化作用而已。

而“用来[3]”则与“以便、以期”相似，随着篇章功能的进一步凸显，关联功能逐渐强于限制功能，从而正在由一个准副词逐渐向表示说话人希望达到的正向目的连词演化。例如：

(137) 毛泽东同志用“实事求是”来概括我国古人“实事求是，每求真是也”的思想，并把它提升到辩证唯物主义的高度，用来（≈以期）概括马克思主义把握事物发展客观规律的一条基本原则。（左小蕾《外汇储备如何刺激国内经济》）

(138) 政府决定，在未来若干年内认真修缮和充分利用沿河两岸的一些陈旧的或空置的传统建筑，用来（≈借以）开发各种新兴的现代功能，譬如开设商店、餐厅和酒吧，或者设立博物馆、艺术馆和现代画廊。（齐琮《保护与利用并重》）

当然，就所连接的前后分句的语义关系而言，“用来”所表的正向目的句，一般还保留了相当程度的用途义，至少是隐含着用途义，表明其作为连词的关联化过程还远远没有完成。

3.3.4 另一方面，我们也发现，近年来“用来[2]”除了正在连词化以外，在一些青年人的网络用语中，频频出现于各类排比句、对比句和连环句中，又显示出相当明显的构式化倾向。例如：

(139) 我确信，有些事情是用来敷衍的，有些做法是用来装样的，有些时间是用来浪费的；就像有些金钱是用来挥霍的，有些爱情是用来放弃的，有些想念是用来伤心的，而有些人是可以用来背叛的。(《一直在路上》新浪博客)——排比递进式

(140) 金钱是用来付出的，而不是用来衡量的；生活是用来经营的，而不是用来计较的；感情是用来维系的，而不是用来考验的；信任是用来沉淀的，而不是用来挑战的；幸福是用来感觉的，而不是用来比较的；爱人是用来疼爱的，而不是用来伤害的。(《我的人生哲理》)——对举排比式

(141) 男人到底是用来干什么的？这个问题处境不同的人，会有不同的答案。我的一个女性朋友是这样回答的：男人不是用来看的，而是用来品的；男人不是用来疼的，而是用来爱的；男人不是用来骗的，而是用来哄的；男人不是用来解闷的，而是用来干事的；男人不是用来消遣的，而是用来依靠的、用来托付终身的。(《男人的价值》网易博客)——对照排比式

(142) 牛粪和屠宰的废水用来生产沼气，沼气用来发电，沼气渣用来养蘑菇，蘑菇的培养基地用来养蚯蚓，蚯蚓用来制作中药和保健品，蚯蚓粪用来制造饲料和活性复合肥，肥料返回到田间又培养出环保的蔬菜和农作物，再用农作物秸秆来养牛。(《梁希森》百度百科)——连环套叠式

就这样，副词化的“用来”又从另一个方向逐渐走上了构式化的发展历程，尽管比起“用来”的连词化来还刚刚开始，也不够典型和常见，但毕竟代表了“用来”的又一个发展方向。

4. 结语

综上所述：(一)现代汉语的“用来”和“拿来”大多数都是因“用、拿”的介宾前置或后置导致的介词悬空凝固体，其中前置式已经成了汉语中一个定型的构式。介素“用”与连素“来”已基本凝固成一个表示方式为主的准副词，而且近年来正在逐渐衍生出目的连词的用法；“拿”与“来”的词汇化过程还在发展中。现代汉语既有谓词性的“用来[1]、拿来[1]”，也有副词性的“用来[2]、拿来[2]”以及连词性的“用来[3]”；就其内部构造方式而言，这五个词分别是“动素/介素＋连素”的跨层结构单词。(二)“用来”和“拿来”在与“把”字句、“被”字句的共现中，由于介宾共用和构式套用，形成了一系列悬空格式，而这些格式的频繁出现，表明同义或近义词语的叠加是一种普遍的强调方式(刘丹青 2001)，而介词叠加的结果通常都会导致其中一个或两个介词的悬空。(三)“用、拿”悬空与“来”并列的句法后果主要有两个，一个是紧邻共现凝固而词汇化进而副词化，再一个就是篇章功能强化而由副词化进而连词化⑦。根据上面对“用来、拿来”发展趋势的分析，可以预测，随着“用来[2]、拿来[2]”的进一步虚化发展，副词性“用来[2]、拿来[2]”由于一再地充当状语，将会逐渐转化为两个相对典型的方式副词。(四)如果本章的分析是接近于汉语事实的，那么，前人有关“用来”的“用”都是动词、“汉语介词的宾语一般不能前移话题化而造成介词悬空”等观点(储泽祥、曹跃香 2005)，似乎都还值得进一步商榷。

附注

① 严格地讲，“用来”并不是一个内在性质单一的语言体。其实，现代汉语中存在着正在词汇化的动词性“用来[1]”、已经词汇化的加词“用来[2]”，还有一个正在关联化的连词“用来[3]”。详细分辨请看本章相关分析。

② 介词“把”在某些方言，比如安徽芜湖清水话中是可以悬空的，参看胡德明

(2006)。

③ 由于是同一个"NP",多项连用式的多个"用来"有时也可以省略。例如:人们驯养狗,可以用来帮助警察搜捕逃跑的罪犯,(用来)查找被坏人隐蔽起来的不法物品;(用来)配合地质勘察人员寻找矿物;(用来)带领远行的人寻找自己的出发地点,以及(用来)报告地震、捉老鼠和进行实验等。

④ 我们检索到《大般涅槃经集解》中已有动词性"用来"的用例:今者出三种中道,以为二因之体。二因乃同用真如为体,今唯得据用来辨定乐行者,所谓菩萨摩诃萨(至)阿鼻地狱如三禅乐案。(卷第五十四)既就体相作论,恐人怀疑。後更就用来辨,故举常乐我,来标其相也。佛有二乐者,寂灭乐处体相作语,觉知乐就用来辨也。(卷第五十一)不过,《大般涅槃经》虽成书于南北朝宋元嘉年间,但上述例句检索于《大藏经》中的《大般涅槃经》。而《大藏经》是清雍正、乾隆开雕、印刷的,由于佛经代代相传,其中语言格式恐非南北朝时期的原貌。

⑤ 明万历年间的《三宝太监西洋记》有这样的例句:银角大仙说道:"既如此,我又另变做一个灵性些的,单要拿那金和尚来开钻眼。"道犹未了,拿起如意钩来,嘱咐几句,叫它见样变样,单拿和尚。(七十一回)这个"拿"是"捉拿",动词。明末清初的《醒世姻缘传》有类似的例句:今日收的你家礼多了,明日取药不要再封礼了,止拿一大瓶酒来我吃罢。(四回)也还亏不尽有烧香的妇女围成了个圈子,你脱件衣裳,我解件布裙,粗粗的遮盖了身体;又雇了人分头叫往各家报信,叫拿衣服鞋脚来迎。(七十三回)这两个"拿……来"都是动趋分离式。所有这些"拿……来"都不是框式介词。

⑥ 到目前为止,还没有任何一项研究成果或者任何一本虚词词典,认为"用来"是一个目的连词,这自然与"用来"作为目的连词形成时间不长,而且还不够典型有关。

⑦ 在汉语史上,因介词悬空而形成的连词还有一批,比如"以便、以期、以免、因而、从而、借以、用以"等。

参考文献

储泽祥、曹跃香 2005 固化的"用来"及其相关的句法格式,《世界汉语教学》2 期。
胡德明 2006 安徽芜湖清水话中的"无宾把字句",《中国语文》4 期。
刘丹青 2001 语法化的更新、强化和叠加,《语言研究》2 期。
刘丹青 2002 汉语中的框式介词,《当代语言学》4 期。
彭睿 2007 构式语法化的机制和后果——以"从而"、"以及"和"极其"的演变为例,《汉语学报》3 期。
屈哨兵 2006 "用来"句被动观念的表现、成因及相关问题,《语言研究》1 期。

沈家煊 2006《认知与汉语语法研究》,北京:商务印书馆。

石毓智 2006《语法化的动因与机制》第 8—11 章,北京:北京大学出版社。

张谊生 2009 介词悬空的方式与后果、动因和作用,《语言科学》3 期。

Bernd Heine, Ulrike Claudi & Friederike Hünnemeyer 1991 *Grammaticalization: A Conceptual Framework*, Chicago: The University of Chicago Press.

Eve E. Sweetser 1990 *From etymology to pragmatics: Metaphorical and cultural aspects of semantic structure*, Cambridge: Cambridge University Press.

Joan Bybee, Revere Perkins & William Pagliuca 1994 *The Evolution of Grammar——Tense, Aspect, and Modality in the Languages of the World*, Chicago: The University of Chicago Press.

Paul J. Hopper & Elizabeth Closs Traugott 1993 *Grammaticalization*, Cambridge: Cambridge University Press.(《语法化学说》外语教学与研究出版社 2001 年)

第三章　介词悬空与“无以”和“难以”的否定化与趋同化

0. 前言

0.1 迄今为止，常用的虚词词典，包括《现代汉语虚词例释》(1986)、《现代汉语常用虚词词典》(1992)、《现代汉语八百词》(增订本，1999)，以及侯学超(1998)、张斌(2001)、朱景松(2007)分别主编的《现代汉语虚词词典》，都没有为“无以”列目。通行的语文词典，像《现代汉语学习词典》(1995)、《汉英词典》(修订版，1995)、《应用汉语词典》(2000)、《现代汉语词典》(第6版，2012)等，也都没有收“无以”一词。只有《现代汉语规范词典》(第3版，2014)收录了“无以”，标注为“动词”，解释为“没有什么可以用来；无从”。举例是“没有改革，无以创新”[①]。倒是1991年出版的《汉语大词典》收录了“无以”，只是没有标注词性[②]。不过，同样是“X以”副词，“难以”一词的词类地位与副词身份却没有任何争议，虚词词典和语文词典都已收录，尽管研究成果可以说几乎还是空白[③]。

0.2 通过调查，我们发现：“无以”和“难以”的构词方式相同，都已是只能充当状语的副词，且具有相近的否定功能；发展到现代，两词不但可以互换，而且经常配合。例如：

S1 屏障一倒，不仅缅甸自身无以立足，中缅边境物资汇集的腊戌、畹町也就危险了。——如果他们都要求伊方作出赔偿，将令目前的伊拉克新政权难以立足，负担不起。

S2 无以伦比的发展条件、近乎完美的发展环境、难以想象的发展空间——爱，不一定要言破；爱，也不一定要回报。难以说出的情，更显珍贵；无以回报的爱，更难舍弃！

0.3 本章将从两个方面对“无以”和“难以”进行考察与分析：首先描写“无以”和“难以”的表义方式与句法功能，探讨相关构式、习语的句法特征。然后从词汇化、副词化角度揭示“无以”“难以”的演化历程，探索其从跨层结构转化为否定副词的历程与机制、构式化、习语化的进程，通过描写二者的共现与配合，揭示两词否定功能的趋同化趋势。

本章现、当代用例多引自于北大语料库及网络上的报道与博客等（略有删节）；古、近代用例多引自北大语料库和《汉籍全文检索系统》（第二版）；例句全部注明出处。

1. 表义方式与句法特征

1.1 语义的引申与分化。从表达角度看，尽管“无以”和“难以”都含有虚化的表凭借、方式的介素“以”，但语义上有着较大的区别。“无”是个动素，表示“没有”。“无以”可以分出两个义项：义项(1)表示“没有什么(东西)可以用来(VP)、实在无从(VP)”。例如：

(1) 第一代农民工无以(≈没有什么可以用来)养老 迄今“难退休”(标题，2013-04-03《工人日报》)

(2) 我感慨温暖我心的所有善良的心，我无以(≈实在无从)报答所关爱我的人，唯有这部笨劣的书稿和我的真诚。(肖华《别了，张艺谋！》)

义项(2)则表示“没有任何(办法)能够用来(VP)、根本没法(VP)”。例如：

(3) 许多到法国后无以(≈没有任何办法能够用来)谋生的华人找到何福基,他都慷慨解囊,帮助解决他们的实际困难,并尽力扶助这些人融入法国社会,做遵纪守法、自食其力的公民。(2004年新华社《新闻稿》)

(4) 部门不同,相关利益也不同,甚至互相对立,这是很自然的现象,但如果一味采取自我本位,恣意坚持自己的主张,势必将无以(≈根本没法)顾全组织的目标。(《哈佛管理培训系列全集》10单元)

就"无以"的两个义项来看,虽然义项(2)是在义项(1)的基础上泛化、抽象而来的,但发展到现代,义项(2)反而成了"无以"的常用义项,在我们调查的语料中,已达到90%以上④。

而"难"是个形素,表示"不易"。细究起来,"难以"也可以分出两个义项:义项(1)表示"很难有什么(办法)可以用来(VP)、真的很难(VP)"。例如:

(5) 人们不禁要问:为什么养老金难以(≈很难有什么办法可以用来)养老?(1994年《报刊精选》)

(6) 永远都记得,在送我离开时,她那沧桑的脸,以及开始发白的头发。她含辛茹苦把我养大,她的恩情今生今世难以(≈真的很难)报答!(《告别故乡的老妈妈》2011-05-22易班学生互动社区)

义项(2)则表示"没有什么(办法)可以用来(VP)、几乎不能(VP)"。例如:

(7) 所谓"推",就是把有经营能力而在企业中又找不到自己位置、下海又怕呛水的人强推"下海",带领部分生活困难、回家难以(≈没有什么办法可以用来)谋生的富余职工开发第三产业,腾出临街办公楼一楼建立多种经营门店29处,安排富余职工百余

人，当年创收百万元。(1994年《报刊精选》)

(8)《嘹歌》是声文，综合运用了比拟、夸张、重叠等修辞手法，在英译时，想把原诗承载的内容意境传递无误，恐怕难以(≈几乎不能)顾全原诗的修辞手法和韵味，更不用说要保存它的韵律特色。(《飘向世界的壮族嘹歌》2012-01-10 凤凰博客)

就"难以"的两个义项来看，义项(2)自然也是在义项(1)的基础上引申、发展而来的，不过义项(2)至今还不够典型，尽管在与"无以"共现时，由于语境的促发，会显得相对成熟些。所以，义项(1)至今还是"难以"的常用义项，在我们调查的语料中，仍然高达80%左右。

严格地讲，"无以"(1)还带有一定的动词性痕迹，而"难以"(1)还是方式副词；而"无以"(2)和"难以"(2)才是两个表示完全与不完全否定的副词，才具有可比性，所以，本章主要探讨和比较"无以"(2)和"难以"(2)的功能与用法，研究其形成、演化时才会涉及义项(1)。

1.2 功能的特征与分布。作为否定副词，"无以"和"难以"的基本功能，几乎只能充当状语，主要就是修饰和限定各种类别的"VP"，包括动词和动词性短语。例如：

(9) 张银富一家有说不出的感激，思前想后，无以报答，最后全家一致决定，将小店取名"徐公店"。(1994年《报刊精选》)

(10) 黄蓉点点头，过去抚摸汗血宝马的长鬃，轻轻说道："马儿啊马儿，我郭家满门真是难以报答你的恩情。"(金庸《神雕侠侣》)

(11) 太医必定已经知道，梅毒溃烂到此地步，如果仍旧要照治天花办法治疗，后果必然严重。但又只能用此办法，否则便无以自圆其说，其踌躇无计的"为难"之处，正在这里。(《读书》vol-150)

(12) 至于所谓台湾"安全问题"、"被吞掉"的借口，连台湾当局都难以自圆其说，要用它们来骗过台湾民众、管住台湾企业的动

向，那就完全是徒劳的。（1996年8月《人民日报》）

而“无以VP”和“难以VP”除了充当谓语之外，还可以充当主、宾语的定语。例如：

（13）斯洛罗伯公司具有无以匹敌的竞争力，1964年一跃成为美国第一大百货公司。（《哈佛管理培训系列全集》4单元）

（14）然而事实是，这种追捧的行为和食物本身的味道关系不大，而这些味道却被渲染成为难以匹敌的美味。（《被夸大的禁忌之味》2013-07-05《南方日报》）

在一定的语境中，“无以VP”和“难以VP”还可以充当组合式补语和心理动词的宾语。例如：

（15）哪里的话，我做得也太过分了，阁下再怎么叱责我都是应该的，您这么说反而让我羞愧得无以自容。（翻译小说《银河英雄传说》）

（16）模范丈夫，方圆觉得自己真是羞愧得难以自容，有自己这样的模范丈夫吗？（《局长的成长日志》2010-12-10网易博客）

（17）经过时间的沉淀，我依然觉得无以面对亡灵。一个人可以像一阵清风一般去了，这风却吹不走磐石般沉重的品格。（张笑天《清风一缕》2003-10-23人民网）

（18）她完全无法想象期盼已久的母女重逢会是这样的场景，而娜娜也觉得难以面对自己的母亲。（《17岁女儿未考上重点高中出走》2012-05-08《扬子晚报》）

1.3 双重否定的表达式。“无以VP”“难以VP”经常用在前后否定格式的后项。例如：

（19）如果我们不培养兢兢业业的工作态度，将来就无以对付

无情的市场。(1994 年《报刊精选》)

(20) 如果政府和国会不进一步采取措施,恐怖活动在印尼就难以被杜绝。(2004 年新华社《新闻稿》)

(21) 在邓小平看来,国格就是立国的资格;没有国格,国家就无以自立。(1994 年《报刊精选》)

(22) 没有恰当的故事情节,人物的性格就难以得到充分而生动的显现。(《中国儿童百科全书》)

前项否定式,除了经常用“不、没有 VP”之外,有时还可以由“非 N/VP”来充当。例如:

(23) 近代工业非学术无以立其基,而学术非研究无以探其蕴,是研究一事,尤为最先之要务也。(1994 年《报刊精选》)

(24) 中央处理香港问题一定是香港急需解决而自身又难以解决的问题,也就是邓小平先生讲的“非北京出头就难以解决的问题”。(2004 年新华社《新闻稿》)

同样是双重否定表达式,“无以 VP”由于否定强度更高,构式化程度明显高一些。试比较:

(25) 作为一个共产党的干部、人民的公仆,如果没有淡泊人生的品质,就无以坚持廉洁自律的操守。(1994 年《报刊精选》)

(26) 渔业发展离不开水生动物,它们是我们生活中动物蛋白质的重要来源;如果没有益鸟、益虫的保护,农业生产也难以正常进行。(《中国儿童百科全书》)

(27) 要发展,就既需要不断“回归”,更需要不断“出走”,不“回归”无以保持独立品格,不“出走”则无法发挥它在时代生活中的特殊功能。(1995 年《人民日报》)

(28) 不珍视信誉,就难以美化形象。美好的社会形象是组织

无形的资产，有了良好的社会形象就会赢得理想的社会舆论，为社会各界所了解、信任。（《哈佛管理培训系列全集》12单元）

同样，加强表达效果的对举式、连用式，“无以VP”也比“难以VP”更为典型、常见。例如：

（29）总之，国家对证券市场的调整是必然的，不调整则无以成熟，不调整更无以规范。（1994年《报刊精选》）

（30）当社会学家忧虑地指出，有些富裕地方的农民是“口袋鼓了，脑袋空了”的时候，华西人清醒地提出：不富无以养民情，不教无以理民性。（1994年《报刊精选》）

（31）如果农民的利益得不到足够的重视，农村社会就难以发展，农业生产就难以为继，国家的发展和长治久安就都成了一句空话。（陈桂棣《中国农民调查》）

（32）杜钢建说，不从问责入手，就难以真正整肃吏治，也就难以落实执政为民、权为民用的理念，中国新一届领导人显然已经看到了这一点。（2004年新华社《新闻稿》）

同样是假设句构式，“无以”句多为紧缩式，而“难以”句多为分离式；“无以”句大多是叠加式⑤，也可以有分承式，而“难以”句基本上都是分承式，即使多项连用式也是如此：

（33）一个国家，腐败不除，无以立本；一个政党，腐败不除，无以立威；一个政府，腐败不除，无以立信。（1995年《人民日报》）

（34）会场庄严肃穆，加上审判过程对听众的情绪调动，数万与会受众的情绪随着审判进程而起伏，终于达成了“不对黄克功处以极刑，便无以教育党，无以教育红军，无以教育革命者，并无以教育一个普通人”的共识。（曾宪明《论传播主体对客体情绪心理的营造》）

(35) 这个问题如果解决得不好，就难以向革命先辈们交代，难以向党和人民交代，就难以保证无数先烈用鲜血和生命换来的江山不变色。(2004 年新华社《新闻稿》)

(36) 没有一定数量的持卡人，就很难有足够的业务发生额；没有足够的发卡数量，该卡也就难以在全社会造成广泛的影响，难以吸引商业机构参加到这个信用卡运作体系中来，信用卡业务就难以维持和发展。(1994 年《报刊精选》)

1.4 四字短语的习语化。由于受到源结构的影响，加上本身所具有的较强的文言语体色彩，"无以"在副词化之前及之后，已经并且正在逐渐形成一些四字格的习语。例如：

(37) 当然，在那位被打扮出来的小姑娘的种种唐突与浅薄张扬得无以复加时，真历史在无言之余，也许会抿起嘴角狠狠地微笑起来。(《读书》vol-147)

(38) 近 50 年来，汉诺威这个展览之都以其无以伦比的规模、尽善尽美的服务越来越为世界各地各领域各行业人士所熟悉，汉诺威工业博览会已无可争议地成为人们看世界的橱窗。(1994 年《报刊精选》)

(39) 我知道，成功的杀伤力不下于失败，少年得志的人往往无以为继，原因就在这里。(《读者》合订本)

(40) 任何可能的时候，我们总会把自己的短处变成别人的错处，而后加以无以名状的怨恨。(《读者》合订本)

就"无以 VP"的习语化程度而言，"无以复加、无以伦比、无以为继、无以名状、无以为报、无以为生"更高一些，都已成为了比较地道的成语了⑥。至于"无以排遣、无以面对、无以立足、无以言表、无以言退、无以匹敌"，只能说具有一定的习语化倾向而已。例如：

(41) 这是自欺欺人,这是撒谎,事实上我可以坦率地承认,独身六年来,那种孤独感和失落感是与日俱增的,是常常无以排遣的。(潘虹《潘虹独语》)

(42) 没有法律,人类便无法维系当下的社会;失去信仰,人类则无以面对未来的世界。明乎此,我们就可以理解西方社会中法律与宗教的信任危机竟是多么严重的一件事情。(《读书》vol-110)

(43) 真想给大伙鞠一个躬,激动之情无以言表,只觉得眼眶湿湿的,我一字一板地宣布:"就这么办!"(刘贵贤《滚动的冲击波》)

(44) 选拔少年棋手及选拔女子棋手参赛的竞争场面,就足见擂台赛无以匹敌的分量,擂台赛几乎成了棋手成功必过的台阶。(《读者》合订本)

至于"难以",由于一开始主要是表示"不容易"的方式副词,所以,在副词化之前及之初,几乎都没有习语化的倾向,只是发展到后来,才逐渐形成了一些四字格的习语。例如:

(45) 瓦尔德内尔再次令人难以置信地战胜比他小 15 岁的德国天才少年波尔后,瑞典媒体也继续沉浸在狂喜中,它们用头版头条大照片告诉读者:瓦尔德内尔再次创造历史!(2004 年新华社《新闻稿》)

(46) 每天,张新民都能接到许多细诉心声的电话,有的倾谈因激烈的竞争和求职无门而产生的恐惧和绝望;有的细诉平时难以启齿的藏于心底的苦涩和悔恨。(1994 年《报刊精选》)

(47) 如果继续沿袭传统的发展模式,以资源的大量消耗实现工业化和现代化,不但难以为继,而且对环境的破坏将是难以估量和挽回的。(2004 年新华社《新闻稿》)

(48) 这简短的语言浓缩进了多少深情,道出了云维工人多少

难以言表的心声。(1994 年《报刊精选》)

"难以 VP"的习语化程度不高,严格意义上的成语几乎一条也没有。具有习语倾向的四字短语,除了"难以置信、难以启齿、难以为继、难以言表"之外,还有"难以割舍、难以忘怀、难以释怀、难以抗拒、难以拒绝、难以企及、难以维系、难以幸免"等。例如:

(49) 自己尽管身为美国籍,但出生在中国,对祖籍国永远有着难以割舍的情怀。(2004 年新华社《新闻稿》)

(50) 从小到大,在上海经历的许多见闻与香港紧紧相连,这使她心中形成难以释怀的香港情结,即便她在沪港之间常来常往,对香港这座城市却是常见常新。(2004 年新华社《新闻稿》)

(51) 那种因沧桑的生命感悟和深厚的国学造诣而凝聚的魅力,常人难以企及。(1994 年《报刊精选》)

(52) 在人质危机压力下,菲律宾政府提前从伊拉克撤军。这对越来越难以维系的驻伊联军而言无疑又是一记重创。(2004 年新华社《新闻稿》)

比较而言,由于受古汉语相关表达方式的影响,"无以"构成的习语,凝固度更高,有相当一些已经成为典型的成语,被一些语文词典和成语词典收录。而"难以"构成的习语,凝固度略低一些,典型的成语几乎一句也没有。同样作为否定副词,"无以"搭配范围不大,惯用搭配格式不多,而"难以"的搭配范围要广得多,尽管习语化程度目前还不太高。

2. 演化动因与否定效用

2.1 介词悬空到跨层后附。"无以"和"难以"一开始都是跨层的非短语,作为介词的"以",由于宾语省略而悬空,从而导致其逐渐向前面

宿主(host)动词或副词"无"、形容词"难"靠拢。试比较:

(53) 议事以制,政乃不迷。其尔典常作之师,无以利口乱厥官。(《尚书·周官》)

(54) 周公乃告二公曰:"我之弗辟,我无以∅告我先王。"(《尚书·金縢》)

(55) 人不难以死免其君,我戮之,不祥,赦之,以劝事君者。(《左传·成公二年》)

(56) 是楚一言而有三施,子一言而有三怨。怨已多矣,难以∅击人。不如私许复曹、卫以携之,执宛春以怒楚,既战而后图之。(《国语·晋语四》)

前例的"以",作为介词都带上了宾语"利口"和"死";而后例的"以"都已经承前省略而导致介词"以"悬空了,这就导致了"无以""难以"两个跨层短语也因此得以形成。

随着悬空用法的经常化与定型化,在双音韵律节奏的作用下,"无以、难以"也就逐渐固化成词了。源构造的"无"本是动词且一部分早已副词化,而"难"是形容词,词汇化的结果是:"无以、难以"都逐渐转向了方式或否定副词。其动因就在于:"以"作为介词,一旦悬空前附就逐渐转化成后附缀(enclitic),词汇化完成后则成了构词后缀(suffix)。例如:

(57) 季谢曰:"蒙恩得全,死无以为报,有牛马财物,愿悉献之。"(《后汉书·朱冯虞郑周列传》)

(58) 太学生徒焉可乱也。若虑不素洁,则无以观其敬矣;志不宿著,则无以成其业矣。(清·陆心源《唐文拾遗》)

(59) 臣闻圣王宣德流化,必自近始,朝廷不备,难以言治;左右不正,难以化远。民者,弱而不可胜,愚而不可欺也。(《汉书·王吉传》)

(60) 於是李潸然流涕曰:"赵王篡逆,乐令亲授玺绶。亡伯雅正,耻处乱朝,遂至仰药,恐难以相比!"(《世说新语·品藻第九》)

尽管都还没有完全词汇化,但作为两个语法词,都已完成了词汇化的关键一步。再进一步:

(61) 本与一乡人约来相取,故久于此,不能别适。遇君哀念,无以奉答,其左臂中有珠,宝惜多年,今死无用矣,特此奉赠。(《太平广记·宝三》)

(62) 此两个说着一个,则一个随到,元不可相离,亦自难与分别。舍心则无以见性,舍性又无以见心,故孟子言心性,每每相随说。(《朱子语类·性理二》)

(63) 中视之,乃九经并足。其纸即蜡浦团,其文匀小。首尾相似,其精妙难以言述。(《太平广记·器玩四》)

(64) 尧舜许多聪明,自做得尧舜许多事业。若要一一理会,则事变无穷,难以逆料,随机应变,不可预定。(《朱子语类·学七》)

到了明、清,无论是"无以"还是"难以",都已经基本上完成了词汇化的进程。例如:

(65) 忽梦一人谓之曰:"吾柳挥也。平生善为诗而嗜茗,感子茶茗之惠,无以为报,欲教子为诗。"(明·蒋一葵《尧山堂外纪》)

(66) 到了后来,韩湘子又到他家,和他谈了三天的大道,把个国舅钦仰无以复加。(清·无垢道人《八仙得道》)

(67) 照垛不拘一垛几人,俱向外立定,视贼来,远则佛狼机,近则鸟铳,再近打石子等类,难以预料。(明·戚继光《纪效新书》)

(68) (张远)心下想道:"这事难以启齿,除非得他梅香碧云出来,才可通信。"(《喻世明言·闲云庵阮三偿冤债》)

2.2 方式凭借到否定副词。就两词的表达功效来看，由于都含有悬空了的介素“以”，“无以”“难以”在词汇化的过程中，其源结构作为表示行为方式之条件和依据的格式功能义，都被部分地保留了下来。换句话说，从词汇化的开始阶段起，这两词就已不可能再单独充当谓语了，只能用来限定后面的谓词性成分，在功能上则与“不能”接近。试比较：

(69) 公以民望晋朝，居疑间之际，怀方履顺，处艰以贞。颠沛不能回其操，强御无以荡其守。(《全宋文·傅光禄集题辞》)

(70) 二神上诉，帝初不许，因请十余年，乃许与后嗣一人，谢二废庙之主。然亦须退不能知其道，进无以补于时者，故贤弟当之耳。(《太平广记·神二十一》)

(71) 抱朴子曰：丹书铁券，刺牲歃血，不能救违约之弊，则难以结绳检矣。(《抱朴子》五十九章)

(72) 称精鉴者薛公，习遗书者晋祖。既曰不能执鼠，又云难以逐兔。成牛弘之宽厚，显卢昌之仁恕。(《三宝太监西洋记》三十回 羊角大仙归天曹 羊角大仙锦囊计)

发展到近代中、后期，作为两个否定副词，“无以”和“难以”已经基本形成了，只是受源义的影响，两词从一开始就存在着一定的差异：“无以”的否定强度要高于“难以”，或者说“无以”是直接式的完全否定，而“难以”是委婉式的非完全否定。试比较：

(73) 即令外寇果侵陵相迫，抑必内屯重旅，以时应敌，而不容栖重师于塞上，使玩寇失防，一败而无以为继。(王夫之《读通鉴论》)

(74) 如果哪个妓女被他赞美，那么，门前便车马络绎不绝；如果受到他的贬低，则门可罗雀，衣食难以为继。(曹绣君《古今情海》卷十七)

到了现代，由于互相影响与感染，“难以”与“无以”的区别，就已不太明显了。例如：

(75) 而于此时使师生分隔两地，则往来不便，师长不知学生，而学生难见师长，虽有问题而难以咨询，虽有心得而无以交流。(《请愿书》2011-04-18 百度文库)

(76) 勤政从一言一行做起，廉政从一分一厘拒之。不勤，无以成就事业；不廉，难以凝聚人心。(《清正在德，廉洁在志》2013-06-25 人民网)

调查可知，“难以”和“无以”的个性差异，正在逐渐消失。比如“难以”除了修饰动词语之外，还经常修饰一些形容词，譬如“平静、平衡、平等、清净、安静、持久”等。例如：

(77) 李嘉诚想起那一年旧历新年在湾仔一家西餐厅里见到的画册，心潮就难以平静。(窦应泰《李嘉诚家族传》)

(78) 他们的观察也难以持久，更难于发现所观察事物的内在联系。(方富熹、方格《儿童的心理世界——论儿童的心理发展与教育》)

而“无以”修饰上述形容词的用例在北大语料库中还没有，但在人民网或者百度网中却相当常见，这就表明：a.“无以”的副词化还在发展中；b.“无以”和“难以”否定功能逐渐趋同。

另一方面，“无以VP”和“难以VP”早在近代，都已开始出现了习语化倾向。例如：

(79) 盖曰：“某受吴侯三世厚恩，无以为报，故献此计以破曹操。”(《三国演义》四十六回)

(80) 次日，又来观望，绝无机会。心下想道：“这事难以启齿，除非得他梅香碧云出来，才可通信。”(《喻世明言·闲云庵阮三偿

冤债》)

(81) 北人言其显应处,无奇不有,前门边有一小庙,香火之盛无以复加。(清·何刚德《客座偶谈》)

(82) 木生一看,只见娟娟玉姿芳润,内在气质更是难以言表,恍如秦观峰梦中所见之人。(曹绣君《古今情海》卷九)

到了现代汉语,四字格"无以 VP""难以 VP"则越发成熟了(本章1.4已论述,此处不赘)。

2.3 构式化的共现与配合。"无以"作为跨层结构使用时,就已有各种配合用法。例如:

(83) 孔子曰:不知命,无以为君子也。不知礼,无以立也。不知言,无以知人也。(《论语·尧曰》)

(84) 老子曰:非淡漠无以明德,非宁静无以致远,非宽大无以并覆,非正平无以制断。(《文子·上仁》)

在近代词汇化的演化过程中,双重否定的构式化用法也同时延续了下来。例如:

(85) 门下:天者物生之始,非肇禋无以极其诚;亲者民恭之先,非假庙无以致其孝。(李攸《宋朝事实》卷五)

(86) 非静顺无以要谦,非虚栖无以冥会。思之无邪,则无祸害矣。(《云笈七签·赞颂部·诗赞辞》)

至于"难以",在古代还没能形成构式,即使现代也只是用在一些条件承接式后项。例如:

(87) 主题不明确,就难以形成情调,也就难以构成意境。(1994年《报刊精选》)

(88) 显然,不改革外贸体制,特区就难以发展同资本主义国

家的贸易,也就难以在发展贸易中利用资本主义。(1994年《报刊精选》)

既然还是条件承接式,那么,也就不限于双重否定,肯定式与否定式都可以了。例如:

(89) 第三,有了政绩的量化,南郭先生式的干部就难以混下去了,跑官、要官、买官和"任人唯亲"等也就难以行得通了。(1994年《报刊精选》)

(90) 人口在社区内没有流动的自由,小城镇就难以聚集一定数量的人口,也就难以发挥其聚合功能和规模效益。(1994年《报刊精选》)

2.4 "无以""难以"的配合与趋同。既然"无以"和"难以"已经逐渐演化成一对具有相同构词方式的否定副词,那么,两者在一起共现、配合,也就顺理成章了。

从历时的角度来看,早在词汇化演进的过程中,"无以"就已经可以与"难以"并用、对举、配合了,尽管当时此类用法还不太常见。例如:

(91) 今寇贼未殄,猛将拥兵,检之则无以应敌,久之则难以遗後,当盛明之世,不务以除患,若子孙不竞,社稷之忧也。(《三国志·徐胡二王传》裴松之注)

(92) 自此,宗室、戚里及士大夫家有以妾为妻者,不治则伤风败俗,无以为国。治之则上行下效,难以责人。(南宋·陆游《家世旧闻》)

(93) 稔知冷水可解,因就饮之。顷刻,心下清醒,愧耻无以自容。辗转既久,更漏已残,愈恐天晓难以见人,乃解带自经。(清·蒲松龄《聊斋志异·狐惩淫》)

(94) 致沿途哭声震耳,惨状诚有难以言语形容者;至半途复

遇洋兵阻止索取照会，苟无以应，即指为奸细，立时枪毙，惟教中人则可免。（清《西巡回銮始末》卷二）

发展到现代汉语，随着两者的语义进一步靠近，共现、配合的用法也就日益增多了。例如：

（95）感时的挂念，无以相寄，只能遥祝平安，不过是难以言说的人之常情。（《读书》vol-121）

（96）此时，如果没有相应的社会控制把这些纷杂、矛盾的要求纳入到秩序的框架之中，不独每个个人的愿望无以满足，人们赖以生存的社会也难以维持下去。（《读书》vol-100）

（97）无以伦比的口感，难以描述的味道，我不知道它的名字，我只知道它会带给我幸福感。我想这就是很多女孩子喜欢甜点的原因吧。（《添加到绝对的吃货》2012-11-27 开心集品网）

（98）文化需要继承，不继承就没有了历史的厚重，失去了本源；文化更需要创新，不创新无以弥新，难以发展。（《为共筑中国梦的山西华章提供强大的思想文化支撑》2013-06-16《山西日报》）

在"无以"和"难以"组成的构式中，两者交替使用，表达效果更为精确有据。例如：

（99）目之所及，哪里都是绿的，的确是林海，群岭起伏是林海的波浪。多少种绿颜色呀：深的，浅的，明的，暗的，绿得难以形容，绿得无以名之。（老舍《内蒙风光》）

（100）他们就在这痛哭之中相互宣泄了彼此那难以言说的麻烦和哀伤，弥补了他们那些从来就无以交流的情感。（铁凝《大浴女》）

（101）无数实践证明：不学习，无以立足；不学习，难以立业；不学习，就会被时代淘汰。（《为了获得好生活》2011-11-04 百度文库）

（102）但礼在内，仪在外，没有仪式的礼，礼就无以负载而不成体统，也就不仅难以规范，而且难以效法，更难以传承，礼最终难以为礼。(《无“仪”不成“礼”》2006-07-05《小康》)

调查发现，在当代汉语中，“无以”与“难以”之间的细微区别，更趋于相同了。比如同一个古代构式，在当代作品中，已经出现了用“难以”来直接替代“无以”的情况。例如：

(103) 不积跬步，无以至千里；不积小流，无以成江海。(《荀子·劝学》)

(104) “不积跬步，无以至千里；不积小流，无以成江海。”积累从古到今都是提高人类语文能力和素养之源，因此应该引起我们足够重视。(《积累，语文的生命之源》2006-11-28 搜狐博客)

(105) 读了“不积跬步，难以行千里；不积小流，无以成江海”这句话的感受。(SOSO 问问 2010-06-06 百度快照)

(106) 不积跬步无以致千里，不积小流难以成江河——中国制造引领世界装备行业(标题，2011-10-25《国际金融时报》)

首例是荀子的原文，次例是现代引用，没有任何问题，但后两例的前、后项分别换成了“难以”；而且，其中的“至”，被改成了“行”与“致”；“江海”也被改成了“江河”。虽然无从考证作者是有意选用，还是随意改用，但有一点是肯定没有疑问的，那就是：当代汉语的“无以”和“难以”，确确实实成了一对同义否定副词，完全否定与不完全否定已经基本趋同了。

在此基础上，同义的甚至同一个“VP”前，也可以交替使用“无以”和“难以”。例如：

(107) 心头有一种体味无以言表，但是它却刻骨铭心；心头有一种爱难以启齿，但是它却深藏心底。(《未曾说出的感谢》2010-09-14 百度知道)

(108) 每当想起日夜为我操劳的妈妈，感动的情愫满满地塞住我的心田，暖暖的，深深的。我对妈妈那份感觉是无以言表的，那份情是难以言说的。（《为您栽一盆小红花》2013-05-18《广州日报》）

（109）这款类似斗篷的设计，有难以名状的质感在，能够让女人霸气瞬间爆棚，而手拿包这些助阵嘉宾，也会为女人增加无以名状的御姐范。（《冬日喇叭裤横行，潮人大唱复古腔调》2012-12-18瑞丽女性网）

（110）一是教育功利目的的不断强化，让我们难以适从。……二是学校行政化的变本加厉，让我们无以适从。（《难以适从和无以适从》2013-05-29 新浪博客）

可见，正因为“无以”“难以”的语义，既已逐渐趋同又还保留着一定区别，所以，当前的各类配合使用可以表现多种不同的语用效果，共现配合与趋同发展更应受到重视。

3. 结语

3.1 综上所述，可以归纳如下：（一）“无以”和“难以”都有两个义项，“无以”在保留表方式否定义的基础上，已经是一个典型的表完全否定的副词了；“难以”主要表示“不易”的方式义，在一定语境也可以表示委婉的不完全否定义，尤其是与“无以”共现时受到感染，否定功能更趋显化。（二）早在近代前期，随着词汇化的演化，部分“无以”的限定性功能逐渐固化，开始逐渐副词化；发展到现代，两词都已经完全副词化，只能充当状语；“无以 VP”和“难以 VP”可以充当定语、补语、宾语。（三）“无以”和“难以”本来都是跨层结构的非短语，在词汇化过程中，两词都已不能再单独充当谓语，只能限定谓词性成分，语义上则继承了方式凭借的否定性源义；“无以”在副词化前已形成了一系列双重否定的构式和一批四字成语，“难以”到现代才形成了一些条件承接式，凝固成了一些四字格习语。（四）由于具有相似的词汇化动因与历程，都是“X

以”类否定副词，“无以VP”和“难以VP”经常共现，互为构件，互相配合；两词的否定性语义已逐渐趋同，呈现出同质化的倾向。

3.2 毫无疑问，“无”本来是一个动词，发展到现代，一部分“无X”的副词身份已得到了普遍承认，如“无不、无从、无端、无妨、无故、无怪、无任、无须、无由”等[7]；但还有一些没能获得认可，如“无偿、无法、无所、无心、无以、无需”，其实，这些“无X”也都不能单独充当谓语，都只能用于对后面谓词性词语加以限定，所以，也应该分析为副词。由此可见，对于“无X”副词的研究和认定，还有大量的工作需要做。至于“难X”，哪些用法应该归入方式副词，哪些用法可以归入不完全否定副词，也同样需要进一步探讨。

至于不完全否定的内涵与外延，迄今还未见有学者专门论证。似乎可以做如下概括：

类别	完全否定	不完全否定	不完全否定举例
否定效果	明确否定	委婉否定	难以解决　少说两句
否定功能	自由否定	粘着否定	罔顾事实　遑论相似
否定方式	显性否定	隐性否定	缺乏诚意　慎用死刑
否定性质	语义否定	语用否定	岂敢无礼　讵料未见

进一步需要研究的问题是，“难以、难于”的“难”与“戒骄戒躁”的“戒”、“慎言慎用”的“慎”、“惜售惜贷”的“惜”之间，到底有什么区别呢？除了委婉否定，“难以”还算不算粘着否定呢？进一步深究，“罔顾事实”与“不顾事实”，“岂敢无礼”与“不敢无礼”，“戒骄戒躁”与“不骄不躁”的区别又在哪里？由此看来，所谓不完全否定，也有许多问题有待深入探究。本章有关“无以”和“难以”的否定研究，也只是抛砖引玉的尝试而已。

附注

① 据其实，《现代汉语规范词典》（第3版）、《现代汉语词典》（第6版）都已明

确标注“无从”是副词；用“无从”来解释“无以”，就已经从一个侧面显示出“无以”的副词属性。

② 1991 年出版的《汉语大词典》(7 卷)已经收录了“无以”一词。一共列出三种用法，分别举例解释为：1)不采用。《诗·邶风·谷风》“采葑采菲，无以下体。”…… 2)谓没有什么可以拿来，无从。《史记·鲁周公世家》“我之所以弗辟而摄行政者，恐天下畔周，无以告我先王太王、王季、文王。”……3)不得已。《孟子·梁惠王上》“孟子对曰：‘仲尼之徒无道桓文之事，是以后世无传焉，臣未之闻也。无以则王乎？’”……其中，第一种用法的“以”是个动词，严格地讲，这个“无以”其实还是个短语；第三种用法的“以”与“已”通用，表示不停止。只有第二种用法，才是本章所研究的，这个“无以”《汉语大词典》虽然没有标注词性(当时都不标词性)，但从所列举的例子来看，编者显然是作为动词来解释的。

③ 据我们调查，迄今为止，汉语语言学界，还未出现任何一项专门研究副词“难以”的研究成果。

④ 我们穷尽性下统计了北大语料库，现代汉语语料库 908 例“无以”和 25013 例“难以”；以及古代汉语语料库 6195 例“无以”和 2956 例“难以”。并且统计了人民网中最靠前的“无以”和“难以”各 1000 例。当然，其中一部分语料是重复出现，统计时没有逐一排除。

⑤ 双重否定的用法，古汉语很普遍。如“岁不寒，无以知松柏；事不难，无以知君子。”(《荀子·大略》)又如“非澹泊无以明志，非宁静无以致远。”(诸葛亮《诫子书》)参看本章 2.3 的相关分析。

⑥《现代汉语词典》(第 6 版)只收录了“无以复加”一条成语，《现代汉语规范词典》(第 3 版)则收录了“无以复加”和“无以为报、无以为生”三条成语。其实，根据我们的研究，“无以伦比、无以为继、无以名状”的习语化程度应该要比“无以为报、无以为生”更高一些。

⑦ 上述诸词在《现代汉语词典》(第 6 版)和《现代汉语规范词典》(第 3 版)中都已经明确标注为副词。而且，其中比较常用的几个词，在一些虚词词典中也已经作为副词收录了。

参考文献

戴耀晶 2000 试论现代汉语的否定范畴，《语言教学与研究》3 期。
洪成玉 1981 关于“有以”、“无以”的用法，《语言教学与研究》3 期。
江蓝生 2008 概念叠加与构式整合——肯定否定不对称的解释，《中国语文》6 期。
蒋华 2011 “没有＋NP”与“缺乏＋NP”，《汉语学报》4 期。
李行健 2014《现代汉语规范词典》(第 3 版)，北京：外语教学与研究出版社、语文出版社。

陆丙甫 1986 语句理解的同步组块过程及其数量描述,《中国语文》2 期。

吕叔湘 1986 关于否定的否定,《中国语文》1 期。

马清华 1986 现代汉语的委婉否定格式,《中国语文》6 期。

沈家煊 1993 "语用否定"考察,《中国语文》5 期。

田雨泽 1988 "无以"、"有以"新解,《辽宁大学学报》(哲学社会科学版)1 期。

袁毓林 2000 论否定句的焦点、预设和辖域歧义,《中国语文》2 期。

张伯江 1996 否定的强化,《汉语学习》1 期。

张谊生 2009 介词悬空的方式与后果、动因和作用,《语言科学》3 期。

张谊生 2015 汉语否定的性质、特征与类别——兼论委婉式降格否定的作用与效果,《汉语学习》1 期。

张谊生 2015 贬抑性否定规劝构式"你少 X"研究——兼论"你少 X"与"你别 X"的区别,《湘潭大学学报》5 期。

Bernd Heine, Ulrike Claudi & Friederike Hünnemeyer 1991 *Grammaticalization: A Conceptual Framework*, Chicago: The University of Chicago Press.

Paul J. Hopper & Elizabeth Closs Traugott 1993 *Grammaticalization*, Cambridge: Cambridge University Press.(《语法化学说》外语教学与研究出版社 2001 年)

第四章　介词悬空式连词"以至"与"以致"的成因与区别

0. 前言

0.1 在现代汉语中,"以至"与"以致"是一对音同、形近的因介词悬空而逐渐形成的连词[①],两者的功能和用法基本相同,也各有侧重。目前通行的虚词词典和业已发表的研究成果对这两个词的说明和辨析大致可以归纳为以下四点:a."以至"可以连接词或词组,表示时间、数量、程度、范围等方面的延伸,"以致"只能连接因果关系分句;b."以至"和"以致"都可以用在后分句的开头,以表示前述情况产生的结果,但"以至"含有"甚至"的意味,所引出的结果多为前所述情况程度加深所至,而"以致"所引出的结果多为前所述原因直接导致;c."以致"引出的结果都是不如意的、不希望发生的,"以至"则不受此限,可以是如意的,也可以是不如意的;d."以至"一般都可以说成"以至于","以致"没有这样的用法[②]。

0.2 那么,上面的归纳究竟是否符合汉语语言事实?换句话说,在现、当代汉语中,这两个词的功能和用法到底是什么样的?它们之间的相似和相异究竟表现在哪些方面?这是本章想要弄清楚的。另外,这两个连词是由于什么诱因和机制、通过什么样方式虚化而成的,在长期的使用过程中现在又出现了哪些值得注意的发展趋势,也是本章所关注的。

0.3 除了前言和结语，本章分为三个部分：首先描写“以至”与“以致”作为组合连词的连接功能及组配方式；然后描写“以至”与“以致”作为关联连词的关联功能及表义倾向；最后从发展的角度，探讨两词因介词悬空而逐渐演变为连词的过程以及近年来的趋同中和现象，然后辨析两词在连接方式和表义倾向方面的侧重，进而提出我们对近义虚词趋同中和现象的看法。

0.4 为了便于分析和行文，本章将用于连接词和词组的“以至”与“以致”称之为组合连词，用于衔接分句和句子的“以至”与“以致”称之为关联连词。

1. 组合功能

1.0 本节从四个角度分别描写和分析“以至”与“以致”的组合功能。

1.1 “以至”的组合功能。大致可以从四个方面加以考察。首先，从被连接成分的句法单位看，可以是词也可以是短语；可以只有两三项，也可以多达七八项[③]。例如：

(1) 看来，用它观察霉毒绰绰有余，用它看杆菌、球菌，以至精细胞都可以，不过对于脱氧核糖核酸的内部结构就无能为力了。(石言《漆黑的羽毛》)

(2) 或篆、真，或行、隶，相配成对，而钱的铜质、大小、轻重、厚薄以至穿孔、轮廓的广狭、制作风格都完全相同。(阴法鲁、许树安《中国古代文化史》)

其次，从被连接成分的句法分布看，既可以是体词性的，也可以是谓词性的；“以至”前面通常较少停顿，但连接短语时大多要安排停顿。例如：

(3) 而在真实过程中,兴奋、刺激以至快感都是转瞬即逝的,一天中这样的时刻累积起来也不会超过十分钟,……(王朔《许爷》)

(4) 成人嫌麻烦,图省事,以至事事包办代替是培养不出儿童的独立性的。(方富熹、方格《儿童的心理世界——论儿童的心理发展与教育》)

再次,从共现搭配和固定格式看,与"以至"搭配的主要有介词"从、自、由"。例如:

(5) 正如任何其它事物一样,从发生、发展到成熟,以至衰亡,有一个历史发展的过程。(郑人杰《实用软件工程》)

(6) 自商周以至明清,蚕神均列入国家祀典,而民间的奉祀更为虔诚。(阴法鲁、许树安《中国古代文化史》)

(7) 她在电台播音,由播音员成为节目主持人,以至成为电视节目的制作人。(叶永烈《庄则栋的台湾姐姐》)

最后,从被连接成分的语义类别看,大多是事物、现象,也可以是行为、性状等。例如:

(8) 几十年的考古发掘资料说明,在黄河、长江、珠江、黑龙江各流域,以至沿海各省和西北、西南等纯牧区,在六七千年前便都有了原始畜牧业。(阴法鲁、许树安《中国古代文化史》)

(9) 座谈会上的发言,对自己有所要求的人是常常不免经验到这种郁闷以至一种空虚感的。(曾卓《文学长短录》)

当然,也可以是一些直接表示时间和数量的词语。例如:

(10) 我在这繁响的拥抱中,也懒散而且舒适,从白天以至初夜的疑虑,全给祝福的空气一扫而空了。(鲁迅《祝福》)

(11) 而况国粹家很不少,意见又很统一,因此我的辩解也就

很频繁，然而总无效，一回，两回，以至十回，十几回，连我自己也觉得无聊而且麻烦起来了。（鲁迅《坟·说胡须》）

从构词形式看，“以至”大都可以任意后附词缀“于”。作为组合连词“以至于”和“以至”在功能上没有什么区别，不过，在单音节词前面后缀“于”往往是必不可少的。例如：

(12) 衬了这背景，一个人身心的搅动也缩小以至于无（*以至无），只心里一团明天的希望，还未落入渺茫，在广漠澎湃的黑暗深处，一点萤火似的自照着。（鲁迅《白光》）

(13) 羊牛马驴骡猪骆驼以至于狗（？以至狗）等等，好像除了人的下水（这样说有点大不敬的味道），没有我不吃的。（张贤亮《羊杂碎》）

从上面的描写可以看出，同样是连接具有并列关系的词和短语，“以至”与常用的组合连词“跟、和、与、同”至少有四点不同：a. 组合方式上，“以至”连接的成分更加多样化，体词性的或谓词性的都不受限制；b. 语义特征上，被“以至”连接的各项通常不一定是并列的，而是具有一定的拓展、延续的特征；c. 位置序列上，在多项并列成分中，“以至”不像“跟、和、与、同”必须位于最后两项之间，可以根据表达需要而安排位置；d. 搭配关系上，“以至”可以与源点介词配合共现，可以附加后缀“于”，前面可以安排停顿。

1.2 “以致”的组合功能。迄今为止，几乎所有的论著都认为“以致”只具有关联功能，而没有组合功能④。但是，我们发现实际情况并非如此。其实，在现、当代汉语中，“以致”不但可以连接词语，而且在组合关系和位置安排等各方面都与“以至”很接近。例如：

(14) 如果中国的社会结构不更新，中国的政治，经济，文化以致观念不现代化，谁能保证悲剧不再重演呢？（苏晓康《河殇·忧患》）

(15)（上述活动）均由其策划和参与，或因其庇护和支持，都是因为部门利益、地方利益以致个人私利而丧失原则。(1995年《人民日报》)

同样，“以致”也可以连接谓词和谓词性短语，前面一般不加停顿，也可以有停顿。例如：

(16) 68日的新值，较为准确，从而结束了回归年长度测定精度长期徘徊以致倒退的局面，并开拓了后世该值研究的正确方向。(阴法鲁、许树安《中国古代文化史》)

(17) 她与比她大10岁、在南京银行供职、家境又不错的张国祥相识，以致相爱。(吴晓《陈独秀之女的坎坷人生》)

(18) 更不可忽视的是，官僚主义，特权思想，以致局部的腐败现象，仍然在破坏我们的四化大计，这些古老的社会顽症，颇有些像黄河每年带来的泥沙，在一天天地淤高下游河道，渐渐积累着危机。(苏晓康《河殇·忧患》)

同样，表示组合关系的“以致(于)”，也可以与介词“从、由”等互相搭配。例如：

(19) ——从针线、纽扣、拉锁的供应，到衣料的采购，直到服装的制作，以致于最后的经销，都自成体系。(崔立《民工潮，一个跨世纪的难题》)

(20) 于是变得神不守舍起来，由心理上的失衡到丢掉共产党人的宗旨，以致走上犯罪的道路。(1995年《人民日报》)

至于组合成分之间的语义关系，也可以是表示情况、现象、行为、性状等。例如：

(21) 他的精神状态也不是那样单一的，因而，他的诗，在情

调、格式以致在风格上，往往就有很大的差异。(曾卓《诗人的两翼》)

(22) 对这个老盯着她看、并且目光犀利又不动声色的外国人，感到十分神秘以致有些敬畏。(卢弘《张文秋的"红色间谍"生涯》)

而且，这些情况、现象或行为、性状等，内容也具有延展深化或发展强化的特征。例如：

(23) 我们在创作中，想象力常常贫薄可怜，而一到回忆时，不论是几天还是几十年前，是自己还是旁人的事，想象力忽然丰富得可惊可喜以致可怕。(钱锺书《写在人生边上·序》)

(24) 经纠正后，又发现了另一偏向，即打骂捆绑以致开枪射击难民，引起多人死亡(打死打伤者尚无统计)。(张正隆《雪白血红》)

上面的语言事实表明，尽管"以致"表组合功能的用法还不很普遍，但是通常认为"以致"只能后接结果分句、不能连接词和短语的说法肯定是不符合当代汉语语言事实的。

2. 关联功能

2.0 本节也从四个角度分别描写和分析"以至"与"以致"的关联功能。

2.1 "以至"的关联功能。首先，从衔接的语法单位看，关联连词"以至"一般多连接分句组成复句，但偶尔也可以衔接句子构成句组。例如：

(25) 当裴菊吟从惊恐中恢复过来以后，她脑子里总萦回着樊大妈那些古怪的报导：那少年的眉眼儿颇像邱宗舜！以至樊大妈起初只当他是邱宗舜的侄儿或外甥，但宗舜只有侄女而无外甥；那少年手举钢叉却并未向她进攻，嘴里嚷的是："让我爸出来！还我爸！"（刘心武《一窗灯火》）

(26) 再好再结实的车轴总有磨细和颠断的时候，所以死人并不应该表现特别的悲哀；不过，白嘉轩对仙草的死亡还是深感悲哀。以至很长一段日子里总感觉缺了点什么；缺的肯定不单是她每晚小心地顺着他的脚腿伸溜下来的湿热的肉体，也有她在屋院里走路的那种沙沙的声音，散发到庭院炕头上的一种气息，或者是有别于影像声音气息的另一种无以名状的感觉，所有这些也都确凿不存在了。（陈忠实《白鹿原》）

其次，从关联的方式看，"以至"可以关联由于某种原因导致的逻辑性因果句，但更常见的是关联由于某种程度的加深而形成的致使性因果句。例如：

(27) 老实是做人的根本，但过分的老实，以至不能应付世变，显得那样迂腐、笨拙，就未必值得去赞美了。（李国文《危楼记事》）

(28) ……这些亲戚相貌之平庸、谈吐之乏味令人实在厌倦，以至当周瑶光鲜动人地蓦然出现时谁也不能视而不见——特别是一个曾暗生过钦慕地远睹过其秀色，久为军营生活枯燥锁眉的正值青春期的年轻水兵。（王朔《我是"狼"》）

再次，从搭配的关系看，逻辑式因果句多跟连词或介词"因为、由于"等搭配。例如：

(29) 这当然不是幸福的婚姻，因为霍伊特是一个酒精瘾者，以至两人三次结婚三次离婚。（余凤高《菲茨杰拉德：堂堂作家 花花公子》）

(30) 声明说，由于英方节外生枝，单方面对香港的政制作出

重大改变，以至“直通车”的安排受到破坏，香港最后一届立法局因此不能过渡成为特区的立法委员会。（1996年《人民日报》）

而程度式因果句多跟代词“这样、那样、这么、那么、如此”等配合使用。例如：

(31) 至于北京话呀，他说的是那么漂亮，以至使人认为他是这种高贵语言的创造者。（老舍《正红旗下》）

(32) 对于西方学术文化的介绍如此混乱，以至连一些在西方国家也认为低级庸俗或有害的书籍、电影、音乐、舞蹈以及录像、录音，这几年也输入不少。（邓小平《党在组织战线和思想战线上的迫切任务》）

最后，从表达的内容看，“以至”所引出的结果，可以是如意的，也可以是不如意的，当然更多是无所谓如意不如意、中性的。例如：

(33) 贾政既然为一家之主，在置妾的姿色取向上有着非常充分的选择余地，他为什么竟收了赵姨娘，并且还显然对赵姨娘有着相当充分的嬖幸，以至生下了探春和贾环；赵姨娘究竟有什么可取之处呢？（刘心武《话说赵姨娘》）

(34) 以后，我感到诗歌这碗诱人的汤水不适合我的脾胃，就改行涂抹起了小说，但谷溪一直痴心不改，始终热恋着他的缪斯，以至今天有了这本凝聚着他几十年心血的诗集。（路遥《写在前面的话》）

值得注意的是，关联连词“以至”除了可以关联因果复句之外，还可以关联递进复句和连贯复句，而这一点是迄今为止所有辞书和语法书都未曾提及过的。表递进的“以至”大多表示事理上的延展；这个“以至”较接近于“甚至”“甚而至于”。例如：

(35) 赶到这位老太太对丈夫或儿子示威的时候，她的气派是那么大，以至把神佛都骂在里边，毫不留情！(老舍《正红旗下》)

(36) 我们要恢复毛泽东思想，坚持毛泽东思想，以至还要发展毛泽东思想，在这些方面，他都提供了一个基础。(邓小平《对起草〈关于建国以来党的若干历史问题的决议〉的意见》)

表连贯的"以至"表示时间上的延续；这种用法的"以至"接近于"及至"。例如：

(37) 马道婆的魔法居然应验，宝玉、凤姐相继突发暴病，以至到了第四日早晨，贾母等正围着宝玉哭时，只见宝玉睁开眼说道："从今以后，我可不在你家了！"(刘心武《话说赵姨娘》)

(38) 他戴红花跨上红马，随着呜哇吹响的喇叭队出发迎亲的时候心跳如兔蹦，以至看见岳丈老秀才斯文的举止，忽然想起了小娥父亲羞于见人的面孔，那也是一位识书达理的老秀才；……(陈忠实《白鹿原》)

很显然，表示递进和连贯这两种关联方式，是关联连词"以至"的连接功能的进一步扩展和引申：重在加合关系的就发展为递进复句，重在顺序关系的就发展为连贯复句。

而且，与组合连词一样，表关联的"以至"也都可以换用带缀式"以至于"。例如：

(39) 他躲在别墅里，他对于队员们的沉痛反思并没有太多的察觉，队里竟然没有人像过去那样及时向他打小报告，以至于事到最后关头他还什么也不知道。(赵瑜《马家军调查》)

(40) 才几个月，不算长，何况他们的缘分又是那么偶然、无意，以至于叫人到现在都要疑为梦中的故事，惴惴然不敢相信呢。(海岩《便衣警察》)

同样，“以至于”也可以关联递进关系的复句。例如：

(41) 这当然仅仅是一种心理而已，然而流风所及，以至于(≈甚至于)对证据的厚此薄彼越来越“合法化”，几乎在刑警队里形成了一种固有的偏见，徐五四觉得这就是“病”！(海岩《你的生命如此多情》)

2.2 “以致”的关联功能。首先，与“以至”一样，“以致”也是既可以关联分句组成复句，也可以衔接句子以构成句组。例如：

(42) 心头那股热劲，连他自己也不明白从哪来的？仿佛刚出笼屉的馒头，塞在他胸膛里似的，那样实在，那样熨帖。以致他的保护人大清早在巷子里撞见以后，听他如何如何地讲了一通，立刻警告他的话：“那可是个无底洞！”他压根儿没往心里去。(李国文《危楼记事》)

(43) 林星看他，她有很多话想在此刻对他说，可他行色匆匆。她已经很久没见到他如此精心地打扮自己了。以致让她无端地联想到他过去每晚都乐此不疲的那种要求，也有多日没再来过。(海岩《你的生命如此多情》)

由“以致”构成的复句还常常可以充当定语等句法成分。例如：

(44) 去年入冬以来，她总是摆脱不了一种由于郁闷烦躁，以致想大喊大叫或痛骂什么人来发泄一下的心情，……(卢泓《发生在中南海的“反革命案”》)

(45) 如果当主客观条件发生重大变化，以致必须重新确定目标时，那就必须进行追踪决策。(曾鹏飞《技术贸易实务》)

其次，“以致”表关联时也有逻辑式和程度式两种因果关系。例如：

(46) 可惜王军霞的这段自白没有注明日期，又写在日记本的

最后几页，以致我不好判断写作的时期，是在马家军出现经济纠纷以前呢，还是以后？（赵瑜《马家军调查》）

（47）那天晚上的月亮特别的亮，以致月光能像太阳光一样，洒进车厢。（陈国军《不得不说的故事》）

在逻辑式中，与“以致”搭配的，也是连词或介词“因为、由于、因”。例如：

（48）因为随着年龄的增长，不但相貌更不好看，嗓子也失去原有的魅力，以致观众对她未免表现冷淡；但是屠格涅夫却坚持说她的表演比十年前更好了，是彼得堡的观众太无知，不会欣赏这么一位出色的女演员。（余凤高《屠格涅夫与维亚尔多夫人的爱情》）

（49）由于宋文梅和王菊人的冒失张皇，以致十七路军兴师动众闹了大半夜，差点出了大乱子。（杨盛云《西安事变前的两场虚惊》）

（50）不过，季米特洛夫这一电报发到保安时，却因密电码搞错了，以致译不出来。（叶永烈《西安事变：一页隐蔽的历史》）

在程度式中，“以致”也能跟“这么、那么、这样、那样、如此”搭配。例如：

（51）他们跳得那样优美，以致原来准备起舞的几对都停了下来，大家远远地看他们俩跳。（汪曾祺《星期天》）

（52）她对化妆的兴趣如此浓厚，几乎是天生的因素，以致她的朋友都以为她将来必是要开什么大规模的美容院。（西西《像我这样的一个女子》）

从“以致”句所表语义倾向看，迄今为止，近乎一致的观点都认为是“不如意”的。然而，经调查发现，尽管“以致”表不如意的频率确实要比“以至”高，但两者其实并没有实质性的区别，两词都可以表示如意或不如意。下面便是“以致”句表如意的例子：

(53) 整个旋律富有变化，极有活力，在尾音上还颤动不已，以致在尾音逐渐消失以后，使我觉得那最后一丝歌声尚飘浮在这苍茫大地的什么地方，蜿蜒在带着毛茸茸的茬口的稻根之间；曲调是优美的。（张贤亮《绿化树》）

(54) 我们也庆幸毕竟留下了一份正式的文件——《关于对马俊仁同志申请辞职一事处理情况的汇报材料》，以致对今天的读者和今后的历史都有了一个较可靠的答复。（赵瑜《马家军调查》）

如意的情况可以是说话人自己感觉到的，也可以是叙述人观察到的。例如：

(55) 他在外婆家过得很惬意，以致乐不思家。（陈思明《毛泽东的第三个名字》）

(56) 他家中充满这些动物，以致客人来到，总有令其流连的东西。（戴镏龄《回忆录》）

(57)（他的表演）把觉慧的反叛精神限定在一定的分寸内，火候掌握得恰到好处，以致巴金先生和老演员们也都点头称许。（刘建凌《“三少爷”风采犹存》）

(58) 碰上特务搜查，他因回避不及，机智地抓毁自己的面容，化名王某，以致在监狱中一年多未被敌人认出。（方可、单木《中共情报首脑李克农》）

至于没有明显如意倾向的带有中性色彩的“以致”句更是相当地常见。例如：

(59) 突然动了一念：我应该去见见士光先生，这念头来得那样莫名而急切，以致我第二天就买好了海口去贵阳的机票。（洪声

《何士光心中自有一个世界》）

(60) 黄土下，作为衬底的芦苇把子，龇出的两端参差不齐，几乎牵拉到结着一层泥皮的渠底，以致看起来桥面要比实际的宽度宽得多。（张贤亮《绿化树》）

此外，无论是关联连词还是组合连词，“以致”也都可以附加后缀“于”。例如：

(61) 但仅是惊骇于事无补，解决问题的关键仍在于全体文官的互相合作，互相信赖，以致于精诚团结，众志成城。（王小波《黄金时代》）

(62) 此时儿童急于读出整个词或句子，对其中的字和词缺少分析以致于发生念错或不理解的情况。（方富熹、方格《儿童的心理世界——论儿童的心理发展与教育》）

由此看来，作为关联连词，“以致”和“以至”的区别，并不是在主观情态方面，而是在关联方式上，“以至”除了表示因果关系外，还可以连接递进复句和连贯复句。

3. 形成和发展

3.0 本节从历时和共时相结合的角度，分析“以至”与“以致”的生成、发展和变化。

3.1 “以至”的词汇化。在先秦，“以至”一开始并不是一个词，“以”是介词，“至”是动词。“以”和“至”可以分开，其后面常接介词“于”或“於”。例如：

(63) 监燎，水师监濯，膳宰致饔，廪人献饩，司马陈刍，工人展车，百官以物至，宾入如归。（《国语·周语》中）

(64) 羹食，自诸侯以下至於庶人无等。（《礼记·内则》）

由于介词"以"在古代汉语中经常以悬空的形式出现——其介词宾语经常省略或提前，"以"和"至"分界逐渐消失，进而凝固为一个词。试比较：

(65) 小夫死，以上至大夫，其官级一等，其墓树级一树。(《商君书·境内》上)

(66) 所谓壹刑者，刑无等级，自卿相、将军以(　)至大夫、庶人，有不从王令、犯国禁、乱上制者，罪死不赦。(《商君书·赏刑》)

(67) 自卿以下至于师长士，苟在朝者，无谓我老耄而舍我必恭恪于朝，朝夕以交。(《国语·楚语》)

(68) 自穆侯以(　)至于今，乱兵不辍，民志不厌，祸败无已。(《国语·晋语》八)

"以至"形成之初还只是一个表连接的动词，以后逐渐虚化成了一个组合连词。例如：

(69) 自桓叔初封曲沃以至武公灭晋也，凡六十七岁，而卒代晋为诸侯。(《史记·晋世家》)

(70) 自西陵以至江都，五千七百里。(《三国志》裴松之注)

(71) 但须去致极其知，因批理会得底，推之於理会不得底，自浅以至深，自近以至远。(《朱子语类》十四卷)

(72) 后来报至中都，自天子以至百官，无不惊骇道奇。(《红楼梦》七十八回)

至于关联连词"以至"，大致从唐以后开始初露端倪。其产生的前提是，"以至"处于后分句开头。一旦前后分句之间隐含的因果逻辑关系被显化(protruding)，并且被前后分句所吸收(absorb)，那么，"以至"的关联功能就开始逐渐形成了。形成之初，"以至"句所表因果逻辑关系，其结果通常也是不如意的情况。例如：

(73) 太宗曰："饬兵备寇虽是要事，然朕唯欲卿等存心理道，务尽忠贞，使百姓安乐，便是朕之甲仗。隋炀帝岂为甲仗不足，以至灭亡？正由仁义不修，而群下怨叛故也。宜识此心。"(《贞观政要·仁义》十三回)

(74) (延祚欲)言璋阴事，璋许重赂，以塞其口，及免，延祚徵其赂，璋拒而不与，以至延祚诣台诉璋翻覆，复下御史台讯鞫。(《旧五代史·唐书》四十九)

(75) 操泣曰："因我欲平沙漠，使公远涉艰辛，以至染病，吾心何安！"(《三国演义》三十三回)

(76) 制度俱备，勾践自诸暨迁而居之，谓薄蠡曰："孤实不德，以至失国亡家，身为奴隶，苟非相国及诸大夫赞助，焉有今日？"(《东周列国志》八十回)

(77) 他两个都不愿做仙人，愿做宰相，以至堕落。(《初刻拍案惊奇·金光洞主谈旧迹 玉虚尊者悟前身》)

值得注意的是，如果"以至"处于后分句开头，但前后分句之间没有隐含逻辑关系，那么，以事理为主的句子就会转向表示递进关系。这种用法至迟在南宋已经出现。例如：

(78) 做文章底，也只学做那不好底文章；做诗底，也不识好诗；以至说禅底，也不是他元来佛祖底禅；修养者，也非老庄之道，无有是者。(《朱子语类》十三卷)

(79) 事君便遇忠，事亲便遇孝，居处便恭，执事便敬，与人便忠，以至参前倚衡，无往而不见这个道理。(《朱子语类》十五卷)

(80) 有一县令使人，独不肯去，须责回书；左右谕之皆不听，以至呵逐亦不去。(《梦溪笔谈·人事》二)

至于表示时间关系连接连贯复句的"以至"，至迟在清末也已初露端倪。例如：

(81) 我从县丞过知县，同知过知府，以至现在升到道台，都沾的是吃大烟、头一个上衙门的光。(《官场现形记》十一回)

3.2 “以致”的词汇化。与“以至”一样，“以致”一开始也不是一个词，不过，与“以至”不同的是，古代汉语中存在着两种不同的“以致”。一种介词“以”+动词“致”。“以”和“致”可以被介宾隔开，也可以因介宾省略或前置而相连。例如[⑤]：

(82) 象曰：雷电皆至丰；君子以折狱致刑。(《周易》卷六)

(83) 子夏曰：“百工居肆以成其事，君子学以致其道。”(《论语·子张》)

再一种是连词“以”+动词“致”，这个“以”接近于“而”。例如：

(84) 惜诵以致愍兮，发愤以抒情。(《楚辞·九章·惜诵》)

(85) 夫旷日离久，而周泽未渥，深计而不疑，引争而不罪，则明割利害以致其功，直指是非以饰其身，以此相持，此说之成也。(《韩非子·说难》)

这类“以”和“致”虽然连用，其实并没有直接关系。这种用法一直延续到魏晋。例如：

(86) 略观文士之疵：……文举傲诞以速诛，正平狂憨以致戮，仲宣轻脆以躁竞，孔璋傯恫以粗疏，丁仪贪婪以乞货；……(刘勰《文心雕龙》)

(87) 序曰：气之动物，物之感人，故摇荡性情，形诸舞咏。欲以照烛三才，晖丽万有。灵祇待之以致飨，幽微藉之以昭告。动天地，感鬼神，莫近于诗。(钟嵘《诗品》)

那么，这两种连用的“以致”，哪一种才是“以致”虚化的源式呢？我们觉得，应该是前一种，因为作为连词的“以”，如果后面是动词“致”，其前项肯定不能出现空位，而我们所查检到相对虚化的“以致”，大多是位于后分句的开头的。例如：

(88) 上开公利而塞私门，以致民力；私劳不显于国，私门不请于君。(《商君书·壹言》八)

(89) 商王帝辛大恶于民，庶民不忍，欣载武王，以致戎于商牧。(《史记·周本纪》)

这两例中的“以致”还没有完全词汇化，介词“以”和动词“致”还分别承担着自己的功用。随着“以”字宾语省略的经常化，“以”和“致”分界逐渐消失而最终融合凝固。例如：

(90) 越王苦会稽之耻，欲深得民心，以致必死于吴。(《吕氏春秋·顺民》)

(91) 诸侯恐惧，会盟而谋弱秦，不爱珍器重宝肥饶之地，以致天下之士，合从缔交，相与为一。(《史记·秦始皇本纪第六》)

在古代汉语中，介词“以”＋动词“致”的非短语形式有时也可以出现在句中。例如：

(92) 贤者有小善以致大善，不肖者有小恶以致大恶。(《吕氏春秋·疑似》)

但“以致”是由介词＋动词直接虚化为关联连词的，没有经过“以至”那样由组合连词过渡的阶段，因此，句中的“以致”不可能是关联连词“以致”虚化的原型。其实，正是因为“以致”经常位于后分句的句首，所以，在推理(inference)机制的作用下，本来隐含在前后分句间的逻辑义逐渐独立而固定，“以致”关联因果的功能也就随之正式形成了。例如：

(93) 朕本性刚烈，若有抑挫，恐不胜忧愤，以致疾毙之危。

（《贞观政要》上）

（94）贼臣乱政，属先帝疾笃，谋害秦王，迎立嗣君，自擅权柄，以致残害骨肉，摇动藩垣。（《旧五代史·列传》十七）

（95）自古以来，国家富强，将良卒精，因人主好战不已，以致危乱者多矣。（司马光《谏西征书》）

也正因为动词“致”本身含有导致、致使的语义积淀，所以，虚化而来的连词“以致”所引导的句子，一般都带有不如意的语用倾向。例如：

（96）诊毕脉，走出外边厅上，对西门庆说：“老夫人脉息，比前番甚加沉重，七情伤肝，肺火太旺，以致木旺土虚，血热妄行，犹如山崩而不能节制。”（《金瓶梅》六十一回）

（97）骆龙问了多、林二人名姓，略谈两句，固向庸敖叹道：“吾儿宾王不听贤侄之言，轻举妄动，以致合家离散，孙儿跟在军前，存亡未卜。”（《镜花缘》十回）

3.3 两者的中和。由于这两个词本身所含的语素不同，虚化的时间和诱因也不尽相同，所以，形成之初两者必然会存在一些差异。然而，实际上两词的差异也不像一般辞书所归纳的那样大，尤其是这些年来“以致”和“以至”的功能已经并且正在趋向于中和。

据调查发现，这两个词的中和现象，主要是“以致”向“以至”靠拢。由于受到“以至”的同化影响，近年来“以致”出现了三个方面的重要变化：（一）从单一的因果关联用法扩展到并列组合用法；（二）已可以不受限制地连接中性义甚至如意的因果句；（三）也可以相对自由地附加后缀“于”。关于前两点，在本章1、2节已经做了比较详细的描写，这里不再展开进一步的论述，本节着重再分析一下“以致”带后缀“于”的情况。

从语源看，“至”表示某种现象发展到、延伸到某个程度，所以“以至”后面常常可以跟介词“于”所引出的情况，早在先秦，“以至”后接介

词"于(於)"的现象就很常见。随着"以至"虚化为连词,"于"也虚化成了一个可有可无的后缀。试比较:

(98) 不但你我不能趁心,就连老太太,太太以至(　)宝玉探丫头等人,无论事大事小,有理无理,其不能各遂其心者,同一理也,何况你我旅居客寄之人哉!(《红楼梦》七十六回)

(99) 因这事更比晴雯一人较甚,乃从袭人起以至(于)极小作粗活的小丫头们,个个亲自看了一遍。(《红楼梦》七十六回)

严格地讲,"以致"后接介词"于 X"的用例,早在先秦时期已经出现了。例如:

(100) 主妇答拜,受爵,酌以致于主人。主人筵上拜受爵,主妇北面于阼阶上答拜。(《仪礼·礼仪》)

(101) 故唐虞日孳孳以致于王,桀纣日怏怏以致于死,不知后世之讥己也。(《淮南子·缪称训》)

不过,由于"以致"主要是表示由于某种原因或因素导致了某个结果,受其语义关系和使用频率的制约,直到元明,"以致于"的"于"也没有发展成为一个真正的后缀。例如:

(102) 汝等轻退,以致于败,宜速斩以正军法!(《三国演义》一百十七回)

(103) 宋兵死者甚众,其父母妻子,皆相讪于朝外,怨襄公不听司马之言,以致于败。(《东周列国志》三十四回)

然而,由于受"以至于"的类推作用的影响,大约从 20 世纪 20—30 年代,关联连词"以致"的附缀用法也开始逐步出现。例如:

(104) 只因为我们多有了灵明,既瞻前,又顾后,既问着,又答着;这样,以致于生命和趣味游离,悲啼掩住了笑,一切遍染上灰

色。(俞平伯《〈灰色马〉译本跋》)

(105) 习俗相沿,不得不从那有限的民间传说与宗教史中选择名字,以致于到处碰见同名的人,那是多么厌烦的事!(张爱玲《必也正名乎》)

进入当代以来,“以致于”的使用频率呈现出进一步升高的趋势。例如:

(106) 在段莉娜的对面,康伟业唯一比较清醒的感觉就是他们之间的悬殊太大了,以致于康伟业怀疑李大夫对段莉娜隐瞒了他的真实情况。(池莉《来来往往》)

(107) 目前大陆社会还没有达到西方社会高度商业化、高度工业化的程度,以致于我们原先想把“海马”发展成制片公司的设想在短时间内无法实现,这需要全社会进行长时间的努力。(大夫《“海马”与〈广告人〉纠纷》)

(108) 他为什么偏偏就忘记了防备着徐邦呈呢,为什么要那么紧张,以致于脑子里只剩下了一根弦,只等着和从黑暗中上来的那群越境特务开打呢?(海岩《便衣警察》)

(109) 1983 年的中国,“节目主持人”还是一个标准的“新鲜词儿”,以致于她在作毕业论文的时候几乎无资料可查,只有虹云、徐蔓、沈力她们在前头摸索。(杨继红《敬一丹的屏幕风采》)

作为一个关联连词,“以致于”现在甚至还可以衔接句子,构成句组。例如:

(110) 这条一万一千华里的砖石砌成的明长城,比起秦汉长城来,自然是牢固多了。然而,它也使明朝耗尽力量,元气大伤。等到女真人崛起于白山黑水之间,一代雄杰努尔哈赤挥戈南下的时候,这绵延数万里的砖石长城,只能再一次记录巨大的失败了。

以致于后来的康熙皇帝说:修筑长城,实属无益。(苏晓康《河殇·寻梦》)

(111) 对于老巴的好心,无论我怎么泼冷水,他依然是那么自信,以致于许多次他好心的劝说使我竟有些恼火了。面对这样“痴心不改”的好朋友,你又能怎么样呢? 以致于每次看到他的时候,我竟然会产生错觉,好像做错的是我,是我对不起他。(陈国军《不得不说的故事》)

那么,导致两者最终走向三方面中和的原因又是什么呢? 从客观的角度看,语言是在不断发生变化的,这长期的使用过程中,由于“以至”和“以致”本来就是一对功能和用法比较接近的连词,而且两个词在读音上完全一致,词形上相当接近,这样,在“以至”的类推作用,在两词长期使用过程中互相感染和互相影响下,慢慢地走向了趋同。从主观的角度看,一些人在使用中不求甚解想当然的语言态度,可能也是一种次要的诱发因素。譬如,在有些作者的作品中,不管表达什么样的连接功能和语义倾向,从来就没有用过“以至”。

3.4 两者的微殊。那么,是不是两词的中和就意味着“以至”和“以致”变得完全相同了呢? 答案显然也是否定的。我们发现,尽管前言中所提到的那四个方面的区别现在确实已经不存在了,但是这两个词在中和的大趋势下毕竟还是留下了些微的区别,主要是语用方面的选择性差异。换句话说,这两个词在表达中大致会有以下四个方面的侧重。

a. 连接方式。首先,“以至”的主要功能是充当组合连词,次要功能是充当关联连词。而“以致”正好相反,主要功能是充当关联连词,次要功能是充当组合连词。据统计,即使加上递进关系,在“以至(于)”的两种功能中,关联功能还是处于相对弱势的地位。而“以致(于)”的情况正好相反,组合功能作为一种新兴的用法,目前还没有被广泛地接受,使用当然不广。其次,虽然两词都可以后附“于”,但是由于“以致”

后面的"于"主要是类推的结果,而"以至"后面的"于"不但具有一定的理据而且源远流长,所以,两者附加"于"的比率相差较大。而且,作为组合连词,"以致"连接体词性成分的现象还不多,像下面这样的用例相对说来还是不很普遍的。例如:

(112) 在这两段中间的岁月,去掉三分之一的睡眠时间,再去掉三分之一的娱乐、家务、闲谈、来往,以致疾病、忧愁的消磨,还能剩下多少真正可以用于干点事业的时间呢?(《充满青春的活力》2009-02-26 中华励志网)

(113) 实际上,现实主义文学在那样伟大的程度,以致我们不间断的五千年文明史方面,都还没有令人十分信服的表现。(路遥《早晨从中午开始》)

b. 关联功能。首先,同样是表示因果逻辑关系,"以至"表致使性因果时,往往重在由于程度的加深、变化的延展、事物的发展导致的因果关系,而"以致"表程度性因果时,往往重在由于前面的动作行为、情状情况直接导致的因果关系。试比较:

(114) 我记得我们打扑克的过程中,套间里面一直有一男一女在低声说话,语焉不详,但叽叽喳喳之声始终未停,像寂静中的一种蜂鸣,微弱但毫不间断地骚扰的注意力使我既静不下来又集中不了精神,以至后来当回忆当时的情景时我总有那间屋很喧的印象。(王朔《玩的就是心跳》)

(115) 人人仰慕的大学教授的名门闺秀,沦落为人人不齿的五类分子子女,以致最后要嫁给一个身材矮小,一副病态的山村农民,对她来说,这是做梦也不会想到的事!(张平《姐姐》)

其次,"以至"还可以连接递进和连贯关系的复句,"以致"由于受自身语义的限制,没有引申出这样的用法。例如:

(116) 有一个时期，有少数同志认为，我们这个社会是不是社会主义社会，该不该或能不能实行社会主义，以至(＊以致)我们党是不是无产阶级政党，都还是问题。(邓小平《党在组织战线和思想战线上的迫切任务》)

(117) 他手里拄着镢把儿瞅着躺在土壕里的孝文竟然没有惊奇，他庆贺他出生看着他长大看着他稳步走上白鹿村至尊的位置，成为一个既有学识又懂礼仪而且仪表堂堂的族长；又看着他一步步滑溜下来，先是踢地接着卖房随后拉上枣棍子沿门乞讨，以至(？以致)今天沦落到土壕里坐待野狗分尸。(陈忠实《白鹿原》)

c. 表义倾向。前面已经指出，在充当关联连词时，“以至”和“以致”在表义的倾向上都已经没有明显的限制，但是总的说来，由于受语言表达习惯和各种辞书的影响，表如意的“以致”句毕竟要大大少于“以至”句，所以，下面这样表如意的“以致”句还不太常见：

(118) 我自幼背诵诗词，虽经数十载风雨磨洗，储于脑中的锦章绣句仍历历未忘，以致每在行文之时，词儿句子便活蹦乱跳争先恐后集结于笔尖待命，任由我派遣调度。(郭光豹《寻章摘句平常事》)

(119) 研究敦煌艺术的人士逐渐增多，研究队伍日益扩大，研究成果不断推出，以致在社会科学领域内，“敦煌学”已经形成为一种专门学科，并且现在已经成为世界范围内的一门学科。(李永翘《“怪物”与震惊世界的发现》)

即使没有明显倾向性的中性义“以致”句，所占比率也没有“以至”句高。例如：

(120) 即使在萨拉热窝那样的战区，废墟中修复最快的也是咖啡馆，以致在紧靠交火线的楼群中，竟也有消闲的去处，管弦之音与夺命的枪炮共存。(1995年《人民日报》)

(121) 他把支持尼克松进而推进中美关系放在了首位，以致后来出任尼克松的政治外交顾问和尼克松总统竞选总部主席之职。(张大富、甘远志《尼克松的对华政策谋士》)

同样，“以致于”表如意或中性义的用例虽然偶尔也能看到，但更是比较罕见的。例如：

(122) 我第一次注意到这种鸟，它的叫声真的很好听，它的出现激发了我们的灵感，以致于我和刘晓庆的“接头暗号”就是——我用口哨吹《杜鹃圆舞曲》的头两句。(陈国军《不得不说的故事》)

(123) 这一爱好并没有因乐坛好歌连绵不断而改变，每听一遍，总觉得有新的发现，以致于现在《蒙娜丽莎》每天伴我晨起，伴我夜寐，成为我孤独时候唯一的亲人和朋友。(潘虹《潘虹独语》连载之六)

总之，“以至”和“以致”都可以分别表示如意和不如意的语义倾向，但比较起来，“以至”在这方面可以说几乎没有任何限制，而“以致”尽管已经突破了以往的限制，但目前还是以表示不如意居多。据统计，在所调查的语料中，“以至”句表如意、中性和不如意的比率比较接近，大致为5∶3∶3，而“以致”的比率则比较悬殊，大约为1∶1∶18。

d. 在衔接分句和句子构成复句、句组时，“以至于”可以单独使用，承上启下。例如：

(124) 他的天性忠厚，他的为人随和，他的委曲求全，他的总爱替别人操心的习惯，全都是在无形中被她一点一点地感受到的；以至于，她自己都弄不清楚到底是从什么时候起，周志明的影子就开始勾留在她的心室一角了。(海岩《便衣警察》)

(125) 在有的场合，他从社会心理学的角度强调，每一个拥护改革的中国人，都必须以健全的心理承受改革所带来的种种压力，而在另一种场合，他悲天悯人，又说中国人的心理早已不堪重负，人和改革的关系，不是炒锅和豆子的关系。以至于，当他想把自己发表过的那些文章编成一个集子的时候，连他自己也认为，许多文章的观点是截然对立的。（梁晓声《冉之声》）

而“以致于”可能是受“致”字积淀的涉后语义的限制，迄今还没有发现可以独用的例子。

4. 结语与余论

4.1 从上面的描写可以看到，无论是充当组合连词还是关联连词，“以至”和“以致”之间似乎并不真正存在一般所说的那四个方面的区别。那么，为什么前人的描写和归纳会出现偏差呢？可能的原因大致有三个方面。首先，“以至”和“以致”的不少差异本来就是一种程度、频率的量的区别，而不是非此即彼的质的区别，在具体使用中往往体现为一种倾向性而非规律性，而以往的归纳和说明大都是在缺乏大规模实际语料调查和统计的情况下得出的；至于绝大多数辞书所持的类似的描写和表述，可能与相互之间辗转参照有关。其次，以往有些归纳和解释现在看来之所以不够确切，可能并不是当时的观察错了，而是这两个词在类推作用下发生了变化，现在已经逐渐趋于靠拢，而任何研究和分析都不可能时刻紧跟演进中的语言的一切变化。再次，由于读音的相似和用法、词形的相近，在具体使用中一些人常常不求甚解，从而自觉不自觉将这两个本来就差距不大的词语进一步混同了起来。

4.2 在现代汉语虚词中，由于形近、义同或音近，两个虚词在长期的使用中逐渐互相靠拢，慢慢趋向中和的情况并非只有“以至”和“以致”，据考察，有不少本来语义和功能不尽相同的虚词，比如“决不”与“绝不”、“素来”与“夙来”、“慢说”与“漫说”、“一起”与“一齐”、“从新”与“重新”、“越加”与“愈加”、“乘机”与“趁机”、“终归”与“总归”，等等，由于音同或音近，而词形、用法又较接近，再加上使用中的不求甚解，已经或正在趋于中和。这一对对词，在一些语法书和虚词词典中都明确地指出了相互间的细微区别，而且，这些差别也确实存在，然而，我们也发现了它们间正在趋于中和的许多实际用例。那么，应该怎样看待这类趋同现象呢？是仍然遵循一般语法书和虚词词典所说的确已过时的归纳和辨析，对各种业已发展变化的用例视而不见呢？还是承认这些虚词的中和趋同用法的合法地位，记录并指出这些新兴的发展变化呢？很显然，这个问题已经涉及当前虚词发展和规范过程中的一个重要的原则：究竟应该采用规定性（prescriptive）的原则，还是应该采用描写性（descriptivc）的原则。我们觉得，语言学工作者不但要关注历史，全面揭示这些虚词的虚化诱因、机制和过程，而且更应该关注现实和未来，对已经发展变化的语言现象做出尽可能精确的描写，随时记录语言的发展变化，归纳和总结出相应的新现象和新规则，并且根据各种演化的规律，指出其可能发展的趋势。

附注

① 在现代汉语书面语中，"以至"还可以是动词，比如：物质寓精神，精神变物质，循环往复以至（≈从而达到）无穷。（赵瑜《马家军调查》）而"以致"则可能是连词"以"和动词"致"的非短语形式，比如：汉武通大宛安息，以致（≈因而得到）天马蒲萄，大概当时是视为盛事的，所以便取作什器的装饰。（鲁迅《坟·看镜有感》）这两种情况，现代都已很少出现，所以，本章拟不探讨。

②④ 这些观点归纳自吕叔湘主编《现代汉语八百词》、侯学超编《现代汉语虚词词典》、张斌主编《现代汉语虚词词典》、北京大学中文系 1955、1957 级语言班编《现代汉语虚词例释》等辞书。此外，一些中学语文教师对这一对连词也很感兴趣，一共发表了 7 篇相关的辨析文章，比如李琴《"以至""以致"用法辨析》（《秘书之友》2001 年第 7 期）；周维芳《"以至"与"以致"》（《语文教学通讯》1997 年第 Z1 期）；唐惠忠《也谈"以至"与"以致"的辨析》（《语文教学通讯》1997 年第 12 期）；王锡丽《"以致"与"以至"新辨》（《河北青年管理干部学院学报》2003 年第 3 期），等等；可惜这些文章的观点全都大同小异，没有一篇超出上面的归纳。

③ 少数情况下，"以至"连接对象可以多达十几二十多项。例如：它的主要表现和危害是：高高在上，滥用权力，脱离实际，脱离群众，好摆门面，好说空话，思想僵化，墨守成规，机构臃肿，人浮于事，办事拖拉，不讲效率，不负责任，不守信用，公文旅行，互相推诿，以至官气十足，动辄训人，打击报复，压制民主，欺上瞒下，专横跋扈，徇私行贿，贪赃枉法，等等。（邓小平《党和国家领导制度的改革》）

⑤ 杨伯峻《论语译注》对"君子学以致其道"的翻译是"君子则用学习获得那个道"。

参考文献

沈家煊 1994 "语法化"研究综观，《外语教学与研究》4 期。

沈家煊 2001 语言的"主观性"和"主观化"，《外语教学与研究》4 期。

孙朝奋 1994《虚化论》评介，《国外语言学》4 期。

太田辰夫 1987《中国话历时文法》中译本，北京：北京大学出版社。

赵元任 1979《汉语口语语法》（吕叔湘译，英文原版 1968 年），北京：商务印书馆。

Bernd Heine, Ulrike Claudi & Friederike Hünnemeyer 1991 *Grammaticalization: A Conceptual Framework*, Chicago: The University of Chicago Press.

Eve E. Sweetser 1990 *From etymology to pragmatics: Metaphorical and cultural aspects of semantic structure*, Cambridge: Cambridge University Press.

Joan Bybee, Revere Perkins & William Pagliuca 1994 *The Evolution of Grammar——Tense, Aspect, and Modality in the Languages of the World*, Chicago: The University of Chicago Press.

Paul J. Hopper & Elizabeth Closs Traugott 1993 *Grammaticalization*, Cambridge: Cambridge University Press.

第三编

介词的叠加、转化与脱落

第一章　介词叠加的方式与类别、作用和后果

0. 前言

0.1 在具体使用中，由于一部分介词的功能有所弱化甚至转化，为了增强表义效果、满足特定的表达需要，再加上双音化的韵律驱动，就会出现同义介词的叠加（superposition）现象。Christian Lehmann（1995）和刘丹青（2001）曾分别提到过英语"on top of"与汉语"到/在于"的介词叠加现象。那么，汉语介词叠加到底有哪些方式和类型，尤其是介词叠加有哪些作用、会导致怎样的后果，这一系列问题，不但关乎介词的形成、发展、功能、用途，而且还涉及介词的使用规范[①]。可是迄今为止，除了张谊生（2012）略有论及之外，还从未见到过任何专题研究的成果，更遑论系统性的探讨了。有鉴于此，本章将主要从共时（词汇化从历时）平面考察介词的叠加现象：首先描写并归纳叠加的方式与类别；然后探讨并揭示叠加的作用与后果。需要说明的是，本章的介词是一个广义的概念，包括介词、介词性语素以及介词化的附缀；涉及当下的介词与曾经的介词，独立的介词与转化的介词等各个方面。

0.2 本章所说的介词叠加是指两个或两个以上同义或近义的介词性成分紧邻共现的现象，各个介词或介素可以处于同一个结构层面，也可以处于不同的句法、词法层面。试比较：

(1) 一些妇女由于罹患妇科肿瘤等疾病被切除子宫，但是卵

巢仍然发育正常，她们很希望能生下孩子，甚至不惜用以生命做赌注。（《我国首次成功完成人类全胚胎体外培养》2004-04-16 新浪新闻）

(2) 此外，由三个铁骨铮铮的硬汉组成的川乐乐队，虽然未能晋级，却用以生命吟唱的方式感动了现场所有的评委和观众。（《金钟流行音乐大赛成都 30 强之晋级女声及组合盘点》2009-06-22 东北新闻网）

(3) 印度小镇科纳克坐落于在印度东部省份奥里萨邦的孟加拉湾附近，这个人口不足 2 万的小镇因为拥有一座古印度教建筑瑰宝——科纳克太阳神庙而闻名于世。（《印度科纳克太阳神庙》2010-02-12 大众网）

(4) 我家附近就是外国人居住的生活区，这个位于在浦东金桥的外国人最顶级的生活区，有个非常清新的名字——碧云国际社区。（《我家附近就是个外国人居住的生活区》2012-01-20 新浪财经股吧）

(1)、(3)句“用以、于在”处在同一层面，(2)、(4)句“用”和“以”、“于”和“在”处在不同层面②。严格地讲，相同功能的介词只有共处同一层面才叫“叠加”，然而，由于介词的演化导致功能的转化，所以，尽管性质不同，但只要是同义介词性成分互相叠加，都在本章研究之列③。

0.3 本章例句大都选自人民网、百度网和北大语料库等，例句均标明出处(长句略有删节)。

1. 介词叠加的方式与类别

1.0 介词叠加的方式与类别，大致可以从三个角度考察：并列式与归并式、附加式与嵌套式、融合式与累积式。这六种类别，两种相关类型之间，乃至三方面之间的关系，在一定程度上都是互有关联的、依次发展的。

1.1 并列式与归并式。并列式是介词叠加的基本形式，只要是两个同义介词并存于同一句法层面，就是并列式叠加，这是最常见、最典型的叠加式。主要有两种情况：单音节并列与双音节并列。由于双音化的作用，凡是高频共现的单音介词的并列式通常都会凝固成双音节介词。比如"自、打、从"互相并列，共有"自从、自打、打从、从打、从自、打自"六种形式，其中"自从、打从、自打、从打"已经词汇化[④]。介词并列只剩下"从自、打自"：

(5) 八大家族中的莫家，今日格外的热闹，或者说从自莫家小少爷出生的这一个月来都无比热闹，每天都会有人来莫家祝贺，而且今日是莫家小公子的满月之日。(《罡古大陆》2011-11-08，17K小说网)

(6) 打自孩童时期的某一天起，他就对这份事业产生矢志不渝的意念，直到今天也依然。(《花魁的情仇》2011-09-21 梦远书城)

总体而言，现代汉语单音介词并列尚未词汇化的，大多是一些用频不高的叠加式。例如：

(7) 宝宝很可爱，也很调皮。他爱别人跟他玩，每次跟他玩的时候，他总是张开他的小嘴巴朝向我们笑。虽然他朝向我们笑，但是他很少笑出声来。(《宝宝七个月》2010-05-10 妈妈 100 网)

(8) 这些东西已经慢慢地通过一系列的事件潜移默化地影响着大学生，他们的思想行为正在或者已经发生了蜕变，是在向朝我们不愿看到的方向上发展。(《大学日记》2012-01-22 榕树下)

双音节介词之间当然也可以互相并列叠加，只是出现的频率要相对更低一些。例如：

(9) 做多少次镭射光，黄褐斑才能去掉呢，这是求美者急切想知道的。因为由于面部色素的沉积而导致黄褐斑的出现，给女性带来了很大的烦恼。(《做多少次镭射光才能去掉黄褐斑》2010-04-25，39健康网)

(10) 兰州百合是甘肃省的名优特产，以色泽洁白如玉、肉质肥厚香甜而闻名。但是今年由于因为多种原因，兰州市场上的百合价格暴涨，市场上也难觅踪影。(《产量降低兰州百合身价暴涨》2011-11-29大众网)

值得注意的是，有不少参与并列叠加的双音节介词，其本身就是并列叠加式介词。例如：

(11) 总的来说，都是消费者在小利益诱惑或其他花言巧语的引诱下，没有严格按照遵照淘宝网的交易流程，进行和使用支付宝第三方担保交易，导致遭遇欺诈。(《发布网购安全警示》2010-03-24软件主题吧)

(12) 既然要遵照按照企业的发展规律，就可以辛辛苦苦自己打拼一个，那也可以跨越式地去买一个。(《中国民族品牌：一个伪命题》2011-08-17《新民周刊》)

(13) 二战后，提篮桥监狱的绞刑室里处决过五名日本战犯，行刑是依照按照军阶大小的顺序进行的——大将铺木正隆首当其冲。(《亲历提篮桥监狱》，《中华遗产》2006年第3期)

(14) 江西坚定贯彻落实国家关于进一步做好房地产市场调控任务的各项政策办法，联系本省现实，依照遵照市场纪律，加大房地产市场调控力度。(《江西确保调控办法落实到位》2011-05-11江西一品网)

“按照、遵照、依照”都是并列式介词，这样双层叠加的概率并不高，但复叠式绝不是重复式的口误，而是反复式的强化——已有的叠加已经词化，就须要再次叠加。双层叠加式的频现表明介词叠加的机制是富有生命力的。而且，单、双音节介词也可以并存叠加。例如：

（15）这几个字无疑是从自打世界上有了偶像剧这玩意儿以来，最经典也最老土的一个题材。（《夏日与春天的一次杂糅》2004-08-02《新闻晨报》）

（16）自从打记事起，盛常国就知道父亲高度近视，戴着将近1000度的近视眼镜，看东西也是雾里看花，当时村里人开玩笑地给送了个绰号："瞎眼"。（《苦痛伴随文学痴人》2007-11-19《奉化日报》）

（17）爱情是千古不变的话题，打自从有了男人女人开始，爱情的话题就没离开过我们的生活。（《爱是什么》2009-03-07 酷我音乐空间）

（18）岑媛媛说，从打自她第一眼看见我，她就说跟定我了。我当时暴汗，谁知，"跟定我"的意思是要当我的跟班。（《小时候的爱情》2009-11-09 聚星中文网）

既然"自从、打从、自打、从打"已凝固成词，那么，"从＋自打""自从＋打""打＋自从"和"从打＋自"都是包含了词法叠加和句法叠加的两种不同性质的两次两项并列叠加式。

归并式是指两个双音节介词叠加时，可以将相同的两个语素归并掉其中的一个。例如：

（19）翰林养殖场从猪舍建设到疫苗接种，全部遵按照严格的科学方法运作，在今年我市发生几次猪疫的情况下，该养猪场竟然没有一头病死。（《翰林养殖场创造养猪无污染零排放奇迹》2010-11-16《新余日报》）

(20) 这些惩罚措施的制定,例如罚款,扣车,拘留等都是严格遵依照《中华人民共和国道路交通安全法》的相关规定的。(《整治校园摩托车,构建安全校园》2010-12-08 自强新闻)

(21) 公司严格按遵照《劳动法》、《劳动合同法》,为派遣员工争得合法权益,即所有员工均上缴社会保险,工资在最低工资线以上,保证在每月按时发放。(《为就业再就业架桥铺路》2010-09-03 用工网)

(22) 按通行的做法,首先应当按依照注册会计师法,注册成为中国的注册会计师,再按照规定的条件设立事务所,然后才能执业。(《加拿大注册会计师行业管理考察报告》2006-09-22《会计之友》)

归并的模式是:"遵照＋按照→遵按照""遵照＋依照→遵依照""按照＋遵照→按遵照""按照＋依照→按依照"。类似归并还有"依照＋按照→依按照""遵循＋遵照→遵循照"等。例如:

(23) 我公司有两名员工因不能适应公司发展方向,现公司想调动其工作岗位另聘新人,请问如何依法调动其工作岗位?(《如何依按照劳动合同法调动不适应公司发展员工的工作岗位》2011-08-31 江阴人才网)

(24) 除了严格遵循照斯柯达的标准和要求外,更将结合福建、厦门地区的人文特点和消费习惯,为当地的汽车用户提供各类高品质、个性化的汽车服务。(《小车大空间》2008-12-16 易车网)

严格地讲,归并式也可以算作并列式,是省略了相同语素的双音介词的并列叠加变式。但不管怎么讲,归并式与单、双音节的并列式,性质上有所不同,归并式省略了相同的语素。

1.2 附加式与嵌套式。附加式是指紧邻共现的叠加成分处在不同层面上,外层的介词性成分附加在里层的介词或介素上面。附加式中较常见的是介素后再加附缀化介词的叠加式。例如：

(25) 现在正处于在取代传统的白炽灯和日光灯这一照明革命前期，半导体发光二极管产业正在掀起照明领域的一场革命。(《LED 珠宝射灯详细介绍》2011-10-08 亿商网)

(26)《办法》规定，辩护律师旁听讯问目前先试行于犯罪嫌疑人未被羁押案件，旁听律师限于在审查起诉阶段受犯罪嫌疑人聘请为其辩护的执业律师。(《嫌疑人受讯可请律师旁听》2010-12-06 中国网络电视)

"X 于"后附加"在 X"是最典型、最常见的叠加形式。当然，其他还有一些附加式。例如：

(27) 因为客观事物是十分复杂的，其性质、特征、范畴也是十分复杂的，很难作出非此即彼的判断，它经常介于乎彼与此之间。(《模糊美术论》2011-12-14 豆丁网)

(28) 对于孙芸芸而言，美丽代表着自信，这份自信源自于生活态度与品味，进而展现出整体外在的说话态度、对事物的看法，是一种由内而外的整体呈现。(《孙芸芸：台湾第一少奶奶》2008-04-13 海报社区)

这类后附叠加，后附的附缀化介词与被附加的词缀化介素之间，大多可以互相转换。例如：

(29) 春秋战国时期，士人这个阶层介乎于统治者与被统治者之间，成为二者交流转换的中间地带。(《细品国学——梁冬对话曲黎敏》)

(30) 介于乎台湾与中国大陆之间的澎湖群岛，因开发较早，所以岛上的官方建设甚至比台湾本岛北部还要多。(毛汉光《台湾

海峡史——战争、和平、隔离三部曲》)

“介乎于”和“介于乎”都是附加。再比如“来自”“来于”也可以附加“于X”“自X”：

(31) 我是一个来自于农村的小伙子，我和普通人一样，没有什么本事，也没什么钱，但是我有一颗坚强的心。(《我是一个朴实的80后农民工，我有一颗坚强的心》2011-10-28华声在线)

(32) 君不见城市里的街头和十字路口都活跃着一支队伍——“摩的大军”，这类人群大多来于自农村的劳力打工者或者城市里为了多赚银子的人群。(《游击队的干活》2011-04-29新浪博客)

两个同义介词形成的附加式，基本上都是一个介词前附于另一个介词的套叠形式。例如：

(33) 终于在离开尘世前夕，他在全体教众的面前，挽着海丝特和他们的女儿珠儿登上了枷刑台，用以生命为代价的深切忏悔换取了道德上的新生。(《红字》2005-02-21央视国际)

(34) 案犯只在案发前来过，说明案犯是在几天之内决定动手的，应该说具有偶然性。那么，谁会将拿用性命换来的钱放在没有十分把握的地方呢？(《深度解析长沙“爆头哥”的江湖传说》2012-01-26天涯社区)

前附叠加只是表层连用，深层各有所辖宾语：“以”的宾语是“生命”，“拿用”叠加式的宾语是“性命”，都在内层；“用”和“将”都是附加于“以X”和“拿用X”的外层介词。试比较：

(35) 普一出世即开天眼，打从自呱呱落地那一刻，张开眼第一个看见的既不是自家父母亲戚，也不是接生的医生护士，而是一

群不得超生徘徊人间的孤魂野鬼。(《血奴》2008-12-22 炫浪网)

(36) 打从自孤山回来后，轩辕岳就老是去晴空那儿看桃树，他要去有谁拦得住？(《妖镜》2011-09-03 银星社区)

(37) 中国九球界的玉女掌门潘晓婷自打从成名那一刻起，那清纯、秀丽、脱俗还带着三分俏皮的形象就被无数男生列为心间的“梦中情人”。(《体坛十大“双面”明星》2008-04-15 新华网)

(38) 古人自打从书里捞出来黄金屋后，也就在流坑留下了建筑很高尚装修很豪华的房屋。今人学习好后，也可以在老屋的板壁上贴满以精神鼓励为主的奖状。(《千年古村千年人》2010-10-22 西祠胡同)

都是“2＋1”介词叠加式，但例(35)，(37)都是并列式，同表时间；例(36)，(38)都是附加式，分表时间与空间。

嵌套式是指同一个介词在前后反复出现，中间还嵌着另外一个同义的介词。例如：

(39) 人生苦短几十年，从自打从母体奔生人世后，我们便开始了为生存不停的抗争；在生命的旅途中，有的人因为先天不足，加之后天的营养没能跟上，还没及展示自己亮丽的身姿，没及回报赐给其生命的父母，就过早回归到了原本的飘渺世界。(《善待自己》2008-08-20 网易博客)

(40) 自打从自新河出来，他还从来没能陪萌萌痛快地玩过呢，他计划着等萌萌放了寒假，好好优游一番，北京、济南、泰山，哪儿都行，随萌萌的主意。(《便衣警察》2005-06-02 新浪读书)

就结构关系而言，前后两个“从”和“自”，虽然位置被隔开，但都是处在同一层面的。

(41) 只有好的作品，才会产生人民所喜欢的演员，才会有精彩的晚会，相反，当然不会因为由于因为演员的原因，才会有好的作品，才会有好的晚会，这就是艺术规律。（《网友评论：为什么许多观众不满意春节晚会？》2003-02-01 新浪娱乐）

（42）如果航母是以20节的速度迎风航行，且海面风速为20公里/小时，那么这时飞机在航母上的起飞距离将进一步下降至120—150米左右，这是由于因为由于航母的速度所产生的迎面风效应，进一步降低了飞机的离地速度。（《震撼不已：上海电磁弹射实验装置曝光》2011-12-29 军事观察室）

既然嵌套式的各个介词都处于同一层面，那么，也可以归入并列式，是同词反复交替的并列变式。这类嵌套叠加式的出现，体现了发话人使用同义介词的斟酌思考过程——由选择、替换到重选确定。需要分辨的是，已经词汇化的介素是不能与同形介词构成嵌套式的。例如：

（43）在人民法院受理破产案件之后、债务人被宣告破产之前，别除权人可以依照依原合同对担保物行使权利，但合同履行期限未到的，不得提前要求受偿。（《别除权的正确行使》2011-04-15 破产解散网）

（44）在复合墙体中，按照按保温材料所处位置不同，可分为多种方式，其中外墙内保温和外墙外保温是最常用的两种方式。（《单体住宅节能设计》，《建筑科学》2007年第7期）

正因为前面的“依”和“按”都是双音介词“依照”“按照”内部的介词性语素，所以，只能认为是“双＋单”的并列式叠加。

1.3 融合式与累积式。融合式是一种特殊的叠加式，是“之＋于”融合成“诸”之后再叠加“于”。譬如“加诸、见诸、求诸、公诸、述诸、取诸、付诸、施诸”，都可以构成“加诸于、见诸于、求诸于、公诸于、述诸于、取诸于、付诸于、施诸于”的融合叠加式。例如：

(45) 虽然只是一个仪式,无伤大雅,我仍然不忍心加诸于你,没有你,如何能有今天的我?(琼瑶《青青河边草》)

(46) 但是,美国新诗运动求诸于中国的,远远超出十九世纪欧洲浪漫主义求诸于中亚的。(赵毅衡《美国新诗运动中的中国热》)

(47) 我的耳边现在还常常响起她这述诸于我的声音,声音里饱含着我一定能把她从病痛里解救出来的信赖。(张洁《世界上最疼我的那个人去了》)

(48) 马华欢迎首相纳吉秉持以民为本的理念,将现有的补贴政策去芜存菁,以实现"取诸于民,用诸于民"的根本目标,确保国家长治久安。(《马华欢迎首相调整补贴政策让人民受惠》2010-07-19 辣手网)

融合叠加从性质上看也是一种后附叠加式,只是形式上被附加的介素已经融合了。再比如:

(49) 可以肯定,德国应取得与法国相等的军事地位的这种议论,如果一旦见诸于事实,就一定会把我们带到不堪设想的灾难中去。(《第二次世界大战回忆录》第一卷 风云紧急)

(50) 阿崎婆那样,最终敞开了紧闭的心扉,顶住压力把"南洋姐"的秘密公诸于世,是需要非凡的勇气的。(冯媛《山崎朋子:为无言者立言》)

(51) 尽管在道义上他是同情学生、同情民主运动的,但一旦要付诸于行动,他总是怀有几份谨慎,尤其是回避针锋相对的场合。(许纪霖《朱自清与现代中国的民粹主义》)

(52) 走进娃哈哈企业形象展示厅,总经理宗庆后手书的"先将诚信施诸于人,才能取信于人"的企业座右铭特别引人注目。(《娃哈哈的和谐奏鸣曲》2007-03-08 腾讯网)

累积式就是多个介词性成分的多次叠加式，在叠加的基础上再次叠加。请看下面三句：

(53) 从上赛季登上中超舞台开始，朱家伟的位置一直介乎主力和替补之间，成为成耀东手里的一枚关键棋子。(《绿肥黄瘦》2009-06-22《华商报》)

(54) 在篮协放开选外援政策后，很多介乎于主力与替补之间，能够甘心为 CBA 球队打球的 NBA 球员成为了各家俱乐部争抢的对象。(《篮协限购令出台 身背合同的 NBA 球员不许赴华打球》2011-08-20 中国新闻网)

(55) 如果确实引入了强援，吴坪枫也可以介乎于在主力和替补之间，毕竟要打亚冠，在中超吴坪枫还是可以的，但青训一定要做好梯队建设。(《恒大董事会概要》2011-09-15 金羊社区)

“介乎”本来就含有介素“乎”，先叠加了“于”，再叠加“在”，就成了累积叠加式了。再比如：

(56) 发挥每个人的创造性，创造来于生活，来于群众，要激发每位员工的创新精神，以不同形式鼓励他们的创造。(《副经理述职报告》2010-11-18 百度文库)

(57) 一直以来，关于“个人所得税来于自工薪所得的比例为 65%，工薪收入阶层成为了纳税主体”的说法流传甚广。(《国家税务总局否认个税 65%来于自低收入工薪阶层》2005-11-17《国际金融报》)

(58) 两年前，邓伟志作报告谈论构建和谐社会时就曾不点名批评指出：“构建和谐社会的最大阻力来于自于一些富人”。(《上海反贪新成就 探寻重建新上海》2007-01-29《时事内参》)

“来于”后叠加“自”，“来于自”后再叠加“于”，就这样为了强调源点，反复地累积叠加。不过，同样是累积叠加，融合叠加式的基础上再叠加“在”的累积式，更为常见。例如：

(59) 在医院内部各种因素如治疗费用、后勤保障等不良影响均会使患者将不满情绪加诸于在第一线工作的护士身上。(《建立和谐的护患关系以提高患者满意度》2011-01-22 论文百事通)

(60) 而比较惹人争议的是主动性的安装摄像头来进行偷拍或者把摄像探头拍摄到的画面公诸于在网上。(《由南京公交车安装探头想到的偷拍盛行现象》2008-06-24 新浪博客)

(61) 而近期中国移动关于 TD 宣传已经见诸于在各大媒体，对于 TD 而言，还需要中国移动数以亿计的投入。(《TD，承载民族电信业振兴的使命》2008-06-24《信息时报》)

(62) 通过丰富、紧张、有效的展示活动，老师们感觉收获颇多——有获得的经验，也有存在的不足——并且把诸多收获付诸于在他们的教改后记中。(《素质教育进课堂——校庆展示课总结》2007-10-26 上海四中)

“加诸于、公诸于、见诸于、付诸于”本是融合叠加式，再附加“在”就成了累积式。而少数融合式还可以根据表达需要，构成逆向的“X 诸在＋于”累积叠加式，比如“加诸在于”：

(63) 对他来说，只有击败了武锋，那么加诸在于自己身上的这份耻辱，才能得到彻底的清洗，否则，他的修行完全没了意义。(《无量金身》2012-01-15 燃文网)

从发展联系的角度看，累积式叠加既是共时的强化手段，又是历时的演化积淀。累积式叠加的一个基本的发展趋势就是，叠加的两个介词先后都会逐渐向后附缀转化(分析见本章 2.3)。

据此，可以将现代汉语介词叠加的方式与类别，分三个方面列表大致归纳如下：

方式	相关例句	方式	相关例句
并列式	朝向我们笑； 因为由于多种原因	归并式	依遵照科学的方法； 按遵照相关的法律
附加式	介于乎两者间； 打从自王府归来	嵌套式	自打从自学校回来； 由于因为由于速度
融合式	求诸于中国政府； 见诸于各报章	累积式	介乎于在两者之间； 加诸在于自己身上

总之，虽然现代汉语介词绝对数量并不很多，但介词作为一种多用途的虚词，同功能的介词在语义、功能、作用和音节上会有不同的特点，所以，在具体运用中为了适用不同的表达需要，尤其是强化的需要，就会出现各具特色的叠加式，其类别也就会具有多样性。

2. 介词叠加的作用与后果

2.0 介词叠加的作用与后果，可以涉及多个不同的方面。本节只集中讨论其中最主要的三个方面：叠加形式的多样化需要；并列叠加的词汇化趋势；结构错配的附缀化性质。

2.1 叠加的多样化需要。从介词叠加的作用来看，主要是为了强化的语用需要，主观上是出于凸显、强调的需要，客观上是有些介词性成分意义不够明确、清晰。另两个作用是：不同辖域的介词或介素叠加，是为了协调结构；部分叠加式介词的选用，是为了区别语义。正因为语用、句法、语义都有需要，才导致了介词叠加现象的不断出现。先看语用强调：

(64) 玩笑应该看场合，看心情。有的人就比较在意别人的想法以及看法。自从打从我来安溪吧，看到的都是你气别人，也没人有这本事让你生气。(《先学会不生气，再学会气死人》2011-09-23

百度贴吧)

(65) 其实自打自从服用了玉丹师当时给的丹药后,秦鹰已经结成金丹,已经具备施展家传续命针的能力,只是其祖、父因为自己的前车之鉴而故意没有将此绝技传授给他。(《长征》2005-02-27 逐浪网)

"自从""自打"本身已是叠加式介词,使用中发话人也许已经意识不到曾经的叠加,一旦感觉到需要凸显、强化,就用了这种双层的叠加式。再比如,凭借类、因果类介词的叠加:

(66) 欧洲睡眠资源神奇的科技魅力——60 年前创始于德国的 otten 睡眠系统,其床垫能根据依据个人身高、体重,决定软硬度、舒适度。(《慕思床垫:环保健康的聚氨酯凝胶材料》2010-07-27 化工信息网)

(67) 这些重大事项等应经过领导班子具体讨论作出决定,按照遵照程序来办,并且推行领导干部经济责任审议制度。(《政府公共服务营销实证研究》2010-09-29 诺贝尔毕业论文网)

(68) 今年 12 月 21 日将出现月全食,届时因为由于地球影子的遮挡,整个月亮及其附近的空间都无法见到太阳光,这将使"嫦娥二号"的设备面临严寒环境的考验。(《新鲜话题》2010-12-17 天文网)

(69) 一些同学由于因为种种原因(主要是早上时间比较紧张),只吃一点面包、饼干等,甚至不吃早餐就去上课,长此以往,严重影响了学生的身体健康和学习效率。(《早餐与身体健康》2009-03-02 卫生健康网)

发话人之所以使用"根据依据、按照遵照""因为由于、由于因为"这类反复叠加的形式,很可能是一种言语思维重复浮现(emerge)的流露。尽管从简洁性的角度看，高度羡余的双层叠加式，确实给人以一定程度的累赘感，但客观上无疑起到了凸显表达效果的强化作用。

再看结构协调，凡是前附加式的介词叠加，基本上都是因为协调结构的需要。例如：

(70) 程婴从打自楚国亡命回晋国报信赵朔后，就在屠岸大人面前闪亮登场。(《程婴之甘草解毒篇》2013-03-21 百度贴吧)

(71) 那些身体记忆的地图从打自娘胎以来，被后来人无数次以荣辱盛衰的各种解读放置在历史手册上，他自己已哑口无语了。(《游园惊梦》2013-02-05 百度快照)

两个"从打"引出时间，"自"引出空间，各有所辖，这种介词叠加，其实只是一种具有不同辖域功能的同义介词间的连用共现而已。再看用双层叠加式来协调句法结构的情况。例如：

(72) 那只不过是高于生活的艺术罢了，用以拿来满足人们对爱情的幻想。现实的爱情不是脆弱地经不起一点风浪，就是一开始就被现实扼杀在摇篮里。(《有空的话，安慰我一下》2012-01-06 榕树下)

(73) 实际上，一切考古的发现所发掘的文物并不是用以拿来作为一个民族或国家骄傲炫耀的资本的，而是用以拿来揭示全体人类历史文化的真相的。(《文物的真正价值》2006-10-31 搜狐博客)

(74) 范曾曾经说过的一句话，可以借以拿来作为我现在人生的座右铭——一息尚存，从我所好，我没有自视清高的那份傲然，也没有对自己失去生活的信心。(《灰暗》2010-03-07 新浪博客)

(75) 因果报应，天堂极乐世界无疑是宗教机构借以用来让人们心甘情愿逆来顺受的美好骗局。教会和政府互相帮衬进行独裁

统治，各取所得。（《宗教、政府与商业》2011-08-17 天涯社区）

"用以、借以"都是叠加式介词[⑤]，再与介素"拿、用"叠加；这种双层叠加式之所以会出现，显然是协调结构需要。三者共同的介宾"艺术、文物、话、报应、世界"等，都已作为前句宾语或主语在前面出现了，三个悬空的介素为了协调结构，必须叠加在一起（张谊生 2009）。

最后看语义区别，有些介词叠加，主要是为了分辨同义介词的细微差异。比如，虽然都可以表示经过某地、某线，但语义各有侧重："由"重在起点，"经"重在地点，"经由"重在路线。所以，下面三句的"由""经"和"经由"，如果互换就会显得不很妥帖、恰当：

(76) 1月27日23时27分，由南京西站开往温州的5055次列车达无锡站，因列车严重超员，到站时已晚点将近一小时。（《由南京开往温州列车上演武斗》2004-01-29 人民网）

(77) 据民航温州空管站消息，从1月4日起，东航将增加温州经南京往返太原的航班，温州到南京和太原的航班各增加到每周8班。（《东航增飞经南京到太原航班》2008-01-03 实用资讯）

(78) 成都、重庆北至上海虹桥2对卧铺动车组列车在沪宁间，改经由南京南站、京沪高铁的沪宁段运行，不再经由南京站、沪宁高铁运行。（《动车组列车在沪宁间改经由南京南站运行》2011-06-24 我的搜狐）

再比如，"依""照"和"依照"都可以表示遵循义，但"依"重在顺从地遵循，"照"重在不变地遵循，"依照"重在服从且严格地遵循。所以，下面三句的介词相互间也不宜互换：

(79) 对于海外洗钱案，两人（儿子陈致中、媳妇黄睿靓）声称自己只是人头，并不清楚资金来源及细节，一切皆依母亲吴淑珍指示办事。（《自己仅是人头 一切皆依母亲指示办事》2008-08-26《经

济日报》)

(80) 外媒报道,中国五矿集团打算在广东省惠州市附近照原样复建奥地利一个风光秀丽的村庄——哈尔斯塔特,复制品已于4月份开工。(《中国五矿欲在广东复制奥地利知名村庄》2011-06-19《新京报》)

(81) 国家可以依照法律规定的条件,对土地实行征购、征用或者收归国有。(《中华人民共和国宪法(1978年)》2008-08-03天涯社区)

除了上述三方面的原因之外,还有少数的叠加形式是为了协调音节或兼顾语体的需要。例如:

(82) 抖擞精神不觉疲,顺沿马路直奔西。租车哪计钱多少,赶路争知夜岂其?(《推荐诗词》,《诗词在线》2011年第9期)

(83) 文明,距离我们多远?(标题,2007-11-01红袖添香);战争,距离我们多远?(提问,2011-07-22SOSO问问);梦想,距离有我们多远?(栏目,2011-09-17央视国际网)

前例在诗句中,须用并列叠加来凑字数;后例三个标题,单用“距”或“离”,语体则不协调。

2.2 叠加的词汇化趋势。众所周知,双音化趋势一直是汉语词汇发展的主流,就汉语的介词而言,由于其前身都是常用的单音节动词,所以,单音介词一开始占据绝对的优势[⑥]。在古汉语不多的双音介词当中,后附“着、了”和“于”的后附式介词是主体,但并列式介词也已占有相当的比率。比如“引进情势发展到某时”的双音节介词,当时就已很不少了:

(84) 逮至夏桀之时,主暗晦而不明,道澜漫而不修。(《淮南子·览冥训》)

(85) 及至始皇，奋六世之余烈，振长策而御宇内。(《贾谊集·过秦论》)

(86) 逮及七国力政，俊乂蜂起。孟轲膺儒以磬折，庄周述道以翱翔。(《文心雕龙·诸子》)

(87) 居有顷，宗果以侈从被诛，临当伏刑擥涕而叹曰："恨不用功曹虞延之谏！"(《后汉书》卷三十三)

(88) 平章宅里一栏花，临到开时不在家。(刘禹锡《和令狐相公别牡丹》)

严格地讲，这五个双音节介词的词汇化程度是不一样的，有的已基本定型，有的未完全凝固。

从并列叠加词汇化的时间来看，既然汉语介词都是由动词虚化而来，而且，只有比较成熟的介词才会出现叠加现象，所以，双音介词的定型成词，肯定要比单音介词的形成迟得多。比如，同样是表示原因的介词，"为"和"因"早在上古、秦汉就已分别出现了。例如：

(89) 天行有常，不为尧存，不为桀亡。应之以治则吉，应之以乱则凶。(《荀子·天论》)

(90) 李良已得秦书，固欲反赵，未决。因此怒，遣人追杀王姊道中。(《史记·张耳陈馀列传》)

但是，表示原因的双音节介词"因为"，一直要到近代以后的元、明才逐渐固化成型。例如：

(91) 老汉王安道，因为连日大雪，不曾出去捕鱼，只在家里闲坐，却不知我那两个兄弟可是如何？(《全元杂剧·无名氏·朱太守风雪渔樵记》)

(92) 说也惶恐，因为贫难，无以度日，要寻我妹子，讨些盘缠使用。(《全元杂剧·李行甫·包待制智赚灰栏记》)

再比如,“任”和“凭”作为表动作凭借的介词,至迟在隋唐、六朝就已相当成熟了。例如:

(93) 巢倾枝折凤归去,条枯叶落任风吹。(唐·卢照邻《卢照邻集·行路难》)

(94) 猛虎凭林啸,玄猿临岸叹。(六朝·陆机《陆机集·苦寒行》)

而表动作凭借的双音节介词“任凭”的基本成熟,一直要到明、清时期[⑦]。例如:

(95) 那时任凭你去,我也不来管你。(明·天然痴叟《石点头》)

(96) 今日这一个,莫说四样,就是四十样,也任凭你考。(清·李渔《意中缘·诳姻》)

据统计,现代汉语较常用的并列式双音节介词总共有“自从、打从、自打、从打,遵照、按照、依照、依据、依仗,因为、比较、距离、任凭、经由、除去、连同”以及“犹如、及至、根据、遵循、围绕、作为、听凭、听任、经过、通过”等 26 个[⑧]。不过,只有前 16 个介词的两个构词成分同时又是现代汉语的单音节介词[⑨]。据此,有理由相信,这 16 个双音节介词的形成应该都是通过两个同义或近义的单音介词并列叠加而逐渐凝固而成的。从发展的角度看,古汉语有一部分双音介词并没有沿用至今,而且,即使沿用到现代的,其功能和用法也发生了变化。还以表源点的“从、自、打”来看,由于“打”的介词化较迟,双音节介词在上古只有“自从”,“打从”形成于元代,“自打”的定型,则要到清代中期。例如:

(97) 夫天之应人,疾于景响,而自从入岁,常有蒙气,月不舒光,日不宣曜。(《后汉书·郎顗传》)

(98) 昨日驿中报来,说故人元微之有事江南,打从这里经过。(元·马致远《江州司马青衫泪》)

(99) 自打长沙府回来，他父亲提了蒋爷的事情，不叫他保王爷了。(《小五义》一百二十四回)

而且，三者还有一定分工："自从"多表时间，"打从"多表空间，"自打"时、空都能表达：

(100) 小弟自从打死了镇关西，逃走到代州雁门县，赵员外送洒家上五台山，投礼智真长老，落发为僧。(《水浒传》八十九回)

(101) 过不多时，只见一乘兜轿打从西边来到帷前。(《二刻拍案惊奇》卷五)

(102) 再说自打去去大人，直到如今，也没说明沈中元是怎样盗去。(《小五义》九十八回)

直到现代，同义并列叠加导致双音介词产生的趋势，还在不断延续与发展中。例如：

(103) 洋山深水港西北距上海市南汇芦潮港约 32 公里，南至宁波北仑港约 90 公里，向东经黄泽洋水道直通外海，距国际航线仅 45 海里，是距上海最近的深水良港。(《洋山深水港——距上海最近的深水良港》2008-12-15 新华网)

(104) 新仓镇位于浙江省平湖市东北部，离上海金山区只有 6 公里，离杭州 90 公里，苏州 70 多公里，宁波 36 公里，车程均在 1 个小时之内。(《沿街商铺首付 10 万 离上海 6 公里》2011-07-29 百姓网)

"距"和"离"同义并列叠加后，已经形成了"距离"和"离距"两个叠加形式。例如：

(105) 闺蜜介绍说朱家角是距离上海市区最近的古镇，当我们来到之后，虽说是古镇，但是这里还是带有时尚的气息。(《距离

上海市区最近的古镇——朱家角》2013-01-11 南北游）

（106）公司位于著名的太湖之滨——浙江长兴县城西白阜村黄泥路，离距上海、杭州、南京、宁波、苏州、无锡、芜湖等大中城市均在 200 公里以内。（《华园苗木场创建于 1995 年》2010-07-17 园林在线）

不过“距离”因叠加频率较高，现已凝固成词，“离距”叠加频率不高，至今还是叠加式。可见，无论是哪个时代，也不管是什么类别，并列叠加一直是汉语双音介词的重要来源。

2.3 叠加的附缀化性质。在介词叠加形式当中，后附叠加是非常特殊的叠加，大多数后附叠加的介词都会向附缀（clitic）转化。附缀化（cliticization）的方式，总体而言，大致有两种情况。一种是“词缀＋附缀”，一种是“附缀[1]＋附缀[2]”；两种叠加式都有两种不同的位序。

先看“词缀＋附缀”的叠加。具体的叠加方式就是：单音节词根（root）＋构词后缀（suffix）＋后附缀（enclitic）。比如“源自于、源于自”的“源自”“源于”作为后附缀的宿主（host），本身就是含有介词性语素的动词，其中的“自、于”是构词词缀，后面的“于、自”就是后附缀。在现代汉语中可以构成“词缀＋附缀”叠加形式的，主要是“于、乎、自、在”的互相叠加，比如本章 1.2 提到的“介于/乎、来自/于”正是这类叠加式。大致有以下几种情况：

首先，具有[＋处所]、[＋关涉]语义特征的“X 于”动词，比如“介于、位于、处于、居于、限于、精于、长于、善于、倦于”等，如果再用“在”引出范围，就会形成叠加式。例如：

（107）英国的社区服务制度，是介于在监狱劳动改造和在社会放任之间的一种有效载体。（《英罪行及社区作用评估报告出炉》2008-06-22 搜狐新闻）

(108) 他，精于在风险中操控机遇，善于在商海中制造空间；是什么改变了他期待平静的人生，是什么让他拥有了巨大的财富？(《李晓华，绽放的美丽》2010-03-25 土豆网)

其次，部分具有[＋处所]、[＋关涉]语义特征的"X 乎"动词，比如"介乎、合乎、关乎、类乎、迥乎"等，如果再用"于"引出范围，也会出现这种叠加现象[10]。例如：

(109) 谁懂得并善于掌握积蓄和流通的道理，就是用钱合乎于道；谁能做到不嗜钱如命，就是头脑清醒，即合乎于德；若在获取和支出它的时候，做到不失情理，就是合乎于义。(《钱本草》2010-06-02 开心网)

(110) 电视特征在电视创作实践中就是电视意识，由于这种思维方式迥乎于以前的思维方式，因此在电视新闻的传播实践中，人们往往理解不透。(《电视新闻传播实践中的电视意识》2011-08-20 标准论文网)

再次，少数具有[＋来源]语义特征的"X 自/于"动词，比如"来自、源自、取自，来于、源于"等，如果再用"于"或"自"引出源点，同样也会出现相应的叠加现象。例如：

(111) 西冷牛排，也叫沙朗牛排，是指肉质鲜嫩又带油花嫩筋的牛肉，基本上取自于牛背脊一带最柔嫩的牛肉，具体位置不同，风味也各有千秋。(《牛排怎么分类 几成熟最好吃》2012-02-16 中奢网)

(112) 漂亮不再是女人最为璀璨的唯一，而真正的美丽源自于女人的睿智和大气，睿智和大气体现于识大体，而识大体是以包容的心善待身边的人和事。(《美丽源自于女人的睿智和大气》2011-03-23 百度空间)

从叠加性质看，上述“X于/乎/自”动词中的“于、乎、自”都是由原来的介词通过分界转移、后附虚化，进而与前面的谓词性语素固化成词的。其演化的动因除了双音化韵律，主要就是汉语的虚化成分本来就具有强烈的后附倾向，作为一个频繁紧跟在谓词后面的介词，在语音上必然会受制于重音支派规则，结果就被前面谓词所吸引而逐渐凝固化(刘丹青 2001)。随着“于、乎、自”成为构词后缀，其介引的功能日趋弱化甚至消失，所以，后面须要再用一个同义介词。就再叠加的“在、自、于”的性质来看，经过一段时间，也都已经不再是严格意义上的介词了，而是成了粘附化了的后附缀。作为后附缀，“在、自、于”在句法结构上也出现了附着方向和构造层次的错位：一方面作为介词的“在、自、于”仍是介词宾语“X”的直接成分，另一方面由于前面动词本身是双音节的，在构造上与宿主“X于/乎/自”虽能组块却难以词汇化，只能组成临时的三音节的语法词(刘丹青 2008：547—560)。

同样是“词缀＋附缀”，细究起来还可以分为两种叠加位序：常规序与特殊序。比如，相对于常规序叠加“介乎于、来自于”，本章1.2所举的“介于乎、来于自”就是特殊序。同样，相对于“关乎于、合乎于、源自于”，“关于乎、合于乎、源于自”就是特殊叠加序。例如：

(113) 禅可以开拓人的心灵，开发人们的智慧，引导我们进入更超脱的自由世界。禅合于乎真善美的条件，虽然不容易谈，可是要知道什么是禅，那就不能不尽力弄清楚。(《虚云大师说禅》2009-01-18 新浪博客)

(114) 邦咯岛位于马来西亚半岛霹雳州的彼岸，“邦咯”的名字极可能源于自泰国语“美丽的沙滩”的意思。(《马来西亚：赏心悦目的亚洲魅力集结地》2010-12-21《中国城市旅游》)

从构词的角度看，“介乎、合乎、来自、源自”的词汇化程度要高于

"介于、合于、来于、源于"，尽管"介、合、来、源"都是词根，两种叠加的性质基本一致，但作为后附缀，"介于乎、合于乎"和"来于自、源于自"的"乎"和"自"，比起"介乎于、合乎于"和"来自于、源自于"的"于"，出现率要低得多，而且附缀化的性质也还不够典型。然而，常规序与特殊序的区别，显然并非仅仅是两种不同顺序的用频差异，其本质在于：该介词性成分充当了词缀还是附缀，相互之间位序的颠倒，叠加的性质也发生词法与句法本质上的互相逆转。

再来看"附缀[1]＋附缀[2]"的叠加。也有三种情况，都是动词后面可以依次附加两个介词性后附缀，主要是"于"和"在"或"自"和"于"等。首先，具有[＋处所]语义特征的双音节动词，比如"屹立、矗立、伫立、坐落"等，后面都可以先附加"于"，再叠加"在"。例如：

(115) 新世贸大厦楼群将屹立于在"9·11"事件中轰然倒塌的纽约世贸中心原址上。(《新世贸力压上海环球金融中心 将成世界第一高楼》2003-02-28 搜狐新闻)

(116) 董家寨酒店就坐落于在电梯出口处的天上人间景区，依山而建，外表看上去，很像当地的民居。(《河南新乡八里沟游记》2006-09-01 驴评网)

其次，具有[＋关涉]语义特征的双音节动词，比如"专注、立志、致力、强加"后的叠加式：

(117) 另外，谷轮不追求短期的利益而专注于在中国的长期发展，这也是它取得成功的原因之一。(《谷轮：专注于在中国的长期发展》2003-10-29 中华商务网)

(118) 谈到未来的拍摄项目，马塞尔说自己并不热衷于拍摄尽可能多的动物种类，也不太愿意立志于在世界的每个角落工作。(《马塞尔·范·欧斯汀，世界级野生动物摄影师》2011-12-02《新

摄影》)

最后,具有[±存在]语义特征的双音节动词,比如"出现、形成、消失、消灭"后的叠加式:

(119) 12月7日晚,在金碧辉煌的斯德哥尔摩市政厅里,品特并没有出现于在那里举行的本年度诺贝尔奖颁奖仪式上。(《两次让世界注目的剧作家》2005-12-30 光明网)

(120) 业内普遍认为,2008年至少会有150—200家网络公司将关门,消失于在"寒冬"中,而剩下的多数会缩小规模以期待熬过这场"寒冬"。(《重庆互联网"寒冬"将至》2008-01-12 百度文库)

就叠加性质而言,"词缀+附缀"的叠加,前面的语素是词根,后面跟一个词缀一个附缀,叠加在两个层面上。"附缀^1+附缀^2"的叠加,前面的单词是宿主,后面跟着两个后附缀,也是叠加在两个层面上,前一个是附在动词宿主后面,后一个是附在宿主与后附缀构成的语法词后面。由于"于""在"在宿主和语法词后面都是附缀,所以,两个附缀叠加就是双附缀(double-clitics)现象。既然是双附缀的叠加,那么,可以有"于+在X",通常也会有"在+于X"。例如:

(121) 灯塔,罗斗沙的标识,罗斗沙的保护神就屹立在于我们的面前,让我们瞻仰,令我们动容。(《"世外桃源"罗斗沙》2005-03-23 碧海银沙网)

(122) 阳朔帝都大酒店坐落在于世界闻名的西街——"洋人街"口,"碧莲峰"脚下,左畔"双月溪"面对漓江,四周风景如画、环境幽雅。(《阳朔帝都大酒店》2011-09-03 人民网)

(123) 提到八大艺术的理论,大多都专注在于电影的出身,也就是电影是如何从商业行为,变成八大艺术中的第八位。(《什么是八大艺术的理论》2008-12-17 百度知道)

不过，由于“在”的附缀化程度要低于“于”，“在＋于X”的用频也会低于“于＋在X”。例如：

(124) 核心提示：如果还有建站初期的朋友徘徊自己做站，到底需要什么？那我告诉你，你唯一需要的就是——勇气。（《献给立志在于互联网获得发展的新人》2007-10-12 站长之家）

(125) 所谓协作精神和相互体谅对于相处的作用，我想不只是现代会这么要求——人和人是不同的，相处之间摩擦是必然的不可避免的，同理心和让步就是必要的润滑剂，而非某个社会形态强加在于人身上的，只不过大众媒体会不会这样坦诚。（《〈爱是艺术〉读后感》）

(126) 我坐在水中，浑身泥夹水，水糊泥，子君惊讶地回头看着我，幸亏那些男孩们早已消失在于视野之外，不然欢呼声会在这春意的田野上此起彼伏的。（《让青春继续》2012-02-10 作文网）

虽然出现频率略有差异，但两种叠加位序的性质是基本一致的，都是双附缀化。除了附缀“在”和“于”可以互相叠加之外，累积叠加的“自”和“于”也能双附缀化；而融合累积式，比如“加诸于在”与“加诸在于”，从性质上看也应该归入“附缀[1]＋附缀[2]”的叠加类别。例如：

(127) 这次的学生分组花费了自己很大的精力，这不仅仅是来于自于身体上的劳累，更重要的是精神上的负担。（《2007年秋季英语新课程远程研修课程简报》2008-04-12 新思考网）

(128) 我们进了城的半农民、半小市民，很快就忘记了自己的出身，不惜用最野蛮的手段把“文明”加诸于在他们看来还未“开化”的农民身上。（《是你我将老大的幸福连“根”拔起》2010-03-24 天涯论坛）

(129) 此时雷·力欧的言语侮辱正犯了阿尔法大忌，他可以无视于别人加诸在于他身上的种种言语，但却不能让人损及自己母亲半句，这也是他交不到朋友的重要原因之一。（《幻魔战记》2006-05-19，17K小说网）

总之，介词叠加的附缀化性质，从发展演化的角度看，一开始是介词在单音谓词后由分界转移到结构错配进而虚化成后缀。随着介素功能的弱化，人们就会再用一个介词来强化，而后加的介词也会逐渐附缀化了，只因宿主是双音节词而没有成为词缀。至于双音节动词后叠加的介词化附缀，从分界转移到结构错配的演化倾向是一样的，同样由于音节原因而没有词缀化，但附缀化之后介引功能也有所弱化，所以也会再用一个介词，导致了双重附缀化。

3. 结语与余论

3.1 综上所述，本章主要论点为：（一）介词叠加的方式与类别从三个角度考察主要有六种：并列式与归并式、附加式与嵌套式、融合式与累积式。这些类别之间，在一定程度上是互相交叉的、依次演进的。（二）介词叠加可以满足强调语用、协调结构和区别语义的多样化需求。介词叠加的后果，主要体现在两个方面：并列叠加的词汇化趋势、结构错配的附缀化性质。

3.2 毋庸讳言，本章讨论的部分双层叠加式和嵌套叠加式，比如“按照依照交通条例的规定”“因为由于因为当地的气候条件”等，确实存在着用频较低、接受度不高的问题。其实，从发展的角度来看，像“介乎于、来自于”“自打从、自从打”等叠加式在开始叠加阶段，同样存在类似的问题，随着时间的推移和用频的增加，可接受度也就会逐渐提高。

3.3 限于篇幅，本章还有一些问题没能展开讨论：a. 为什么表依据、源点、因果的介词叠加频率更高，且还可以双层、嵌套叠加；b. 除了强化、协调和别义外，介词叠加还有哪些其他的动因；c. 语法词再加后附缀的"介乎于在、坐落在于"，在句法上应该怎么界定；d. 除了"于"之外，还有哪些介词性附缀也会趋向零形化。这一系列问题，都还有待进一步的深入探讨。

附注

① 所谓使用规范，就是像"遵照按照企业的发展规律""介乎于在主力和替补之间"这类叠加用法，究竟是一种须要改正并加以规范的啰嗦、累赘的用法，还是一种完全可以接受的正常的介词选用方式，而且还是介词发展过程中的一种必然的进化现象，显然需要通过深入、细致的分析，做出全面的澄清与解释。

② 例(1)"用、以"的宾语，都是"生命"，二者是并列的；例(2)"以"的宾语是"生命"，"用"的宾语是"以生命吟唱的方式"，二者是套叠关系的叠加。例(3)的"于"和"在"都是介词性后附缀；例(4)的"于"是动词"位于"的构词成分，是个介词性语素，也是构词后缀，而"在"是个介词性后附缀。

③ 同一介词的重复使用，比如"在孔庙前殿跳《六佾舞》，一切仪式都遵照、遵照传统祭孔仪式而进行。"(《禅城学童齐聚祖庙祭孔子祈福新年》2010-02-21 里水论坛)是介词的重复，不在本章的研究之列。

④ 有关"自、打、从"三个介词叠加及其词汇化的情况，可以参看张谊生(2012)3.1 的相关分析。

⑤ 现代汉语一部分"用以、借以"正在向连词发展，但上述例句中的"用以、借以"都还是叠加式介词。

⑥ 杨伯峻、何乐士(1992)统计的古汉语介词数据是：单音节介词 180 个，双音节介词 40 个；其中用在谓语前的单音介词 144 个，之后的 36 个；用在谓语前的双音介词 36 个，之后的 4 个。不过，对照《古代汉语虚词词典》(2001 商务印书馆)以及其他古汉语虚词词典的收词情况，这一统计尽管已比较详备，但还是有不少的遗漏。

⑦ "因为、任凭"的双音化过程与连词化进程，几乎是差不多时间完成的。下面两例应是连词："因为二郎与那吒神在玉结连环寨饮酒，射颇锁魔宝镜，走了两洞妖魔。"(元·无名氏《二郎神醉射锁魔镜》)"向者所借银两，今不敢求还，任凭尊意应济多少，一丝一毫，尽算是尊赐罢了。"(《二刻拍案惊奇》卷二十四)

⑧ 需要指出的是，上述 26 个双音节介词当中，有一些本身就是动介、介连甚至名介兼类词。另外，"等到、待到、赶到，除掉、除却、除开"等 6 个介词，我们分析为补充式而非并列式，故没有归入其中。

⑨ 后面的 10 个介词，大多数是其中的一个语素不是现代汉语介词，比如"至、

循、根、听”等，有些则是两个语素都不是现代汉语介词，比如“犹如、围绕、作为、通过”等，两个语素都是动词。

⑩ 具有[十关涉]语义特征的“X 及”动词，比如“涉及、顾及、念及、惠及、旁及、普及、波及、危及、祸及、触及”，后面再加“到 X”的叠加形式本章暂不归入介词叠加，因为“到”还不是严格的介词。

参考文献

陈昌来、张长永 2011 “从来”的词汇化历程及其指称化机制，《上海师范大学学报》(哲学社会科学版)3 期。

江蓝生 2008 概念叠加与构式整合——肯定否定不对称的解释，《中国语文》6 期。

刘丹青 2001 语法化中的更新、强化与叠加，《语言研究》2 期。

刘丹青 2008《语法调查研究手册》547—560 页，上海：上海教育出版社。

马清华 2003 强程度标记的叠加，《华东师范大学学报》(哲学科学版)2 期。

杨伯峻、何乐士 1992《古汉语语法及其发展》，北京：语文出版社。

张谊生 2009 介词悬空的方式与后果、动因和作用，《语言科学》3 期。

张谊生 2010 从错配到脱落：附缀“于”的零形化后果与形容词、动词的及物化，《中国语文》2 期。

张谊生 2011 预设否定叠加的方式与类别、动因与作用，《语言科学》5 期。

张谊生 2012 试论叠加、强化的方式、类型与后果，《中国语文》2 期。

中国社会科学院语言研究所古代汉语研究室编 1999《古代汉语虚词词典》，北京：商务印书馆。

Arnold M. Zwicky & Geoffrey K. Pullum 1983 Clicticization vs inflection, *English n't Language* 59(3).

Bernard Paul Sypniewski 1996 *Functional Superposition*, The Twenty-Third LACUS Forum: Provo. UT. http://elvis.rowan.edu/~bps/ling/Lacus96.pdf.

Bernd Heine, Ulrike Claudi & Friederike Hünnemeyer 1991 *Grammaticalization: A conceptual framework*, Chicago: The University of Chicago Press.

Christian Lehmann 1995 *Thoughts on Grammaticalization*, München: LINCOM EUROPA.

Martin Haspelmath 1998 Does grammaticalization need reanalysis?, *Studies in Language* 22(2).

Paul J. Hopper 1998 *Emergent grammar in Michael Tomasello* (*ed.*), The new psychology of language: cognitive and functional approaches to language structure, Mahwah NJ: Lawrence Erlbaum.

Paul J. Hopper & Elizabeth Closs Traugott 1993 *Grammaticalization*, Cambridge: Cambridge University Press.(《语法化学说》外语教学与研究出版社 2001 年)

Sebastian Shaumyan & Bernard Sypniewski 1995 *Semiotic analysis of meaning*, The Twenty-Second LACUS Forum: San Antonio. http://elvis.rowan.edu/~bps/ling/Lacus95.pdf.

第二章 “及其”的连词化及其连接方式与指代歧义

0. 前言

0.1 迄今为止，语言学界对于“及其”一词的关注，可以说微乎其微，不但没有专门的研究，就连《汉语大词典》(1991)、《现代汉语词典》(第6版，2012)也没有为“及其”立目，甚至连一些专门的虚词词典，比如《现代汉语虚词例释》(1986)、《现代汉语常用虚词词典》(1992)、《现代汉语虚词词典》(侯学超1998)、《现代汉语八百词》(增订本，1999)和《现代汉语虚词词典》(张斌2001)，也都没有将“及其”列为词条。只有《现代汉语规范词典》(第1版，2004)和《新华多功能字典》(2006)认可“及其”作为单词的地位。不过后者只有提及并没有解释，倒是前者做了简短的说明：“连词，连接名词或名词性词组，表示后者对于前者有从属关系(其：代指前面的人或事物)，如：全国人大～常委会/介绍这几位作家～作品。”而《现代汉语规范词典》(第3版，2014)又删掉了“及其”。那么，是什么原因导致“及其”一直不受重视，为什么“及其”的词类地位难以被认可？而“及其”的性质、用法乃至成因，到底是怎么样的？在运用和理解连词“及其”的过程中，又有哪些问题值得注意？这些都是本章想要探讨的。

0.2 本章拟讨论三个方面的问题：a. 如果现代汉语“及其”确实是个连词，那么，本来没有直接句法关系的两个单词是怎么凝固为一个连词的，其词汇化历程是怎样的，动因又是什么；b. 现代汉语“及其”是否具有同一性，作为一个兼表指代的连词，“及其”到底具有哪些连接功能；c. 对于“其”的指代功能的多样性和羡余化以及引起的指代歧义，应该如何分析才能避免歧解。除了前言和结语，文章分为三个部分：首先从历时的角度探索“及其”的词汇化过程；然后从共时的角度辨析现代并存的三种同形异构的“及其”；最后从理解的角度分析连词“及其”可能产生的指代歧义及消歧的思路与方法。

0.3 本章现、当代例句大多引自北大语料库及各种文学作品、新闻报道，古、近代例句主要检索于《汉籍全文检索系统》(第二版)。无论古、近代的还是现、当代的，例句全部标明出处。

1. “及其”的跨层连用与词汇化动因

1.0 本节讨论从跨层连用的“及＋其”到附缀连词“及其”的词汇化历程以及相关的动因。

1.1 动词＋代词与介词＋代词。“及”本是一个会意字，《说文解字》：“及，逮也。从手，从人。”徐锴注：“及前人也。”本义是“用手(从后)抓住前面某人”，引申为“赶上、追上”。例如：

(1) 子贡曰：“惜乎！夫子之说君子也。驷不及舌。”(《论语·颜渊》)

(2) 顾反，谏怀王曰：“何不杀张仪？”怀王悔，追张仪，不及。(《史记·屈原贾生列传》)

而“其”是一个象形字，甲骨文像“簸箕”之形，后假借为代词、语气词，另造形声字“箕”。作为代词的“其”，一开始主要表示第三人称领属关系，相当于“他/她/它(们)的”。例如：

(3) 桃之夭夭，灼灼其华，之子于归，宜其室家。(《诗经·

南·桃夭》）

（4）诬善之人其辞游，失其守者其辞屈。（《易·系辞下》）

从先秦到明清的很长一段时期内，“及”和“其”作为两个功能不同的单词，虽然在句子的线性序列中经常会出现并列、连用的现象，但是它们在语义上并没有什么直接的关系，在句法上也不是相互的直接成分。除了连词＋代词外，还有两种不同性质的“及＋其”跨层连用式：动词＋代词、介词＋代词。

在动词“及”＋“其X”的跨层连用中，“其”与“X”先组成偏正短语再充当“及”的宾语。例如：

（5）既方既皂，既坚既好。不稂不莠，去其螟螣，及其蟊贼，无害我田稚。（《诗经·小雅·大田》）

（6）天子遍祀群神品物，诸侯祀天地、三辰及其土之山川，卿大夫祀其礼，士、庶人不过其祖。（《国语·楚语》下）

动词“及”主要表示“累及、达到、涉及”等义；“及”可以有否定形式。例如：

（7）今夫天，斯昭昭之多，及其无穷，日月星辰系焉，万物覆焉。今夫地，一撮土之多，及其广厚，载华岳而不重，振河海而不泄，万物载焉。今夫山，一卷石之多，及其广大，草木生之，禽兽居之，宝藏兴焉。今夫水，一勺之多，及其不测，鼋鼍鲛龙鱼鳖生焉，货财殖焉。（《礼记·中庸》）

（8）过其祖，遇其妣，不及其君。遇其臣，无咎。象曰：不及其君，臣不可过也。（《周易·第六十二卦》）

在介词“及”＋“其X”的跨层连用中，也是“其”与“X”先组合再充当“及”的介宾。例如：

(9) 孔子曰："君子有三戒：少之时，血气未定，戒之在色；及其壮也，血气方刚，戒之在斗；及其老也，血气既衰，戒之在得。"(《论语·季氏》第十六)

(10) 亚父是时劝项羽遂下荥阳，及其见疑，乃怒，辞老，愿赐骸骨归卒伍，未至彭城而死。(《史记·高祖本纪》)

介词"及"相当于"等到、直到、趁着"等，"及其X"一般不能单用；"及"也没有否定式。例如：

(11) 王之三公八命，其卿六命，其大夫四命；及其出封皆加一等，其国家、宫室、车旗、衣服、礼仪亦如之。(《周礼·春官·宗伯》)

(12) 彼众我寡，及其未既济也，请击之。(《左传·僖公二十二年》)

上面无论哪一种跨层连用的"及＋其"，都只是一种在句子表层中所呈现的连用现象，其内部的结构关系其实都是"及/其X"。既然"及"和"其"并不是句法上的直接成分，那么，如果要分析此类"及其"的性质的话，充其量只能算一种非句法结构的临时性紧邻分布形式——跨层连用。

调查可知，自先秦之后，上述两种跨层连用体一直频繁地存在于中古汉语和近代汉语之中。例如：

(13) 墅西有飞龙山神，庭凑往祭之，将及其门百步，见一人被衣冠，折腰于庭凑。庭凑问左右，皆不见。及入庙，神乃侧坐，众皆异之。(《太平广记》二百二十三卷)

(14) 考古人为贤者立传，不妨及其生存而为之，如司马君实之于范蜀公是也。(《儿女英雄传》三十九回)

上面是近代汉语动词＋代词的"及＋其"跨层连用，下面则是介词＋代词的连用。例如：

(15) 方其得於天者,此性也;及其行得善者,亦此性也。(《朱子语类》一百零一卷)

(16) 丁仪字正礼,丁廙字敬礼,沛郡人,乃一时文士;及其被杀,人多惜之。(《三国演义》七十九回)

1.2 连词十代词与连素十代素。“及”在先秦已经发展出连词的用法,大致有两种用法。一种是充当组合连词,连接词和短语,组成一个并列结构。例如:

(17) 六月食郁及薁,七月亨葵及菽,八月剥枣,十月获稻。(《诗经·豳风·七月》)

(18) 元年春,公及夫人嬴氏至自王城。(《国语·晋语》四)

再一种用法是充当关联连词,连接两个分句或句子,有递进和假设等语义关系。例如:

(19) 老子之言道德,吾有吾取焉耳;及搥(捶)提仁义,绝灭礼学,吾无取焉耳。(扬雄《法言·问道》)

(20) 吾所以有大患者,为我有身;及我无身,吾有何患!故贵身於天下,若可托天下;爱以身为天下者,若可寄天下。(《老子》十三章)

从大量的实例调查来看,与代词“其”共现的连词“及”,几乎都是组合连词。例如:

(21) 掌交,掌以节与币巡邦国之诸侯及其万民之所聚者,道王之德意志虑,使咸知王之好恶,辟行之。(《周礼·秋官司寇》)

(22) 郑六卿公子騑、公子发、公子嘉、公孙辄、公孙虿、公孙舍之及其大夫、门子,皆从郑伯。(《左传·襄公九年》)

由于组合连词“及”具有连接主次并列成分的独特功用,“其”后成分往往从属于“及”前成分，在连接中，还可以用指代的方式进一步说明前后成分之关系，这就是指代性连接之所以形成的基本动因。例如：

(23) 君若惠顾社稷，不忘先君之好，辱收其逋迁裔胄而建立之，以主其祭祀，且镇抚其国家及其民人，虽四邻诸侯之闻之也，其谁不儆惧于君之威，而欣喜于君之德？(《国语·晋语》二)

(24) 遣人告苍梧秦王及其诸郡县，立明王长男越妻子术阳侯建德为王。(《史记·南越列传》)

这种带有主从并列关系的连接加指代的用法，在整个近代汉语中一直是“及＋其”的基本形式。再比如：

(25) 秋七月戊辰，诛左丞相、咸阳王斛律光及其弟幽州行台、荆山公丰乐。(《北齐书》卷八)

(26) 遣使部徒灵、应、寰、朔四州民五万户及其吐浑、突厥三部落安庆等族八百余帐，分置于河南孟、曹、汝、洛等四处，是年冬，复攻易州。(《宋朝事实》卷二十)

在此基础上，指代连接式“及＋其”又开始逐渐向指代式连词“及其”演化了。那么，大约在什么时候，是什么动因导致“及其”走上词汇化道路的呢？我们觉得，在汉语这样形态不发达的语言中，一个双音节的跨层连用形式，要想演化成为一个独立的单词，大致需要具备三个方面的因素。

首先，在语音上，要经历停顿转移和音步重组，进而形成一个韵律词。比如下面明代用例中的两个“及”，作为一个组合连词，在读音上与“其X”都不在一个音步中，所以都不是韵律词。例如：

(27) 初征时，故宋陈尚书子丁孙，及/其婿/梁奉御，苏少保子苏宝章，及赵孟信叶郎将等，俱降附。(沈德符《万历野获编·安南

纳款》)

(28) 却说东海王越用孙惠计,遣人结连幽州都督王浚及荆州/刺史/及/其弟/东嬴公/司马腾/等,各起兵讨颖。(杨尔增《两晋秘史》五十三回)

然而,与此同时代的另一些作品中,有些"及其"已组成了一个音步,形成了韵律词的雏形。例如:

(29) 徐氏复传请戴员赴宴,员入府来,至堂中,亦被孙、傅二将所杀,一面使人诛戮二贼/家小/及其/余党。(《三国演义》三十八回)

(30) 吴汉大喜,令岑前引,一齐拥入城去。汉即传令,着唐邯夷述家属。邯得令,领军一千搜入宫中。将述妻、子/及其/族人/等,尽皆诛戮。(《东汉秘史》五十一回)

毫无疑问,这后两个"及其"虽然仍是各自独立的单词,不过,随着这样的音步组合日益增多,使用日渐频繁,就会出现定型化趋势,于是,韵律词"及其"也就慢慢形成了。比如晚清和民国的用例:

(31) 曾在中国传教之雒魏林、理雅格、丹拿等三人,曾在中国为商之马特生,及其/国中/富商/文士,共六十五人,于伦敦倡设劝禁鸦片会。(李圭《鸦片事略》)

(32) 既将中国人的艺术/及其/生活予以全盘的观察,吾人总将信服中国人确为过去生活艺术的大家。(林语堂《人生的归宿》)

上面两句的音步只能是"及其/国中/富商/文士""艺术/及其/生活",而不能读成"及/其国中/富商/文士""艺术/及/其生活"。毫无疑问,"及其"读音上的组合会在一定程度上影响其结构关系。

其次,在结构上,还要经历内部凝固渐趋定型的过程。比如,在近、现代汉语的一些表述中，“及其”内部关系已经相当紧密，已接近于或者说凝固成一个语法词了[①]，不宜随意拆开、提取。如果提取“其”，“及X”不但在语义上不够清楚，在结构上也会显得不够匀称和稳定。例如：

(33) 华登如楚借兵，楚平王使薳越帅师来救华氏。伍员闻楚师将到，曰：“宋不可居矣！”乃与太子建及其母、子(？及母、子)，西奔郑国。(《东周列国志》七十二回)

(34) 希特拉先生不许德国境内有别的党，连屈服了的国权党也难以幸存，这似乎颇感动了我们的有些英雄们，已在称赞其“大刀阔斧”。但其实这不过是他老先生及其/之流(？及之流)的一面。(鲁迅《准风月谈·华德保粹优劣论》)

再比如，有些语法词“及其”由于内部已经凝固，已不能用“和其”随意替换了。例如：

(35) 只有新近秦理斋夫人及其(？和其)子女一家四口的自杀，却起过不少的回声，后来还出了一个怀着这一段新闻记事的自杀者，更可见其影响之大了。(鲁迅《花边文学·论秦理斋夫人事》)

(36) 因为任何家族系统的力量，是有赖于那个娶入家门的女人及其(？和其)所供给的血液的。(林语堂《人生的盛宴·中国人的家族理想》)

这种情况在20世纪上半叶现代汉语进入蓬勃发展期之后，明显增多。当然，语音上的结合和结构上的凝固，还不能说“及其”作为一个双音节连词的词汇化过程已经完成了。

最后，在语义上，两个成分互相融合，或者一方逐渐弱化、虚化。就“及其”而言，就是“其”的指代对象开始由相对清晰、单一逐渐走向比较模糊乃至消失。例如：

(37) 正想出门拜客,父亲老朋友本县省立中学吕校长来了,约方氏父子三人明晨茶馆吃早点,吃毕请鸿渐向暑期学校学生演讲"西洋文化在中国历史上之影响及其检讨"。(钱锺书《围城》)

(38) 这是最可痛恨的。但其实,黑人的诗也走出"英国语的圈子"去了。美国富翁和他的女婿及其鹰犬也是奈何它不得的。(鲁迅《准风月谈·谈监狱》)

前"其"是指"西洋文化"还是"西洋文化在中国历史上之影响",有点模糊;后"其"指代"美国富翁的"还是"他的女婿的"似乎都可以,也可以认为已无所指。随着"其"的指代功能逐步模糊、退化,"及其"的语义也渐渐偏向了"及"。需要指出的是,"及其"意义的词汇化不是走向互相融合,而是"其"逐渐羡余化,最终转化为类后缀。当然,这一变化的正式完成已经是附缀连词阶段了。

总之,韵律词、语法词、词汇词,这三者在双音节跨层组合词汇化的进程中,发展进度上是不一致的:大约从明清已经开始,许多结构上尚未凝固、语义上也没融合的"及+其",在读音上却已结合了起来,形成了一个个双音节韵律词;进入现代汉语后,部分"及+其"在结构上也开始趋向凝固,但这一过程至今尚未完成,这也正是为什么绝大多数辞书不把"及其"作为单词的原因[②]。

1.3 指代连词与附缀连词。就在"及其"由跨层连用向指代连词发展的过程中,一部分指代连词又开始向"及其"词汇化的最后阶段附缀连词转化了[③]。导致指代连词向附缀连词转化的原因,都跟"及其"的"其"有关。主要三点:意义的羡余化,指称的复叠化,读音的轻声化。下面分别论证。

a. 意义的羡余化。有些句子中相关的指代信息可以从上文直接获取,"其"的语义就显得多余。例如:

(39) 有人要谈民族文学也可以，但是夸张轻狂，不自检省，终必灭亡；最要紧是研究我们的弱点何在，及其弱点之来源。(林语堂《中国人的国民性》)

(40) 四十大约是人生过程中最大的一个关键；这个关键的重要性及其特殊刺激性，大概是古今中外的人士同样特别感觉着的。(袁昌英《行年四十》)

当"X"是联合短语的后项时，前面共有的定语在语义上已经涵盖了"其"，从而使得"其"在语义上显得多余。比如上面两句，前面已出现"我们的""关键的"，后面再用"其"表示"我们的""关键的"就会显得重复而没有必要。随着这种信息多余、语义羡余的表达方式经常地出现，"其"在语义上就转向真正的羡余化，性质上也会逐渐趋向词缀化，变成一个有形有音但无义的类后缀[④]。

b. 指称的复叠化。由于"及其"内部逐渐凝固融合，"其"的指代功能渐趋弱化，使得有些人对"其"的指代作用已经不甚了解，所以就会有意无意地在"及其"后面再加上一个代词，从而构成了指称的复叠形式——词内指称再加上词外指称，这样在形式上进一步确定了"其"的后缀性质。例如：

(41) 今天的威尼斯商人，不再像他们的"商祖"一样靠卖船只和渔业产品赚钱，也不再像夏洛克一样靠高利贷赚钱。而是靠文艺复兴时期的文学艺术家及其他们的艺术成果。(邢世嘉《今日威尼斯商人》)

(42) 尽管 442 或者 352 等阵型及其它们的变异阵型早已经成为世界的主流，但一直都非常闭塞的朝鲜队还是更偏爱 532 这一纯粹的防守反击阵型。(唐延松《国足四强赛夺冠秘籍 最后一战打破朝鲜零失球》)

比较下面两句，可以看得更加清楚，后句的"其"其实已经彻底丧失了指代功能，成了一个类后缀。例如：

（43）设在"哈一机"的"炮轰派"总部，常常派出"别动队"为自己的战士及其家属子女们搞粮食、煤、木柴、医药、蔬菜、孩子们的读书文具。（梁晓声《一个红卫兵的自白》）

（44）然而，全市产业工人特别是矿区的职工，在为社会主义革命和建设做出重大贡献的同时，他们的居住条件还十分简陋。占市区人口17%共24万产业工人及其他们的家属，仍然居住在日伪时期和建国初期形成的棚户区。（徐永军《辽宁省抚顺市各级政协为棚户区改造献策出力纪实》）

c. 读音的轻声化。代词"其"的读音本来就不很稳定，可以加重，也可以略轻。在指代连词"及其"当中，由于"及"和"其"都承担着一定的表义功用，所以，尽管两个音节已经融合构成一个音步，但"其"通常并不读轻声。然而，发展到附缀连词"及其"，由于"其"本身已不再承担传递信息的任务，在功能上已经成了一个附着成分，在表达上也已变得无足轻重，因此，在读音上也已经开始逐渐地向经常读轻声的方向发展，尤其在后面另有其他代词时，这种倾向更为明显。例如：

（45）研讨会以解放区柳青、丁玲、赵树理、周立波、刘白羽、贺敬之、草明、函子、胡可、魏巍等10位作家及其他们的作品《创业史》、《太阳照在桑干河上》、《暴风骤雨》等为实例，深入论证深入生活的必要性，呼唤作家贴近实际，贴近生活，贴近群众，创作出优秀作品。（蔡文《书海涛声》）

（46）社会的存在与发展，无非是满足人类的吃、喝、玩、乐、衣、食、住、行的基本需求及其这些基本需求的高层次升级。（刘茂才《关于世界文明的几个问题》）

上面三个方面因素是交织在一起的，既互为前提，又互相影响，最终导致了单纯表连接功能的双音节附缀连词“及其”的形成。从另一个角度看，发展到这一阶段“及其”已彻底完成了词汇化过程。

2. “及其”的异构性质与连接功能

2.0 虽然现代汉语“及其”已经虚化为一个附缀连词，但是，从语言进化的基本规律来看，新形式的产生并不会导致旧形式的彻底消亡，所以，即使发展到 21 世纪，现代汉语中仍存在三种不同性质的“及其”——跨层连用的“及其^{1}”、指代式连词“及其^{2}”和附缀式连词“及其^{3}”。

2.1 跨层式组合“及其^{1}”。凡是由动词性语素、介词、连词“及”与指示代词“其”因共现连用而形成的非句法结构“及＋其”，都是“及其^{1}”。可以细分为“动素＋其、介词＋其、连词＋其”三个小类。

现代汉语中，动词“及”＋代词“其”的形式已经基本消失了，因为绝大多数动词“及”已作为语素与前一动素融合为“X 及”动词了⑤。这类“X 及”与“其 X”的连用式还较常见。例如：

(47) 不久，有学友来访，谈及其目睹一奇事：有一个体户走运之时添一“千金”，合家喜庆，大肆张罗，发请帖、报喜讯，邀约亲朋戚友登门吃“满月酒”。(1993 年《人民日报》)

(48) 建文帝出走，下落不明，朱棣多方寻找，“三宝太监下西洋”的起因也为此，最后竟罪及其幼儿。将他那年方两岁的小侄孙朱文圭，以建庶人的号，幽囚在中都广安宫。(《不走运的一生》)

“罪及”现在还没完全成词，处于两可状态。此外，否定词“不”“未”＋“及”也早已词汇化了。例如：

(49) 杜甫诗云“干惟画肉不画骨，忍使骅骝气凋丧”，似乎韩所画马不及其师远甚。但现在看来他画的马固然不十分像真

马——中国人画动物只有虫鸟逼真——可是除了元代的赵子昂，似乎更没有第三人及得他。（苏雪林《山窗读画记》）

（50）上山约六小时，而下山未及其半，于二时半动身，四时半已在坦途，仍小憩云步桥石亭中，从原路返回。（俞平伯《癸酉年南归日记》）

严格地讲，上面两例的"及"和"其"，甚至跨层连用也算不上，因为"及"本身已经语素化、黏着化了。

介词"及"＋代词"其"的形式，现代汉语虽然已经不多见，但还是确实存在的[⑥]。例如：

（51）小孩子抢糕饼吃不算作恶，及其长大，抢他人的财物不算为不善。（俞平伯《教育论》）

（52）当其隐于深山大泽，不可见其痕迹，及其际会风云，若诸葛亮者，则叱咤煊赫，震惊一世。（林语堂《官家令》）

介词"及"的一个重要的特点是，其介词宾语往往是一个指称化的谓词性成分或小句形式。

"及"作组合连词，"其 X"是"及"所连接的两个或几个并列成分中的后项成分。例如：

（53）不管是否有叶罗提其人及其事，但从整篇文章的叙述可以看出，郭沫若讲的家塾是指学生家长为自家的子弟在自己家里办的学校。（《论中国传统家庭家族学校的兴衰、特点与启示》）

（54）林语堂先生在《吾国与吾民》中写道：中国人对待其朋友及其熟悉的人是并非无礼貌的，但超出了这个界限，则在社会行动上常对其旁边人取积极的敌意的。（《礼仪与现代交往》2011-10-08 百度文库）

前面已经指出，与“跟、和、与、同”等相比，组合连词“及”的特点是，虽然在句法上也是连接两个并列的成分，但语义上常连接具有前主后次关系的两项或多项。所以，连词“及”后连接成分，常常是前述成分的某个附属成分，所以，被代词“其”指代的频率，要比“跟、和、与、同”高得多。

2.2 指代式连词“及其^2”。前面指出，指代式连词“及其”是由连接性语素“及”和指代性语素“其”凝固而成的、具有双重功能的双音节语法词。“及其^2”在现、当代书面语中使用非常普遍。例如：

(55) 孙冶方同志及其文章的命运，不是一个人及其观点遭受磨难与挫折的问题，它反映一个国家受到的磨难与挫折；这不是一些文章的是非颠倒的问题，它反映了一个时期里许多的是非颠倒。(《读书》)

(56) 我们在审视这部史诗诞生的那段历程时发现，周恩来为《东方红》耗费的心血及其包含的意义，远非一般纯粹艺术上的“总导演”这个职衔所能容纳得了的。(陈扬勇《大型音乐舞蹈史诗〈东方红〉的“总导演”》)

由于“及其^2”是由“及其^1”凝固发展而来的，凝固化本身是一个渐进的连续统，而汉语的连词在形态上又没有明显的标志，加之二者的表达功能又基本一致，所以，某个“及其”究竟是“及其^1”还是已经凝固为语法词“及其^2”，在形式上确实很难区别。那么，应该根据哪些标准来加以区别呢？从形式和内容相对应的角度讲，下面三种分布中的“及其”，显然还是尚未凝固的连接性“及其^1”。

其一，在读音上凡是“其 X”自成音步，而“及”与“其”还没有构成一个韵律词的。例如：

(57) 那么，于丹现象中无谓的争端，——“十博士联名”抵制

于丹，使于丹热上加热的同时，十博士其人/及/其事也为社会所熟知。（夫俗子《透视于丹现象》）

(58) 今日，我并不得惮其所谓的因与果，我坚信人的理想信念、思想道德，是紧系其人/及/其国之命运的，望后世学人能早日看悟其理，使“出头人地”、“光宗耀祖”一类词净化，使全人类进化。（《谈科举有感》）

其二，在分布上凡是“及”+“其X”前面另有“其X”连用的。例如：

(59) 敬完长辈级人物及客人后，轮到敬弟兄和朋友们，王魁林晃到其兄弟及其朋友的面前，带着酒意道：“弟兄们、朋友们，我敬你们，感谢大家。”(2005-07-11《新民晚报》)

(60) 譬如美国高乐斯的《佛陀的纶音》，日本中村元的《瞿昙佛陀传》，副岛正光的《释迦其人及其思想》，都是各擅特色的作品，都值得读者参阅。（《释迦牟尼佛传》）

其三，在配合上凡是“及”+“其X”前后另有“和其X”对举的。例如：

(61) 涉及“台开”内线交易弊案的陈水扁女婿赵建铭和其父母赵玉柱、简水绵及其弟赵建勋夫妇，24日被检调部门以嫌疑人身份约谈。（《陈水扁女婿赵建铭和其父亲赵玉柱、母亲简水绵及其弟赵建勋夫妇被羁押》）

(62) 该买家的朋友之前就在我这里买过资料，当时欠下100块钱，对于这点，买家和其朋友都承认了。由于我与买家及其朋友聊得都挺不错，也不愿意为了那100元钱伤了和气，所以我也没太在意，就算了。（《支付宝・社区论坛》）

上面三种情况也是互相联系的。其实，只要“及”和“其”在韵律上或结构上还没有完全结合在一起，就只能分析为跨层组合。此外，"及其"到底是否已凝固为语法词，有时还跟语体风格有关。凡是书面化色彩较浓的，该"及其"往往还是跨层组合。比如下面两例分析为"及其[1]"可能更符合语言实际：

(63) 本来魏晋时，对于父母之礼是很繁多的。比方想去访一个人，那么，在未访之前，必先打听他父母及其祖父母的名字，以便避讳。(鲁迅《而已集·魏晋风度及文章与药及酒之关系》)

(64) 中国的艺术本身，它的诗意的幻象及其对樵夫和渔父的简朴生活的赞颂，是不能脱离这种哲学而存在的。(林语堂《人生的盛宴·玩世，愚钝，潜隐：老子》)

2.3 附缀式连词"及其[3]"。如前所述，附缀式连词"及其[3]"已经完全词汇化，"其"的指代功能已彻底消失，成了一个表示音节的羡余性类后缀。作为一个纯粹的组合连词，"及其[3]"只有连接功能没有指代功能，在语义上等于"及"或者"以及"。所以，凡是"及其[3]"都可以跟"以及"自由替换。例如：

(65) 在全面提倡可持续发展的今天，将可持续发展观引入大学新生及其(以及)低年级大学生的消费观中是极其必要的，对于女生主要是防止其过度追求时尚而导致的攀比炫耀心理，对男生的关注主要放在其倾向于对网络游戏的沉迷及交往娱乐消费。(《大学生消费价值观研究》)

(66) 有些大学生一进大学不久就交上异性朋友，成天生活在两个人的小天地里，无论当事者本人，及其(以及)旁观者都产生一个共同的问题：恋爱似乎是两个人卿卿我我地自我封闭起来，没有必要再接触其他异性同学了。(王登峰、张伯源《大学生心理卫生与咨询》)

区分“及其[2]”和“及其[3]”的关键就是“及其”的“其”是否还有指代性，比如上面两例的“其”显然不是指代“大学新生”和“当事者”的。除了根据指代性有无做语义分析外，还可以根据“及其”后面是否出现其他指代成分，从形式上加以认定。一种是“其”后另有各种人称代词。例如：

(67) 他甚至还蛮横无理地要求我们使用无线电台把这些谣言尽快传播给您……但是，我及其我周围的一班人却牢记您的英明指示：1941年希特勒不会进攻我们的。(《二战全景纪实》译文)

(68) 随着经济学的高度发展，诞生了许多投资方法和数理模型，有从事宏观经济分析的，他们很注重利率、通胀、失业率及其它们的运转规律，根据这些规律去探求经济景气度，从而预测股市未来发展方向，在西方已将股市当作经济晴雨表。(2009-07-03《国际金融报》)

再一种是“其”后面另有各种指示代词或者出现与前面相同、相近的复指成分。例如：

(69) 可见，面对中国大陆适时反击“台独”分裂活动的坚定决心和可信能力，“台独”分裂分子们的“永固小组”及其那些配套的“永固专案”并不怎么“永固”！(《“台独”言行：“法理不容、道义不允”的历史性逆动》)

(70) 八十寒暑等闲度，年轮的更替使得大多数国人早已忘却了邵君献出的生命及其这生命的价值，即便是“业内人士”中，知晓邵飘萍者也是多乎哉，不多也。(叶治安《我以我血荐轩辕》)

总之，如果有重复指代，肯定是“及其[3]”，没有重复指代，再看“其”的指代语义是否有着落、能讲通。

2.4 连接方式与前加停顿。从结构单位和基本性质看，现代汉语中确实存在表层形式相似、实际性质不同的三种"及其"，但是，就连接方式来看，却只有两种：指代连接和单纯连接。根据是否前加停顿，这两种连接式又都可以分为连续式与断续式两类。首先，凡是由连词"及"＋代词"其"构成的"及其[1]"和由连素"及"＋代素"其"构成的"及其[2]"，都可以在连接的同时兼表指代。例如：

（71）若未成年人登陆本网站，其父母及其监护人应告知他们如何使用互联网以及如何向网站披露信息。（2009-08-04《法制报》）

（72）乾隆时期，中国统一的多民族国家得到巩固和发展，疆域北接西伯利亚，东临太平洋，东南到台湾及其附属岛屿，南到南海诸岛，西至葱岭，东北至外兴安岭、库页岛，成为亚洲东部最大的国家。（《中国儿童百科全书》）

这两个"及其"虽然构造、性质不同，但连接功能是一致的，都是既有连接又有指代。

其次，附缀词"及其[3]"只有连接功能没有指代功能，也就是只有单一的连接功能。例如：

（73）虽说在众多的mp3中，其款式并无特别的亮点，但清新的外壳及其那被咬了一口的苹果品牌已经极具魅力，这是很多时尚人士无法抵挡的。（2006-08-30 eNet 硅谷动力）

（74）10月31号下午4点，满载着330户阜新下岗矿工和家属及其他们全部家当的车队驰进辽南小镇——瓦房店市炮台镇，如此大规模的异地搬迁在我省尚属首次。（《一位人大代表和他的承诺》）

另外，无论是指代式还是单纯式，都有"及其"与前述成分紧邻的连续式和"及其"前有停顿的断续式两种。比如下面分别是指代式和单纯式，两个"及其"前的逗号都是可有可无的。例如：

(75) 刘恒的《冬之门》、池莉的《预谋杀人》则在确定的历史背景上，在各种“偶然性”的“合力”中展露了其中欲望的心理动力，尤凤伟的《泱泱水》、《金龟》以象征的方式表达人性的善和恶(，)及其失去规范后所产生的盲目破坏力量，历史生活内容和演化过程都体现出一种深刻的“自我相关性”。(《人性的表现》)

(76) 四十多年来的中共中央机关报《人民日报》(，)及其以前的中共中央华北局机关报《人民日报》、中共晋冀鲁豫边区机关报《人民日报》，已由本社新闻信息中心缩微部摄制成92个缩微胶卷，并公开出售。(1993年《人民日报》)

尽管可以自由替换，但总的说来，凡是连接成分比较长的，连接的项数比较多的，倾向于使用断续式。

附缀连词的断续式在用法上与关联连词“以及”较为接近，不过，“及其[3]”至今还是一个组合连词，即使前面有停顿，也仍然只能连接指称性的词和短语，而“以及”还可以关联小句和句子。例如：

(77) 会议最重要的成果是，通过了由哈萨克斯坦总统纳扎尔巴耶夫提出的《关于维持独联体和平与和谐的备忘录》，及其(以及)《关于共同纪念伟大卫国战争胜利50周年活动的协议》等重要文件。(1995年《人民日报》)

(78) 林星想，何不把这一切疑问，包括文丽去了哪儿、阿欣怎么死的、刘文庆为什么被杀、为什么需要她去作那样一个于细节不符的证词，以及(＊及其)在这短短十来天里，为什么发生了那么多莫名其妙的事，去当面地、直截了当地，和她的公公好好谈谈呢？(海岩《你的生命如此多情》)

“及其[3]”只能连接词和短语，不能关联小句和句子，表明“其”虽然已经后缀化，但原词的语义积淀还在制约着它的功能，同时也说明“及其[3]”的连接功能还不够完备，其连词化进程还将继续。

比较而言，在现代汉语中，动＋代式和介＋代式“及其[1]”因用频极低且无连接性，基本可以忽略不计；而严格意义上的连＋代“及其[1]”，也已经不多了；附缀式连词“及其[3]”作为一种还在不断发展、形成中的新形式，目前用频还不高，数量也不多；只有处于中间状态的指代式连词“及其[2]”，才是现代汉语“及其”最基本、最常见的形式，在所收集到的全部 25400 多条现代汉语“及其”用例中，“及其[2]”占到 92%以上。因此，从现代汉语“及其”的基本功能来看，主要就是表示各种指代连接式。

3. “及其”的连接方式与指代歧义

3.0 作为现代汉语中非常独特的兼有连接和指代功能的连词，“及其”的表达方式有着一系列值得关注和探讨的特点。本节主要讨论“及其[2]”所具有的多种指代方式以及由此引起的歧义现象[⑦]。根据“其”与指代成分的关系以及所体现的指代歧义，我们觉得，值得注意的问题，主要是以下四个方面。

3.1 实指与虚指。从“其”的指代效果看，可以分为实指与虚指。凡是在相关语境中“及其”的“其”的语义有所指的，是实指；反之，无所指的，是虚指。例如：

(79) 就在 1996 年总统大选前的两党初选活动的时候，一本以美国现任总统克林顿及其夫人希拉里为主角的新书《血腥运动：总统与对手》令白宫十分紧张。(《作家斯图尔特揭露克林顿夫妇隐情》)

(80) 他记得死不愿同他离婚的妻子及其与妻子双位一体的那位岳母，在终于不得不面对严酷的现实时，所提那两项要求：“一要留下儿子，二要留下羊脂玉佛。”(刘心武《一窗灯火》)

前句的"其"就是指代"克林顿的"，后句的"其"可以认为是指代"他的"，也可以分析为无所指。一般说来，凡是实指的"其"就是"及其[2]"，虚指的就是"及其[3]"，只要结合前文语境辨析，是不会混淆的。但是，有些语境提示不明确的句子，实指、虚指两种理解都可以，就会引起歧义。例如：

(81) 不论什么会，他在开头总要讲几句"重要性"啦，"什么的意义及其价值"啦，光他讲讲这些我就回来了！（赵树理《李有才板话》）

(82) 经过多方努力，终于同美国施贵宝药厂建立了西药及其原料在中国的销售总代理的关系。（《卢绪章——"与魔鬼打交道的人"》）

前句是表示"意义和意义的价值"还是"意义和价值"，后句是表示"西药和西药的原料"还是"西药和原料"，似乎都成立。不过，结合语境仔细辨析，前句当是虚指，而后句才是实指。区分实指和虚指的关键是，把"其"的语义代出，再用该成分替代入句，看看在语义上是否重叠，是否合理。

3.2 统指与特指。从"其"的指代范围看，可以分为统指与特指。所指代的对象包括"及其"前面整个表述的，是统指；所指代的对象只是"及其"前面某个成分的，是特指。例如：

(83) 自然资源、人文资源、社会资源为原材料，以行、游、住、食、娱、购及其全过程的服务为零部件，依据旅游者的不同需求组合而成。（1994年《报刊精选》）

(84) 你用了那么多的篇幅去描写雀儿寨的多种爱情、婚姻结构及其产生的变化，然而，却没有一个浪漫的爱情故事。（《读书》）

前句的"其"指代"行、游、住、食、娱、购"六个方面，而后句的"其"只指代"雀儿寨的婚姻结构"，并不涉及"雀儿寨的多种爱情"。总的说来，统指多指代前面整个短语，而特指多指代前面某一个定语。然而，遇到两种分析都可以讲通时，就会出现不同的理解。例如：

(85) 我们相信，通过经济活动的日益规范化及其透明度的提高，将进一步加强中国同世界各国相互间的依赖关系，并增加更多新的贸易机会。(《WTO与中国》)

(86) 所谓历法，正是测算年、月、日的长度及其相互关系，并排定实用的历月、历年以至世纪的法则。(《中国儿童百科全书》)

前"其"是指代"经济活动"还是指代"经济活动的日益规范化"，后"其"是指代"年、月、日"还是指代"年、月、日的长度"，好像都可以接受。不过，根据常识和语境来判断，前句应该只指"经济活动"，是特指；后句则指代整个短语"年、月、日的长度"，应该是统指。大多数情况下，统指是优先选择，如果统指语义上讲不通，很可能是特指，如果两种理解都行，就必须重新审视、揣摩上下文。

3.3 近指与远指。从"其"的指代距离看，同样是指代"及其"前面的某个非紧邻的成分时，可以有近和远之分。所指代对象跟"及其"较为靠近的，是近指；跟"及其"隔开较远的，是远指。例如：

(87) 中国是民用化工大国，对可用于生产化学武器的化学品及其技术和设备的出口持慎重、负责的态度，不出口以制造化学武器为目的的技术和设备。(《中国的军备控制与裁军》)

(88)《静静的顿河》共有四部八卷，生动地描写了从第一次世界大战到国内战争结束这个动荡的历史年代中，顿河哥萨克人的生活和斗争，表现了苏维埃政权在哥萨克地区建立和巩固的艰苦过程及其强大的生命力，揭示了一切反动落后势力必然灭亡的命运。(《中国儿童百科全书》)

前"及其"与所指对象相对靠近，"其"就是指代"生产化学武器的"，后

"及其"与所指对象"苏维埃政权"隔开较远。上面两句，无论是近指还是远指，语义关系上基本是清楚的。然而，在有些句子中，"其"究竟是近指还是远指，存在着模棱两可的现象，也会引起歧义。例如：

(89) 七舅舅大约是在离开南昌后的第三年或第四年在上海又与我爷爷及其年轻的爱人重逢的，想来他一定向他们坦白了他在那个夜晚的人生抉择。(刘心武《四牌楼》)

(90) 将于8月6日于上海首演的该剧，讲述了四位移居美国的中国母亲，与她们生长在美国的女儿之间的文化差异和代沟问题，生动刻画了海外华人无法割舍的中国根，及其克服逆境、拼搏进取的精神风貌。(1993年《人民日报》)

从指代关系上看，前句的"年轻的爱人"究竟是指"七舅舅的"还是"我爷爷的"，理论上都能成立；后句的"其"到底是指"四位移居美国的中国母亲"还是"海外华人"，好像也都能讲通。不过，依据一定的世界知识，并且仔细分析上下文，应该可知，前句是远指用法，指"七舅舅的年轻的爱人"，后句是近指用法，指"海外华人的精神风貌"。大体说来，近指是优先选择，但是如果语义上讲不通，很可能是远指，如果两种理解都行，那就必须重新揣摩、分析上下文语义。

3.4 前指与后指。从"其"的指代位置看，在一个特定的句子中，"其"所指代的对象在"及其"前面某个位置出现的，是前指；在"及其"后面某个位置出现的，是后指。例如：

(91) 本书参考了部分相关教材、著作和论文的研究成果，在此谨对这些专家、学者们及其付出的辛勤劳动表示崇高敬意。(《旅游学通论·后记》)

(92) 在提交会议的论文中，及其在会上的主题发言中，专家、学者们最为关注的是，怎样在未来创立与完善具有中国特色与理

论体系的接触语言学。(《语言的接触与演化》)

两个“其”都是指“专家、学者们”,但一个是前指,一个是后指。前指的“及其”与所指成分可以紧邻也可以分离,后指的“及其”与所指成分通常是分离的。所指对象出现在“及其”前面的,是通用的基本格式,出现在后面的则是变通的特殊格式。问题是有些使用“及其”的句子,脱离语境看,虽然前面没有明确的指代对象,后面确实出现了某个可指对象,但还是存在歧义——既可以认为所指对象在后面,是后指,也可以认为所指对象在本句外的前面,仍然是前指,从而引起了不同的理解。例如:

(93) 由于这一变故和采取的措施将严重地涉及到他本人的形象及其整个家庭的声誉,故临时委员会决定不在办公室而在别列佐夫斯基的别墅对他实行拘押。(《前苏联记事》)

(94) 这些文章的作者多是其生前的师友与学生,读者可藉此了解其人品、风格及其学术成就,也可以了解一些近代的学术掌故、轶闻趣事乃至黄氏在文字学、音韵学、训诂学方面的治学经验。(2005年《新民晚报》)

前句的“其”是否就是指“别列佐夫斯基的”,单就这个句子看,当然可以是,但是如果文章在前面已经交代过“他”是“季米诺夫斯基”或者谁,那么,“其”只能指代另外的其他人。后句的“其”是不是就指“黄氏的”,正常情况下当然是,但也可以不是,而是与黄氏有学术关系的某个人。由此可见,“及其”的指代对象基本上是承前的,只有在前文确实没有所指对象的情况下,才可能是后指的。

3.5 “及其”指代歧义的理解。上面从四个角度分析了“及其”在使用中可能引起的歧解。实际语言中,结合上下文语境和基本常识,大多是不会有歧义的。大致上说,当一些使用指代式连词“及其”的句子出现可以两解甚至多解的歧义时，要想理解"其"的指代关系以及句子的确切语义，基本的辨析思路应该是：首先算复指成分，其次看相关提示，再次凭基本常识，最后查篇章语境。例如：

(95) 马启智要求对羊绒、枸杞、马铃薯及其这些产品的深加工等特色产业，品牌企业，填补我区工业空白、成长性好的企业进行梳理，整合资金，扶持企业做大做强。(《马启智宁夏灵武市调研：个性线路演绎两亮点》)

(96) 不管学术界之于曾国藩的规范性认识与刻板印象如何，具有理学家之称的曾国藩作为中国传统文化的一个载体，作为身当中西文化冲突与国家利益冲突之前沿的中方一员，他的言行及其社会影响与历史影响无疑都不乏深入研究的价值。(《冷看曾国藩热》2011-04-25 百度文库)

(97) 他对每一种草药，从产地、形态、栽培，到根、茎、叶、花、果的品性及其功能等，都进行了深入细致的调查研究，还多次冒着生命危险吞服药物，用自己的身体来鉴定药物的性质。(《中国儿童百科全书》)

(98) 从《大国崛起》一书中，可以了解到强国的兴起发展、鼎盛强大及其沉重的负担和衰弱的过程，还能进一步体会到西方列强在崛起时政治家的野心、外交家的精明、科学家的执著、军事家的冒进，以及普通百姓的艰辛。(《读书札记》)

首句"及其"后面已经另有"这些产品"复指"羊绒、枸杞、马铃薯"，"其"应该是虚指的。次句的"其"指"曾国藩的社会影响与历史影响"与"曾国藩言行的社会影响与历史影响"，似乎都可以，但根据前文的提示与文章的标题和主题，显然应该特指"他(曾国藩)"。第三句的"其"是前指"草药的"，还是后指"根、茎、叶、花、果的"，好像也都可以讲通，但根据中草药的选材的常识，一般不会选取全部，而是只选其中有药效的某个部分，所以，显然是近指“根、茎、叶、花、果的功能”。最后一句的“其”好像是后指“西方列强”，但到底是只指西方的荷兰、西班牙、英国，还是指所有曾经的世界性强国，则必须仔细核查文章的上下文。

总之，由于“及其”的指代功能具有多样性和羡余性的特点，所以，在理解那些使用了指代式连词“及其”的短语或句子时，除了考虑其连接的句法关系外，还应该特别注意其指代关系的差异。

4. 结语与余论

4.1 综上所述，可以归纳如下：(一)“及其”由跨层连用到附缀连词，经历了三个阶段，历时两千多年。指代式连词的形成，存在相互联系的三个层面的动因——音节上构成韵律词、结构上形成语法词、语义上融为词汇词；而附缀式连词的形成，则体现为意义的羡余化、指称的复叠化、读音的轻声化三个方面。(二)现代汉语中，实际存在同形异构的三种不同性质的“及其”，其中指代式连词是“及其”的主体。认定“及其”仍然是连接性跨层组合的三项标准是：音步、连用和对举。(三)由于指代性“及其”在表连接时还能兼表指代，而“其”的指代功能又是变化多样、且正在退化之中，所以，在具体使用中会出现一系列可能的歧义，基本的辨析思路依次为：复指成分、相关提示、基本常识、篇章语境。

4.2 Hopper & Traugott 把连词的语法化称为跨句的语法化(grammaticalization across clauses)。就汉语连词来看，其中有一类连词的语法化比较特殊，那就是代词归入式连词。代词由于其特有的指称功能，在双音化的过程中，常常会作为一个指代成分参与双音节连词的词汇化。比如“于是、是以、因是、因此、以此、由此、为此”等，都是由介词和代词宾语一起虚化而成的连词；而“总之、反之、任他、管他”等，也是动词加代词宾语因代词虚化正在向连词演化(王慧兰 2007)。其实，“X其”类代词跨层连用虚化为连词的现象，也不是只有“及其”一个，比如“尤其、与其、乃其”等都已经或曾经是汉语的连词。由此可见，结合代词的虚化，探索汉语连词的语法化和词汇化这一课题还是值得进一步研究的。

4.3 迄今为止，语言学界绝大多数的学者，之所以不愿承认“及其”的连词地位，是因为：一方面，由于汉语的短语和单词的界限本来就十分模糊，而“及其”又具有双重的连接-指代功能，所以，对正在凝固中的“及其”的词类地位，自然会出现不同的认识。其实，汉语中词义没有融合、结构已经凝固的双音节语法词大量存在，承认它们的词类地位，并且对其进行分析和解释，显然有助于对相关语法现象和规律的说明和揭示。另一方面，由于人们对已经虚化的语言现象——附缀式连词“及其”的产生，没有来得及重新分析，或者说既缺乏敏锐的语感，也没有广泛深入调查，因而还是用老眼光来看待已经变化和正在变化的语言现象。毫无疑问，语言事实的发展变化，永远要比语法学家和词典编撰者的主观认识来得快，而且有些新产生的现象也无须编入词典。不过，对于那些代表着词语未来发展方向的重要的新变化，在一些编写详尽的、或者以反映新兴用法为主的辞书中，还是应该尽可能地描写、归纳出来。

附注

① 语法词是指正在形成中的、介于短语和单词之间一种尚未完全定型的结构单位，也有人称为短语词。

② 迄今为止，几乎所有已出版的辞书，都不承认兼有连接和指代功能的“及其”是一个单词，只有《现代汉语规范词典》（第1版，2004）和《新华多功能字典》（2006）认可了指代性“及其”的连词地位。其实，即使不承认指代连词“及其”是一个词，可附缀连词“及其”作为单词的身份是绝对无可怀疑的。

③ 迄今为止还没有任何一项研究成果，提到过“及其”可以作为附缀连词，可以在没有指代的情况下表示连接。

④ 汉语中，其他的一些虚词“极其、尤其、更其、何其、与其”等，也都是因“其”的后缀化而形成的。

⑤ 现代汉语已经成词的“V及”主要有：遍及、波及、比及、齿及、顾及、祸及、惠及、累及、料及、论及、念及、普及、旁及、企及、涉及、谈及、提及、推及、危及；不及、未及、又及、以及。此外，罪及、想及等也有成词化倾向。

⑥ 当前通行的语文词典、虚词词典，如《现代汉语词典》、《现代汉语虚词例释》、《现代汉语常用虚词词典》、《现代汉语虚词词典》（侯学超编）、《现代汉语八百词》、《现代汉语虚词词典》（张斌主编），都没提到“及”有介词用法。

⑦ 指代式语法词“及其[2]”是“及其”的主体，所以，本节主要讨论“及其[2]”，有时也会涉及“及其[3]”和“及其[1]”。由于连＋代的“及其[1]”与指代式“及其[2]”在表达上具有相近的连接功能，因此，下面的分析包括所有的指代性“及其”。

参考文献

董秀芳 2004《汉语的词库与词法》，北京：北京大学出版社。

董秀芳 2011《词汇化：汉语双音词的衍生和发展》（修订本），北京：商务印书馆。

方梅 2005 认证义谓宾动词的虚化——从谓宾动词到语用标记，《中国语文》6期。

刘丹青 2005 汉语关系从句标记类型初探，《中国语文》1期。

沈家煊 1994 “语法化”研究综观，《外语教学与研究》4期。

王灿龙 2005 词汇化二例——兼谈词汇化和语法化的关系，《当代语言学》3期。

王慧兰 2007 “于是”的词汇化——兼谈连词词汇化过程中的代词并入现象，《语法化与语法研究》（三），北京：商务印书馆。

吴福祥 2005 汉语语法化演变的几个类型学特征，《中国语文》6期。

张谊生 2000 论与汉语副词相关的虚化机制——兼论现代汉语副词的性质、分类与范围，《中国语文》1期。

张谊生 2007 从间接的跨层连用到典型的程度副词——“极其”词汇化和副词化的演化历程和成熟标志，《古汉语研究》4期。

朱彦 2004《汉语复合词语义构词法研究》，北京：北京大学出版社。

Elizabeth Closs Traugott & Bernd Heine 1991 *Approaches to Grammaticalization*, 2vols, Amsterdam: John Benjamins Publishing Company.

Eve E. Sweetser 1990 *From etymology to pragmatics: Metaphorical and cultural aspects of semantic structure*, Cambridge: Cambridge University Press.

Paul J. Hopper & Elizabeth Closs Traugott 2001 *Grammaticalization*（《语法化学说》），Foreign Language Teaching and Research Press（外语教学与研究出版社），Cambridge University Press（剑桥大学出版社）.

第三章 “由”字句的两种构式及其与“被”字句的区别

0. 前言

0.1 长期以来,在讨论现代汉语被动范畴或被动句式的论述中,除了备受关注的“被”字句(下面简称被字句)以外,涉及较多就是介词“叫(教)、让、给”等构成的被动句式[①]。其实,介词“由”在一定的条件下也可以引出施事表达被动义,尽管其功能特征和表义倾向与“被”字相比,存在着一定的差异。迄今为止,汉语语法学界对于“由”字被动句(下面简称由字句)的关注相对较少,讨论也还有待于进一步深入[②]。尤其是对于两种不同结构关系的由字句及相关的主谓句之间的区别和联系,一直存在着种种不同的认识,而对于由字句与被字句的区别和联系,也缺乏详尽的阐释和切实的辨析。

0.2 我们感兴趣的是:a. 两种由字句及相关的主谓句之间到底具有什么样的关系? b. 同样是表示被动语态,与被字句相比,由字句究竟有哪些特点? 为此,本章以当代语言理论为指导,通过广泛的实例调查和统计,在已有研究成果的基础上,着重探讨两个方面的问题:首先从结构、功能、标记、连用等角度入手,辨析两种由字句及主谓句之间的关系和差别,然后从动词、论元、格式、句式等角度入手,比较由字句与被字句在功能和表达方面的异同。

0.3 在现代汉语中,存在着结构关系不同的两种由字句:一种是:

受事＋由＋施事＋动词（下面简称 A 式句）[③]，再一种是：由＋施事＋动词＋受事（下面简称 B 式句）。为了便于行文，我们用 N^1 代表施事，用 N^2 代表受事；用 N^3 表示 A 式句动词后面可能出现的体词性成分，用 N^4 表示 B 式句由字前面可能出现的体词性成分；进而将 A、B 两种由字句分别码化为：A 式句＝N^2＋由＋N^1＋V（＋N^3）；B 式句＝（N^4＋）由＋N^1＋V＋N^2。

1. A 式句与 B 式句

1.0 本节首先依次描写这两种句式的构成情况，然后分析它们的相异和相通之处。

1.1 A 式句。A 式句是一种结构被动句，所谓结构被动句，就是指该句式在句法结构上与一般的被字句基本一致，都是受事充当主语，施事充当介词宾语。例如[④]：

(1) 凡是贵客，与头等妓女，都在第一号客厅由她自己接见。（老舍《四世同堂》）

(2) 热毛巾每隔三五分钟由漂亮的小老妈递送一次；毛巾都消过毒——这是高亦陀的建议。（老舍《四世同堂》）

上面"贵客与妓女"和"热毛巾"都位于句首，分别是"接见"和"递送"的受事，而由字宾语"她（大赤包）"和"小老妈"则是"接见"和"递送"的施事。

在 A 式句中，由于 V 的论元已经在前面出现，所以 V 后一般不会再有 N^3 了。但是，在特定情况下 A 式句后面可以出现 N^3。首先，当 N^3 与 N^2 之间具有领属或者限定关系时。例如：

(3) 他初学走路，是由父亲拉着他的小手的。（老舍《四世同堂》）

(4) 这份辞职报告由张林丽抄录一式五份，然后由王军霞、曲云霞、张林丽、刘丽、张丽荣、吕欧、马宁宁、王小霞、吕亿、王援十名老队员先后在每一份报告上签署了自己的名字，……（赵瑜《马家军调查》）

“拉”的 N^2“他”与 N^3“小手”具有领属关系；“抄录”的 N^2“辞职报告”与 N^3“五份”之间具有限定关系；领属成分和计量限定成分，在特定句法格式中可以与中心语分离。

其次，大多数可以带双宾语的动词及短语，前面出现了受事，后面还可以再有与事。较常见的双宾动词和动词性短语有：告诉、告知、通知、交给、送给、拿给等。例如：

(5) 秦可卿的死讯，贾宝玉不是云板叩响后，由家人告知，而是在梦中，由警幻仙姑告知他的，他闻讯大惊，翻身爬起，只觉心中似戳了一刀似的不忍，……（刘心武《贾元春之死》）

“死讯”是“告知”的受事 N^2，“他”是“告知”的与事 N^3，可以同时出现在 V 的前后。

值得注意的是，在具体使用中，人们为了表达的生动性和多样性的需要，常常使用委婉形象的表达方式，从而在一定程度上使原来简单的受动关系复杂化了。例如：

(6) 其实，这 3 万块钱并非真由老马自费掏腰包，是为了宣传出效果，这么说说而已。（赵瑜《马家军调查》）

表面上看，“掏”和“钱”可以构成受动关系，那么“腰包”就是 N^3；其实，“掏腰包”只是“花（钱）”的一种形象的表达方式，所以，严格地讲，上面这句不存在 N^3。

此外，在运用虚化动词构成强化表达式时，N^2 和 V 之间不存在真正的支配关系，而 N^2 和 N^3 之间倒反而会蕴涵逻辑上的动宾关系。

例如：

(7) 这份协议被传真到北京，由北京通鉴国际商务顾问有限公司总经理、大律师窦柏林先生在法律上予以严密和完善。（赵瑜《马家军调查》）

(8) 这些破东西，每一片段都有它特立独行的味道；合在一起，那味道便无可形容，而永远使人恶心要吐。因此，长顺不许外婆动手，而由他自己作第一遍的整理。（老舍《四世同堂》）

"予以协议"和"作破东西"似乎也可以说，但作者真正要表达的是"严密和完善协议"和"整理东西"；这一受动关系的变化是因为作者在 V 前插入了虚化动词"予以"和"作"，使原来的 V 指称化了，成了形式上的宾语 N^3，从而在结构上改变了原句的受动关系。其实，插入虚化动词的日的主要在于增强 V 的执行力度，句子原来所有的施受关系在语义上并没有发生实质性的改变，所以，此类含有虚化动词的由字句，只是在形式上存在的 N^3 而已。

1.2 B 式句。B 式句是一种标记被动句，所谓标记被动句，就是指该句式在结构上与一般被动句不同，受事出现在动词后宾语位置上而不是动词前主语位置上。此类句式之所以仍然可以表示被动义，在很大程度上是因为表被动的标记词"由"在起作用（分析详后）。例如：

(9) 9 月份，马家军出征世界青年田径锦标赛，由吕亿、刘东、张林丽、王军霞四人分兵出击 800 米、1500 米、3000 米、10000 米，四条金鱼无一漏网，王军霞崭露头角。（赵瑜《马家军调查》）

(10) 先由康熙选定逐年轮换的狩猎区域，然后就搭建一百七十多座大帐篷为"内城"，二百五十多座大帐篷为"外城"，城外再设警卫。（余秋雨《一个王朝的背影》）

在一定语境中，有些 B 式句前可以补出 N^4，条件是：N^4 与 N^2 具有语义上的关联性。例如[⑤]：

(11) 出嫁以后，(她)才由她的丈夫像赠送博士学位似的送给她一个名字——韵梅。(老舍《四世同堂》)

(12) 更使他揪心的是，据说，不久日本人就要清查各铺户的货物，而后(各铺户)由他们按照存货的多少，配给新货。(老舍《四世同堂》)

前句的"她"，与远宾"名字"具有领属关系，与近宾"她"具有复指关系；后句的"各铺户"则是双宾动词"配给"的与事。这些补出来的 N^4，在语用上可以算作话题或次话题，在句法上则可以分析为主语。此外，B 式句前面还可以出现一些相关的处所性词语。例如：

(13) 第四，三号每到夏天，院中必由六号的刘师傅给搭起新席子的凉棚。(老舍《四世同堂》)

(14) 门框上，刚刚由小文贴上了白纸，浆糊还湿着呢。(老舍《四世同堂》)

"院中"和"门框上"分别是"搭凉棚"和"贴白纸"的处所。相应地，在另一些 B 式句中，"由"前也可以出现时间性词语。例如：

(15) 硬的一手是在长城外设立"木兰围场"，每年秋天，由皇帝亲自率领王公大臣、各级官兵一万余人去进行大规模的"围猎"……(余秋雨《一个王朝的背影》)

(16) 他不知道今天是否由他喊口令，可是有备无患，他须喊一喊试试。(老舍《四世同堂》)

"每年秋天"和"今天"分别是"率领王公大臣"和"喊口令"的时间。

无论是处所性词语，还是时间性词语，都不是 V 的核心论元成分，而是 V 的外围论元成分；所以，尽管 V 后已经出现了受事 N^2，这些 N^4

还是可以自由地与 N^1 和 N^2 共现。时处性词语在句法上可以分析为状语,也可以分析为主语,譬如上面前句应是状语,后句当是主语;在语用上,一般都不是话题,但在特定的组合中也可以认为是话题。

1.3 交叉与联系。迄今为止,有关由字句的研究报告,几乎都认为A式句和B式句是性质截然不同的两种句式:前者是被动句,后者是主动句;前者是主谓句,后者是无主句[⑥]。然而,上述观点其实并不符合语言事实。我们认为,这两种句式存在着相当的亲和性和互补性,它们在句法关系上是相通的,在表达功用上是相近的。

A式与B式的相通、相近之处,主要表现在以下几个方面。首先,在语义关系上,两者是一致的,有相当一部分A式句和B式句可以随意互换,而不会改变句子的基本语义。例如:

(17) 几经转折,不幸由他当了莫高窟的家,把持着中国古代最灿烂的文化。(余秋雨《莫高窟》)

(17′) 几经转折,莫高窟不幸由他当了家,把持着中国古代最灿烂的文化。

(18) 每位导师每星期至少跟学生吃两顿饭,由训导处安排日期。(钱锺书《围城》)

(18′) 每位导师每星期至少跟学生吃两顿饭,日期由训导处安排。

上面两句是B式转换成A式,同样,A式也可以转换成B式。例如:

(19) 晓荷多走出几步路,去访问白巡长,告诉他:里长还得由我担任哟!(老舍《四世同堂》)

(19′) 晓荷多走出几步路,去访问白巡长,告诉他:还得由我担任里长哟!

(20) 恐怖由我们造成,我们就看见了光明;刀枪的亮光是解放与自由的闪电。(老舍《四世同堂》)

(20′) 由我们造成恐怖，我们就看见了光明；刀枪的亮光是解放与自由的闪电。

这就表明，句式变换以后尽管结构关系发生了变化，表达方式略有不同，但有一点是一致的，那就是：句子的施受关系没变，基本语义不变；只不过A式关注受事，B式凸显施事。

其次，在句法关系上，由字句有一个突出的特点，那就是A式句"由"前受事经常承前省略，比率特别高，而一般的B式句"由"前本来就是空位（状语除外），这就导致了A式句和B式句的认定比较困难，或者说两种句式之间界限相对模糊。例如：

(21) 而且闫先生还觉得远远不够过瘾，于是他为这次庆功会又挥笔创作了第三首歌词题为《赛场人生》，（这首歌）由马登弟谱曲、郑丽萍演唱、沈阳音乐舞蹈学院伴舞。（赵瑜《马家军调查》）

(22) 但后来据说在隋朝的宫廷中发现了曲谱，到唐朝又流落民间，宋高宗时代又收入宫廷，（这一曲谱）由明代朱元璋的儿子朱权编入《神秘曲谱》。（余秋雨《千古绝响》）

这两句"由"前均是空位，前句承前隐含了"这首歌"，后句承前省略了"这一曲谱"。但是，即使都补出来，两者的句式还是不一样。这是因为：前句的"谱曲"受到"演唱、伴舞"的类化影响，自然被看成了一个V，而后句的"编入《神秘曲谱》"只能是一个动宾短语；所以，前句是A式，后句是B式；前句的"这首歌"是N^2，而后句的"这一曲谱"只能是N^4。

再次，在动词形态上，有些动词仅仅由于构成方式的不同，在A式和B式句式归属上，就会呈现不同的情况。比如下面两句表达的语义基本一致，但施受关系不同：

(23) 一年级乙班的物理学是由系主任王福山先生讲授的，王先生原是同济大学物理系主任，是一位忠厚长者。（李梧龄《不堪

回首》)

(24) 今天上午的最后一节课是政治课,由这位过去一直是语文老师的刘女士讲课,对马锐这个年龄的孩子讲政治经济学、科学社会主义未免深奥了一些,……(王朔《我是你爸爸》)

前句的"物理学"是V"讲授"的受事,当然是A式。而后句"由"前没有受事,"讲课"既可以理解为一个动宾短语,"课"是V的受事,分析为B式;也可以认为"由"前隐含了受事"政治课",与V"讲课"形成语义上的受动关系,分析为A式。可见,虽然"讲授"和"讲课"都已凝固成词,语义也基本相同,但是由于构词方式不同:前者是并列式,后者是支配式;所以前者可以构成典型的A式句,后者则存在着歧义,出现了两可两难的情况。

其实,像"谱曲、讲课"这样的VO式二价离合动词,都存在着句式归属模糊的问题。尤其当它们分离的时候,由其构成的由字句到底是A式还是B式,就非常模糊。例如:

(25) a. 这事由他牵头。—b. 这次由他牵头。→c. 由他牵这个头。—d. 这个头由他牵。

(26) a. 这事由我把关。—b. 这次由我把关。→c. 由我把这个关。—d. 这个关由我把。

a句的"牵头"和"把关"是V,"这事"是N^2;是A式;c句的"牵"和"把"是V,"头"和"关"是N^2;是B式;而b句和d句脱离一定的语境难以确定,分别接近于B式和A式。

最后,在表达方式上,有些所谓的B式,仅仅是为了表达的需要,在承前省略了N^2的A式句的V后,再重复一下N^2而已,所以,此类B式句后面的N^2并不是必须的。例如:

(27) 领了银杯,冠晓荷,大赤包,与三位小姐,高高兴兴的照

了像，而后由招弟抱着银杯在北海走了一圈。（老舍《四世同堂》）

（28）每一种果子到了熟透的时候，才有由山上下来的乡下人，背着长筐，把果子遮护得很严密，用拙笨的，简单的呼声，隔半天才喊一声：大苹果，或大蜜桃。（老舍《四世同堂》）

前句后一个"银杯"完全可以不用——说成"而后由招弟抱着在北海走了一圈"，作者重复的目的是为了表达更加清楚、明确；后句由于使用了把字句，后一个"果子"必须出现，如果不用把字句，"果子"也可以不用——说成"由山上下来的乡下人，背着长筐，遮护严密"；这样的话，这两句就都成了A式了。作者之所以重复N^2，或者是出于强化表达的需要，或者是为了满足句式的安排，都不是本来的论元结构搭配关系所必需的。

由此可见，A式句和B式句非常接近，有时甚至难以区分。所以，我们认为这两种句式并不是一对相反相对的对称句式，而是一对相辅相成的相关句式。尽管两者的受事成分句位不同，附带的情态色彩不同，强调的表义重点不同，但两者的施受关系完全相同，所表语义基本一致，都可以表示：在某种前提下，对于N^2，N^1应当或必须从事某种行为。

1.4 有标句与无标句。接下来需要回答的问题是，既然B式句已经是典型的SVO语序了，为什么还要在S前面再加一个"由"呢？这个"由"在结构上和表达上又有什么作用呢？换句话说，无标的SVO和有标的"由SVO"，除了多一个标记词"由"以外，究竟有什么区别呢？

很显然，B式句中介词"由"的存在，在结构上自然还是用来引出行为的施事，但是，由于汉语中一般施动句的施事并不需要介词引导，从而使得这个"由"在语义表达上似乎成了羡余（redundancy）⑦。其实，这个"由"的存在，还是有其作用的。大致有三个方面：

首先，从表达的角度看，有标句的作用在于：表示该施动者的行为并不完全是自主或者完全自愿的。也就是说，该行为是在别人的要求、敦促、诱导下，或者是在特定的场合、形势、情景的触发下才从事的。即使该行为本来出于主动自愿，至少也是在得到了有关方面的认可的情况下才实行的。这一点通过有标句和无标句的比较，可以看得很清楚。试比较：

(29) 下面，由青山他哥蓝天演唱：最大的人民币是十块，最小的人民币是一分……(王朔《一半是火焰，一半是海水》)

(29′) 下面，青山他哥蓝天演唱：最大的人民币是十块，最小的人民币是一分……

很显然，“由青山他哥演唱”应该是由别人或会议安排的，或者由当时的情势引发的，而“青山他哥演唱”则没有这样的格式附加义。再比如：

(30) 宁礼民和吕欧把那只大钱包取回来以后，在马俊仁的办公室，由张娟拿着纸笔、计算机，给每一位队员结账，一个一个来。(赵瑜《马家军调查》)

(30′) ……在马俊仁的办公室，张娟拿着纸笔、计算机，给每一位队员结账，一个一个来。

有标句“张娟”的所作所为显然是有人布置的，很可能不是出于自愿的，而后句则不一定。

其次，从成句的角度看，有些前面带有 N^4 的有标句，“由”字的使用具有一定的完句作用。譬如下面这句去掉“由”，句子就不能成立：

(31) 大会首先由省体委领导介绍我省健儿征战七运，奋勇夺魁的经过……(赵瑜《马家军调查》)

(31′) * 大会首先省体委领导介绍我省健儿征战七运，奋勇夺魁的经过……

一般说来，前面出现了作为话题的N^4，介词“由”就不宜随意省略。

再次，从布局的角度看，凡是前面没有N^4的有标句，一般不能作为整个复句或一个篇章的首句，这一点，在我们统计的语料中，几乎没有例外。例如：

(32) 庆功会特地安排在上午9点18分正式开始，由崔大林开宗明义先讲话，表示老马要自费奖励对马家军做了贡献的功臣们，学院也感谢不尽，吃水不忘打井人嘛！（赵瑜《马家军调查》）

(32′) ？由崔大林开宗明义先讲话，表示……——崔大林开宗明义先讲话，表示……

可见，如果用有标句作为首发句，在信息传递上必然会出现信息的缺省或中断，其可接受性是很有问题的。当然，如果有标句充当定语的话，则可以作为首句的一部分（分析详后）。

据此，可以这样认为：虽然从结构关系看，B式句是主动句，但是从更广的语义关系和更大的语言单位看，B式也是一种被动句，或者说是一种含有非自主义的广义的被动句。如果说，“由”在A式句中引出动作施事，A式是结构关系被动句，是狭义的施受意义上的被动，那么，“由”在B式句中是一个非自主标记，B式是标记格式被动句，是广义的意念表达上的被动。

进一步观察，那种认为A式是主谓句，B式是无主句，或者认为两种句式都是主谓句的观点也是把问题简单化了。在我们看来，A式句大都是主谓句，但是如果“由”前的N^2在结构上不能补出时，也是无主句；而B式句大都是无主句，但是如果“由”前出现了结构上不能或缺的体词性关涉成分或时处成分时，也可以分析为主谓句。

其实，近代汉语“被”字也可以附在SVO结构前面，只是现代这种用法已经萎缩。例如：

(33) 你又是个要强的人,俗话说的,金子终得金子换,谁知竟被老爷看重了你。(《红楼梦》四十六回)

(34) 这会子被人家告我们,我又是个没脚蟹,连官场中都知道我利害吃醋,如今指名提我,要休我。(《红楼梦》六十八回)

当然"被 SVO"和"由 SVO"的表达功用也不太一样,"被"是一种逆向被动关系标记——"被人家告我们"就是"我们被人家告",而"由"是一种非自主义的被动标记。

1.5 关联与衔接。从关联或衔接的角度看,究竟使用 A 式还是 B 式,有时还取决于句子和语篇的关联方式和衔接模式。就由字句连用的情况来看,主要有统摄、并行与承接三种模式。

a. 统摄。统摄是指各分句或句子均以首分句或首句的话题为话题,分别引出不同的述题,各分句或各句从不同的方面对同一话题进行叙述。例如:

(35) 文化是文化,文化里含有许多许多不必要的繁文缛节,不必由他去维持,也不必由他破坏。(老舍《四世同堂》)

(36) 大会开得很成功,先由工程负责人作动员,再由设计和监理人员分别作报告,而后又由投资集团老总作总结,连副市长也到会讲了话。(1994 年《人民日报》)

例(35)两个分句的 N^2 都承前省略了,前分句用 A 式,后分句也必须使用 A 式;例(36)前面有一个共同的话题"大会",首分句用了 B 式,后两个分句也要用 B 式。再比如:

(37) 这专用保险箱的钥匙当然不可轻易交人,为郑重起见,这套钥匙由今日集团总经理何伯权拿一把,由中山市市长拿一把,由市银行行长拿一把,三人共同掌管,也就万无一失了。(赵瑜《马家军调查》)

(38) 每年二月亥日，皇帝驾临，由当时的顺天府尹进鞭，……还要由两位老农牵牛。(《顺天府尹》)

例(37)三个分句的 N^2 所指的是同一个事物"钥匙"，是同一个 N^2 分三次处理，所以首分句使用 A 式，后面两个分句必定也用 A 式，首分句出现了 N^2，后两个分句就可以承前省略了；例(38)两个分句涉及同一件事情"皇帝驾临"，所以前、后分句都必须选择适宜凸显施事的 B 式句。

b. 并行。并行是指各分句或各句以几个相关话题为话题，各自引出相关的述题，各分句或各句的述题从不同的方面对相关话题进行叙述。例如：

(39) 有什么公文，都由高亦陀拿到家来请她过目；至于经常的事务，她可以放心的由职员们代办，因为职员们都清一色的换上了她的娘家的人。(老舍《四世同堂》)

(40) 这种大奖创立于 1980 年，不规定运动项目，专门"嘉奖在世界体坛上有杰出成绩和贡献、有高尚的风格和真心诚意致力于世界各国人民间的国际合作的优秀运动员"，它是目前国际上颁发给世界最佳运动员的最高荣誉奖，每年由国际上一批有影响的专家共同组成评委会，经过各大洲提出候选人，然后由评委会郑重投票选出大奖得主。(赵瑜《马家军调查》)

例(39)前后两个分句的话题和述题，分别表示互有关系的两种情况和两种对策，所以两个分句都选用了 A 式；例(40)后面第 7 分句的述题中的施事 N^1 就是前面第 5 分句的述题中的受事 N^2，两个分句间隔承接，一脉相承，所以都选用凸显施事的 B 式。再比如：

(41) 徐州既成了"国"界，南边的物资就都由日本人从海里运走，北方的都由铁路运到关外。(老舍《四世同堂》)

(42) 从今天起，你就由我领导，你的一举一动都要由我安排。

（王朔《千万别把我当人》）

例(41)后分句的话题 N^2 和前分句的话题是相对的；例(42)后分句的话题 N^2 是承前分句话题 N^2 引发而来的，所以这两个句子的前后分句所选的句式都是一致的，都是 A 式。

c. 承接。承接是指各分句或各句的话题不同，后分句或后句的话题一般是从前分句或前句的述题中引发出来的，所以如果前句是 B 式，后句则很可能是 A 式。例如：

(43) 主任团将采取聘任制，设常任主任一人，非常任主任三十人至五十人，(非常任主任)由常任主任视工作需要聘任，主任团向股东代表大会负责。(王朔《千万别把我当人》)

(44) 他的注意力离开书本，设身处地地认真琢磨起如果由他来处理这些素材，写这么一本书，他将如何下手。毫无疑问，如果(这本书)由他来添上一笔，故事作者将会像穆铁柱一样高出一截儿。(王朔《我是你爸爸》)

例(43)后分句的话题 N^2 是承前分句的述题的后一部分省，而后分句的 N^1 正是前分句述题的前一部分，所以，后分句用的是 A 式；例(44)前句"处理素材、写一本书"是 B 式，后句的话题"书"承前句述题省，"添上"的 N^2 是"书"，"一笔"是限定成分 N^3，所以也是 A 式。

总之，为了协调复句和篇章的句式，为了取得均衡、严整的表达效果，就必须选择结构相同的句式；为了复句和语篇衔接顺畅、连贯，有时需要选用相同的句式，有时需要选用不同的句式。换句话说，单用时，从结构关系和语义表达的角度看，选用 A 式或 B 式似乎都可以，但是两个或两个以上由字句连用时，句式的选用就必然会受到复句关联或篇章衔接的制约。

2. 由字句与被字句

2.0 本节主要从句法结构和表义倾向两方面比较由字句和被字句的区别,重点是辨析 A 式句和被字句的差异,必要时也将涉及 B 式句。

2.1 句法结构的区别。两种被动句式,在句法结构方面主要存在四个方面的区别。

2.1.0 由字句和被字句在结构形式上的差异涉及许多方面,下面依次比较谓语动词、核心论元、附加成分和变化形式四个方面。

2.1.1 谓语动词。同样是构成被动句,由字句的 V 和被字句的 V 存在着较大的差异,主要表现在句法功能、语义特征两个方面。

a. 句法功能。一般说来,凡是进入被动句的 V,就必须是能带宾语的严格的及物动词,然而,由字句可以不受这个限制。首先,一部分二价不及物动词,比如:裁夺、裁决、裁断、决断、伴奏、伴唱、执教、主考、攻关、协办、作陪、随行、护航、施工、居住、定夺、批示、担待、代劳、致谢、道歉、签收等,都可以自由地进入由字句。例如:

(45) 还是那位队员的母亲,还是哽咽着哭诉:我们坚决不同意再让老马带队,坚决不同意把孩子再交给老马,如果再由马俊仁执教,我们当家长的现在就把孩子领回去!(赵瑜《马家军调查》)

(46) 做父母的远在万里之外也帮不上忙,况且女儿大了,有些也不愿意和父母讲,该批评该劝导的就全由他代劳了。(王朔《许爷》)

其次,一些 VO 式二价不及物动词,大都是离合词,比如:挂帅、做主、出面、出头、牵头、带头、经手、接手、拍板、把关、把脉、把舵、把门、包场、包机、执笔、执法、当家、表态、保驾、备案、立案、存档、主刀、供稿、过秤、接班、过目、授课、代课、补课、摸底、守灵、领路、盯梢、起草、执鞭、扛鼎等，也可以自如地进入由字句。例如：

(47) 一次，雷履泰生了病在票号中休养，日常事务不管，遇到大事还要由他拍板。（余秋雨《抱愧山西》）

(48) 代表团团长由辽宁省副省长张榕明女士扛鼎，副团长则由闫福君出任。（赵瑜《马家军调查》）

很显然，凡是由不及物二价动词构成的由字句，N^2 只能是 N^1 语义上的受事，而不能同时又是句法上的宾语，因此，此类由字句可以变换成主谓谓语句，但不能变换成主谓句。例如：

(46′) 该批评该劝导的由他代劳。→该批评该劝导的他代劳了。→＊他代劳该批评该劝导的。

(47′) 大事还要由雷履泰拍板。→大事还要雷履泰拍板。→＊雷履泰还要拍板大事。

比较而言，尽管"罢官、贬职、解聘、除名"等少数 VO 式二价动词也可以用于被字句，但能够进入被字句的 VO 式动词要远远少于能够进入由字句的 VO 式动词。

b. 语义特征。在语义上，进入由字句的 V 通常动作性和及物性(transitivity)都不太强。上述二价不及物动词自不待言，即使及物动词，比如：执行、出任、兼任、担任、承担、担保、支撑、看管、总管、代管、代理、代办、主办、主演、主持、操持、把持、编辑、编写、改写、改编、发行、首创、创作、创造、制造、经营、修缮、控制、占领、占据、任命、供给、招待、款待、接待、接替、接任、处理、办理、整理、管理、保管、推荐、引荐、推选、介绍、安排、组成、构成、制定、评定、确定、规定、决定、负责、支配、实现、完成、资助、批准、表现、表演、扮演、享用、带领、率领、陪同等，也是如此。例如：

(49) 比如说：他很愿意乘这个时机把校长赶跑，而由他自己去担任。(老舍《四世同堂》)

(50) 他们查实了死者的身份，先主动到所属工厂致歉，由工厂方面陪同到了死难者家中。(刘心武《四牌楼》)

由此可见，经常进入由字句的动词，主要是一些含有[＋执行]、[＋从事]、[＋负责]、[＋协同]等语义特征的双音节二价动词，虽然部分动作性较强的单音节动词有时也可以进入由字句。

当然，尽管从总体上看由字句和被字句的谓语动词差别较大，但毕竟都是被动句，总归还有相通的一面，尤其是一些动作性和及物性较强的动词两种句式都可以进入。例如：

(51) 北平呢，无疑的是要暂时由日本人占领，那么，我想，像咱们这样有点用处的人，倒实在应当出来作点事，好少教我们的人民吃点亏。(老舍《四世同堂》)

(52) 他原以为，北平一旦被日本人占领，就会成为死水一潭。(老舍《四世同堂》)

不过，"由日本人占领"和"被日本人占领"虽然都能说，表达上还是有所差异的。再比如：

(53) 祁老人点了点头，由她搀着，回了家。(老舍《四世同堂》)

(54) 看到钱少奶奶，马老寡妇几乎哭出声来，被长顺搀了回去："外婆！……"(老舍《四世同堂》)

2.1.2 核心论元。与被字句相比，由字句的施事、受事论元也有自己的特点。

a. 施事 N^1。比起被字句来，由字句的 N^1 既有不同的一面，又有相似的一面。不同是指由字句的 N^1 比被字句的句法地位重要得多，被字句的 N[1] 经常省略，而由字句的 N[1] 必须出现。例如：

(55) 我由"安办"分配去了个工厂，试用期未满，就被炒了鱿鱼。(王朔《空中小姐》)

(56) 就在这则日记之后不久，马俊仁和王军霞、曲云霞由辽宁省副省长张榕明女士作陪应邀出现在万众瞩目的中央电视台春节晚会上，我们看到了王军霞的泪水，许多许多同胞被感动了。(赵瑜《马家军调查》)

究竟被谁炒了鱿鱼，被谁感动了，不言自明，而且也不重要，所以都可以不出现；而由谁分配，由谁作陪，则非常重要，必须交代清楚。再比如：

(57) 秦可卿是当年其父母被逐出京城那一夜，由其父爱妾产下的，当时产的是一对双胞胎，一男一女；其父为躲过宗人府的人丁统计入册，连夜求到贾家。(刘心武《贾元春之死》)

(58) 所谓"隔离审查"，在北京当时俗称"办死班"——即被指定在一个不许回家的"毛泽东思想学习班"里交代问题，又借用托儿所的名词，叫作"全托"，要由家里人送去被褥脸盆牙刷牙膏粮票饭费之类的物品，非探视时间不许见面。(刘心武《四牌楼》)

总之，"被"可以是介词，也可以是助词，而"由"只能是介词，至少在现、当代还不能悬空(preposition stranding)。

相似的一面是，无论是 A 式句还是 B 式句，由字句的施事论元和被字句一样，一般都必须具有[＋指人]的语义特征，至少也要有[＋有生]的语义特征，这种情况占 95%以上。例如：

(59) 讲和之后，北平的官员还是由南京任命，所以现在北平也大更动人。(老舍《四世同堂》)

(60) 为曹宅的事丢了钱，再由曹宅给赔上，不是正合适么？

(老舍《骆驼祥子》)

“南京”实际上指南京汪精卫当局,“曹宅”则指曹宅的主人,所以都是有生的。当然,与被字句一样,由字句中也可以出现一些低生命度的工具、载体、材料类 N^1。例如:

(61) 皮鞭像由机器管束着似的,均匀的,不间断的,老那么准确有力的抽打。(老舍《四世同堂》)

(62) 这所谓火烧神裁,就是两个人分别站到柴堆上,当着公众由火焚烧,倘上帝认为一方为对,则火焰并不能伤害他;另一方为错的,当然只能是任烈焰烧成焦炭。(刘心武《揭秘〈红楼梦〉》)

甚至还可以是一些抽象的思想、概念、条例、法规等。例如:

(63) 要说处理我马俊仁,应该由组织上、法律上去处理我,还轮不到在座的你们哪个队员!(赵瑜《马家军调查》)

(64) 在阶级社会中,认识具体真理的任务由一定的阶级承担,由阶级哲学指导,受阶级利益限制。(1994年《人民日报》)

其实,不管是有生的还是无生的,是能动的还是被动的,有一点是相通的,凡是由字句中的 N^1,都是可以而且必须对 N^2 施加各种作用和影响的,都具有内在执行效能。

还需要分辨的是,和被字句一样,由字句中也有些无生的 N^1 是拟人修辞用法。例如:

(65) 我终于被一种健康的麻痹袭取了,于是为歌所有,此后只由歌独自唱着,听着,世界上便只有歌声了。(朱自清《歌声》)

b. 受事 N^2。A 式句和被字句一样,受事成分都在句首充当主语,比起被字句来,A 式句的 N^2 有两个明显的特点。首先,前面已经指出,A 式句的受事 N^2 经常承前省略或隐含,而被字句的受事,尽管偶尔也可以承前省略，但是两者之间的比率相差很远[8]。

其次，不管是指人的还是可以指物的，是有生的还是无生的，在由字句中，句首无指性(nonreferential)N^2 占有相当高的比率。例如：

(66) 可是，他坚决的不同意折合现钱的办法。大家拿不出钱来，他们自己去买；买贵买贱，都与咱们不相干。这样，钱不由咱们过手，就落不了闲话！(老舍《四世同堂》)

(67) 一把手的聘任人选首先要由省体委党组研究确定——尖锐的分歧就来临了，中层和上层的矛盾就搅和在一起了。(赵瑜《马家军调查》)

“钱”和“人选”都是无指成分，而有指成分中不定指(nonidentifiable)N^2 也很常见。例如：

(68) 也许，日本史和南洋史的某些线头，曾经由这些“信女”的纤纤素手绾接。(余秋雨《这里的黎明静悄悄》)

(69) 那么一家十口的衣食茶水，与亲友邻居的庆吊交际，便差不多都由长孙媳妇一手操持了；这不是件很容易的事，所以老人天公地道的得偏疼点她。(老舍《四世同堂》)

“线头”和“衣食茶水”都是不定指受事。这种受事的无指和无定化的指称倾向与被字句的受事存在着明显的差异——无指的、不定指的 N^2 在被字句中的出现率是非常低的。

此外，部分由字句的 N^2 还可以是表示某种行为或事件的谓词性词语。例如：

(70) 要报官也应该由别的惯于仗势欺人的小人去报。(王朔《我是你爸爸》)

(71) 杀没杀人不凭你说，得由我们来定，要是你仅仅因为相

信自己不可能杀人就认定自己没杀人，那你就大错特错了。（王朔《我是“狼”》）

这种谓词性的 N^2，在被字句的 N^2 中虽然不能说绝对没有，但至少也是极为罕见的。

2.1.3 附加成分。作为一个被动结构，附加成分主要指 V 后的补语和 V 前的状语。

a. 补语。与被字句一般都须后附补语或相关成分不同，由字句通常不需要后附补语，不带补语的占绝大多数；不过，A 式偶尔也可以后附补语，既可以是组合式的情态补语：

(72) 他的文化使他生下来便包在绣花被子里，凡事都由别人给他预备得妥妥当当的，用不着他费心费力。（老舍《四世同堂》）

(73) 日本妓女在南洋的悲惨命运，已由电影《望乡》表现得淋漓尽致。（余秋雨《这里的黎明静悄悄》）

也可以是粘合式的结果补语和趋向补语：

(74) 在中国近代史上，有许多最杰出的人物便是由寡母苦苦抚养大的，他们对母亲的挚念贯穿一生。（赵瑜《马家军调查》）

(75) 我的银杯，再由你得回来，自家便宜了自家，这才俏皮！（老舍《四世同堂》）

b. 状语。就由字句的状语来看，基本上与被字句一样，一般都要求位于“由 N^1”的前面，而不允许直接附在 V 的前面。例如：

(76) 但是，她已经不是三岁的小娃子，她愿意自己也可以拿一个半个主意，不能诸事都由妈妈替她决定（*不能诸事由妈妈都替她决定）。（老舍《四世同堂》）

但也有例外，出于贴近限定的需要，有些状语可以甚至必须直接附在 V 的前面。例如：

(77) 他的未婚妻是他嫂子的叔伯妹妹，而由妈妈硬给他定下的(＊硬由妈妈给他定下)。(老舍《四世同堂》)

不过，凡是否定副词和能愿动词做状语，一般都必须位于“由”的前面：

(78) 那时，配合上头精神的社论，无不由他来执笔(＊由他无不来执笔)。(李国文《抽屉深处》)

(79) 他来，这件事也得由我主持(＊由我得主持)！(老舍《四世同堂》)

2.1.4 变化形式。由字句的变化形式包括两个方面：扩展和转化。扩展是指由连动式或兼语式“VP”充当谓语，转化是指由字结构的指称化。

a. 扩展。与被字句相似，由字句连动式的使用是相当普遍的。例如：

(80) 或由气功大师本人直接上国际赛场去跑去跳去投去拼，国家体委组织一下报名即可。(赵瑜《马家军调查》)

兼语式是连动式的一个具有特殊语义关系的小类，出现率自然要低于连动式。例如：

(81) 我也觉得太不划算，再说咱辽宁以前没有得过这么高的荣誉，我把车在海关卖掉回去也不好看，就想把车开回沈阳，手续由天津海关移交给大连海关处理。(赵瑜《马家军调查》)

在连动句中，由字句和被字句除了表义倾向略有不同之外，结构和语义关系是一致的。例如：

(82) 他们由军警押着向中海走，走出中海的后门，他们吸到了自由的空气。(老舍《四世同堂》)

(83) 瑞宣从护国寺街出来，正碰上钱先生被四个敌兵押着往

南走。(老舍《四世同堂》)

b. 转化。转化主要就是指 B 式句“由 N^1VN^2”的指称化、体词化。例如：

(84) 这个由许立宇本人讲述的情节受到了一个自认为对外国人有更深了解的女士的质疑。(王朔《许爷》)

(85) 元帅的死亡,震动了当时由英军看守的日军战俘营。(余秋雨《这里的黎明静悄悄》)

转化的方法是在 V 和 N^2 之间插入一个“的”,目的是为了充当主语或宾语。再比如：

(86) 兵变以后一年多,由马俊仁率领的新军团从高原下山,扑向南京城。(赵瑜《马家军调查》)

(87) 大赤包亲手给他们煮了来自英国府的咖啡,切开由东城一家大饭店新发明的月饼。(老舍《四世同堂》)

A 式句“N^2 由 N^1V”做主、宾语时,通常是无标记的,可以直接进入主位或宾位。例如：

(88) 这一切都像经过安排,但若由人来执行必须有超凡的敏捷。(王朔《玩的就是心跳》)

(89) 同时确定七运会新闻采访也主要由闫福君出面。(赵瑜《马家军调查》)

被字结构充当主、宾语的现象并不罕见,不过有标指称化的方式却是一般被字句难以做到的。

除了上述四个方面以外,与被字句相比,在句法结构方面,由字句还有三点值得注意:(一)V 的前后大量出现趋向动词“来”和“去”;(二)V 的后面经常出现时态助词“着”;(三)A 式句常常出现在

“是……的”强调框架之内；而这些都是在被字句中不常见的。

2.2 表达功用的差异。两种被动句式，在表达功用方面则大致存在五个方面的区别。

2.2.0 从语源看，表被动的“由”是从表由来、任凭的“由”引申、发展而来的，而表被动的“被”是从表覆盖、遭受的“被”派生、虚化而来的，所以，尽管存在着一定的交叉、相通之处，但两者在表达功用上的差异还是比较明显的。辨析起来，大体表现在五个方面：句式语义、表义重心、信息焦点、语用倾向、时体特征。

2.2.1 执行义与处置义。作为两种不同的句式，这两者必定都会有自己的句式义。由字句的句式义是：某人执行或从事某项工作，某项事务归某人负责。被字句的句式义是：某人某物受到某人的处置或影响产生了某种结果。这是这两种句式在语义上的基本差异。例如：

(90) 前月北京所宣传倒闭之日升昌，其本店耸立其间，门前尚悬日升昌招牌，闻其主人已宣告破产，由法院捕其来京矣。(余秋雨《抱愧山西》)

(91) 蔡元定被官府拘捕后杖枷三千里流放，历尽千难万苦，死于道州。(余秋雨《千年庭院》)

细细玩味两句所表的语义：前句主要交代法院出面将破产者抓到京城，重在法院的执行；后句主要表示蔡元定遭遇了官府的拘捕和流放，重在官府对蔡元定的处置。再比如：

(92) 大概是在汉代吧，开始实行“察举”制度，即由地方官员随时发现和考察所需人才，然后向政府推荐。(余秋雨《十万进士》)

(93) 避暑山庄，在这个时候是一个邪恶的象征，老老实实躲在远处，尽量不要叫人发现。(余秋雨《一个王朝的背影》)

前句重在表示发现和考察人才要依靠地方官员，地方官员应该承担这样的责任；后句重在表示这个时候的避暑山庄，作为一个邪恶的象征，应该被隔离开来，隐蔽起来。

2.2.2 重施事与重受事。由字句重在对 N^1 的依赖，而被字句重在对 N^2 的处置，所以由字句的表义重点在施事，被字句的表义重点在受事。由字句强调“取决于 N^1”“依赖于 N^1”，N^1 的地位相当重要，而被字句强调“N^2 的遭遇”“N^2 的变化”，N^2 的地位非常突出。例如：

(94) 其实近日秦可信已逸出，由与其身量面容相近的一个家人佯装他醉卧不起，竟未能被监视者觑破，仇琛自然也便被其瞒过。(刘心武《贾元春之死》)

“佯装他醉卧不起”的“家人”是要着重交代的，所以用“由”；“佯装”而没被识破，连“仇琛”也被瞒过，则重在“佯装”和“仇琛”，所以用“被”；分工相当明确。再比如：

(95) 国土被人家拿去，人的性命也就交给人家掌管，谁活谁死都由人家安排。(老舍《四世同堂》)

“被”和“由”的介宾都是同一个“人家”，但前句重在“国土”的沦丧，后句重在听凭“人家”的摆布。再比较下面两个“拉出去”：

(96) 他被流放后，一直靠一起流放的朋友杨越照顾他，后来他年老体衰，实在想离开那个地方，杨越便想了一个办法，让他躲在一个大瓮里由牛车拉出去。(余秋雨《流放者的土地》)

(97) 小东西呆呆地站起来。……小东西被翠喜拉着出去。(曹禺《日出》)

前句凸显的是居然动用了“牛车”才将流放者藏着拉了出去，“牛车”是突出的对象；后句凸显的是被大家关心的“小东西”最终还是被拉了出去，“小东西”是关注的重点。

2.2.3 表动作与表结果。由字句所描述的是动作本身，表达的焦点就在于动作的执行，而被字句所描述的是动作与结果，表达的焦点在于造成的结果。一个有力的证据就是由字句通常不带补语，被字句一般必带补语。所以，即使使用同一个动词，差别也是明显的：

(98) 根据安排，这批新转来的病人，将全部由二军大医疗组的护士们照顾。(1994年《人民日报》)

(99) 幸而枝子的最高处还挂着几个未被小顺儿的砖头照顾到的红透了的枣子，算是稍微遮了一点丑。(老舍《四世同堂》)

前句重在"照顾"本身，后句重在"照顾"的结果——几个枣子未被打下。再比如：

(100) 不能由你这么任意解释，这涉嫌挟私报复了，我们只能以你当天时的意愿为准，他出国就不回来了，他恨我们这个国家这是他亲自跟我说的。(王朔《人莫予毒》)

(101) 可是，这沉默竟自被瑞丰解释作"很乖！"(老舍《四世同堂》)

前句只要指出解释这一行为，无须说明解释的结果和内容；后句虽然没有说明解释的结果，但是指出了解释的内容，如果没有解释的内容，句子就不能成立。

2.2.4 积极性与消极性。总体上看，由字句多带有积极的语用倾向，被字句多带有消极的语用倾向，虽然自20世纪中叶以来这种倾向已经有弱化的趋势。例如：

(102) 这种狡辩很没意思，你们舰当时的一百多名舰员都可以证明，你曾被舰队保卫部门拘留了一夜，第二天由舰副政委亲自带回。(王朔《我是"狼"》)

同一个人，"拘留"时用"被"，"带回"时用"由"。再比如：

(103) 他初学走路,是由父亲拉着他的小手的。(老舍《四世同堂》)

(104) 看见父亲被白巡长拉着,口中流着血,又看三个敌兵像三条武装的狗熊似的在院中晃,他忘了疾痛,摇摇晃晃的扑过父亲来。(老舍《四世同堂》)

父亲的"拉"是搀扶,是保护;巡长的"拉"是硬拽,是迫害。

同样以VO式动词充当谓语,被字句只能选用罢职、撤职、解职、停职、革职、贬官、充公、充军、掉包、判刑、降级、缴械等带有贬义的动词,而由字句却多选用撑腰、沾光、提亲、润色、帮厨、让座、助兴、做东、提名、请客、接风等略带褒义的动词。例如:

(105) 人家总把他看成政治上图谋不轨的人物,惹出了许多麻烦来。后来,他被单位除名了。(刘心武《刘心武短篇小说选》)

(106) 在往常,开学的日子正像家庭中的节日,大家可以会见一个夏天未见面的故人,和新聘来的生朋友,而后不是去聚餐,便是由校长请客,快活的过这一天。(老舍《四世同堂》)

当然,如前所述,被字句的消极倾向在现、当代汉语中正在逐渐中和,而由字句所表示的也不都是积极倾向的。所以,两种句式表义倾向趋于一致的情况也是存在的。例如:

(107) 给他送行的人都扑了空,因为他化了装,由两个便衣保护着,夜里悄悄离开了北平。(老舍《四世同堂》)

(108) 游击队撤离之后,几个伤病员被乡亲们保护了起来,敌人并没有发现。(魏崇《十月》)

2.2.5 未然体与已然体。就句子的表述与客观的时体联系而言,这两种句式也存在着明显的区别:由字句大多表示未然体,而被字句则通常表示已然体。例如：

(109) 黎芬站起来，使自己放松，不能由这个珠算能手，牵着自己鼻子走。(李国文《情敌》)

(110) 前部长杨栋，一位被称作在官场中永远不沉的船，会被她说动了心，舍得在他离任前，下这么大本钱，说明时代也会改变人的。(李国文《情敌》)

都含有能愿动词，由字句表未然，被字句表已然。同样，下面的"由"和"被"也绝不能互换：

(111) 牛大姐想了想，心大横，咬牙道：会说，既然你们这么说，那么告诉你们，作为临时负责人，这事的主要责任由(＊被)我来负。(王朔《编辑部的故事》)

(112) 我抬腿要走，一下被(＊由)周瑾立起拉住，她哭了，哽咽禁地流着泪，紧紧拽着我的胳膊："我爱你。"(王朔《给我顶住》)

不过，这种时体差异只是一种语用倾向，而不是语法规律：尽管表未然的被字句相当少见，但表已然的由字句并不罕见；而且，这方面差别的形成常常是多方面因素的综合结果。

最后，需要特别指出的是，上面分析的五个方面的差异，其实是互为条件、互相影响的，它们之间常常同时并存，相互制约；换句话说，前面所举的例句，绝大多数都可以同时从多个方面进行辨析；五分法的分析只是根据各句不同的侧重，从不同的角度切入而已。

3. 结语与余论

3.1 综上所述，可以归纳为以下四点：(一)结构关系不同的 A 式句和 B 式句，是相辅相成的一对互补的句式；从表达的角度看，前者可以表示结构被动义，后者可以表示标记被动义。(二)A 式句和 B 式句之间既交叉又相通，既可以转换，又互有分工；选择不同的句式，常常同复句关联和篇章衔接有关。（三）从结构上看，由字句和被字句在谓语动词、核心论元、附加成分、变化形式等四个方面都存在着或多或少的区别。（四）从表达上看，这两种句式在句式语义、表义重心、信息焦点、语用倾向、时体特征等五个方面都具有重要而精细的差异。

3.2 通过上面的分析，可以清楚地看到：作为一种非典型的被动句，由字句无论在结构功能上还是在表达功用上，都具有不同于其他典型的被动句式的鲜明的个性特点。毫无疑问，作为汉语被动句的一个重要的补充，由字句的表达功用是其他被动句所无法替代的，它在汉语被动句系列中无疑具有独特而重要的作用。由此可见，研究汉语被动句，就不能不提到由字句；要想全面、深入地描写清楚汉语的被动范畴，就必须加强由字句的研究。

3.3 我们注意到：大多数汉语由字句在译成英语时与被字句一样，几乎都是用介词 by，因而在不懂汉语的读者看来，两种句式是一样的，实际上它们之间基本不能互换。试比较[⑨]：

(113) 这个钱该由（＊被）我来付。—This money should be paid *by* me.

(114) 该决议须由（＊被）大会通过。—The resolution should be subjected to acceptance *by* the general meeting.

(115) 他被（＊由）对手击倒了。—He was knocked down *by* his opponent.

(116) 那棵树被（＊由）大风刮倒了。—The tree was uprooted *by* the gale.

上面的翻译当然是正确的，但是并不十分确切，或者说还没能揭示出这两种句式的微妙区别。既然这两种句式在句法、表达等多个方面存在特别而细微的差异，那么，对于汉英互译和对外汉语教学而言，究竟应该怎样准确地处理和讲授这一对被动句，看来还是一项重要而紧迫的工作。我们希望，本章的分析和比较可以为有效地解决这一问题提供一些启发性的思路。

附注

① 在一些研究古汉语的论述中，也有不少讨论与“为、见、于”等介词有关的被动句。

② 就我们所知，除了一些虚词词典和语法书籍中零星提及以外，讨论相关问题的论文，至今只有5篇，其中李卫中(2000)的两篇还不是专门讨论被动由字句的。详细篇目请看参考文献。

③ 本章所说的受事和施事，都是广义的。细分起来，受事包括(狭义的)受事、对象、客体、角色、结果、事件等，施事包括(狭义的)施事、当事、感事、主事、经事等。限于篇幅，本章对由字句中这些不同的语义角色，没做详细的考察和区分。除了特殊需要，本章一律称之为受事和施事。

④ 本章所引例句，绝大多数都选自现、当代文学作品。为了节省篇幅，部分例句做了删节。

⑤ 下面所举例句中，括号内成分都是原文所没有的，是我们为了说明问题根据上下文的语义临时补上去的。

⑥ 在表达功用上，吕文华(1985)、白荃(1998)、朱其智(2002)都认为动受句是主动句；在句法分析上，吕文华(1985)认为此类句子是无主句，白荃(1998)认为应该是主谓句，而朱其智(2002)则认为其中一部分是主谓句。

⑦ 这也正是为什么白荃(1998)和朱其智(2002)会认为B式句还是主谓句的原因。

⑧ 在我们所调查的例句中，由字句受事主语从缺高达35%，而被字句受事主语省略不到5%。

⑨ 下面汉语英译例句均引自北京外国语大学英语系危东亚主编的《汉英词典》(修订版)(外语教学与研究出版社1995)，其中例(114)略有增补。

参考文献

白荃 1998 试论在句首的“由＋施事”结构的句法功能及其相关问题，《北京师范大学学报》(社会科学版)6期。

陈昌来、胡建锋 2003 带受事成分的不及物动词的考察,《语言教学与研究》3 期。

李珊 1994《现代汉语被字句研究》第 3—10 章,北京:北京大学出版社。

李卫中 2000 与"由"字相关的句式和固定格式的考察,《平顶山师专学报》3 期。

李卫中 2000 "由"字句的句法、语义、语用分析,《汉语学习》4 期。

吕文华 1985 "由"字句——兼及"被"字句,《语言教学与研究》2 期。

袁毓林 2002 论元角色的层级关系和语义特征,《世界汉语教学》3 期。

张谊生 2003 助词"被"的使用条件和表义功用,《语法化与语法研究》(一),北京:商务印书馆。

朱其智 2002 "由"字句的语篇分析,《语言研究》4 期。

M. A. K. Halliday & Ruqaiya Hasan 1976 *Cohesion in English*, London: Longman Group Limited.

Randolph Quirk, Sidney Greenbaum, Geoffrey Leech & Jan Svartvik 1985 *A Comprehensive Grammar of the English Language* (Part Two and Three), London: Longman Group Limited.

第四章 “于”的零形化后果与形容词、动词的及物化

0. 前言

0.1 现代汉语中，由介词“于”构成的“于X”短语[①]，虽然有时也可以充当状语，但主要还是充当动词、形容词的补语。从分布来看，“于X”充当补语有两种格式——间隔式与紧邻式：

S1 集众家所长于一身/融古今中外之优点于一体/集中精力于生产建设/阻击敌军于国门之外

S2 生于革命战争年代/霜叶红于二月花/只好求助于心理医生/更适合于上了年纪的老年患者

毫无疑问，只有在紧邻式中，“于X”才有可能与前面的动词、形容词或者动素、形素（下面统一用“V/A”标示）连用[②]。而且，同样是“于X”同“V/A”紧邻连用，由于“V/A”的音节、性质和用频不同，导致的后果也不同。当“于X”位于单音节“V/A”后面时，“$V/A_{单}$ +于”虽然都可以构成双音节韵律词，但句法上一部分“于”仍保持介词不变，比如“建于、优于”的“于”；而另一部分则已分界转移（boundary shift），虚化为构词后缀，比如“位于、陷于、敢于、勇于”的“于”[③]：

S3 位于浑源县境内的悬空寺，建于半山腰的悬壁上/女性在声音定位、色彩辨别方面，要明显优于男性。

S4 如果货币循环一旦停止，社会经济就会陷于瘫痪/敢于尝试、勇于承认失败，是通向成功的必由之路。

差异在于"V/A单"的黏着度以及跟"于"的共现率，黏着度、共现率越高，"于"越可能成为词缀。

当"于X"位于双音节"V/A"后面时，一部分"于"仍然维持介词不变，比如"纠缠于、消失于"的"于"；但也有一部分已转移后附，已成为或接近一个类后缀，比如"取决于、有利于"的"于"。与"V/A单＋于"最大的区别在于，"V/A双＋于"构成的是个三音节的超音步结构体，所以，无论是仍保留着介词性还是已接近类后缀，这两类"于"都有可能脱落而不在表层出现：

S5 既然如此，又何必纠缠于表面的各种各样的数字呢？/如今忽然走红，日子反而过得累了，要顶住行内的骂声，纠缠（　）各种官司，还要操心演出的场地和观众。

S6 梅雨期的长短和雨量的多少，取决于冷暖空气的强度和进退的时间/一个人是否能够成功，除了天分、努力之外，还要取决（　）其他一些主观和客观的因素。

0.2 本章讨论"V/A双"（下面简为"V/A"）后面的"于"在零形化过程中是如何导致形容词、不及物动词功能转变的。依次从四个方面分析：首先考察"V/A于"的构成、类别及其"于"的性质，然后探讨"于"附缀化和零形化的历程以及历时演化与共时变异的关系，进而分析形容词和不及物动词因"于"脱落而获得的及物性功能，最后探讨导致附缀"于"错配与脱落的动因。

0.3 本章例句分别引自于《汉籍全文检索系统》（第二版）和北大语料库以及通过网络搜索到的当前新闻报刊中的用例（长句略有删节）。为了便于核对，例句均注明出处。

1. 性质——构造类别与附缀特征

1.0 本节考察“V/A 于”的类别及“于”的性质。根据结构方式，可以将“V/A 于”分为专用和通用两大类④；“V/A 于”的“于”则分别处在“介词→后附缀→零形式”连续统的某一阶段。

1.1 “V/A 于”的类别。专用类“V/A 于”都是前有“不、有、无”等专用语素的三音节语法词。根据语素之间的结构和层次关系，大致可以细分为两个小类：a 类都是由专用语素“不/有/无”＋词根“$V/A_{单}$”＋类后缀“于”构成的三音节语法词。主要有“不安于、不亚于、不便于、不次于、不等于、不甘于、不利于、不善于、不少于、不同于、不限于、不易于、不至于，有别于、有负于、有愧于、有碍于、有利于、有益于，无异于、无益于、无愧于”等⑤。例如：

(1) ……昨日该片在宁试片，观众以及业内人士都对这部影片给予了较高的评价，认为《机器侠》有“笑泪并收”的效果，不亚于刘镇伟的经典之作《大话西游》。(《〈机器侠〉在宁试片获肯定》2009-08-15 人民网)

(2) 彭清华对中华民族复兴大业势不可挡的深刻描述，……有益于香港社会认识国家、认识国家和香港的关系，从而抓住机遇，再创辉煌。(《国家发展启示深 香港机遇要抓紧》2009-07-24《文汇报》)

(3) 作为年轻人，我们应以此次活动为契机，重温前辈的惊天伟业，追随先烈的光辉足迹，做一个无愧于先烈、无愧于历史、无愧于时代的人。(《向那些陌生的面孔说一声“抱歉”》2009-07-21《人民日报》)

a 类三个语素间的构造层次，既有“(不/有/无＋$V/A_{单}$)＋于”，也有“不/有/无+(V/$A_{单}$+于)”。a类的“于”可以脱落，专用语素也可以不用；所以，还可以兼有双音节词“V/$A_{单}$ 于”。例如：

(4) ……而这个“上级”又往往或因为距离太远不便(　)监督，或因为对于自己选拔的干部过于信任不会监督，或为了不担待失察之名而不愿监督。(《腐败“年轻化”监督权力缺失是主因》2009-07-24《法制日报》)

(5) 而中国移动也不得不面对这个现实：几乎所有的用户都在指责其资费过高，按流量计费不便于统计，以至于上网本和上网卡市场反应远低于预期。(《电信为时长计费“伤脑”》2009-07-20《第一财经日报》)

(6) 要把工业园区作为重要载体，园区搞好了，可以实现土地的集约经营，便于各种经济要素的集约管理和科学配置，有利于吸引外来投资。(《经济平稳较快发展来之不易》2009-07-17《重庆日报》)

b类也是由专用语素“不/有/无”+词根“V/$A_{单}$”+类后缀“于”构成的三音节语法词，但b类“V/$A_{单}$”跟“于”不能单独组配。主要有“不齿于、不啻于、不绝于、不下于、不屑于，有悖于、有待于、有害于、有求于、有赖于、有损于、有助于，无助于、无损于、无疑于”等。例如：

(7) 当厂方展开调查时，孙应该遭受了很大的压力，从某种程度上讲，这种压力不啻于接受正式的警察调查。(《富士康25岁员工跳楼自杀 厂方有多大调查权限》2009-07-23《法制日报》)

(8) 如果指望外部力量，比如行政部门为学术界制定规则、建立制度，本身就有悖于学术活动的基本原则。(《六教授联合举报学术共同体的道德自觉》2009-07-25《新京报》)

(9) 钱要么流入了上海股市这个赌场，要么用于维持破产营

建商的性命，这无助于带动世界走出低迷。(《正在变化的中国改变着一些人的看法》2009-07-10《中国青年报》)

b类三个语素间的构造层次，只有"(不/有/无＋V/$A_{单}$)＋于"，而没有"不/有/无＋(V/$A_{单}$＋于)"。b类也有"于"的脱落式，但专用语素是必需的；所以，均不能构成双音节词"V/$A_{单}$ 于"。例如：

(10) 有人计算，胡士泰处心积虑地"为虎作伥"，给国家带来的经济损失不下于上百亿。(《间谍门主角胡士泰一生谨慎 防偷听很少用手机》2009-07-20《重庆晚报》)

(11) 在印尼棉兰，拥有地方教育局发出准字的中文补校约有50多家，没准字的或只有小规模的合起来大约不下(　)百来个单位。(《中文补校是传授中文的"火把"》2009-07-31《人民日报·海外版》)

总体上看，专用类"V/A 于"除了构造较为特殊、数量相对封闭外，还有一些不同于通用类"V/A 于"的特点：首先，专用类"V/A"跟"于"的共现率及其"于"的附缀化程度要略高一些。其次，由于"于"的脱落大多比较自由，所以，"于"的零形式的使用率与接受度也相对较高。

除了少数专用类以外，现代汉语中一般的"V/A 于"都属于通用类。根据"于"前"V/A"原来的功能类别，可以分为三个小类：形容词、不及物动词和及物动词。例如：

(12) 前不久，听说西部某地居然要打造"大唐文化"。听了一惊，口气大得没边儿。人家"大唐文化"早在一千年前就辉煌于世界了，用得着你来打造？(《文化可以打造吗？》2007-07-01《人民论坛》)

(13) 对于国内网游的运营模式，一直都是游戏开发商"伤透脑筋"的问题，绝大部分都是徘徊于按时间收费还是免费两者之间。(《国内多数网游涉嫌博彩 免费网游猫腻多》2009-07-29《中国信息报》)

(14) 著者对史料长期坚持不懈的搜集整理，使该书具有充实的史料基础。书中反映的50%以上的人物传记和背景资料属于首次披露于出版物。(《保定军校将帅录："发现"近代史》2007-11-15《广州日报》)

通用类是完全开放的，不仅数量众多，而且内部构造也多种多样。大多数通用类"V/A于"尽管在认知心理上、乃至读音上"于"已跟"V/A"组块(chunk)，但在句法上还是应看作介词"于"先跟"X"一起构成介词短语，然后再充当"V/A"的补语。上面"辉煌于、徘徊于、披露于"的"于"都还保留着一定的介词功能和属性，"于"不能随意省略。当然，也有一小部分通用类的"于"已接近于类后缀，可以跟"V/A"一起构成三音节语法词，"X"可以分析为该动词的宾语。比如下面"热心于、从师于、接近于"虽然语文词典不收，但都可以分析为正在词汇化的三音节语法词：

(15) ……戴安娜是英国王储之妻，热心于公益事业，拥有姣好面容，绯闻和话题也是不断。(《迈克尔·杰克逊生对了时代》2009-06-29《长江日报》)

(16) 作为一名古典音乐的演唱家，戴玉强在艺术事业上所取得的成就令人难以望其项背。他先后从师于颜可婷、韩德章、马秋华、金铁霖、吴其辉等多位名师。(《戴玉强"高"到你心里去》2009-06-24《广州日报》)

(17) "黑客"这个词在10年前词义更接近于"大侠"，但在今天的话语体系中基本等同于"罪犯"。(《黑客培训欲走入阳光 拿到千万风投震动互联网业》2009-07-23《中国青年报》)

如果着眼于"于"前的"热心""从师"和"接近"原来的词性和功能，可以认为三者分别是形容词、不及物动词和及物动词，但是，如果认为"热心于""从师于"和"接近于"正在或将要凝固成词，那么，也可以认为这三个"V/A 于"功能是一样的，都是及物动词。本章要着重探讨的，正是此类演化过程中的前两种"V/A 于"，尤其是"于"脱落前后"V/A"的功能差异。例如：

(18) 目前该村"和事老"协会会员已有 17 名，……会员均熟悉法律知识、热心(　)公益事业，有的持有法律服务工作者执业证。(《中国首现"和事老"协会》2009-07-14《新京报》)

(19) 同时他还是一位闻名军界的书法家，耄耋之年开始钻研书法，从师(　)名家，经过 20 多年的历练，积累了近千幅书法作品，形成了自己独特的风格。(《吴西——百岁将军结墨缘》2005-04-20《北京青年报》)

(20) 若拿 10 万元投资地方债，以 1.8%的利率计算，三年后可获得收益 5400 元，而这笔钱三年定存之后，以目前 3.33%利率计算，可获利 9990 元，接近(　)地方债收益的两倍。(《国内地方债缘何交易冷清》2009-05-21《人民日报·海外版》)

从上面的对照可以看出，就"于"脱落引起的句法后果而言，及物性功能的从无到有，只对原不及物动词、形容词起到决定性的作用，至于原及物动词，不管"于"脱落与否，一般只会引起表达方式的改变。因此，原 V 是及物动词的"纠缠于、披露于、接近于"等，均不在下面讨论之列。

1.2 "于"的性质归属。由原形容词、不及物动词构成的通用类"V/A 于"数量庞大、性质各异，其中的"于"由介词到类词缀构成了进化的连续统，所以，绝大多数"V/A 于"的"于"都处在介词与词缀依违两可之间。那么，应该怎样认识这些处在过渡阶段的"于"的性质呢？我们认为，无论是从历时进化还是从共时变异的角度来看，严格意义上的介词和词缀都是少量的，绝大多数演化中的类后缀"于"，其实质就是一个介乎于虚词和词缀之间的后附缀(enclitic)[⑥]。刘丹青(2008a、2008b:558,580)指出,动词后的前置词成为附缀(clitic),其宿主(host)不是后面的直接成分,而是前面的更高层次的支配整个介词短语的动词;韵律上前置成分与直接成分相分离,并导致其结构的分离。据此,作为一个频繁地紧跟在谓词后面的介词,"于"必然也会受制于汉语特有的重音支派规则(冯胜利 2000:42,58),被前面的谓词所吸引。这样一来,"于"在句法结构和韵律构造上出现了附着方向和构造层次的错位:一方面作为前置词的"于"仍是介词宾语 X 的直接成分,另一方面作为后附缀的"于"与宿主"V/A"在音段上构成了临时的韵律词(prosodic word),进而组合成了动态的语法词。

由此可见,既然从"V/A"+"于 X"补语到"V/A 于"+"X"宾语之间存在着一个"介词→后附缀→零形式"的连续统,既然这些谓词后面的这个"于"是一个处于错配和脱落过程中的附缀,那么,从介词到后附缀之间的区别度以及零形式的接受度必然会相对含糊。这是因为:一方面客观现象本身一直处在不断变化之中,另一方面人们的主观认识也必然会有一定的差异。试比较:

(21) 英国著名电视选秀节目《英国达人》脱胎于美国选秀节目《美国达人》,而《美国达人》的创意又来自于红了八年的《美国偶像》。(《综艺节目又掀新浪潮 各大卫视开始差异化竞争》2009-07-08《华商报》)

(22) 在各个环节,最重要的不是一时的特殊待遇和条件,而在于长期、可持续的良好环境和适宜于创新的土壤。(《能否引来人才,全靠环境》2009-04-29《人民日报》)

(23) 从历史上看,各民族密切交往、和谐相处的时期,……民族大家庭的经济越发展、社会越繁荣,越有利于促进各民族的平等、团结和进步。(《共同团结奋斗 共同繁荣发展》2009-07-24《人

民日报》)

三个“于”都呈现出附缀化倾向，前“于”还保留一定的介词特性，后“于”是典型的附缀，中“于”已经由前置转向后附，尽管附缀化程度还不高；这三个“于”都可以脱落。

由此看来，除非“V/A”后的“于”还是典型的介词，否则，不管附缀化程度的高低，绝大多数由形容词、不及物动词构成的“V/A＋于”中的“于”，在一定的语境中都是可以脱落的。总体而言，除非能够进化为定位、黏着的词缀，否则，“于”的介词性越强，越不容易脱落；附缀化程度越高，越容易脱落。例如：

(24) 2003年7月的南街村，仍然是一种异常于别的村庄的寂静。(《南街村:1.78平方公里上的“大同”》2003-08-08《南方周末》)

(25) 改革开放30年来中国的迅猛发展，向世界充分展现了迥异于西方文化的东方文明，催生了全球“汉文化热”。(《巧实力、“3D”和柔性外交》2009-06-11《人民日报》)

(26) 动画片《三国演义》出品方负责人周凤英介绍，《三国演义》集结了中日两国一流的动画设计团队，忠实于原著、场面宏大。(《动画〈三国演义〉原创动画首进成人电视剧领域》2009-07-23《北京青年报》)

首句的“于”还是典型的介词，一般不能脱落；末句的“于”附缀化程度比较高，可以自由脱落；中句的“于”正处在后缀化的起始阶段，可以脱落但不够自然。由此可见，虽然“于”的零形化现象很早就已出现，而且，从韵律化和双音化的角度来看，无论这个“于”目前是介词还是后附缀，在一定的前提条件下，或者说发展到一定的阶段，都有可能脱落而成为零形式，但毕竟现在还有相当一些“V/A＋于X”中的“于”的前置性强于后附性，还是不能随意省略而不用的。

总之，从介词到词缀是个附缀化（cliticization）过程，可是汉语三音节“V/A＋于”的实际情况却是：a. 还保留着严格意义上的介词特性的“于”非常之少；b. 绝大多数双音谓词后的“于”都具有附缀化倾向；c. 几乎没有一个“于”能够真正转化为与“V/A”凝固的构词词缀；d. 由于受音步制约，有相当一部分的“于”在附缀化阶段会一再地脱落而逐渐消失。因此，不管是专用类还是通用类，“于”的零形化现象，除了典型的介词以外，附缀“于”的零形化在演化的各个阶段都有可能出现，而这样的进程和变化，正是汉语介词在双音节谓词后面的一个重要的类型特点。

2. 发展——进化历程与演化性质

2.0 “于”的错配和脱落，从产生到发展既是一种共时的现象也是一段历时的过程。因此，本节将历时与共时结合起来，从纵向的角度观察和分析“于”的附缀化和零形化的历程与性质。

2.1 进化的历程。从历史发展上看，“于”的错配与脱落现象古已有之，双音节形容词、不及物动词的及物化在古代已初露端倪，此后不断发展，近代、现代一直没有中断过。例如：

(27) 初，邈至长安，盛称东郡太守曹操忠诚于帝，操以此德于邈。(《后汉书·光武十王》卷四十二)

(28) 夫善著则祚远，勋彰故事殊。以宣孟之忠，蒙后晋国；子文之德，世嗣获存。故太尉冲，昔藩陕西，忠诚(　)王室。(《晋书·桓彝》卷七十四)

(29) 帝不自反，而迁怒于脱欢，此则狃于功利之习，不能为世祖讳者焉。(《新元史·列传第十一》卷一百十四)

(30) 俄御史周家栋指陈时政，语过激，帝迁怒(　)元珍等，皆除其名。(《明史·列传第一百十九》卷二百三十一)

不过，总体而言，文言文中“于”的脱落现象并不普遍，这是因为古人写文言时的基本心态和做法是拟古和泥古，所以，有些“于”的零形化现象即使在当时口语中已经出现，写出来的文言大多还是会保留“于”。值得注意的是，由于大多数双音节形容词、不及物动词本身的词汇化在中古汉语中还没有彻底完成，因而出现了一些“VO＋O”脱落式与“V＋OO”双宾式的纠葛现象[⑦]。例如：

(31) 欲起，因失衣，不能言，昼漏上十刻而崩，民间归罪赵昭仪。(《汉书·外戚下》卷九十七下)

(32) 时人说皇甫嵩之不伐，汝豫之战，归功朱俊，张角之捷，本之于卢植，收名敛策，而己不有焉。(《后汉书·皇甫嵩、朱俊》卷七十一)

上面的“归罪＋X”和“归功＋X”，从句法结构看，既可以分析为脱落式，也可以分析为双宾式。然而从语言进化历程看，汉魏时期的“归罪”和“归功”都还未词汇化，“归罪于＋X”和“归功于＋X”还很少出现，所以，分析为双宾式更符合语言实际。当然，像下面这样叙述同一件事情，不同的作者先后采用了两种相近的格式，显然不会是双宾式，而是应该分析为附缀“于”的脱落式：

(33) 其文章一以气为主，博而敏，直而不肆，自成一家言。而于诗文尤有法，尝语学者曰：“诗当取材于汉魏，而音节则以唐为宗。”(《元史·列传第七十七》儒学二)

(34) 黄溍评其文，博而敏，直而不肆。载亦谓溍曰：“子之文，气有未充也，然已密矣。”溍叹服。尤工诗，尝语学者曰：“诗当取材(　)汉魏，而格律则以唐为宗。”(《新元史·列传第一百三十四》文苑上)

相对而言，古白话更接近于当时的口语，双音节形容词、不及物动词的词汇化程度也比较高。所以，大多数白话体裁的小说、笔记当中的

带宾格式,都可以分析为附缀“于”的脱落式。例如:

(35) 有命在身,而浪游如是,虽近于放纵者之所为,然世之奔走京华,热心( )利禄者视之,能无愧否?(清·孙静庵《栖霞阁野乘》)

(36) 疏奏,圣祖恻然,凡议绞者改编戍,汪灏以曾效力( )书局,赦出狱;方苞编旗下;尤云锷、方正玉免死,徙其家。(清·佚名《康雍乾间文字之狱·戴名世之狱》)

到了晚清、民国,甚至在《清史稿》这样比较正式的文体中,脱落现象也已相当普遍了。例如:

(37) 昔李光地有此请,朕以为不可轻举者,盖北方水土之性迥异( )南方。(《清史稿·李光地传》卷四十九)

(38) 道光六年,张格尔复求助( )浩罕入寇,约破西四城,子女玉帛共之,且割喀什噶尔酬其劳。(《清史稿·列传第三百十六》属国四)

到了现代汉语,错配和脱落现象发展速度明显加快;尤其是进入21世纪,语言的交际方式进入了互联网时代,传播的方式和频率大大加快,附缀“于”的各种零形式,出现得更频繁了。

2.2 演化的性质。从演化过程看,偶尔出现的脱落现象毕竟还是语用变异,这些“V/A”在其他的分布中,还是会按照其以往的功能参与搭配与分布。所以,上面分析的“忠诚、热心、迥异”“迁怒、取材、求助”等,一直都被认为还是形容词、不及物动词。譬如韩国学者金鐘讃(2004:37)就认为“《进明中韩大辞典》将‘归罪’立为动词是有问题的,‘归罪’如同‘归功’一样,不能独立运用而只能跟‘于’结合在一起出现。”其实,“归罪、归功”早在明清就可以不带“于”了:

(39) 边洪带刀跟出门外,即抽刀砍死孙翊。妫览、戴员乃归罪( )边洪,斩之于市。(《三国演义》三十八回)

(40) 自幸有功于女,复请先容。夜间,女来称谢。杨归功( )王生,遂达诚恳。(《聊斋志异·连锁》)

由此看来,通过零形化而获得的及物性功能,由于分布不广、用频不高等原因,重新分析(re-analysis)往往较难实现,所以,尽管也有一些词的功能改变已经得到了语法学界的承认[8],但是还有相当一些词因"于"脱落而形成的语法后果或者说功能变异,至今还没得到语法学界的重视与认可。

从个体的进化看,即使某个"V/A"后的"于"已经可以脱落,但零形化是个渐进的过程——从个人的、临时的语用手法发展到普遍的、固定的语法功能,需要相当一段时间。因此,零形式在不同的发展阶段必定会存在不同的出现率和接受度。比如形容词"快乐、痛苦、放肆"后的"于",虽然在一些当代博客上已经可以看到其零形化的端倪,但其出现率和接受度都还是比较低的:

(41) 感情的事真的不能勉强,只有两情相悦,才会真心关心、欣赏对方,才会快乐( )对方的快乐,痛苦( )对方的痛苦,而如果只有你在乎,他不在乎,那注定受委屈的、受痛苦的都是你。(《我忍受了你两年的虚伪》2005-07-08 天涯论坛)

(42) 同样,道德制度的崩溃,会导致任何人都可以放肆( )欲望而没有约束,更严重的,有野心的人会窥伺大权而无需任何借口。(《"评论随笔"嘉靖大礼议事件始末》2007-04-04 天涯论坛)

不过,尽管此类用法还不是很常见、很自然,但毕竟代表着这三个词动词化的发展方向。再比如:

(43) 惟自《七侠五义》以降,公案小说之命意所在,莫非忠于

朝廷、效力（ ）官府：凡此，恰恰与“替天行道”的古游侠精神相反！（王海林《中国武侠小说史略》）

（44）很多事情我都在妥协，但是，到最后好像他们觉得我是软弱的。特别是他，每次吵架没两天就好了，这次我们没有吵架，是直接冷战。我很寒心，我寒心（ ）他的冷漠。（《还是离婚吧！》2007-05-21 网友沙龙）

“效力”和“寒心”作为两个曾经的不及物动词，这种分布的出现率和接受度还不太高，但由于“于”的脱落，至少使其已经开始获得了及物功能。可见，错配和脱落是附缀“于”演化的两个阶段，错配是前提，脱落是结果，无论前项是形容词还是不及物动词，介词“于”从附缀化到零形化，都要经历一个从个人到大众、从变异到惯用、从临时到恒定、从语用到语法的演进定型过程。

3. 后果——词性转类与功能扩展

3.0 “于”的零形化后果就是，一部分形容词和不及物动词的功能及物化——从近代一直到当代，由于“于”的零形化，一些形容词的词性发生了转变，一些不及物动词的功能得到了扩展。

3.1 二价形容词的及物化。总体而言，二价形容词在语义上都需要关涉另一个对象成分，在动词化之前，由于一般不能带宾语，其关涉的对象如果要想在句法表层中出现，就必须借助于介词（或称“格标记”），要么借助于前置的“对”，要么借助于后置的“于”。还以“忠诚”为例：

（45）在回答大学生还应提高哪些素质的问题时李肇星说，当代大学生首先要对祖国忠诚，不要问祖国会给自己什么，而要问自己会给祖国带来什么，……（《李肇星受聘青岛大学兼职教授》2008-05-04《青岛早报》）

(46) 杨庆文用生命谱写了忠诚于祖国、忠诚于事业的人生壮歌。(《碧波映忠魂》2009-07-16《经济日报》)

随着协调音节或语用表达的需要,"忠诚于"的"于"在某些搭配中就可以、甚至需要脱落。例如:

(47) 编队副指挥员殷敦平说,我们的军舰驶向大洋之际,都要举行向祖国宣誓的仪式,以激励官兵忠诚(　)祖国,不辱使命。(《祖国,请等候我们好消息》2008-12-29《解放军报》)

"于"的零形式用法一旦被推广、认可,曾经的二价形容词也就成了二价及物动词了。再比较:

(48) ……要忠实于法律和制度,忠实于人民利益,忠实于事实真相;要保证人民在自己的法律面前人人平等,不允许任何人有超越法律的特权。(《人民共和国的制度特征与发展进程》2009-08 04《红旗文稿》)

(49) 西南法学论坛在规则中明确提出:"不得相互吹捧,忠实(　)事实和学术",这让西南法学论坛以学术争鸣激烈、学术批评狠辣在法学界名声大噪。(《以狠辣著称的学术论坛大变味》2005-08-18《中国青年报》)

在通行的语文词典中"忠诚"和"忠实"都被明确标注为形容词,但根据二者的分布和用频,我们有理由认为"忠诚"和"忠实"的动词化功能尽管仍在形成中,但已经接近于完成。据调查,正在或已经转化的形容词,除了专用类"V/A"之外,主要有"热心、痛心、专心、伤心,惊奇、惊疑、惊异、惊骇,淡漠、忠诚、忠实、痛苦、难受、难过、快乐、高兴、兴奋,适宜、适用"等。

除了涉及对象的二价形容词以外,一些表示异同类的二价形容词

"迥异、相似、相同、类似"等，也可以通过"于"的脱落而及物化。比如"迥异"后"于"的脱落，在清朝就已经出现：

(50) 此蜀党之学，所以迥异于洛党，亦毋庸执一格相绳。(《四库全书总目提要》卷一百二十·杂家类四)

(51) 故所取甚约，而大义已皆赅括，迥异(　)后来钞撮朱子之说，务以繁富相尚者。(《四库全书总目提要》卷三十五·四书类一)

发展到现代汉语，一些在形容词后引入比较对象的"于"，也已经开始出现脱落的现象。例如：

(52) 对此，在国外有人高调赞誉中国模式，我们应保持足够的清醒，在有人夸奖中国模式优越于以美国为代表的西方模式面前，我们更应主动卸下"模式对立"的负担，辞谢未必符合中国发展实际的虚誉。(《国际观察：不必忙着给发展中国家传授中国模式》2009-07-01《长江日报》)

(53) 学习古人，了解我们祖先的伟大艺术创造，并不是让我们找到什么心理平衡，面对我们先人曾优越(　)西方的发明创造，面对发达国家飞速发展的科技，想想今天我们国家科技发展的水平位置，我们需要做得更多的是借鉴、继承、发扬，再发明、再创造。(《核舟记·语文教案》2006-04-18 中学语文教学资源网)

随着"于"的零形式分布呈现常态化，当带宾语分布占据相对优势、及物性动词功能得到普遍认可之时，这些形容词就会正式转变为及物动词，原形容词也就转化为形、动兼类词了。

3.2 VO 型不及物动词的及物化。二价不及物动词的构词模式上有一个相当明显的特点，大多数都是原 VO 型动宾短语固化而来的，这类动词的及物化现象最为普遍。试看 VO 式动词"钟情"：

(54) 名士沉沦，美人坠落，怜卿怜我，同命同心，此侯朝宗所以钟情于李香君，韦痴珠所以倾心于刘秋痕也。(《玉梨魂》第四章·诗媒)

(55) 兹更录数篇，藉此可见卧子钟情(　)河东君，一至於此也。(《柳如是别传》第三章)

再譬如，在近代汉语"归功、归罪"及物化的类推作用下，现在"归咎、归位"也已及物化了：

(56) 在禽流感的阴影下，人类理所当然地采用了莫菲法则：遇到功劳留给自己，碰到难题(灾难)归咎(　)他人。(《湿地是人类抵御禽流感的屏障》2006-01-24《新京报》)

(57) 大家都很文明，看完了，不买的，就归位(　)原处；要的，就规规矩矩付钱；从没有发生孔乙己之类的事。(《城南旧事：京城逛旧书店》2004-11-10 人民网)

在当代汉语中，甚至连"签约、致敬"这类才刚词汇化的 VO 型动词，也可以直接带宾语了。例如：

(58) 几年前，叶蓓以她那与生俱来的清新和未泯的稚气被高晓松发现，签约于麦田旗下，从此走上了歌手之路。(《叶蓓稚气未脱》2003-12-19 今晚网)

(59) 原"达达乐队"主唱彭坦日前以个人身份签约(　)太合麦田，单飞的彭坦目前正在制作新专辑《少年故事》，首支主打单曲《风儿带着我们飘》已于日前曝光。(《"达达乐队"解散 主唱彭坦单飞签约麦田》2007-05-24 中国娱乐网)

"有 N$_{单}$ 于"与前加专用语素的专用类"不/有/无 V/A$_{单}$ 于"不尽相同，也可归入 VO 型[9]。例如：

(60) ——有针对性地进行重点培养。对有志于扎根基层、服务农村的优秀大学生“村官”，进行重点培养，通过程序选任村“两委”负责人。(《图解重庆大学生“村官”工作》2009-07-31《中国人事报》)

(61) 城乡教师待遇如此“冰火两重天”，……也难怪那些有志( )扎根农村教育的应聘学生，更青睐于珠三角富裕县区，而不愿去贫困县区。(《城乡教师待遇缘何“冰火两重天”》2009-06-03《检察日报》)

根据调查，除了那些专用类的零形式以外，已经或正在及物化的原VO型不及物动词主要有：献身、投身、置身、委身，效力、致力、着力、得力、得利，钟情、移情、寄情，听命、受命、领命，就业、就职，起兵、起事，求学、服役、求诊，着眼、露面、立意、埋首、埋头、倾心、醉心、脱胎，从师、执教、受聘、供职、媲美、毗邻、栽赃、取材、寄望、毕业、领先、造福、嫁祸、还政、感恩、有志、有恩、有功等。这些VO型动词原来也都是二价动词，都要涉及另一个对象，只是受构词方式的限制不能直接带宾语，所以，一旦功能及物化之后，语义上并没有增价。

除了VO型不及物动词外，还有少数非VO型的二价不及物动词，借助“于”的脱落也及物了。比如“服务、就学、就读、局限、倾向、浸润、惊异、折服、受制、相交、共现”等。例如：

(62) 比如，为了让互联网更好地服务于人们，胡锦涛总书记就曾专门作过指示：要把互联网建设好、管理好、发挥好，让互联网真正为人们所用，造福于人们。(《官员上网不能叶公好龙 网络优势应成执政生产力》2008-08-29《法制日报》)

(63) 金头相说，“就像上海世博会口号一样，‘城市让生活更美好’，幸福集团牢记‘正直’的社训，坚持正道经营，秉承‘用最高品质的产品,以最完善的服务来实现人类健康'的经营理念,服务( )人们的美好生活。"(《韩国幸福株式会社社会长金头相:瞄准中国银发经济》2007-12-17《中国经济周刊》)

从上面的分析可以看出:形容词转变为及物动词与不及物动词转化为及物动词,从支配论元的角度来看,二者具有内在一致性,二者都是本来不能直接带宾语的谓词,通过"于"的附缀化和零形化,在句法上获得了可以直接支配对象论元的能力,实现了及物化。需要指出的是,形容词和不及物动词逐渐获得带宾功能转向及物动词,是汉语形容词、动词的一个重要的发展趋势,这一功能的形成有着多方面的原因,其中附缀"于"的零形化,无疑是其中最重要的促发因素之一。

4. 动因——韵律制约与语用驱动

4.0 导致"于"脱落的基本动因就是"V/A 于"受到双音节音步的韵律节奏制约,次要的动因就是因附缀"于"的功能羡余性和"V/A+X"格式表达的经济性而形成的语用需求的驱动。

4.1 双音化趋势与韵律化制约。认知心理学的研究表明,人的大脑理解语言是一个信息加工的过程,为了增强记忆和运用的效率,人们总是尽可能地将能够组合相邻的语言单位放在一起,这就是认知心理学所说的组块过程(chunking)(陆丙甫 1986)。就附缀"于"的情况而言,"于"跟宿主"V/A"本来并不在同一个句法构造当中,由于紧邻共现和类推效应[10],在心理上和认知上就有可能被压缩到一个附缀化组块之中,这是汉语谓词后介词的一个基本的类型特点。然而,从韵律的角度看,根据冯胜利(2000:146—198)观点,韵律现象中最小的独立单位就是音步(foot),音步是由音节(syllable)构成的,音步与韵律词之间的关系是一种实现关系,汉语的韵律会促发句法的运作和调节。这就导致了同为“动介组块”的“V/$A_{单}$＋于”和“V/A＋于”呈现出完全不同的结果：在“V/$A_{单}$”和“于”的组合中，附缀构造与韵律音步正好契合，所以，相当一部分附缀“于”完成了向词缀“于”的转化，“于”进入词内得以保留，汉语中出现“位于、勇于”等一批词根＋构词后缀的“V/$A_{单}$于”式双音节词。然而，在双音节“V/A”和“于”的附缀构造中，就形成了矛盾。除非“X”正好是单音节的，比如“忠诚于党、受命于天”，也可以实现为整齐的音步，否则，就会形成矛盾：附缀化的后果是形成了一个个超音步的构造，而韵律制约的作用却是要将超音步压缩为一个或两个音步。这样一来，一方面三音节的“V/A 于”不断地出现、进而凝固成语法词，另一方面许多即将定型的、甚至尚未定型的三音节“V/A 于”的“于”又脱落了。在这一此消彼长的过程中，后附缀很难完成向词缀的转化。附缀化的作用就在于从操作工序上先将介词“于”纳入到宿主“V/A”的组块之中，尽管从分界转移到成为词缀是个漫长的、甚至难以完成的过程，但附缀化为此后在韵律上制约“V/A 于”，最终导致“于”的脱落，奠定了语音上乃至结构上的基础。试比较：

(64) 初，谭元澄为岚州刺史，尝有/恩/于/晟，后坐贬于岳州；比晟贵，上疏理之，诏赠元澄宁州刺史。(《旧唐书》卷一百三十三・列传第八十三)

(65) 张昭曰：“可差人往鲁子敬处，教急发书到荆州，使玄德同力拒曹。子敬有恩/于/玄德，其言必从；且玄德既为东吴之婿，亦义不容辞。若玄德来相助，江南可无患矣。”(《三国演义》五十八回)

(66) 我倒觉得，实际上，农民为我们国家的发展做出了相当大的牺牲，做出了巨大的贡献，应该是农民有恩于/国家，有恩于/中华民族，更有恩于/中国的工业化和城市化。(《国家政策要对得起付出巨大牺牲的农民》2007-07-10《中国经济时报》)

(67) 谁都无法否认金昶伯对中国女曲的贡献，但在 2008 夺金的死命令下，女曲主帅的易人成为必然。长达 4 年的厮守，就这样黯然告别。到底谁对不起谁，恐怕没有答案。老金有恩(　)/中国，没有金昶伯，就没有中国女曲的今天，更没有北京奥运夺冠的妄想。(《谁对不起谁?》2004-11-11《足球报》)

首句"有""恩""于"都是独立的词；次句"有恩"已凝固成词，"于 X"做补语；三句的"于"虽然仍是介词，但"有恩于"已组块而结合；末句"有恩中国"的"于"因韵律制约而脱落了。

总之，无论是介词还是附缀，"于"一旦跟"V/A"构成三音节的"V/A 于"，在读音上就成了一个超音步。可是，自古以来双音化一直是汉语中最基本和最普遍的韵律取向，三音节的超音步自然是不稳定的，一旦有可能——结构上和表达上不会引起误解，就有可能脱落，由偶然、临时的脱落逐渐发展成为经常、定型的零形式。比较一下 VO 式动词"委身"后附缀"于"的隐现：

(68) 俶扰之后，稌委身於立勋大将家，易姓章，疏封大国。绍兴中，左因觅官赴阙下，暇日行天竺两锋间。(《词苑萃编》卷十三·纪事四)

(69) 後稌委身(　)立勋大将，易姓章，对大国。绍兴中，因觅官行阙，暇日访西湖两山间，忽逢车舆甚盛，一丽人搴帘顾誉而颦曰："……"(《蕙风词话》卷四·意内言外)

两句说的是同一件事，"于"的使用与否显然具有一定的任意性。再看形容词"痛心"后的"于"：

(70) 观夫武氏称制之年，英才接轸，靡不痛心于家索，扼腕于朝危，竟不能报先帝之恩，卫吾君之子。(《旧唐书》卷六·本纪第六)

(71) 龙川痛心(　)北虏，亦屡见于辞，如《水调歌头》云："尧

之都，舜之壤，禹之封，于今应有，一个半个耻和戎。”（清·冯煦《蒿庵论词·论陈亮词》）

“痛心”与“痛心于”相比，不用“于”显然更为严整、更加简捷，所以也就没有用“于”。同样，现代汉语“忠诚于X”和“忠诚X”的选择差异，也可以证明附缀“于”脱落的韵律动因：

（72）我军是党缔造、领导和指挥的人民军队，忠诚于党（比较：？忠诚党）是人民军队最根本的政治要求，是当代革命军人核心价值观的灵魂。（《建党88周年：人民军队永远忠诚于党》2009-07-01《解放军报》）

（73）……无论是在野战部队还是在地方部队，无论是当通用学员、一般干部还是担任领导职务，我始终坚持忠诚祖国（比较：？忠诚于祖国）、牢记使命。（《祖国，我想对您说》2009-07-21人民网）

（74）改革开放30年来，我潜艇部队不断提高应对多种安全威胁、完成多样化军事任务的能力，在波涛汹涌的洋面上下，谱写了一曲曲忠诚祖国（比较：忠诚于祖国）和人民的壮丽凯歌。（《军报披露海军潜艇训练范围已超越第二岛链》2008-12-18《解放军报》）

（75）在思想上、行动上时刻与党中央保持高度一致，坚决贯彻落实中央的方针政策和决策部署，忠诚于党、忠诚于人民、忠诚于祖国（比较：？忠诚祖国）。（《今天我们怎样学习焦裕禄》2009-05-20《人民日报》）

（76）当阅兵分列式进行时，中共中央总书记、国家主席、中央军委主席胡锦涛提出的当代革命军人核心价值观——“忠诚于党、热爱人民、报效国家、献身使命、崇尚荣誉”20个大字依次出现在广场背景图案上。（明永昌《中国国庆仪式标语 体现各个时期使命》2009-10-04《联合早报》）

"忠诚"后面不能省略"于","献身"后面不能出现"于",原因就在于韵律的制约。"忠诚于党"和"忠诚于祖国"结构关系是一样的,但韵律节奏不同,前者正好两个音步,后者是一个超音步加一个音步。所以,这五个句子,首句的"于"不宜省略或者说不能脱落;次句如果出现"于"反而不协调;三句可以补出"于",不用更为简捷;四句的后两个"于"可以不出现,但表达上有点不协调;五句的"忠诚"与"献身"均须用"于",也可脱落;为了协调句式,凑成五个四字格 20 个字,所以,"忠诚"后必须附加"于","献身"后绝对不能带"于"。上述句法选择,正好可以回答为什么"于"在单音节谓词后可以直接由介词转化为词缀,在双音节谓词后面却很难转化为真正的词缀,而只能处于"介词→后附缀→零形式"这一不断变化的连续统当中。

4.2 功能的羡余性与表达的经济性。Paul J. Hopper & Elizabeth Closs Traugott(1993:168)曾经指出:"He(指 Givón,引者) proposed (1979:209) a path of grammaticalization of the type: discourse > syntax>morphology>morphophonemics>zero(他提出了这种类型的语法化途径:话语成分>句法成分>构词成分>形态音位成分>零形式)"。沈家煊(1994)也曾指出:"语法化格的各种表现形式可以排成一个等级,语法化的程度越高就越倾向于采用形尾和零形式:词汇形式(>副词)>介词>词缀/形尾>零形式"。可见,无论从哪个进化序列来看,零形式无疑是语法化发展的最后阶段。汉语由于没有形态变化,"于"如果不能成为"V/A 于"的构词成分,也不可能成为形态成分,就只能脱落,走上零形化道路。既然是语法化的最终阶段,那么,发展到一定的阶段,附缀"于"在句法上和语义上已完全羡余化了,只是在语音上保留一个音节,因此,发话人在使用"V/A 于 X"构造时,只要不违背韵律节奏,就可以根据不同的语用需要对"于"加以保留或予以省略。例如:

(77) 人受命于天，固超然异于群生，入有父子兄弟之亲，出有君臣上下之谊，会聚相遇，则有耆老长幼之施。(《汉书》卷五十六·董仲舒)

(78) 朕受命上天，安养万姓，思遵圣法，以德化人，朝夕孜孜，意在于此。(《隋书》卷七十三·循吏)

后句的"于"在韵律上不是必须的，所以，根据匀称简捷的语用需要就可以略去。再看现代用例：

(79) 山西变废为宝，每年利用的煤层气已经达到1.2亿立方米，随着煤层气开发利用力度的不断加大，这一曾经的矿难杀手将更好地造福于人类。(《科学发展：立足山西优势实现转型发展》2009-07-16 人民网)

(80) 在干细胞研究以及其他领域的科研活动中，应该坚持"对人的生命和尊严的维护与尊重"的原则，既不阻碍科技的发展，又加以约束，保证科学技术用来造福人类。(《爱因斯坦的忠告》2009-07-17《人民日报》)

既然"于"在句法功能上已经不起作用，所以，"造福于人类"的"于"完全是羡余性的，可以自由脱落，而且，不用"于"反而显得更简捷、更顺畅。再以VO型不及物动词"感恩"为例：

(81) 人是社会的人，社会和祖国给予我们和谐安定的良好环境，我们自然要回报于社会，感恩于祖国。(吕旭峰《关于感恩意识与感恩教育的思考》，《上海师范大学学报》2006年第5期)

(82) 生活中要感恩于父母。生命乃父母所赐，成长皆父母之劳，这种养育之恩一生也报答不完。俗话说"滴水之恩，当涌泉相报。"(《组工干部要常怀感恩之心》2008-07-14 中国共产党新闻网)

“感恩”作为原不及物动词，要表达“感恩”的对象，不用前置的“对X”就要用后置的“于X”。然而，下面都用“感恩X”格式，这一方面与韵律有关，另一方面也是出于经济性的语用需要：

(83) 据工作人员介绍，“感恩祖国”水墨组画由八十多位画家集体创作完成，在历时四个月创作中，有的画家不顾年老多病坚持创作，有的画家白天上班，夜晚加班，不下一线，只是为了“表达作为灾区艺术家感恩祖国，感恩世界的虔诚之心”。(《“感恩祖国”水墨组画现杭州》2008-11-20《大公报》)

(84) 据理工大学附属学校校长杜欣介绍，10月份以来，学校的每个班级都陆续设计、开展了以“感恩父母”为主题的班会活动。……在采访中，记者发现，感恩父母的教育不仅给学生带来了很大的变化，学校的教师们也深受感染。(《感恩教育让学生学会感激》2005-11-21《大连日报》)

相比于“V/A于+X”，“V/A+X”不但结构更加紧凑、简捷，而表达也更加直接、有力。再比较：

(85) 面对从基层到首都的惊人一“跃”，这位博士感到很知足，但这并不等于满足，而是一份深深的珍惜与感恩之情，感恩于自己的艰苦努力终有回报，感恩于社会的公平、公正，感恩于父母以及故乡水土的养育。(《组工干部应做“知足、知不足与不知足”的模范》2008-08-05中国共产党新闻网)

(86) 因此，我们首先要感恩父母。对父母的感恩是儒家精神的根本性意识，是一种心理情感的境界。……感恩父母的支持，感恩父母的鼓励，感恩父母的无私的爱。我们说，感恩父母是做人之本。(吕旭峰《关于感恩意识与感恩教育的思考》，《上海师范大学学报》2006年第5期)

总之,“于”的脱落跟韵律有关,也跟“于”的羡余性及“V/A＋X”的经济性适合特定语用需要有关。

5. 结语与余论

5.1 综上所述,可以归纳为:首先,从构造层次看,汉语中存在着专用和通用两类三音节的“V/A 于”词语连续统;而且,由于几乎所有的附缀“于”在形成中就会脱落,所以,真正的“V/A 于”三音节词汇词几乎没有。其次,从进化性质看,从附缀“于”脱落到“V/A”功能转化是个发展的过程,从附缀体“V/A 于”到零形化“V/A”要经历由语用变异到语法规则的演化过程。再次,不管“于”的附缀化程度如何,脱落的后果都是导致原形容词和不及物动词的及物化。最后,附缀“于”之所以会脱落,双音节音步的韵律制约是其最基本的动因,附缀“于”的羡余性以及零形式表达的经济性能适合严整、简捷的语用需要,也驱动了“于”的零形化发展。

5.2 就语法化的一般机制来看,当实词转化为虚词以后,如果该虚词进一步发展,最终往往是进入词的内部成为词内成分,这一点汉语表现得比印欧语更为充分。在印欧语系中,语法化发展到最后阶段,许多虚化成分往往成为形态成分,而汉语由于没有严格意义上的形态成分,虚词发展到最后的阶段,不能进入词内就只好成为零形式。附缀“于”零形化的句法后果是:赋予“V/A”的及物性和制约“V/A＋X”的韵律性。从整个发展过程来看,虽然零形化的“于”脱落后在形式上是彻底消失了,但是,就其产生的影响而言,“于”在零形化乃至附缀化进程中所留下的句法后果却实实在在地保留了下来,因为“于”的这种零形式并不是简单地压缩掉一个虚词,正相反,它在脱落的过程中已经对前面谓词的功能施加了深刻而重要的影响。就这个意义而言,零形式的“于”作为隐性的语迹,化作句法功能已被保留在那些功能转变和扩展的形容词和不及物动词中了。

5.3 如果将附缀"于"的进化程序与后果跟北京话附缀"在/到"相比可以发现,"$V/A_{单}$"+"在/到"的进化有三条途径、三种后果:一条是语音弱化后经重新分析,成为专用附缀"得(de)"(赵元任 1979:178);另一条跟"于"相似,由介词而附缀,由结构错位而导致脱落,走上了零形化的道路,比如"放在桌子上—放桌子上,倒到水缸里—倒水缸里"(郭熙 1986);再一条是有少数"在/到"保持原读音由分界转移而进入词内,构成"好在、来到"等双音节词。这样看来,谓词后面不能有地道、紧邻的介词短语存在,固然是汉语介词的基本类型特点,但不同介词或同一介词的发展,却可以有不同的途径与结果。由此可见,零形化这种语法化现象,虽然在汉语中要远少于进入词内成为构词成分,但绝不是只有"于"一个,也不是只有一种模式,所以,深入研究汉语虚词的零形化在汉语语法化中的性质和作用、地位与价值,无疑具有深刻的理论意义和相当的实用价值。

附注

① 在汉语史上,"于"和"於"的来源、读音和用法曾有一定的区别,但从先秦起就开始趋同乃至通用,到了近、现代,介词"於"大多并入"于"。由于本章主要研究近、现代汉语的"于",所以,不加区别一律用"于"。

② 位于介词"于"前面的动词、形容词与位于后缀"于"前面的动词性语素、形容词性语素之间,存在着依存进化关系,两者之间界限相当模糊,见仁见智,为便于行文,本章一律用"V/A"来标示。

③ 为了使本章分析中提到的形容词、动词的词类地位和词性的判断有一个比较客观的标准,凡是本章讨论中认为成词的"$V/A_{单}$ 于"如"陷于、勇于",都是《现代汉语词典》(第 5 版,2005)和《现代汉语规范词典》(第 1 版,2004)作为词条立目的;凡是本章分析时提到的各个形容词、动词的词性,认定标准也都是以这两本词典的词性标注为依据的。

④ 金鐘讚(2004)、龚娜(2006)根据各自的标准都是将"X 于"分为三大类,但都没有区分通用类与专用类。

⑤ “以至于、以便于、有关于、甚至于”等的构造层次与专用 a 类较为相似，但分别是连词、介词、副词，不在分析之列。另外“何至于、何止于”的构造也与专用 a 类比较接近，但“何”不是专用语素，本章也不予讨论。

⑥ 关于附缀(clitic)的性质和作用以及与汉语虚词、尤其是与动词后面的介词的联系，笔者主要受益于刘丹青(2008b)的介绍和分析。有兴趣的读者还可以参看 Arnold M. Zwicky & Geoffrey Pullum 1983 Clicticization vs inflection, *English n't Language* 59(3)以及 Arnold M. Zwicky 1985 Clitics and Particles, *Language* 61(2)的相关论述。

⑦ 汉语中的“VOO”构造，到底是“V”带双宾还是“VO”带宾，存在着一定的纠葛。我们认为，这个问题涉及“VO”词汇化的时代过程，必须以历时发展的具体演化进程为基准，不同时代的用例，需要做不同的分析。

⑧ 在《现代汉语词典》(第 5 版，2005)、《现代汉语规范词典》(第 1 版，2004)中“淡泊、充实、方便、熟悉、稀罕、满足、宽大、便利、清醒、寒心、用心、有心、惊心、忧心、痴心、担心、恶心、小心”等词，均已标注了形容词、动词两种词性。同样，在这两本词典中，“起草、跃居、侨居、立足、成立、闻名、称霸、造福”等词，也已经列出了及物动词用法。表明这些曾经的形容词和不及物动词，功能转化与重新分析已经完成，得到了语法学界的普遍认可。

⑨ “有恩、有志、有功”也可以归入专用 b 类，但“恩、志、功”是名素，所以，归入 VO 型动词更确切些。

⑩ 主要是受一大批的“$V/A_{单}$＋于”已经由结构错配而组合成块，进而凝固成词汇词的类推化影响。

参考文献

董秀芳 2006 古汉语中动名之间的“于/於”的功能再认识，《古汉语研究》2 期。

方梅 2005 认证义谓宾动词的虚化——从谓宾动词到语用标记，《中国语文》6 期。

冯胜利 2000《汉语韵律句法学》，上海：上海教育出版社。

龚常木 2001 也谈语法中的零形式，《江西师范大学学报》(哲学社会科学版)4 期。

龚娜 2006《“X 于”结构的多角度考察》，湖南师范大学硕士学位论文。

郭熙 1986 “放到桌子上”“放在桌子上”“放桌子上”，《中国语文》1 期。

金鐘讚 2004 试论“双音节＋于”的句子成分，《语言研究》3 期。

李宗江 2003 句法成分的功能悬空与语法化，《语法化与语法研究》(一)，北京：商务印书馆。

刘丹青 2008a《从普通语言学看虚词的性质和汉语虚词的分类》，第三届现代汉语虚词研究与对外汉语教学学术研讨会(2008 年 5 月 1—3 日，浙江湖州)大会演讲稿。

刘丹青 2008b《语法调查研究手册》,上海:上海教育出版社。

刘红妮 2009 汉语词汇化研究的发展历程,《上海师范大学学报》(哲学社会科学版)5 期。

陆丙甫 1986 语句理解的同步组块过程及其数量描述,《中国语文》2 期。

邵龙青 1984 汉语语法分析中的零形式,《语文研究》1 期。

沈家煊 1994 "语法化"研究综观,《外语教学与研究》4 期。

孙茂松 1998 "取决"与"来源"小议,《中国语文》6 期。

吴福祥 2006 语法化演变的共相与殊相,《语法化与汉语历史语法研究》,合肥:安徽教育出版社。

谢雯瑾 2009 "X 于"中"于"进一步语法化对 X 配价增值的影响,《南开语言学刊》1 期。

袁明军 2008 与"V 于 NP"结构有关的句法语义问题,《金秋集——刘叔新先生南开执教五十周年纪念文集 1957~2007》,天津:南开大学出版社。

张谊生 2006 "以至"与"以致"——兼论汉语近义虚词的中和趋向,《对外汉语研究》2 期,北京:商务印书馆。

赵元任 1979《汉语口语语法》(吕叔湘译,英文原版 1968 年),北京:商务印书馆。

Bernd Heine, Ulrike Claudi & Friederike Hünnemeyer 1991 *Grammaticalization: A Conceptual Framework*, Chicago: The University of Chicago Press.

Paul J. Hopper & Elizabeth Closs Traugott 1993 *Grammaticalization*, Cambridge: Cambridge University Press. (《语法化学说》外语教学与研究出版社 2001 年)

第四编

介词"把"的句式及其配价

第一章　现代汉语“把个”句的性质与特征

0. 前言

0.1 陶红印、张伯江(2000)和杉村博文(2002)分别从功能和认知的角度对近、现代汉语中两种特殊的把字句——“把＋一个＋NP＋VC”(下称“把一个句”)和“把＋个＋NP＋VC”(下称“把个句”),做了富有启发意义的讨论[①]。毫无疑问,两篇文章在各自研究的领域内,都已取得了有目共睹的创获和成就,读后深有感悟,获益良多。在两文的启发下,笔者对近、现代汉语把个句也做了一番调查,我们感到:尽管把个句在汉语把字句中所占比率并不很高,但却是一种颇具特色的把字句式。然而,由于关注的重点和讨论的角度的限制,陶、张文和杉村文都没有集中全部精力研究把个句,而是将相当一些篇幅用于把一个句以及把一个句和把个句的比较。而且,我们也发现,上述两文对于把个句的某些分析似乎也有进一步讨论的必要。因此,本章准备对现、当代汉语的把个句再做一番考察和探讨[②]。

0.2 本章感兴趣的问题包括:a. 把个句的句式构造与结构特点;b. 把个句的句式语义与表达功用;c. 把个句的语用倾向与语体风格;d. 把个句中“个”的性质与功能差异。除了前言和结语,本章主要分为三个部分,首先讨论把个句的构造特征,包括主语和谓语、宾语和补语的句法、语义特点;进而分析把个句的句式语义、表达功用和语用倾向;

然后辨析把个句中“个”的性质，以及不同性质的“个”在把个句中的表达功用。

0.3 本章所有例句都是通过北大语料库以及“百度”“搜狐”“新浪”“人民”等网络搜索而得的；为了节省篇幅，本章例句一律不标出处，少数还做了删节。

1. 把个句的构造特点

1.0 本节描写和分析把个句中四种基本结构成分——主语、谓语、宾语和补语的特点。

1.1 主语。与一般的把字句相比，把个句主语有以下两个方面的特点。首先，从结构形式看，把个句的主语绝大多数是零形式主语(zero-subject)，或者说都是空位主语。这又可以分为省略(ellipsis)型和隐含(implicate)型两种情况。省略型主语一般都可以根据上下文明确地补出来，尽管有时补出来显得有点别扭或累赘。例如：

(1) 他是浙江人，一口南方官话，(他)把个“俺”字念得怪里怪气，引起了大家的哄笑。

(2) 国的心一动，想：刚才我光注意了她的后影儿，(我)把个前影儿忽略了，要不是衣服粘在身上还当就只有件衣服呢，人忽略的往往就是衣服底下的这个人啊。

隐含型主语只能够凭上下文的语义大致推测或感知，但一般很难明确地补出来。例如：

(3) 果不其然，祖母派私下里自己讨了姨太太的我的父亲到北京去，(？父亲)把个自己想找个终生伴侣的七叔给押解回到了天津。

(4) 这才发现，聚会中的女朋友们都穿纯棉，而且(？这样的打扮）把个普普通通的纯棉搞得极“酷”：吊带裙或是吊带小坎上挂一个中国结，或者是黑色旗袍上盘几个火红的中国扣，一下子就风情万种起来。

其次，从生命特征看，无生命度或低生命度的事物、事件主语占有相当的比率。例如：

(5) 这一场暴风骤雨，把个苏州城打得落英缤纷，吓得苏州公园里的花工也不敢种花。

(6) 这一来把个自认精明的朱大业搞得满头雾水，弄不清过往与现在了；但有一点他却还明白，那就是他已体会出眼前这位千娇百媚的女孩，必与龙尊吾有着特殊的渊源。

不过，这种占位的无生主语并不普遍，更多的情况是使用空位的无生主语。例如：

(7) 一进腊月，舞舞扬扬的两场大雪，断断续续地下了十几天，(　)把个大山深处的连山乡，抚弄成一片冰雪的世界。

(8) 那闪烁不定的霓虹灯，日长夜消的新浪潮，现在还多出了流行曲和迪斯科，(　)把个城市的天空，闹得沸沸扬扬，你能甘心做个局外人吗？

零主语把个句所占比率非常之高，占有绝对的优势：在收集到的650多例现、当代把个句中，零主语句竟有520多句，接近80%；而隐含型零主语句又是其中的主体，占到三分之二。

1.2 谓语。把个句的谓语也有两点与普通把字句明显不同。首先，一部分不及物动词可以借助于把个句式所形成的致使性句式义，带上补语直接充当谓语中心。例如：

(9) 把个东方春雨馋得伸手便来要，却被秦宝宝一巴掌把手拍了回去，道："你急什么，还没有烤熟呢。"

(10) 把个妻子乐得缠着他说个没完，他只好推辞说："晚上再给你说吧，现在说了也是白浪费情绪。"

有些兼有及物和不及物双重功能的动词，也可以以不及物动词的身份进入把个句。例如：

(11) 一进房间，林珠趴到康伟业的怀里放声痛哭，把个康伟业哭得心疼得不行。

(12) 邢玉珍这倏敛威态的一笑，把个阴狠险诈的夏侯飞笑得心惊胆战，他凝望着邢玉珍道："你说我两个可以走了！"

正因为可以借助于把个句的句式义来显示致使的状态或结果，所以，少数表示心理情态的形容词也可以借助于该句式直接充当把个句的谓语中心。例如：

(13) 两人穿了游泳衣在海滩上漫步，把个陈维高幸福得飘飘悠悠的，跟着蓝天碧海一起年轻了不少。

(14) 由于范文程引今论古，应对如流，把个努尔哈赤直喜得眉飞色舞，兴奋万分。

其次，充当把个句谓语中心的动词，许多是含有[+致使]和[+变化]特征的泛义动词。譬如仅"搞、弄、搅、闹"四个泛义动词，在所有的例句中就占到了十分之一强。例如：

(15) 第二任太太丽泰·格雷闹离婚，不依不饶，把个离婚案搞得沸沸扬扬。

(16) 违法承包工程、取得公营事业的特许代理权、变更地目炒作土地等，把个台湾社会弄得乌烟瘴气，民众怨声载道。

(17) 人流、热流、歌流把个天之南海之角的岛屿搅得沸沸腾腾，一派壮观。

(18) 这一晚，把个沈国英旅长，闹得未免有些儿女情长，英雄气短。眼看来宾成双作对，并肩而去，自己却是怅怅一人独回旅司令部。

1.3 宾语。把个句宾语也有两点与众不同。首先，从指称性质看，无定宾语和无指宾语占有相当高的比率。无定宾语属于有指宾语，只是所指对象不确定。例如：

(19) 清晨，大概是到了意大利的一个大站，陆陆续续地进来了不少人，居然把个包厢塞的满满的。

(20) (王树田)用脚一踢，软软的，他扒了一下，看见一小段白白的还有血丝的皮肤和毛发，心里还琢磨：谁这么缺德，把个猫还扒了皮；顺脚又踢了一下，想把它踢到沟里去。

这“包厢”对受话人来讲是未知的，而所谓的“猫”对主人公和受话人而言都是不确定的，所以都是不定指的。至于无指宾语，其所指对象根本不在交际语境当中。例如：

(21) 胡义从此就恨上了冒守财，几乎是不失时机不择手段地挖苦他，同时嘲讽现在的女学生势利眼，不开眼，把个破主任助理都当成了了不起的官。

(22) 村姑对刘秀死乞白赖打诨骂俏动手动脚的骚情举动明着恼暗着喜噘嘴拒斜眼让半推半就实际上好的那个调调儿，麻子红把个村姑演得又稚又骚。

“主任助理”和“村姑”只是一些抽象的称谓和概念，并不在话语世界中，所以都是无指的。

其次，从语义角色看，宾语既可以是谓语的承受者，也可以是谓语的发出者。试比较：

(23) 如今的北京人，把个邻居河北看遍了，什么野三坡呀，什么秦皇岛呀，什么皇帝的八大山庄呀，他们真的看腻了，这时候就想起山西了。

(24) 真是一把宝刀！把个不懂刀的女人也看呆了。

“邻居河北”是“看”的受事，而“不懂刀的女人”则是“看”的施事[③]。再比如：

(25) 姚碧珍从前唱过摊簧戏，把个情焰汹涌的嫂子唱得煞有介事、丝丝入扣。

(26) 还别说，这军歌一唱，一下子把个一盘散沙的旅行团唱得空前团结，斗志昂扬。

(27) ……扯着又哑又沙的嗓子，在学麒麟童，把个宋士杰唱得咽哑不能成声。

“嫂子”是“唱”的受事（角色）宾语，“旅行团”是“唱”的施事（主事）宾语；而“宋士杰”脱离了一定的语境，则很难确定，可以是“唱”的施事，也可以是“唱”的受事。

此外，把个句的宾语还可以是时间和处所等非论元角色。例如：

(28) 每当秋风乍起枫红谷黄之际，虫儿们纷纷横刀立马，南征北伐，把个金秋杀得烽烟滚滚。

(29) 把个电脑城转了下来，终于发现了一款让我满意的显卡——万邦 Geforce FX5200！

1.4 补语。把个句的补语至少有三点值得关注。首先，绝大多数都是由“得”充当补语标记的；不过有时也可以用“的”，而且，两者在功能上基本一致。例如：

(30)《南方周末》和《经济日报》两大媒体同时报道，一时间，把个京城弄得沸沸扬扬。

(31) 在业主看来，这个物业管理公司也实在太差了，把个小区弄的死气沉沉的。

如果补语较简短，则可以采用无标记的形式；反之，必须使用有标记的形式。试比较：

(32) 及至天明，鼾声隐去，取而代之的却又是走廊里南腔北调的喧叫，真把个朱联学折腾惨(？折腾得惨)了。

(33) 乡里有什么好旅游的？前些日子也是，几对城市来的男男女女，把个村里折腾得鸡飞狗叫(*折腾鸡飞狗叫)！

此外，以结构助词“个”充当补语标记的方式，在把个句中也占有较高的比率。试比较：

(34) 简直怒不可遏，母亲冲着小的儿就喊了一嗓子，冷不防倒把个小的儿吓得打了一个冷战。

(35) 下人一把话传到厨房，母亲当即提着一把切菜刀出来了，这一下，把个王丝丝吓了个屁滚尿流。

其次，有些情态补语只须保留标记词“得”，本身可以不在句法表层出现。例如：

(36) 这个地段，指挥处曾把工程承包给本村干，以免找麻烦，钱也出了，活也没干，还得自个儿上马，把个张华友气得( )！

(37) 把个东方乐得( )！仔细一问，这些图竟然都是一个人找到的。

同样，这种零补语句的“得”，也可以写成“的”。例如：

(38) 把个李长水吓的( )，掏出手绢擦了把脸，那个湿啊……

“老李，群众的意见我们从中摘选了几条，打印出来的是我们认为群众提出的值得考虑和当务之急应该办的问题。”

(39) 把个美眉乐的(　)，赶紧花大价钱花猫绿狗地修饰了一番，早早端坐在一尘不染落地大玻璃窗后面，静候佳音。

再次，充当把个句补语的成分，大多是四字格的成语或准凝固短语。譬如在搜集到的含有动词“搅”的10多句例句中，补语几乎全都是四字格短语。例如：

(40) 斗恶鲨，闯浴室，塞邮筒，把个迈阿密搅得地覆天翻，弄得黑白两道跟着抓耳挠腮。

(41) 摆开场面炸油饼油条和煮香喷喷猪血汤的，卖西瓜、梨瓜的……把个寂静的黎明搅得乌烟瘴气，却硬是热热闹闹，充满活力。

(42) 一纸薄薄的许可证居然把个中国汽车市场搅得昏天黑地，让那些期待入世第一年配额增加能带来进口整车大量涌进、价格大幅下降的经销商和消费者尝到了世事难料的苦涩。

(43) 尤其是“金”，画面上一个通天彻地的武士把个完美、安静的世界搅得浑浑噩噩，叫人顿生不安。

上面的分析可以说明一点：特定的句法形式必然会表现出一定的语义内容，一定的语义内容必然会借助于特定的句法形式来表达，正因为把字句中多了个“个”，所以才会呈现出这一系列不同于一般把字句的特点。换句话说，把个句主语经常从缺的结构模式和低生命度的特征、谓语可以由不及物动词或常由特定的泛义动词充当、宾语的指称方式和语义角色的相对灵活性、补语的标记方式和表达手段的特殊性和多样性，等等，都同该句式所特有的致使性句式义(construction meaning)及其特定的表义方式有关。

2. 把个句的表达功用

2.0 现行的语法论著一般都认为，把字句的宾语基本上都是有定的，而“个”是汉语中的一个典型的无定标记；那么，为什么这对相互矛盾的语言形式会和谐地共存呢？这种保留“个”的把字句在表达上究竟有哪些独特的功用呢？本节将从四个方面逐一分析。

2.1 异常态与正常态。就把个句的基本表义倾向而言，与其他把字句主要表示对受事的处置不同，把个句主要表示致使义——表示由某种特定情况导致的异常情态或结果。所谓异常态，就是指 N 和 VC 之间存在一种不合情理的非常情况和超乎常态的异常关系。例如：

(44) 真是受不了×大嘴的蹩脚解说了！把个好好的足球解说成这样！

(45) 就这样把个到手的总统“数”给对手，小布什当然不会干。小布什阵营现在的口号是：为了国家的利益，佛州的选票之争必须尽快结束。

“足球”比赛被解说得如此的“蹩脚”，“到手的总统”“‘数’给对手”自然都是非正常的情况。一般说来，异常态不但出乎意料，而且对说话人或主人公而言，大多是不如意的、需要避免的；但也有一些把个句虽然也表示出乎意料，但却是如意的、希望实现的。例如：

(46) 到安徽省灵璧县汽车运输公司后，闷着头儿搞改革，一招更比一招鲜，生生把个老马车行变成了现在的大集团。

(47) 减少社会交往，平心静气读帖练字，把个脑血栓养好了，居然奇迹般恢复了健康。

把个句表非扭曲的正常态当然要远远少于表异常态，但这类把个句并不罕见。例如：

(48) 同学们自己组织,自己指挥,把个歌咏比赛操办得像模像样,响亮的歌声在校园的上空回荡。

(49) 两路人马在舞台上吉利话不断,好看的节目更是一个接一个,把个舞台气氛搞得既喜庆又祥和还透着热闹。

对说话人或主人公而言,正常态大都是意料之中的、如意的、想要达成的。再比如:

(50) 孔范文之所以能把个23中学搞的红红火火响响亮亮,最重要的一点是靠他言传身教带出来的。

(51) 有谁能像冯瑞丽那样把个单身宿舍、一间14平方米的小屋装扮得如此雅致、如此灿烂。

杉村博文(2002)认为把个句"最引人注目的特点是,N和V之间存在着一种语义上的扭曲关系",这无疑是很有见地的。但需要补充的是:其实,扭曲关系主要存在于N和C之间,而不是N和V之间;而且,非扭曲的正常态在把个句中是大量存在的,所以,表示扭曲关系只是把个句的主导性语用倾向,并不像该文所认为的那样,是一种具有规律性的"语法意义"。

2.2 情态类与结果类。就把个句的基本表义功用而言,集中体现在两个方面:或者强调致使形成的情态,或者凸显致使导致的结果。把个句表示情态时,其补语基本上都是由"V得"引导的情态补语;前面所举的例句大多是"V得"情态句。下面再以"说得"为例:

(52) ……把个笑脸相迎的小雷说得满面冰霜,沏了一杯茶就去单丽丽屋了。

(53) 一番话,把个刘子和说得满心欢喜,暗暗佩服钱宝生的用意,想得周到。

"得"后的情态补语还可以是一个表情态的比况短语。例如：

(54) 你爸还说，在你太爷刚死没多久，山林就起火了，那一片林火足足烧了上十天，好几个火头同时蹿起，没法子救，火光冲天，把个呼日峰映得像一座火焰山。

(55) 把个加德满都城搞得像古代波斯人的细密画，满满的笔触，满满的变化，让人一时之间眼花缭乱而无所适从。

把个句表示结果时，其补语多为"V 成(了)C"形式。例如：

(56) 客观地讲，"中相"与"洋相"比较，并无优劣之分，之所以把个"中相"硬装成"洋相"，说白了，是骨子里有一种崇洋媚外的观念。

(57) (李昌镐)把个落后局面生生追成了细棋；好在谢赫的后半盘功夫也属上乘，虽然出现了失误，却有惊无险，恶斗八个多小时后，最终在暮色中将李昌镐降服。

其实，尽管表达的重点不同，细究起来，情态和结果之间是相通的，表情态时也同时显示了一种结果，表结果时则同时呈现出一种情态；所以，由"V 了个"所引导的补语，常常处于依违两可之间：既可以表示结果，也可以表示情态。试比较：

(58) 有一回显神通，当着众人把个酒坛子皮布袋似地翻了个个儿，陶面朝外釉面朝里——这事传扬出去，远近都叫我们"翻坛店"。

(59) 全村的人一个不剩地都出来了，大家拿着镢头、铁锹，把个黑眼罩家，包围了个水泄不通。

"翻了个个儿"应该是结果，而"水泄不通"则接近于情态。当然，不同的格式之间的差异还是客观存在的。比如同样表情态，"V 得"句要比"V 了个"句更凸显性状。试比较：

(60) 戏弄黄角大仙、逃过观音如来等，把个天庭搅了个天翻地覆。

(61) 兄弟你既然把话说到这一步，我也就敲明叫响，你家里出了那么大一个共产党，不要说把个白鹿原搅得天翻地覆，整个滋水县甚至全省都给他搅得鸡犬不宁！

2.3 前启式与后接式。从把个句传递信息的角度看，大致有两种不同的方式：一种是位于整个句子或篇章开头表前启，一种是位于整个句子或篇章末尾表后接。例如：

(62) 他们把个最难猜的谜交给我，而我忘了一切。

(63) 哪怕是块石头呢也好，轻手蹑脚的过去，一下子把个戴铁盆的敌人打得脑浆迸裂！

前启式多提出某个特定的情况，表因；后接式多描述某种情况的结局，表果。例如：

(64) 九爷说："你把个烂手猛一举，差点碰了我的鼻子！"

(65) 马王爷对我们这五张大肚皮，很反感，他阴沉着脸，把个锅锅灶灶弄得乱响。

前启式所提出的事件本身多为新信息；而后接式所强调的事件的结局才是新信息。试比较：

(66) 既然已经把个孤儿抱回了金府，那无论如何也不能再扔出去！

(67) 老家伙把德生挤出了振新，他自己又没有本事办实业，把个好端端的工厂弄得一塌糊涂。

在所调查的例句中，大约五分之四以上的把个句都是后接式的，这种位置分布的倾向性同把个句的表义方式、尤其是信息传递密切相关；

正因为把个句大都是用来表示致使的情态和结果的，所以，以表达和强调事件的结局为主的后接式才会在把个句占据压倒性的优势。

2.4 主观化与通俗化。从把个句的语用特征的角度看，有两点比较突出：强烈的主观倾向和通俗的语体色彩④。所谓主观化，就是指说话人在使用把个句时，常常是为了表示出自己对整个事件的立场、态度和情感（沈家煊 2002）。这种主观性（subjectivity）主要体现在两个方面。首先，把个句显示了说话人的立场。例如：

(68) 当年意想天开，炸山打坝；结果人亡坝破，把个好端端的学校也震垮了。

(69) 她会要三角钢琴呐，吃饱了撑的，她到底会不会弹钢琴还是个问题，把个老实人吓得昏昏的。

通过这两个把个句，读者自然可以感受到，说话人是站在“学校”和“老实人”的立场上的，对其被震垮和被折腾的遭遇是相当同情的，尽管没有明确直接地表示出来。

其次，把个句体现了说话人的态度。例如：

(70) 白帝庙里被打掉了的神像的石座上，如今新做的彩绘泥塑按新编历史剧中的那类造型，摆出了一番做戏的场面，把个庙子弄得不伦不类。

(71) 因此，任你钱副市长怎么严厉，洪梅的小嘴可从来就是一样的甜蜜，直把个钱副市长哄得在心里常常感叹：“看来媳妇比女儿强！”

这两句在叙述具体情形的同时，还体现了说话人的态度；即说话人对在白帝庙新做泥塑是明确地反对的，而对洪梅的花言巧语则是含蓄地否定的。

所谓通俗化，就是指在语体特征上，把个句都具有较强的口语色彩。首先，在所检索的例句中，直接用于会话或对话的把个句占到了三分之一左右。例如：

(72) 什么粗活儿都是我一把儿抓，把个老婆弄得黑眉乌嘴上灶丫头似的，也叫人笑话，你枉为场面上的人，这都不晓得？

(73) 还把礼物都拿家来了，又是五粮液，又是玉溪烟，简直把个杂货店搬到我家里了！现在，我请县委办公室的同志把这些东西拿上台，请大家一起欣赏一下。

其次，不少把个句都带有调侃的口吻，既随意又幽默。比如下面两句关于足球比赛的报道，与一般正规的体育报道在风格上明显地不同，显得俏皮而诙谐。例如：

(74) 西多夫、皮尔洛等人走的也多是"剑宗"一脉，把个米兰中前场衔接的针线合缝，行云流水；倒是一个独修"气宗"一脉的加图索显得有些异类。

(75) 两个"小工"(指边裁)，一起往比赛中加了太多的"佐料"，把个意大利人和西班牙人呛的直流眼泪，赛场上到处弥漫着韩式泡菜的"辛""酸"味道。

对于把个句表达方面的种种特点，还需要说明的是：对外看，其他的把字句有时也会或多或少地具有这些特征，只是把个句在这方面更加鲜明、更为突出；对内看，这些特征之间并不是各自独立，互不关联的，相反，有不少方面是互相依存、互为因果的。

3. "个"的性质与作用

3.0 毫无疑问，把个句中最关键的成分就是宾语前面的这个"个"，因此，本节将着重分析"个"的基本性质、内部差异及其不同的表达功用。

3.1 量词与助词。根据“个”性质与功用，可以将把个句中的“个”分化为两个：一个仍然是量词，一个已转化为助词了[5]。这两个“个”的区别大致有四个方面。

a. 搭配关系。量词“个”后面的“NP”在语义上都是能够用“个”数量化的具体事物，而助词“个”在搭配上，可以是具体的事物，也可以是一些难以数量化的抽象概念。试比较：

(76) 油灯光一闪，我眼角扫见他好像把个鼓鼓囊囊的麻袋顺手撂在门背后。

(77) 摆开场面炸油饼油条和煮香喷喷猪血汤的，卖西瓜、梨瓜的……把个寂静的黎明搅得乌烟瘴气，却硬是热热闹闹，充满活力。

“麻袋”是占据三维空间的个体名词，自然可以用量词“个”来计量，而“黎明”是相对抽象的概念，一般不能用泛化量词“个”来修饰和计量，但可以用限定助词来限制和指别。

此外，还可以从其他辅助性的搭配关系上，证明把个句中的“个”到底是量词还是助词。譬如，下面两句中分别出现了“们”和“都”，这就可以从数量特征上证明这两个“个”不可能是表计量的量词，只能是表限定的助词。例如：

(78)（那喊声）显得又突兀又悠长，几乎把个在午睡中的村民都吵醒了。

既然“村民”都不止一个，那么这个“个”就不可能是量词。同样，“把个”后面再出现“一个”，或者后句出现了对举的“那”，前面的“个”也肯定不是量词了。例如：

(79) 在外边又有了新欢，把她领进门来，还不许你不认，横下一条心，把个来路不正的一个人儿打发出去，这不正是做了一件好事吗？

(80) 把个破东西当宝贝送人，却又不好说穿，颖就随便地把那丑东西放进提包，谢过老太婆回家了。

凡是“个”和“那”对举的，这类“个”在功能上非常接近于指别词。再比如：

(81)（你）给咱把个高明拿出来咱看看！你给咱把那正确摆出来咱看看！

b. 替换形式。量词“个”的功用主要在于计量，因此都可以用“把一个”替换，而助词“个”的功用主要在于限定，所以一般不能插入数词加以扩展。试比较：

(82) 话没说完，已见场务员把（一）个画架放了在乐知音旁边。

(83) 我是有意把（＊一）个武侠小说写成纯文学样式，一是探索二是板板风气三是提高读者品味。

反过来，助词“个”常常可以用指示代词“这、那”替换，而量词“个”大都不行。例如：

(84) 重重地坐下去；张开嘴想对母亲说什么，又闭上嘴什么也不说出来，把个/（那）王老太急得简直不知如何是好！

(85) 可我前脚走了，他后脚就租了个房子，把个/（＊那）女孩子接进来同居在一起。刚开始几天他还好好经营酒店，后来请了他妹夫去帮忙，他就每晚 8 点多钟就走，第二天中午 12 点带着那女的回餐厅吃饭。

从上下文看，后把个句引出的是初次提到的某个女孩子，前面自然不能用指示代词“那”。

c. 指称性质。量词"个"后面的"NP"大都是不定指的，而助词"个"后面的"NP"则大多是定指的。试比较：

(86) 他用银链子把个大大的珐琅鼻烟壶挂在脖子上。

(87) 小雷啊，你给说说，我惹谁了，遭这报应？好好儿的锅坐在火上，装了一锅水，开到最小温着，人家给拧到最大，就这么把个新锅给烧烂了。

很显然，对于受话人来讲，"鼻烟壶"是未知的、不定指的，而"新锅"则是已知的、定指的。此外，凡是专有名词前的"个"，一般也都是指别性或限定性的助词。例如：

(88) 有时正当他们愉快至极的时候，他就猛然会想起巧珍来，心顿时像刀绞一般疼痛，情绪一下子就从沸点降到了冰点，把个兴致勃勃的黄亚萍弄得败兴极了。

(89) 三楼窗口虽掩着窗幔，但仍透出摇曳灯光；时不时还传出嚣张声浪，把个蒋经国恨得牙痒痒的。

很显然，对于受话人而言，"黄亚萍"和"蒋经国"都是已知的，所以都是定指的。

d. 主语特征。凡主语是实位主语、指人主语的把个句，"个"很可能是量词，而主语是空位主语、无生主语的把个句，"个"很可能是助词。试比较：

(90) 金三爷不能把个常叫"打倒日本鬼子"的小外孙子带着到处跑，也不能跟自个儿的闺女较劲。

(91) 酒后使气说了几句不中听的话，传到太后耳朵去，从此冷落了他，(　)把个贝子前程也耽误了。

"金三爷"是实位的指人主语，相应的，"个"应该分析为量词，而后句的主语则是空位的无生主语，"个"则应该分析为助词。之所以有这样的区别，是因为有形的指人主语多是某个具体行为的致使主体，而无形的非指人主语多为某种现象的致使因素。再比如：

(92) 把屋子也收拾利落了，二太太把个刚到一周岁的小泥鬼交给了他。

(93) 一进腊月，舞舞扬扬的两场大雪，断断续续地下了十几天，(　)把个大山深处的连山乡，抚弄成一片冰雪的世界。

综合上面分析，可以得出如下结论：由于把个句中"个"的性质不同，现代汉语中实际上存在着既互有联系，又性质不同的两种把个句：量词式把个句和助词式把个句。由于这两种把个句性质各异，相应地，两种句式中不同的"个"自然会有各自的表达功用。

3.2 量词"个"的功用。量词"个"的功用大致可以归纳为三个方面。

a. 个体化。所谓个体化，就是指部分把个句中的"个"保留了数词"一"和泛化量词"个"合用时的基本功能，主要表示个体化的计量，"个N"就是"一个 N"的简缩式。例如：

(94) 不过，他把机关枪听成了鸡冠枪，于是他就想啊，把个鸡冠子放在枪上，岂不就成了鸡冠枪么？

(95) 聂小轩知道这里的规矩，便悄悄把个二两的银锭塞在烟壶的布包下边。

鉴定把个句中的"个"是否还表示计量功能，方法之一就是在"个"前添加数词"一、两、几"，如添加之后各"X 个"都可以显示 N 的数值，这个"个"就应该是个体化量词。例如：

(96) 临走，贾凤楼把(一/两/几)个红纸包塞在那五手中说：

“进茶社给小费，总得花点。……”

(97) 有一次几个华工夜班时摸黑把(一/两/几)个日本工长打伤了，勤劳部找不出凶手，罚全体华工在神社广场上跪着。

相对说来，表个体化的功能是把个句中“个”的最简单、最本源、最基本的功能。

b. 无定化。所谓无定化，就是指部分把个句中的“个”，也相当于数量短语“一个”，但其量化作用已经减弱，无定指称功能开始显现，主要作用是标指 N 的无定性倾向。例如：

(98) 卫生处处长忘了卫生，市政府秘书主任差点把个(≈一个)筹码放在嘴里。

(99) 正是历史上最乱的时候，工地上工伤不断，那回，从三米高的地方掉下东西，顿时把个(≈一个)娃子打得七窍流血，眼看着就不行了。

如果把字宾语前没有这个量词“个”，那么，该“筹码”和“娃子”就很有可能被理解为是一种具有可辨性(identifiability)的定指性光杆成分。从另一个角度看，表无定化的“个”，一般都兼有双重的功能：既有无定指称功能，又有个体计量功能，只是比起个体化的“个”来，无定化“个”的无定指称功能比计量功能更为突出。再比如：

(100) 若一不留神把个(≈一个/某一个)“大肚量”的“油老鼠”请回家，事后“供养”起来又觉得力不从心，可就悔之晚矣。还是那句老话——“一切都得从经济承受能力出发。”

(101) 那时候我们太小，没见过多少世面，把个(≈一个/某一个)巴掌大的地方看成是大商厦了。

很显然，“个”的无定化指称功能是从“一个”的个体化计量功能虚化发展而来的。

c. 全称化。所谓全称化，就是指部分把个句中的“个”表示全量统括，概括整类事物的全部，“个 N”就是“整个 N”。表全称的 N 通常都是具体事物，尤指某个地方或区域。例如：

(102) 要不日本鬼子在这儿扫荡了三天三夜，把个(≈整个)沙家浜像篦头发似地这么篦了一遍，也没搜出他们的人影来。

(103) 3 月 23 日以来，“宝马”假彩票事件，把个(≈整个)西安古城吵了个沸沸扬扬，陕西律师姚成义说，彩票这一领域缺乏法律规范。

有时，表全称的“个 N”也可以指一些相对抽象的领域，譬如某个行业或范围等。例如：

(104) 违法承包工程、取得公营事业的特许代理权、变更地目炒作土地等，把个(≈整个)台湾社会弄得乌烟瘴气，民众怨声载道。

(105) (病毒的泛滥)把个(≈整个)Internet 搞的乱七八糟，现在蠕虫和木马已越来越猖狂，而 VBS 脚本病毒更是声势浩大的活跃在这个舞台上。

严格地讲，真正表全称化功能的是省略或隐含了的那个数词“一”。在把个句中，“一”虽然没有在句法表层出现，但“一”的统括功能已被存留的“个”吸收(absorb)了。

3.3 助词“个”的功用。助词“个”的功用也可以分为三个方面。

a. 实体化。所谓实体化，就是指在部分把个句中“个”的作用在于使某种抽象的概念变得具体实在，使本来无形的性状变成一个有界(bounded)的可以接受致使的实体。例如：

(106) 每逢高考来临之际，报纸、杂志、电台、电视、还有网站，各类广告铺天盖地，各种宣传热闹非凡，把个"高考经济"炒得红红火火。

(107) ……四处胡闹，把个清净的禅门宗风，搞得乌烟瘴气。

"经济"和"门风"都是没有空间性的抽象、宽泛的概念，加上了"个"之后就转向了一种具有一定操作性的实体，从而更加适合充当把个句的宾语，更能凸显句式的致使义。再比如：

(108) 除夕夜，四周的爆竹把个年夜烘托得幸福无比，而她的小屋却像堕入了深谷；小电灯泡像个醉汉的红眼，两幅对联给这郁闷的氛围更增添几分烦恼。

(109) 活活的把个几百亿的游戏市场给搞砸了。不过我还是要感谢美国人，不是雅达利"整歇"，我估计我现在还在卖扑克牌呢。

"年夜"和"游戏市场"在"个"的类化作用下，也顺理成章地成了句式的致使对象。

b. 类别化。所谓类别化，就是指当部分把字宾语表示某种确定的旧信息时，"个"的作用在于通过一个具体的实例，使之典型化、范畴化，表示不但对待 N 是如此，对待相同的、相似的同类也必然会如此，从而起到举一反三的强调性表达效果。例如：

(110) 老黑艺术细胞极多，天性敏感，不久便把个三弦弹得出神入化，成为团里的骨干。

(111) 这也难不倒 JAY，现场征求观众的意见自弹自唱，把个钢琴抚弄的服服帖帖！

说话人之所以要在宾语前添加"个"，其目的就在于通过"个"的转化作用,把本来不定指的对象“三弦”“钢琴”类别化,使得这一具体的事例具有普遍性的意义;表示主人公有关拉“三弦”、弹“钢琴”的所有的技能,都能够达到如此的境界。再比如:

(112) 最高价值的时刻到来了,她高挺胸脯,翘着臀部,顾盼生姿,一下子把个小戏子的恶俗暴露无遗,除了李晓非色迷心窍,不觉其丑之外,……

(113) 家长的儿童教育费问题解决了,他们只须把个小泥鬼送到学校里,便算没了他们的事。

这两句“个”后 N 所表达的既不是“某一个”也不是“这一个”“戏子”和“小泥鬼”,而是这样一类的“戏子”和“小泥鬼”。

c. 专指化。所谓专指化,就是指当部分把字宾语表示某种确定的特指信息时,“个”的作用在于加强对该特定的人或物的指别作用,使之专门化、特指化;表示把个句所处置的正是这么或这样的一个人或物,从而达到凸显该致使对象的表达效果。例如:

(114) 当下蛇公吩咐,各方操办,不一会,把个(≈这)蓝广殿打扮得花花绿绿,管弦齐奏。

(115) 旁边又有卖灯笼草的,卖活鱼食的,玻璃缸、琉璃盆,把个(≈这)水池四周装点得五光十色。

“把个蓝广殿”“把个水池四周”就是专指“把这蓝广殿”“把这水池四周”。再比如:

(116) 像爆豆似的,一到夜晚,炮火流弹像礼花一般在夜幕中穿梭飞窜,把个夜空编织得纵横交错,色彩斑斓。

(117) 衣襟一层层叠过来,云纹寿纹一条条堆上去,把个妙龄女子包裹得像马王堆汉墓的千年女尸,从背后看不辨男女,实在令人生厌。

"把个夜空"就等于说"把这时的夜空","把个妙龄女子"就等于"把那个妙龄女子"。

4. 结语与余论

4.1 综上所述,可以归纳为以下三点:首先,尽管现代汉语把个句的使用频率并不太高,但是这种把字句在句法成分、句子构造、句式语义、语用倾向等各个方面都有着不同于一般把字句的独特个性。其次,把个句主要表示扭曲关系的异常态,但也可以表示非扭曲的正常态;主要通过"得"表示由某种情况所导致的情态,但也可以用其他方式表示情态或结果;主要充当后接句强调的某个事件形成的结局,但也可以充当前启句提出事件发展的前提;把个句既具有较强的主观化倾向,也具有相当的通俗化色彩。最后,由于"个"的性质不同,现代汉语中实际上存在两种性质不同的把个句,前式中的"个"具有个体化、无定化、全称化等功用,而后式中的"个"则具有实体化、类别化、专指化等功用。

4.2 从横向关系看,现代汉语两种不同的把个句之间、把个句各种句法成分之间、把个句的多种表达功能和语用倾向之间,都存在着互相关联、互相制约、互相促进的内在联系。从纵向联系看,早期的把个句几乎都是由表实义用法的把一个句省略了数词"一"而形成的;无定式把个句源自于计量式把个句,限定式把个句又来自于无定式把个句;而把个句句式语义的形成、有定宾语的大量出现、"个"的内部分化与功能多样性,以及把个句主观性、通俗化的增强,等等,都是把个句式发展演进过程中语法化和主观化的必然的结果⑥。

附注

① 在陶红印、张伯江(2000)和杉村博文(2002)两篇文章中,所谓的把一个句都是一种广义的把一X句。也就是说,量词并不限于"个",只要含有数词"一",不管是什么量词,譬如"把一条""把一张""把一件""把一杯"等都归入了把一个句。

②⑥ 关于近代汉语把个句,以及把个句式的形成与"个"的虚化历程,可以参看张谊生(2005);修改稿就是本书第四编第二章《近代汉语"把个"句的功能与用法》。

③ 本章所说的受事和施事,都是广义的。细分起来,受事包括(狭义的)受事、对象、客体、角色、结果、事件等,施事包括(狭义的)施事、主事、当事、感事、经事、主体等。限于篇幅,本章对这些不同的语义角色,没有刻意做详细的区分;除了特殊需要,本章一律称之为受事和施事。

④ 虽然把个句的主观性很强,但也不像杉村博文(2002)所说的那样"只能充当谓语"。我们也发现了把个句充当定语、主语和补语的例子。例如做定语:妇人打趣把个鸡毛吹成鸭毛的壮年男子说:"你们家里鸭毛都丢到水沟里啦。"做主语:把个颁奖礼搞得像个丧礼想必也不是金像奖组委会的愿望。做补语:那一刻,张敏高兴得把个录取通知书,看了又看,亲了又亲,好像考上大学的不是玉东,而是自己。

⑤ 对于这个限定性的"个"字,严格地讲,"助词"之说其实并不确切,吕叔湘(1984)认为相当于英语中的冠词(article)。但是,由于汉语中没有冠词、限定词、小品词等说法,只能姑且称之为助词。

参考文献

吕叔湘 1984 把字用法的研究,《汉语语法论文集》,北京:商务印书馆。
杉村博文 2002 论现代汉语"把"字句"把"的宾语带量词"个",《世界汉语教学》1期。
沈家煊 2001 语言的"主观性"和"主观化",《外语教学与研究》4期。
沈家煊 2002 如何处置"处置式"?——论把字句的主观性,《中国语文》5期。
陶红印、张伯江 2000 无定式把字句在近、现代汉语中的地位问题及其理论意义,《中国语文》5期。
王惠 1997 从及物性系统看现代汉语的句式,《语言学论丛》(第十九辑),北京:商务印书馆。
徐磊 2004 也论带"个"的把字句,上海师范大学硕士学位论文。

张伯江 2000 论“把”字句的句式语义,《语言研究》1 期。
张旺熹 1991 “把字结构”的语义及其语用分析,《语言教学与研究》3 期。
张谊生 2003 从量词到助词——量词“个”语法化过程的个案分析,《当代语言学》3 期。
张谊生 2005 近代汉语“把个”句研究,《语言研究》3 期。

第二章　近代汉语"把个"句的功能与用法

0. 前言

0.1 把字句是近、现代汉语中最常用，也是最具汉语特色的句式。半个多世纪以来，汉语语法学界围绕着汉语把字句，依据不同的理论背景和研究方法，从各个角度展开了多方面的研究。近年来，有关"把"字宾语前加"(一)个"的"把(一)个"句逐渐引起了人们的关注。陶红印、张伯江(2000)根据"个"(或"一个")在外部形式上的特征将这类句子统称为无定(indefinite)式把字句，对此类句式在近、现代汉语中的地位做了深入的阐释，认为这类句式主要用于表示通指意义，其次是引进偶现新信息。杉村博文(2002)则强调从认知角度对现代汉语带量词"个"的把字句加以研究，认为这一句式的特点是宾语和动词之间存在扭曲关系，重在通过"个"的类化作用激活把字宾语的情理值。

然而，由于关注重点和讨论角度的限制，陶、张文和杉村文都没有集中全部精力研究把个句，而是将相当一些篇幅用于把一个句以及把一个句和把个句的比较；而且，杉村文只讨论现、当代的情况，并没有涉及近代汉语的把个句。此外，我们觉得，这两篇文章对于汉语把个句的某些解释和结论，似乎也有再进一步讨论的必要。因此，本章准备在以上两文的基础上，对近代汉语把个句做一番集中的考察和探讨。

0.2 本章将从结构特征、表达功用和发展趋势三个方面对近代汉语把个句进行全面的梳理和探索。除了前言和结语，主要分为三个部分：首先描写和分析把个句的构造特点及主要成分的句法特征；然后讨论把个句中的“个”的作用以及整个句式的表达功用；最后从历时发展的角度揭示把个句的形成来源、发展趋势和内部分化。

我们感兴趣的主要是：a. 既然一般认为把字句的宾语是有定的，而“个”又是汉语中典型的无定标记，那么为什么近代把字句中会频频出现这个“个”？ b. 此类把字句中的宾语在指称方面到底具有什么样的性质，其中的“个”都是量词吗？ c. 近代汉语把个句在结构成分和表达作用上各有哪些特点？ d. 把个句的发展历程和演化趋势又是怎么样的？

0.3 本章的例句，大部分是对“青苹果数据中心”策划制作的电子图书系列《中国古典名著百部》电子版进行穷尽性检索获得的[①]，另有一部分是通过“搜狐网”和“百度网”查检而得的。因此，本章的有些例句在版本的可靠性和准确性方面可能会存在些许问题，不过我们相信，版本方面少量的舛误是不会影响本章所得出的基本结论的。

1. 结构特征

1.0 本节对把个句的基本论元——主语、宾语、谓语和补语的结构特征进行分析。

1.1 主语。把个句主语最明显的特点就是：零主语(zero-subject)现象很普遍。根据主语从缺的性质，这些零主语大致可以分为省略型、蕴涵型和隐含型三种情况。

省略(ellipsis)是句法上的，就是该主语在前句或前分句中已经出现过，为了避免重复、为了使语言表达更加简捷紧凑，“把”字前面就不再重复该主语了。例如：

(1) 那太白金星与美猴王同出了洞天深处，一面驾云而起。

原来悟空筋斗云比众不同，十分快疾，（悟空）把个金星撇在脑后，先至南天门外。（《西游记》四回）

（2）而且这女婿能言惯道，（他）把个干丈母娘奉承得什么似的，因此这九姨太更觉乐不可支。（《官场现形记》三十八回）

上面两句的主语可以补出来，但是补出来就会显得比较啰嗦、累赘。省略型主语和非零形式主语在语义角色上具有一致性，一般都是有生的施事主语。试比较：

（3）是老孙抢到面前，打了一棍，那黑汉化风而走。道人也不见了，（老孙）只把个白衣秀士打死，乃是一条白花蛇成精。（《西游记》十七回）

（4）话说老残把个靓云说得甚为郑重，不由德夫人听得诧异，连环翠也听得傻了，说道："这屋子想必就是靓云的罢？"（《老残游记续集》二回）

蕴涵（entailment）是语义上的，就是该主语成分虽然在形式上并没在前文出现过，但是在语义上应该是明确而清楚的，因而可以根据上文推导出来的。例如：

（5）当下舅太爷、叔太爷，一个在前，一个在后，[两人]把个三荷包夹在中间。（《官场现形记》五回）

（6）若卖与第二个人还好，这薛公子的混名人称"呆霸王"，最是天下第一个弄性尚气的人，而且使钱如土；遂打了个落花流水，生拖死拽，[这一伙人]把个英莲拖去，如今也不知死活。（《红楼梦》四回）

蕴涵的成分尽管在结构上不是必需的，但在语义上都是确定无疑的。

隐含（implicature）是语用上的，就是该主语成分在形式和语义上都不是很清楚的，即使参照上下文相关语境，也很难补出一个唯一而确切的主语来。例如：

(7) 又子瞻素爱与佛印谈论，日常无事，便到寺中与佛印闲讲，或分韵吟诗。佛印不动荤酒，子瞻也随着吃素，[≈这样一来]把个毁僧谤佛的苏学士，变做了护法敬僧的苏子瞻了。(《喻世明言·明悟禅师赶五戒》)

(8) 上他那楼梯，一脚蹉滑了，[≈这一滑]把个六七个月身扭吊[掉]了。(《金瓶梅》四十回)

隐含型主语大多是导致某种结果的动因，包括言行、情势、场景等各种情况。再比如：

(9) (金桂)说着，便要跑到街上回娘家去，亏得人还多，扯住了，又劝了半天方住。[≈这一闹]把个宝琴唬的再不敢见他。(《红楼梦》一百回)

(10) 抚台要传荀才来见，偏偏他又在假内，[≈这情景]把个抚台急的了不得。(《二十年目睹之怪现状》九十四回)

总的看来，零主语把个句在近代汉语把个句中比率很高，占有绝对的优势。在我们所收集到的 320 多句近代汉语把个句中，零主语句有 280 多句，接近 80%。而语用类隐含型零主语句又是其中主体，几乎占到了三分之二以上。很显然，这种主语从缺的句子模式同把个句的致使性句式义(construction meaning)及其特定的表义方式密切相关。

1.2 宾语。把个句的宾语有两个特点。其一是无定宾语占有相当的比率。此类宾语既可以出现在话语情景中，是无定性实指的。例如：

(11) 今日也推在院里歇，明日也推在院里歇，谁想他只当把个人儿歇了家里来，端的好在院里歇！(《金瓶梅》二十回)

(12) 随把个马褥子铺在炕沿上，盘腿坐好，闭上眼睛，把自己平日念过的文章，一篇篇的背诵起来。(《儿女英雄传》四回)

也可以不在话语情景中，是无定性虚指的。例如：

(13) 那风月场，那一个不爱？只是自有了娇妻，也落得个自在，又何须终日去乱走胡行，反把个贴肉的人儿送别人还债！(《初刻拍案惊奇·乔兑换胡子宣淫 显报施卧师入定》)

(14) 店主人道："你这样人，种火又长，拄门又短，郎不郎，秀不秀的。若要觅衣食，须把个'官'字儿阁起，照着常人佣工做活，方可度日。你却如何去得？"(《初刻拍案惊奇·钱多处白丁横带运退时刺史当艄》)

无论是实指还是虚指，只要是无定宾语，对于受话人而言都是未知的、不确定的。而把字句中之所以会出现大量的无定宾语，自然同无定标记"个"的使用密切相关。

其二是施事宾语占有较高的比率。此类宾语多为指人名词。例如：

(15) 月娘骂道："怪臭肉每，干你那营生去，只顾奚落他怎的？"于是[≈这些话]把个李瓶儿羞的脸上一块红、一块白，站又站不得，坐又坐不住，半日回房去了。(《金瓶梅》二十回)

(16) 这一来，把个风流透顶的傅彩云直看得眼花缭乱，心头捺不住突突地跳，连阿福的伶俐、瓦德西的英武都压下去了。(《孽海花》三十回)

所谓施事宾语，是相对于动词"羞、看"讲的，就整个把个句式而言，"李瓶儿、傅彩云"仍然是前面或隐或显的主语——"[这些话]、这一来"的致使对象。其实，即使从动词的角度看，有些把个句的宾语究竟是受事还是施事，也仍然存在着一定的模糊性。例如：

(17) 看看到一更时分,那李瓶儿不住走来帘外,见西门庆坐在上面,只推做打盹。那应伯爵、谢希大,如同钉在椅子上,白不起身。……把个李瓶儿急的要不的。(《金瓶梅》十三回)

(18) 只这一声喝,如霹雳震天,把个国舅虢射吓得伏于车中,不敢出气。(《东周列国志》三十回)

“急”和“吓”既有自动用法,也有使动用法;其宾语也就可以有施、受两种不同的理解。

1.3 谓语。把个句的谓语也有两个特点:一是不及物动词可以充当谓语中心。例如:

(19) 李瓶儿道:“奴有甚话儿——奴与娘做姊妹这几年,又没曾亏了我,实承望和娘相守到白头,不想我的命苦,先把个冤家没了,如今不幸,我又得了这个拙病[快]死去了。”(《金瓶梅》六十二回)

(20) 到七日上,把个白白胖胖的孩子跑掉了。赵氏此番的哭泣,不但比不得哭大娘,并且比不得哭二爷,直哭得眼泪都哭不出来。(《儒林外史》六回)

此类不及物动词在语义上大都含有[+失去]、[-自主]的语义特征。再比如:

(21) 你妹夫有这几两银子的家私,如今把个正经主儿走了,这些家人小厮都没个依靠,这立嗣的事是缓不得的。(《儒林外史》六回)

(22) 我且问你,袭人姐姐这几日可好?怎么忽然把个晴雯姐姐也没了,到底是什么病?(《红楼梦》七十九回)

(23) 贾老儿既把个大儿子死了,这二儿子便成了个宝贝,恐怕他劳神,书也不教他念了。(《老残游记》十五回)

甚至还可以用一个消极义动态形容词做把个句的谓语中心。例如：

(24) 初时，李瓶儿还震颤扎挣着梳头洗脸，下炕来坐净桶，次后渐渐饮食减少，形容消瘦，那消几时，把个花朵般人儿，瘦弱得黄叶相似，也不起炕了，只在床褥上铺垫草纸。(《金瓶梅》六十二回)

二是一些表示情绪变化的心理动词经常充当谓语中心。这一点与第一点是相通的，许多不及物动词也就是心理动词。例如：

(25) 贾琏却也喜欢，忙去禀知王夫人，即便回明贾母。把个袭人乐得合掌念佛。(《红楼梦》九十五回)

(26) 钦差通知了老年伯。直把个老年伯喜的晚上睡不着觉。(《官场现形记》十九回)

在收集到的语料中，较常见的心理动词和动态形容词有：乐、喜、吓(xià)、唬、气、急、臊、羞、痛、恨、烦、慌、忙、心疼、难过、喜欢、高兴等。再比如：

(27) 那师父不住的又念了几遍，把个行者痛得打滚，抓破了嵌金的花帽。(《西游记》十四回)

(28) 昨儿九姨太同大姨太斗了嘴回来，就把个大姨太恨得什么似的，口说："一定要老爷打发了大姨太；倘若老爷不肯，我就同他拼命！"(《官场现形记》三十六回)

从另一个角度看，具有使动和自动的双重语义功能的，往往也正是一些心理动词。

1.4 补语。就把个句补语的语义类别看，结果、趋向、程度、数量等补语都有；不过，出现频率最高的还是带"得/的"的情态补语。例如：

(29) 王耆无可奈何，只索由他。过了六七年，把个家产费得罄尽，单靠着一身本事，在本府充做个副排军。(《水浒传》一百零

一回）

（30）这儿日把个过道台忙的昼夜不宁，茶饭无定。（《官场现形记》十九回）

而且，还常常出现零形式的情态补语，“得”也可以写成“的”。试比较：

（31）把个舅太太乐得笑逐颜开，说道：“还给我磕头呢，很好！”（《儿女英雄传》二十七回）

（32）把个舅太太乐得［　］，倒把脸一整，说：“姑娘，你这话是真话，是顽儿话？”（《儿女英雄传》二十二回）

（33）把个邓九公乐的［　］，说：“借二叔的吉言，托二叔的福。”（《儿女英雄传》三十九回）

总之，观察把个句的句法成分特征时，我们注意了以下两点：首先，这些特征是同一般的近代把字句相比较而得到的；其次，这些特征之间往往存在着互为条件的内在联系。

2. 表达功用

2.0 从使用效果看，作为一种特殊的把字句，把个句除了具有一般把字句的基本作用之外，还有一系列特有的表达作用。细分起来，又可以先分为两个大的方面：宾语前“个”的表达功用和把个句句式的表达作用。

2.1 “个”的表达功用。在把个句中，“个”的表达功用主要是针对后面的把字宾语的，大致有以下四种：无定化、实体化、类别化、专指化。

a. 无定化。所谓无定化就是指在部分把个句中，“个”就相当于数量短语“一个”，其作用除了计量之外，主要表示该宾语所代表的某个人或物是无定的。例如：

（34）你看他不由分说，急急的走了去，把个（≈一个）包袱解

开，早有霞光迸迸，尚有两层油纸裹定，去了纸，取出袈裟！（《西游记》十六回）

(35) 次日早上，从人依了昨日之言，把个（≈一个）烧火的家僮请了去。他日逐守着炉灶边，原不耐烦，见了酒杯，那里肯放？（《初刻拍案惊奇·丹客半黍九还 富翁千金一笑》）

很显然，在这种情况下，如果宾语前没有“个”，那么，“包袱”和“家僮”就很有可能被理解为具有可辨性(identifiability)的光杆定指成分了。再比如：

(36) 一天，他忽然跐着个板凳子，上柜子去不知拿甚么，不想一个不留神，把个（≈一个）板凳子登翻了，咕咚一跤跌下来，就跌了个大仰爬脚子。（《儿女英雄传》三十九回）

(37) 两人酒酣耳热，接膝谈心，把个（≈一个）看花饮酒的游观场，当了运筹决策的机密室了。（《孽海花》二十六回）

b. 实体化。所谓实体化就是指在部分把个句中，“个”的作用在于使某种抽象的概念变得具体实在，使本来无形的性状变成一个有界(bounded)的便于致使的实体。例如：

(38) 故此人起他一个混名，叫做倒运汉。不数年，把个家事干圆把洁净了，连妻子也不曾娶得。（《初刻拍案惊奇·转运汉遇巧洞庭红 波斯胡指破鼍龙壳》）

(39) 冯妈妈道：“还问甚么好？把个见见成成做熟了饭的亲事，吃人掇了锅儿去了。”（《金瓶梅》十八回）

“家事”“亲事”都是相对抽象、宽泛的概念，加上了“个”之后就转向了一种具有一定空间性的实体，从而更加适合充当把字句的宾语，更能凸显把个句的致使义。再比如：

(40) 就是你做儿子的,巴得父亲到许多年纪,又把个不得善终的恶名与他,心中何忍?(《喻世明言·蒋兴哥重会珍珠衫》)

(41) 从此之后,苟才便一心一意,重托了解芬臣,到底化了几万银子,把个功名保全了。(《二十年目睹之怪现状》八十七回)

c. 类别化。所谓类别化就是指当把字宾语表示某种确定的旧信息时,"个"的作用在于通过一个具体的实例,使之典型化、范畴化,表示不但该个体宾语是如此,与此相同相似的同类也必然会如此,从而达到举一反三的强调性表达效果。例如:

(42) 贾母道:"他外头好,里头弱。又搭着他老子逼着他念书,生生的把个孩子逼出病来了。"(《红楼梦》二十九回)

(43) 及至弄到兵变马嵬,六军抗命,却又束手无策,不知究奸相、责骄帅、斩乱兵,眼睁睁的看着人把个平日爱如性命的宝贝生生逼死。(《儿女英雄传》一回)

说话人之所以要在宾语前加"个",目的就在于通过"个"的转化作用,把本来定指的对象"孩子""宝贝"类别化,使得这个具体的事例具有普遍性意义。在前句中,贾母不但表示了他老子贾政逼孩子宝玉念书,结果把孩子逼出病来,而且还暗示了用贾政这样的方法会把所有像宝玉这一类的孩子都逼出病来。后句既表达了宝贝杨贵妃被逼死的无奈,又表示如果像玄宗皇帝这样做,即使像杨贵妃这样平日爱如性命的宠妃也只好被逼死。再比如:

(44) 脂油蒙了窍,国孝家孝两重在身,就把个人送来了。这会子被人家告我们,我又是个没脚蟹,连官场中都知道我利害吃醋,如今指名提我,要休我。(《红楼梦》六十八回)

(45) 如今是扬幡擂鼓,弄到人家都知道了,都看见了,倘然这些女眷们不论那一时、那个人提起来,都拉住手要瞧瞧希希罕儿,

那时我却把个“有诗为证”的东西，弄到“流水落花春去也，天上人间”了。（《儿女英雄传》二十八回）

两句还表示了“即使像这样一类人、其他‘有诗为证’一类东西，也是如此”，那样的类化义。

d. 专指化。所谓专指化就是指当把字宾语表示某种的确定的特指信息时，“个”的作用在于加强对该特定的人或物的指别作用，使之专门化、特指化，表示把个句所处置的正是这么或这样的一个人或物，从而达到凸显该致使对象的表达效果。例如：

(46)（胡屠户）自己看时，把个（≈这）巴掌仰着，再也弯不过来；自己心里懊恼道：“果然天上文曲星是打不得的，而今菩萨计较起来了！”（《儒林外史》三回）

(47) 那李嬷嬷脚不沾地跟了凤姐走了，一面还说：“我也不要这老命了，索性今儿没了规矩，闹一场子，讨个没脸，强如受那娼妇蹄子的气！”后面宝钗黛玉随着，见凤姐儿这般，都拍手笑道：“亏这一阵风来，把个（≈这）老婆子撮了去了。”（《红楼梦》二十回）

“把个巴掌”“把个老婆子”就是专指“这个巴掌”“这个老婆子”。再比如：

(48) 那只虎直挺挺站将起来，把那前左爪抡起，抠住自家的胸膛，往下一抓，唿刺的一声，把个皮剥将下来，站立道旁。（《西游记》二十回）

“把个皮”就等于说“把自己那张皮”。

2.2 句式的表达作用。与普通把字句相比，把个句在表达方面大致具有以下四个方面的特点：超常性、兼容性、倾向性和承接性。

a. 超常性。从表义效果看，把个句的 N 和 VC 之间常常存在着一种超乎常理的扭曲关系（杉村博文 2002），所表达的都是一种情理之外或意料之外的情况。例如：

（49）正说着，这个人才跟进屋子，只听得“噶喇”的一声，就把个孩子养在裤裆里了，还是挺大的个胖小子！（《儿女英雄传》三十九回）

（50）不想我的干女儿没得认成，倒把个亲女儿叫弟夫人拐了去了！（《儿女英雄传》三十二回）

“孩子养在裤裆里”和“弟夫人拐了亲女儿”都是很不同寻常的情况。再比如：

（51）凤姐不等说完，便道：“你提晴雯，可惜了儿的，那孩子模样儿手儿都好，就只嘴头子利害些。偏偏儿的太太不知听了那里的谣言，活活儿的把个小命儿要了。”（《红楼梦》一百零一回）

（52）那王庆好的是女色，见了这般标致的女子，把个魂灵都吊［掉］下来，认得那伙干办、虞候是枢密童贯府中人。（《水浒传》一百零一回）

“要了（晴雯）小命”也好，“魂灵吊下（神魂颠倒）”也好，也都是超乎一般常理的。

b. 兼容性。从语义关系看，把个句中的一些谓语动词在句中往往可以兼有自主性和被动性的双重性质。例如：

（53）宝玉虽也有些不好意思，还不理会，把个宝钗直臊的满脸飞红，又不好听着，又不好说什么，只见袭人端过茶来，只得搭讪着自己递了一袋烟。（《红楼梦》一百零一回）

（54）金文翔忙应了又应，退出回家，也不等得告诉他女人转说，竟自己对面说了这话。把个鸳鸯气的无话可回，想了一想，便

说道:……(《红楼梦》四十六回)

这种语义关系的双重性,正是导致前面分析宾语时所提到的施受关系模糊性的主要原因。再比如,下面的"荣国府"和"张姑娘"也都既可以理解为受事,也可以理解为施事:

(55) 这一闹,把个荣国府闹得没上没下,没里没外。(《红楼梦》一百十七回)

(56) 把个张姑娘羞的无地自容,坐又不是,走又不能,只得听他父亲说道:"姑娘,我一家子的性命都是你给的,你说甚么有个不愿意的!"(《儿女英雄传》九回)

正因为存在主、客关系的兼容性,所以有些把个句索性就省略了这些两可的动词,下面"白瞪着眼"和"就同泥塑一般"前面,既可以补出"说/弄得",也可以补出"听/看得":

(57) 三荷包越说越得意,把个藩台[说得/听得]白瞪着眼,只是吹胡子,在那里气得索索的抖,愣了好半天,才喘吁吁的说道:"我也不要做这官了!"(《官场现形记》五回)

(58) 那跑堂儿的答应了一声,趸身就往外取壶去了,把个公子[弄得/看得]就同泥塑一般塑在那里。(《儿女英雄传》四回)

由此可见,由于把个句句式义的作用,有些句子的动词可以具有施受兼容的通感效应,这种效应既导致了语义关系的兼容性,也造成了宾语角色的模糊性。

c. 倾向性。从语用制约看,把个句带有强烈的主观意向。所谓主观倾向性,就是说话人在使用把个句时,还显示自己对整个事件的立场、态度和情感(沈家煊 2002)。这种主观性(subjectivity)大致体现在三个方面。首先,显示了说话人的立场。例如:

(59) 奴才在京的时候听见，薛大爷在店里叫了好些媳妇，都喝醉了生事，直把个当槽儿的活活打死的。(《红楼梦》九十九回)

(60) 你瞧宝姑娘那里，出去了一个香菱，就冷清了多少，把个云姑娘落了单。(《红楼梦》七十回)

通过这两个把个句，读者应该可以感受到，说话人是站在"当槽儿的"和"云姑娘"的立场上的，对其被活活打死和落了单的遭遇是同情的，尽管没有明确直接地表示出来。

其次，体现了说话人的态度。例如：

(61) 姚乙对周少溪道："果然是我妹子。只是连连叫他，并不答应，却像不认得我的。难道他在此快乐了，把个亲兄都不招揽了？"(《初刻拍案惊奇·姚滴珠避羞惹羞 郑月娥将错就错》)

(62) 探春又道："到底要算蘅芜君沉着，'秋无迹'，'梦有知'，把个'忆'字竟烘染出来了。"(《红楼梦》三十八回)

这两句在叙述具体情形的同时，还体现了说话人的态度。即说话人"姚乙"对妹子不招揽亲兄的做法是否定的，而说话人"探春"对"秋无迹、梦有知"的写法则是赞同的。

最后，隐含着说话人的情感。例如：

(63) 郭七郎梦中惊醒，他从小原晓得些船上的事，与同艄公竭力死拖住船缆，才把个船头凑在岸上，搁得住。(《初刻拍案惊奇·钱多处白丁横带 运退时刺史当艄》)

(64) 王庆同了两个公人到家中来收拾行囊包裹，老婆已被牛大户接到家中去了，把个门儿锁着。(《水浒传》一百零二回)

表面上看"凑船头"和"上门锁"都是很普通的事，但相对于"郭七郎、艄公"和"王庆"而言，分别是非常艰难的和不太正常的。在这里，作者通过使用把个句将自己对“郭七郎、艄公”和“王庆”的同情委婉地表现了出来，所以是一种隐蔽的表示法。

当然，虽然这种主观倾向性可以分解为三个小类，但实际上这三个方面是相通的，是从不同的角度显示了把个句在语用方面的主观倾向性。

d. 承接性。从篇章关联看，几乎所有的把个句都是后续句[②]，而且绝大多数都是信息传递过程中的承接句。换句话说，从语义连贯的角度看，把个句所表达的内容都是承接前面的表述而来的进一步叙述。也就是说，把个句通常并不表达某个施事对受事的处置，而是表示由于前面出现了某个事件和情况，由此产生的相应结果或状态。例如：

(65) 武后剿灭徐敬业，惟恐城池不固，日与武氏弟兄计议，大兴土木，于长城外，另起东西南北四座高关，把个长安团团围在居中，真是水泄不通。(《镜花缘》三回)

(66) 冒得官便化了三天工夫，把个南京城里的大小洋货店，城外下关的洋行，统通跑遍，居然照样办到。(《官场现形记》三十回)

上面两个把个句虽然各自在整个复句中的信息地位并不相等，前句表背景信息，后句表主要信息；但是这两个把个句都具有承接前分句、充当后续句的篇章特点。

如果与句法成分结合起来观察，可以发现承接性在施事宾语句中显得更为明显。例如：

(67) 几句话说完，直把个尹子崇急得满身大汗，两只眼睛睁得如铜铃一般，吱吱了半天，才挣得一句道：“这件事乃是家岳签的字，与兄弟并不相干。”(《官场现形记》五十三回)

(68) 却说宝玉成家的那一日，黛玉白日已昏晕过去，却心头

口中一丝微气不断，把个李纨和紫鹃哭的死去活来。（《红楼梦》九十八回）

“尹子崇”和“李纨和紫鹃”当然是“急”和“哭”的主体，但是之所以会“急”、会“哭”，是因为前面分句或前句所出现的种种情况引起的、造成的。

总之，把个句既保留了一般把字句表处置义的基本功用，但由于“个”的存在，加上多年使用而形成的致使性句式语义，所以，在表达上又形成了一系列自己独特的个性特征。

3. 发展趋势

3.0 就我们考察的情况来看，把个句最早在宋、金已经出现了，经历了一个逐渐发展的过程之后现在已略显萎缩。综观这近千年的发展变化，大致有四个方面的发展趋势。

3.1 从实义到虚义。就“把”的句法功能而言，把个句在形成之初，“把”还不是严格意义上的介词，所以，动作意义较明显的连动式把个句还比较多。例如：

(69) 有一人不参禅，不论义，把个破席日里睡。（《五灯会元》卷十七）

(70) 武行者道：“好呀！你们都去了，老爷却吃酒肉！”把个碗去白盆内舀那酒来只顾吃。（《水浒传》三十二回）

这种实义用法与把一个句是一脉相承的，因为早期的把个句几乎都是由表实义用法的把一个句省略了数词“一”而形成的。例如：

(71) 大师也难学，把一个发慈悲的脸儿来朦着，击磬的头陀懊恼，添香的行者心焦。烛影风摇，香霭云飘；贪着莺莺，烛灭香消。（《董解元西厢记》）

(72) 怒时节把一个书生来迭噷,欢时节——“红娘,好姐姐,去望他一遭!”——将一个侍妾来逼临。(《董解元西厢记》)

元、明以后,尽管含动词“把”的实义把个句还没有完全绝迹,但是像下面这样还保留有实义用法的把个句已经明显呈逐渐减少的趋势。例如:

(73) 妇人道:“我每人把个帖子,随他来不来!”(《金瓶梅》十六回)

(74) (妇人)把个帕儿揩得牝具干干净净,交颈而睡。(《古代艳情小说集》)

(75) 把个女儿,叫做羞月,与他为配。不知那羞月极其伶俐,如何肯嫁瞎子。(《古代白话小说选》)

随着使用的经常化,把字的语义越来越虚,介词性把个句终于占据了压倒性的优势。例如:

(76) 回头再说那刘学究,把个贵梅给予这寡妇家中,实才知将小女送入龌龊人家,早闻得寡妇风言风语,怕小女受其熏染,甚是担心。(《春染绣榻》)

(77) (妲己)转秋波双湾活水,送的是娇滴滴万种风情,把个纣王弄得心猿难按,意马欲驰,只急得一身香汗。(《古代艳情小说集》)

到了清代,实义把个句已经基本绝迹。据我们统计,在清代的《红楼梦》《儿女英雄传》《官场现形记》《二十年目睹之怪现状》《老残游记》《孽海花》等六部作品中出现了近 170 条把个句,其中含有动词性“把”的实义把个句一句也没有。

3.2 从无定到有定。就宾语的指称性质而言,由于把个句一开始都是由把一个句省略“一”而形成的,所以,在形成初期,绝大多数把个句的宾语都是无定的。例如：

(78) 乔道清束手无术，不能解救，半空里落下个黄泥龙尾，把乔道清劈头一下，险些儿将头打破，把个道冠打瘪。(《水浒传》九十六回)

(79) 杨化道："咱家也坐不过，要去走走。"把个缠袋束在腰里了，骑了驴，同大郊到鳌山卫来。(《初刻拍案惊奇·酒谋财于郊肆恶 鬼对案杨化借尸》)

然而，到了近代汉语后期，情况正好相反，把个句的宾语绝大多数都是有定的。例如：

(80) 那三个也便拥上来，放声大哭，手撕头撞，把个赵姨娘裹住。(《红楼梦》六十回)

(81) 后来把个周老爷弄急了，又亏得和尚出来打圆场，说："王大人是我们妹夫的上司，太太不便去的，还是我出家人替你走一遭罢。"(《官场现形记》十回)

下面是近代各个时期代表作中无定宾语和有定宾语的分布比率图：

作品	创作年代	无定宾语	百分比	有定宾语	百分比
《水浒传》	14世纪中	6	75	2	25
《金瓶梅》	16世纪中	8	62	5	38
《西游记》	16世纪末	19	29	46	71
《红楼梦》	18世纪中	6	24	19	76
《儿女英雄传》	19世纪中	11	10	96	90

需要指出的是，这里的有定、无定仅仅是根据该“NP”所表示的信息，受话人是否可以辨认的角度而确定的。至于实际表达中发话人故

意将一个定指成分当作无定成分来使用的，以及其他一系列与指称有关的例外或模糊情况，我们都未加一一细分③。

3.3 从量词到助词。就“个”的性质而言，把个句中的“个”一开始都是具有计量功能的量词，但发展到后来绝大多数都虚化成了只有指别和强调功能的助词。据考察，凡是含量词“个”的把个句一般都可以扩展为把一个句。例如：

(82) 说罢，又哭了一回，把个(≈一个)坐兀子填高，将汗巾兜在梁上，正欲自缢。也是寿数未绝，不曾关上房门。(《喻世明言·蒋兴哥重会珍珠衫》)

(83) 黛玉听说，回手向书架上把个(≈一个)玻璃绣球灯拿了下来，命点一支小蜡来，递与宝玉，道：……(《红楼梦》四十五回)

一般说来，凡引出一个具体的、可计量的人或物的“个”，都应该算作量词。再比如：

(84) 我自倒运，把个女儿嫁与你这现世宝穷鬼，历年以来，不知累了我多少；如今不知因我积了甚么德，使你中了个相公，所以带瓶酒来贺你。(《儒林外史》三回)

(85) 他怕湿了衣裳，连忙站起来一躲，不防他爱的一个小哈巴狗儿正在脚踏底下爬着，一脚正踹在狗爪子上，把个狗踹得蹿蹿成一团儿。(《儿女英雄传》三十三回)

量词“个”还有一个常见的用法就是用来称说某个汉字等特定的事物。例如：

(86) 店主人道：“你这样人，种火又长，拄门又短，郎不郎，秀不秀的。若要觅衣食，须把个‘官’字儿阁起，照着常人佣工做活，方可度日。你却如何去得？”(《初刻拍案惊奇·钱多处白丁横带

运退时刺史当艄》)

(87) 所以我辈大半愚鄙，不像你们名士，把个“俗”字当做毒药，把个“雅”字当做珍宝。(《老残游记续集》一回)

助词“个”只有指别功能而没有计量功能，接近于英语定冠词；前面不能加“一”，但可用“这/那”替换。凡被助词“个”修饰的“NP”全是有定成分，有的是回指成分。例如：

(88) 那里消一个时辰，早看见花果山水帘洞，美猴王自知快乐，暗暗的自称道：……那崖下石坎边，花草中，树木里，若大若小之猴，跳出千千万万，把个美猴王围在当中，叩头叫道：……(《西游记》二回)

(89) 老爷回来，自然先到太太屋里了，太太对老爷说：“你们这姨太太，不知道向谁偷上了，着了一身的杨梅疮，……”[≈一席话]把个老爷气的发抖，第二天清早起，气狠狠的拿着马鞭子，叫他脱衣裳看疤，他自然不肯。(《老残游记续集》四回)

再或者是专指成分。例如：

(90) 那两位舅爷王德、王仁，坐着就像泥塑木雕的一般，总不置一个可否；那开米店的赵老二、扯银炉的赵老汉，本来见不得场面，才要开口说话，被严贡生睁眼睛瞪了一眼，又不敢言语了。……把个赵氏在屏风后急得像热锅上蚂蚁一般。(《儒林外史》六回)

(91) (凤姐儿)说了又哭，哭了又骂，后来放声大哭起祖宗爹妈来，又要寻死撞头。把个尤氏揉搓成一个面团，衣服上全是眼泪鼻涕，并无别语，只骂贾蓉：“孽障种子！和你老子作的好事！我就说不好的。”(《红楼梦》六十八回)

综观近代汉语把个句的发展历程，可以发现一个非常明显的趋势，早期的把个句中，量词“个”居主导地位；而后期的把个句中，助词“个”占绝对优势。我们之所以认定部分“个”已经转向助词，其理由和根据是：既然这些“个”前都已不能再附加数词，彻底丧失了计量功能，而指别和限定功能却已基本形成，再坚持将其留在量词内就是对语言发展的漠视。联系“个”的表达功用，凡是表无定化、实体化的，以量词为常，凡是表类别化、专指化的，则大多是助词。当然，量词和助词之间的界限有时是模糊的。

3.4 从客观到主观。就表达的效果而言，早期把个句的主观性还不是很强，随着把个句的进一步广泛使用，发展到后期，几乎所有的把个句都具有很强的主观性。主观性增强主要表现在以下三个方面。首先，带有定指宾语的零主语把个句出现频率越来越高，譬如在《红楼梦》《儿女英雄传》两书中此类把个句竟高达70%以上。例如：

(92) 话未说了，把个宝钗气怔了，拉着薛姨妈哭道：“妈妈你听，哥哥说的是什么话！”(《红楼梦》三十四回)

(93) 里里外外、上上下下、轰轰乱乱、匆匆忙忙的吃了一顿饭，把个褚大娘子忙了个手脚不闲。(《儿女英雄传》十七回)

由于此类零主语把个句的主语都是隐含的情况，句中唯一的有生名词就是被致使有定宾语，这样一来，把字句所特有的处置性全都集中到了宾语的身上，其主观性自然更强了。

其次，发话人以移情(empathy)的方式作用于受事的把个句日见增多。前面已经指出，同一般的主谓宾句相比，把字句的主观性要相对地强一些，因为在把字句中，虽然发话人的主观态度并不一定都明确地表示出来，但使用这一句式就意味着施事是行为执行者，受事则是行为承受者，所以说话人的同情往往多在受事一方。然而，我们也注意到，那些早期的实义把个句，由于其中的“把”还保留了较多的动作义，整个句子以表示连动关系为主，致使性句式义还没有完全形成，因而所表示的基本上还是客观义。试比较：

(94) 老丈见说，领张顺入后屋下，把个衲头与他，替下湿衣服来烘，烫些热酒与他吃。(《水浒传》六十五回)

(95) 如今这一家子乱世为王，九条尾狐狸精出世了，把昏君祸乱的贬子休妻，想着去了的来旺儿小厮，好好的从南边来了，东一帐西一帐，说他老婆养着主子，又说他怎的拿刀弄杖，生生儿祸弄的打发他出去了，把个媳妇又逼的吊死了。(《金瓶梅》二十九回)

比起前句来，后句的主观性强得多。因为前句的发话人只是叙述了一个客观的事实，而后句的发话人已将自己的情感以移情的方式转移到了受事的身上。发话人对“这一家子”的谴责，对“媳妇”的同情，通过整个句式的句式义及其叙述含蓄地表达了出来。据我们观察，此类移情式的把个句，在近代前期较少出现，但到了后期则越来越多[④]。

最后，具有强烈主观倾向的语气副词开始频繁使用。例如：

(96) 那位打算诗酒风流的公子，何尝不是被他姊妹两个一席话，生生的把个懒驴子逼上了磨了呢！(《儿女英雄传》三十三回)

除了“生生的”，其他如“越发、活活、偏偏、无端、直、硬、就”等带有情感色彩的语气副词，也都经常出现在后期把个句中，表明句子的主观情态已相当强烈。

总之，从横向关系看，上面发展趋势的四个方面实际上是互有关系、互相制约的。尤其是有定宾语的增加与助词“个”的产生以及主观性的增强，都是具有一定联系的。而从纵向联系看，把个句的这种变化正体现了该句式因主观化而导致语法化的过程。所以，上面所分析的把个句在近代汉语中的发展趋势，有相当一些一直延续到了现代[⑤]。

4. 结语

综上所述，可以归结为以下三点：(一)从句法形式看，把个句大多是零主语的后续句，其谓语动词多为感觉类心理动词，宾语可以由施事充当，补语以带“得”的情态补语为常。(二)从表义特点看，“个”的功用是使得把字宾语无定化、实体化、类别化和专指化；而把个句式在表达上的特点则是效果超常性、施受兼容性、主观倾向性和语篇承接性。(三)从发展趋势看，从产生到发展壮大，把个句大致经历了四个方面的变化：介词式最终占据压倒性优势，宾语的指称大多转向有定，部分量词逐渐蜕变为助词，句式的主观性日益增强。

附注

①《中国古典名著百部》电子版由北京圣碟科贸有限公司制作，北京电子出版物出版中心发行。

② 所有的近代汉语把个句，或者是复句中的后分句，或者是句组中的后接句；总之，从信息传递的角度看，把个句不可能作为一个首发的先导句出现。

③ 我们确定有定还是无定的基本标准是，凡是专指、回指的“NP”一律归入有定，否则即为无定。少数例句中的“NP”是非个体的类指宾语，另有少数特定的“NP”，比如“把个红粉的家风，作成个绿林的变相”，其有定无定相对模糊；为了便于比较，我们都根据上下文将它们归入了有定和无定两大类，所以，归类的结果可能有点太绝对。不过，我们相信，表格反映的无定有定发展变化的基本趋势应该是没有问题的。

④ 在《金瓶梅》《红楼梦》《儿女英雄传》《官场现形记》四书中此类带有明显移情色彩的把个句大约在50%以上。

⑤ 限于篇幅，有关近、现代汉语把个句之间的继承和发展、区别与联系等，我们将另文以详。

参考文献

吕叔湘 1984 把字用法的研究，《汉语语法论文集》，北京：商务印书馆。

杉村博文 2002 论现代汉语“把”字句“把”的宾语带量词“个”,《世界汉语教学》1 期。

沈家煊 2001 语言的“主观性”和“主观化”,《外语教学与研究》4 期。

沈家煊 2002 如何处置“处置式”？——论把字句的主观性,《中国语文》5 期。

陶红印、张伯江 2000 无定式把字句在近、现代汉语中的地位问题及其理论意义,《中国语文》5 期。

王惠 1997 从及物性系统看现代汉语的句式,《语言学论丛》(第十九辑),北京:商务印书馆。

张伯江 2000 论“把”字句的句式语义,《语言研究》1 期。

张谊生 1997 “把＋N＋Vv”祈使句的成句因素,《汉语学习》1 期。

张谊生 2003 从量词到助词——量词“个”语法化过程的个案分析,《当代语言学》3 期。

John Lyons 1977 *Semantics*, 2vols, Cambridge: Cambridge University Press.

Talmy Givón 1971 Historical syntax and synchronic morphology: an archaeologist's field trip, *Chicago Linguistic Society* (7).

第三章 “把＋N＋Vv”祈使句的成因及其配价结构

0. 前言

0.1 陆俭明先生在《90 年代现代汉语语法研究的发展趋势》一文中曾经列举了两种“把＋N＋Vv”祈使句：

甲	乙
把被子晒晒。	*把被子卖卖。
把白薯煮煮。	*把白薯运运。
把牲口喂喂。	*把牲口放放。
把桌子挪挪。	*把桌子送送。

陆先生认为，之所以甲组能说，乙组不能说，关键无疑在 Vv 上，但如何概括共同的语义特征，如何解释这一现象，还有待于进一步的研究①。

0.2 本章准备借鉴配价语法的分析方法，结合变换分析、语义特征分析等方法，通过对该句式的配价结构中价载体的语义特征和制约因素、同现成分和选择限制的多角度考察和分析，尝试解释一些与此有关的语言现象。此外，再简要地分析一下扩展句式和相关句式的配价结构。

0.3 本章讨论所依据的语料，除了部分自拟的以外，主要采用孟琮等人合编的《汉语动词用法词典》以及其他一些接近口语的书面语材料。为了便于讨论，下面将这类含重叠动词的把字祈使句简称为“把字祈使句”；并码化为：$(N_1)+把+N_2+Vv$。

1. 价载体的语义特征和制约因素

对于配价的性质，究竟是属于语义范畴，还是语法范畴，抑或是句法-语义范畴，我国语言学界一直存在着不同的看法。不过，随着这些年不断的讨论和探索，学者们也取得了一定的共识：“确定配价应该以语义分析为基础，同时得有形式上的可操作性。[②]”作为一种结构关系语法，配价语法主要研究以价载体为中心的深层语义关系及其在表层结构上的表现形式。

据考察，在把字祈使句中，影响和制约价载体的语义因素，可以分为三个既有联系又有区别的层面：词汇意义、语法意义、语用意义。

1.1 词汇意义。既然配价是一种语义范畴，那么，确定配价的基础自然应该是价载体的词汇意义。词汇意义不但决定了配价的语义结构，而且还决定了它的表现形式。

首先，在句法环境、同现成分完全相同的情况下，由于价载体词汇意义的不同，其配价结构的可接受性也就不同。例如(转引自陆俭明1993)：

甲	乙	甲	乙
把马刷刷。→	*把马骑骑。	把裤子熨熨。→	*把裤子穿穿。
把酒热热。→	*把酒喝喝。	把车锁修修。→	*把车锁拆拆。

之所以会形成上述句式的选择性差异，其原因固然是多方面的(下面还要进一步论述)，但其中的一个最为重要的原因就在于价载体的词汇意义的不同。很显然，动词的配价是有其心理基础的，这种心理基础

就是人们对动作、行为、变化及其同相关事物联系的认识。不同的心理认同和价值取向必然要影响到深层次的配价语义关系对表层结构关系的选择。从价载体的词汇意义看，影响甲、乙两组配价结构关系的区别性语义特征主要有三个方面：a. 甲 Vv 的实施都可以使 N_2 本身在性状、特征、外观、状态等方面发生或多或少的变化，而乙 Vv 的实施并不能改变 N_2 本身的性状和特征，只能使其在所属、关系、数量、方位等方面发生一些临时性的变化；b. 甲 Vv 所引起的变化对于祈使者和被祈使者来讲，都是积极的、如意的，而乙 Vv 所引起的变化对于双方来讲一般都是中性的，有的则是消极的；c. 甲 Vv 一旦开始实施，除非发生意外，一般总会产生一个相应的可以预见的结果，而乙 Vv 一旦开始实施，除非还有进一步的提示和说明，其结果大都是难以预料的。

上面概括的语义特征是就典型的把字祈使句——N_2 是 Vv 的处置对象——而言的。其实，在有些把字祈使句中，N_2 也可以是 Vv 的计量对象、陈述对象，等等。例如：

把数目点点　　　把要求讲讲

把苹果称称　　　把情况谈谈

在这两类把字句中，Vv 的作用自然不再是使 N_2 发生变化，而是使祈使者或被祈使者获得新信息，那么，其语义特征自然也要做相应的调整。不过，Vv 的实施将会产生可以预料的积极的变化这一总体特征还是基本一致的。

其次，同一个动词各个义项之间的内部差异——某些义项具有上面所归纳的语义特征，另一些则不具备上述这些特征，也会使得该动词进入把字祈使句时，呈现截然不同的结果。

比如“拨”有两个义项：a. 手脚或棍棒等横着用力，使东西移动；b. 分出一部分发给。只有 a 义可以进入把字祈使句：

a. 拨灯捻儿——把灯捻儿拨拨

b. 拨救济粮——＊把救济粮拨拨

“念”也有两个义项：a. 朗读；b. 上学。只有 a 义可以进入把字祈使句：

a. 念那首诗——你把那首诗念念

b. 念重点小学——＊你把重点小学念念

再比如，“串”有三个义项：a. 连贯；b. 错误地连接；c. 由这里到那里走动。其中只有 a 义可以进入把字祈使句：

a. 串文章——你帮他把这篇文章串串

b. 串味儿——＊把味儿串串

c. 串门儿——＊把门儿串串

“搂(lōu)”也有三个义项：a. 用手或工具把东西聚集到自己的面前；b. 手拢起来(指衣服)；c. 搜括(财物)。其中 a 义和 b 义都可以进入把字祈使句：

a. 搂碎砖头——把碎砖头搂搂

b. 搂衣服——再把衣服往上搂搂

c. 搂外快——＊把外快搂楼

总之，各义项的语义特征不同，其配价关系和配价结构也就不同，对句式句类的选择自然也不同。我们认为，这种不同配价关系中的同形的价载体，并不是同一个价载体所具有的不同的配价功能，而是具有一定联系的两个或三个同形同音的价载体。

1.2 语法意义。语法意义的范围相当广泛，这里所说的语法意义，主要就指影响和制约价载体进入把字祈使句的两种语法意义——动词重叠的语法意义和把字句式的语法意义。

其一，动词重叠的语法意义影响价载体进入把字祈使句。

迄今为止，有关动词重叠的性质、范围及其表示的语法意义一直存在着不同认识[3]。我们认为，动词重叠所表示的语法意义不仅同动词本身的语义性质、音节构成有关，更主要同其搭配对象、句法环境，乃至时体特征、语体色彩等因素有关。据此，根据动词本身的语义特征及其所处的句法环境，可以将其重叠后所表示的语法意义分为两大类[4]。A类以表示动量为主，表示一个有明确动量的短时性行为，一般不带有尝试性；其中第二个v实际上就是同形的动量词；动作的对象大多是有定的。例如：

(1) 我说啊，等你妈来，把这些钱也给她瞧瞧，叫她也开开眼。

(2) 文清望着文彩，摇摇头，又失望地出神。

B类以表示时量为主，表示一个无确定时量的经常性行为，大多带有一定的尝试性；其中第二个v不表示动量；动作的对象大多是无定的。例如：

(3) 本来，她瞧瞧孙子，做做饭，媳妇是可以下地的。

(4) 说你再也出不了门，做不了事，只会在家里抽两口烟，喝会子茶，玩玩鸽子画画画，恍惚了这一辈子。

A、B两种语法意义的差别，在下面这句中表现得更为清楚：

(5) 不过要干净利落就得花钱，剃剃头、换换衣服，买鞋袜，都要钱。

"剃(头)""换(衣服)"重叠后所表示的是A义，这同句义是相符的；而"买(鞋袜)"重叠后所表示的是B义，同句义不相符，所以只好不用重叠形式。

需要指出的是，A义和B义虽然同动词本身的语义有关，但更主要的决定性因素还是该动词所处的句法环境，所以，有相当一部分动词在不同的组合搭配中，可以分别表示 A 义和 B 义。例如：

(6) 他急于过渭河到太白山下的产稻区看看稻种，问清楚这种稻种的特性。

(7) 整天不做一点儿事，到处逛逛，海水里浸浸，然后听听音乐，看看戏和电影什么的。

其二，把字句式的语法意义影响价载体进入把字祈使句。

现代汉语中的把字句种类繁多、情况复杂，其语法意义、表义功用和语用限制涉及许多方面。我们认为，就典型的把字句而言，“VP”(尤其是其中的补语)是句子的焦点所在，作为一种特定的表述成分，其功用就在于说明 N_2 在某一行为的作用下所发生的变化或将要发生的变化[⑤]。概括地讲就是：处置性(handling)和结果性(achievement)是把字句最基本的句法语义特征。“把＋N＋Vv”虽然不是典型的把字句，但是在强调对 N_2 的处置和 Vv 的结果两个方面，同典型的把字句并无多少区别。

如果将动词重叠和把字句式的语法意义联系起来考察的话，就可以发现，把字句的语法意义同 A 类重叠是相容的，而同 B 类重叠则不相容。因为 A 类重叠的动量是确定的，一般都含有一个明确自然的结果性终点，而 B 类重叠的时量是不确定的，一般不含有一个明确自然的结果性终点。所以，只有那些重叠后表示 A 义的价载体才可以进入把字祈使句，而那些重叠后表示 B 义的价载体则不能进入把字祈使句。试比较下面四组例句：

(8) 你先去热热酒(＝热一热酒/热一下酒，∵热热酒→把酒热热)，我再去炒两个菜。

(9) 退休以后，在家喝喝酒(≠喝一喝酒/喝一下酒，∵喝喝酒

↛把酒喝喝），看看电视，打打扑克，日子过得挺自在。

(10) 你帮小明包包书（＝包一包书/包一下书，∵包包书→把书包包），明天就要开学了。

(11) 逛逛街，买买书（≠买一买书/买一下书，∵买买书↛把书买买），一个下午就这样打发过去了。

(12) 明天我得晒晒衣服（＝晒一晒衣服/晒一下衣服，∵晒晒衣服→把衣服晒晒），不然就要发霉了。

(13) 下岗在家闲着没事的话，不如帮我到地摊上去卖卖衣服（≠卖一卖衣服/卖一下衣服，∵卖卖衣服↛把衣服卖卖）。

(14) 今天晚上你就替老李煮煮白薯（＝煮一煮白薯/煮一下白薯，∵煮煮白薯→把白薯煮煮），熬熬稀饭算了。

(15) 在家乡运运白薯（≠运一运白薯/运一下白薯，∵运运白薯↛把白薯运运），也搞不到多少钱。

由此可见，从语法意义的角度看，影响甲、乙两组配价结构关系的区别性语义特征又可以归纳为：d. 甲 Vv 重叠后表示 A 义，其终点明确，无论是持续进行的还是交替反复的，都可以在一个有限的时间内自行结束；而乙 V_v 重叠后表示 B 义，其终点不明，无论是持续的还是非持续的，其终止的时间都是难以确定的。

1.3 语用意义。众所周知，词和词组成一个合法的语言形式，既要受语义的限制，也要受句法的制约，只有同时合乎句法规则和逻辑事理的语言单位才可以生成一个合格的句子。然而，一个合乎语义和语法的句子，一旦进入交际领域，则还要受到一定的语用因素的约束。

祈使句是根据句子的语用功能划分出来的句类。任何一个进入祈使句的语言单位都要受到祈使句的语用约束（pragmatically constrain）[⑥]。从把字祈使句的使用情况看，其中最为重要的语用约束就是：当说话人使用该句子向听话人发出某项指令时，他必须对听话人应该不应该、能够不能够执行自己的动议和要求有一个既合乎实际又非常清醒的估计，他必须向听话人发出一个非常明确的指令。从听话人的角度看则是，当他听到某项指令时，必须马上就能意识到自己应该干什么，怎么干。否则该祈使句就不能起到应有的交际作用。总之，从语用约束的要求出发，把字祈使句要求其配价结构的语义在一定的语境中对于听话人来讲是十分明确的。换句话说，进入把字祈使句的价载体及其必有论元之间都应该含有某种相对明确的语境提示义。试比较：

甲 a	乙 a
把衣服洗洗[衣服脏了]。	把衣服举举[？衣服]
把衣服补补[衣服破了]。	把衣服卖卖[？衣服]
把衣服熨熨[衣服皱了]。	把衣服运运[？衣服]
把衣服晾晾[衣服潮了]。	把衣服看看[？衣服]

很显然，甲 a 的语境提示义是明确的，而乙 a 的语境提示义是含糊的；所以乙 a 的可接受性是有问题的。当然，并不是所有可以进入把字祈使句的价载体及其必有论元之间都含有如此具体的语境提示义。比如下面甲 b 各句的提示义几乎完全一致：

甲 b	乙 b
把羊肉煮煮[羊肉是生/冷的]。	把羊肉扛扛[？羊肉]
把羊肉烧烧[羊肉是生/冷的]。	把羊肉搬搬[？羊肉]
把羊肉炖炖[羊肉是生/冷的]。	把羊肉送送[？羊肉]
把羊肉蒸蒸[羊肉是生/冷的]。	把羊肉拿拿[？羊肉]

其实，“脏了、破了”也好，“生的、冷的”也好，这些具体的语义都是低层次的语用隐含义；从更高的层次上看，甲 a 和甲 b 是相通的，都明确地提示了这样一个信息：N_2 处于不如意、待加工的状态之中，亟待改变和处理。所以甲 a 和甲 b 的语境提示义，或者说把字祈使句的动因，

都是明确的；这些句子也都是合乎祈使句的语用约束的。而乙 a 和乙 b 则正好相反，句中的价载体及其必有论元之间并不含有相对明确的语境提示义，句子的动因是不清楚的，听话人在没有进一步的提示下，听到乙 a 和乙 b 的句子，肯定会产生疑问：为什么要“举衣服”“运衣服”？为什么要“扛羊肉”“送羊肉”？这样做究竟有什么必要？从另一个角度讲，说话人一般也不会随便发出这样的要求，除非还有进一步的交代和说明。所以，像乙 a 和乙 b 这样的句子，脱离了一定的语境提示义，都是不合格的。

造成上述乙 a、乙 b 诸句不合格的原因当然是多方面的，除了语用意义之外，还有词汇意义和语法意义等因素（这些因素往往是相互交织在一起的）。如果某些配价结构仅仅是由于语境提示义不明确而不能进入把字祈使句，那么，为它们补上一定的提示性语境，句子就可以接受了。试比较：

丙 a	丙 a′
？把衣服拿拿	把衣服拿拿（，我掏一下钥匙。）
？把衣服穿穿	把衣服穿穿（，看看合适不合适。）
？把衣服搅搅	把衣服搅搅（，别把洗衣机给卡上了。）
？把衣服捆捆	把衣服捆捆（，好让小张带走。）

同样，下面各句的可接受性应该也是没有问题的：

(16) 把羊肉翻翻，看看下面有没有变质发霉的。

(17) 把羊肉搁搁，你先切牛肉，里面[illegible]着下锅呢。

(18) 把羊肉堆堆，随意乱放，冷库一会儿就占满了。

(19) 把羊肉挪挪，让我先把配头、佐料摆上来。

上面丙 a 诸句的可接受性是值得怀疑的。其实，严格地讲，丙 a′诸句及例(16)—(19)四句，也不是真正合格的把字祈使句，因为它们都是不自足的。由此可见，能否自足地衍生出明确的语境提示义，也是价载体及其必有论元能否进入把字祈使句的一项重要的条件。所以，从语用意义的角度看，影响甲、乙两组配价结构关系的区别性语义特征还可以归纳为：e. 甲 Vv 都含有相对明确自足的语境提示义，对于被祈使者来讲，即使脱离一定的语境，其动因也是清楚的；而乙 Vv 则缺乏明确自足的语境提示义，脱离了一定的提示性语境，其动因是不清楚的。

上面我们分析了影响和制约价载体进入把字祈使句的三个方面的语义因素。需要再次强调的是，这三种意义是密切联系、环环相依的。其中词汇意义是基础，语法意义和语用意义都是以此为前提的。

2. 价载体的同现成分和选择限制

在配价结构中，价载体同与之同现的必有论元 N_2 之间存在着既互相依存又互相制约的关系。在这一节中，我们将从同现限制的角度讨论必有论元 N_2 的类别、隐现、指称、角色、单复数等因素对价载体的影响，以及价载体与不同的必有论元同现后所呈现的不同的作用方向。

2.1 配价关系与配价数量。从配价的语义结构关系看，可以进入把字祈使句的价载体可以分为三种，它们分别组成了 A、B、C 三类表层结构关系相似而深层语义关系不同的把字祈使句。例如：

(20) 你把胳膊再往前伸伸，我够不着。

(21) 你把那块黑板再擦擦，没擦干净。

(22) 你快把作业对对，我还等着回去呢。

A 式句。A 式句中的 N_2 在句法平面上虽然处在被支配的位置上，但是从语义关系看，它是 Vv 的潜主语，它们之间存在着隐性的主谓关系，N_2 实际上是 Vv 的当事，而 N_1（不一定在表层中出现）看似同

Vv 存在着主谓关系，其实它并不是必有论元，同 Vv 之间并无配价关系。例如：

A. 你把眼闭闭　　你把眼睛睁睁

B. 你把手抬抬　　你把身子侧侧

进一步观察，还可以发现，N_1 和 N_2 之间还存在着一种相当紧密的整体和局部的领属关系，N_1 都可以转化为 N_2 的定语。其变换关系如下：

A. 你把胳膊伸伸→你伸伸胳膊→你胳膊伸伸→胳膊伸伸

B. 你把胳膊伸伸→你伸伸胳膊→伸伸你的胳膊→伸伸胳膊

可见，N_1 其实并不是 Vv 的配价成分，它们之间并不存在密切的互相依存的配价关系。所以，A 式句中的价载体都是单价的。在这类句式中，介词"把"严格地讲也不是支配格标记，而是一种突出行为结果的强调式标记。可以进入把字祈使句的一价动词数量相当有限，常用的都是些兼价动词。

B 式句。B 式句是典型的把字祈使句。这类句式从深层的语义关系看，N_2 大都是 Vv 的处置对象（也包括计量、陈述、致使等对象），N_2 都是 Vv 意念上的潜宾语。例如：

A. 再把瓜子炒炒　　你把布料的尺寸量量

B. 你把那首诗念念　把饭热热再吃

N_1 不管是否在表层中出现，作为 Vv 的行为主体，同 Vv 的语义关系是十分紧密的，N_1 和 N_2 都是 Vv 的配价成分。所以，B 式句中的价载体都是双价的。其实，可以进入把字祈使句的动词，绝大多数都是双价的，在我们所收集的语料中占到 90％以上。值得注意的是，同一个价载体，当它们与不同类型的 N_2 同现构成不同的配价关系时，其价量就会发生相应的变化。也就是说，当这类 Vv 同表示人体部位的当事 N_2 同现时，它们是单价的；同表示一般事物的受事 N_2 同现时，又是双价的。试比较下列变换式：

A. 你把胳膊挪挪↛＊你帮我把胳膊挪挪→把你胳膊挪挪

B. 你把桌子挪挪→你帮我把桌子挪挪↛＊把你桌子挪挪

A. 你把眼睛闭闭↛＊你帮我把眼睛闭闭→把你眼睛闭闭

B. 你把窗户闭闭→你帮我把窗户闭闭↛＊把你窗户闭闭

很显然，A、B 两式的价载体虽然未变，但由于 N_2 的语义角色不同，N_1 同 Vv 所组成的配价结构及其价量也就不同。可以这么说，特定的同现限制使得价载体的一个必有论元降格为可有论元，这些动词也就从双价转为单价了。这种现象可以称之为同现变价。

C 式句。C 式句从深层语义关系看，除了施事 N_1、受事 N_2 之外，还有一个与事，这个与事可以不在表层结构中出现，也可以出现于表层结构。例如：

A. 把你的钢笔换换→把你的钢笔跟我换换

B. 把你的座位掉掉→把你的座位跟小李掉掉

C. 把这些粳米搀搀→把这些粳米跟籼米搀搀

D. 把这些种子和和→把这些种子跟农药和和

在实际语境中，祈使者使用隐含与事的简略句时，交际双方的心里都是明白的（当然也不排除 N_1 偶尔对与事不甚清楚的情况）。总之，无论与事出现与否，句子的配价结构关系不变——Vv 同施事、受事、与事都存在着互相依存的关系。所以，C 式句的 Vv 实际上存在着三个配价成分，其中的价载体都是三价的。

同样，这类价载体出现在不同的句法组合中，与不同的必有论元同现时，其价量也会发生相应的变化。试比较：

C	D
把果糖跟奶糖混混	把各种糖果往一起混混
把新碱跟陈碱拌拌	把这几种碱面往一块儿拌拌
把颜料跟调色剂配配	把这几样颜料交互配配
把数据跟报表再对对	把这些数据再互相对对

上面C组的Vv是三价的，而D组的Vv是双价的。因为D组造句不管在结构上还是语义上都不存在与事；无论是“混、拌”还是“配、对”，都只能在N_2内部进行。这种现象，也可以认为是同现限制使得价载体的一个必有论元被语境删除了。同样，这也是一种同现变价现象。

2.2 指称特征与单复形式。这里主要讨论必有论元N_2的指称特征和单复数形式对价载体及整个配价结构的影响。在分析N_2的指称特征之前，有必要先简略地介绍一下与指称有关的几组概念：有指与无指、定指与不定指、专指与泛指。如果名词性成分所表示的对象是对话中的某一个实体，该成分为有指成分，反之，则为无指成分；如果说话人在使用某个名词性成分时，预计到听话人能够将其与同一语境中的其他实体分开，该成分为定指成分，反之，则为不定指成分；如果说话人使用某个名词性成分时，所指的对象是某个语境中实际存在的特定对象，该成分是专指成分，反之，如果所指的对象表示的是相对虚泛的事物类别，该成分是泛指成分⑦。当然，上面三组概念，并不处在同一层面上。有指与无指是上位概念，定指与不定指、专指与泛指是相对于有指成分而言的，与无指成分无关。那么，把字祈使句中的N_2的指称特征究竟有哪些特点呢？先看两个实例，曹禺的《雷雨》中有这样一段对话：

(23) 鲁四凤：(回过头来)您少说闲话吧！(挥扇，嘘出一口气)天气这样闷热，回头多半下雨，(忽然)老爷出门穿的皮鞋，您擦好了没有？(到鲁贵面前，拿起一只皮鞋，不经意地)这是您擦的！这么随随便便抹两下子——老爷的脾气您可知道。

鲁贵：(一把抢过鞋)我的事用不着你管。四凤，你听着，我再说一遍，回头见了你妈，别忘了把新衣服都拿出来给她瞧瞧。

鲁四凤：(厌恶地)爸，您看您那一脸的油！——您把那皮鞋再擦擦吧！

从这一段对话可以看出，四凤在说“皮鞋”时，她自然是知道鲁贵完全能够将自己所指的对象同他手中特定的事物等同起来的，所以，句中的 N_2 是定指的。而且，“皮鞋”也不是指一个虚泛的类，而是指一个非常具体的特定的对象，所以，N_2 同时又是专指的。再比如，《红楼梦》中有这样一段描写：

(24) 一时，果见史湘云带领众丫鬟媳妇走进院来。宝钗、黛玉等忙迎之阶下相见，青年姐妹，经月不见，一旦相逢，自然是亲密的。一时进入房中，请安问好，都见过了。贾母因说：“天热，把外头的衣裳脱脱罢！”湘云忙起身宽衣。

同样，贾母这一句中的“衣裳”也是定指兼专指的，指的是史湘云的“外头的衣裳”。对此，史湘云也完全理解，所以会“忙起身宽衣”。总之，由于把字句式的表义特点和祈使句类的语用要求，凡是进入把字祈使句的 N_2 都必须是定指兼专指的。这一点，在我们所收集到的语料中几乎没有例外。当然具体表示定指兼专指的方式可以是多种多样的。主要有三种。

其一，使用指示代词“这/那”。例如：

(25) 把这些旧棉花弹弹。

(26) 你把那裤子缝缝。

(27) 把这里的土再挖挖。

(28) 把这些土豆片再炸炸。

其二,使用限制性定语。例如:

(29) 你把米里的沙子捡捡。

(30) 把作种的花生选选。

(31) 把鞋上的泥摔摔。

(32) 把屋里的东西倒倒。

如果是描绘性定语,那么前面还需加上指示代词“这/那”:

(33) 把这些乱七八糟的木头顺顺。

其三,借助对话语境使用零标记(光杆名词)。例如:

(34) 把西葫芦擦擦。

(35) 把扣眼锁锁。

(36) 你把鸡蛋打打。

(37) 把裤腿放放,还可以对付一年。

比较而言,第三种方式用得更为普遍一些,这显然同把字祈使句的表达方式和使用语境有关。

在一般情况下,进入把字祈使句的 N_2 既可以是单数形式,也可以是复数形式——N_2 的“数(number)”是不受限制的。然而,在一些特定的配价结构中,N_2 是单数还是复数则有可能影响配价的价质或价量。

影响价质。所谓影响价质,就是指有时使用复数 N_2 可以生成合格的句子,而使用单数则不能生成合格的句子。例如:

A. 把这些箱子数数。→ *把这个箱子数数。

B. 把这些票据点点。→ *把这张票据点点。

C. 把这些传单散散。→? 把这张传单散散。

D. 把这些作业收收。→？把这本作业收收。

要求与复数 N_2 同现的 Vv 主要有两类：计量类，如“数、点、算、加”等；分发类，如“收、散、分、发”等。这些动词重叠后都含有[+交替反复]的语义特征，所以不能同单数 N_2 搭配。唯一的例外是，少数可切分物品的单数 N_2 也可以同价载体“分分”同现。比如“香肠、面包”等：

A. 把这些葡萄分分。→＊把这颗葡萄分分。

B. 把这些鸡蛋分分。→＊把这个鸡蛋分分。

C. 把这些香肠分分。→把这根香肠分分。

D. 把这些面包分分。→把这块面包分分。

此外，像“蛋糕、烙饼、西瓜、菠萝、鸡、鸭、鱼、肉”等，凡是可以切分的东西，都可以以单数的形式同价载体“分分”同现。

影响价量。所谓影响价量，就是指有时使用复数 N_2 时，价载体既可以是双价的，也可以是三价的，必须在具体的语境中才能确定；而使用单数 N_2 时，价载体只能是三价的。例如：

A. 把这两块手帕换换→把这块手帕换换

B. 把这两台仪器掉掉→把这台仪器掉掉

C. 把这两种粳米混混→把这种粳米混混

D. 把这两份报表对对→把这份报表对对

左组诸句脱离一定的语境，都是歧义的：如果“换、掉、混、对”是在复数 N_2 内部相互进行的话，Vv 是双价的；如果是同另外的“手帕、仪器、粳米、报表”进行“换、掉、混、对”的话，Vv 则又是三价的。右组诸句没有歧义：Vv 都是三价的，因为“换、掉、混、对”是不可能在单数 N_2 内部进行的，必然还要有另一个对象——潜在的与事。同复数 N_2 同现可能产生歧义的 Vv 主要也有两类：交互类，如“换、掉、对、配”等；掺和类，如"混、拌、和、搀"等。这些动词重叠后都含有[+交互混合]的语义特征。总而言之，N_2 的"数"对部分 Vv 的配价结构有一定的制约作用。

2.3 语义角色与作用方向。在把字祈使句的配价结构中，N_2 是一个仅次于 Vv 的重要成分。根据格语法的语义角色分类，可以充当该句式 N_2 的论元角色大致有六种，其中最典型、最常见的自然是受事论元：

A. 把书包包　　把种子筛筛
　 把碗刷刷　　把黄瓜切切

其他五种论元角色分别为：当事论元、材料论元、目的论元、处所论元、致使论元。

B. 把头抬抬　　把眼闭闭
　 把腿伸伸　　把脚挪挪
C. 把白灰刷刷　　把黑漆漆漆
　 把粪水浇浇　　把热油过过
D. 把分量称称　　把味道尝尝
　 把尺寸量量　　把数目点点
E. 把窗缝剔剔　　把桌面刮刮
　 把马路扫扫　　把房顶压压
F. 把稀饭热热　　把腰带松松
　 把黄酒温温　　把鞋带紧紧

前面已经指出，同一个价载体，既可以同当事论元同现，也可以同受事论元同现，只是结构关系和价量不同。其实，除了致使论元以外，材料、目的、处所论元也可以在价载体不变的情况下同受事论元互换。试比较：

C. 把白灰刷刷→把围墙(用白灰)刷刷

把黑漆漆漆→把门板(用黑漆)漆漆

把粪水浇浇→把萝卜(用粪水)浇浇

把热油过过→把熏鱼(用热油)过过

D. 把分量称称→把鸡蛋(的分量)称称

把味道尝尝→把辣汤(的味道)尝尝

把尺寸量量→把布料(的尺寸)量量

把数目点点→把课本(的数目)点点

E. 把窗缝剔剔→把(窗缝里的)泥剔剔

把桌面刮刮→把(桌面上的)漆刮刮

把马路扫扫→把(马路上的)泥扫扫

把房顶压压→把(房顶上的)瓦压压

上述变换关系的成立,也从另一个角度说明了受事论元在把字祈使句中的优势地位,而这种优势地位的确立自然同把字祈使句的表义方式和表达功用有关。

从把字祈使句的使用语境看,与之有关的、必不可少的名词性成分大致有三个,尽管它们并不处在同一层面上。它们是:a. 句子主语 N_1,作为祈使指令的接受者,它虽然常常被省略,但从整个配价结构来看,一般是不可或缺的;b. 必有论元 N_2,它是整个句子中除 Vv 外最为重要的成分,是整个句子的表义重点所在;c. 祈使指令的发出者 N_3,作为会话的主导方,它很少在句中出现,但是从把字祈使句的交际语境和语用约束看,也是必然存在的。就价载体的语义作用方向看,N_1、N_2、N_3 正好是三种不同类型的配价结构中的 Vv 的三个不同的语义方向作用点。

Ⅰ类配价结构中 Vv 的作用方向是 N_1,Vv 实施的结果是,N_1 发生了一定程度的变化——由不了解到了解,由不清楚到清楚。例如:

A. 把苹果称称　　把文章看看

B. 把色拉尝尝　　把衣服量量

“称、看、尝、量”的结果，N_2 本身并没有发生什么实质性的变化，而 N_1 则由此知道了“苹果”的重量、“文章”的内容、“色拉”的味道、“衣服”的尺寸。总之，通过 Vv 的实施，N_1 获得了 N_3 想要了解的新信息。

Ⅱ类配价结构中 Vv 的作用方向是 N_2，Vv 实施的结果是，N_2 发生了一定程度的变化——由未加工到加工，由不如意到如意。例如：

A. 把抽屉理理　　把车锁修修

B. 把面包烤烤　　把被子洗洗

“理、修、烤、洗”的结果，N_1 本身没有获得什么实质性的信息，而 N_2 则由此发生了相应的变化：“抽屉”整齐了，“车锁”修好了，“面包”烤熟了，“被子”干净了。总之，通过 Vv 的实施，N_2 发生了 N_3 所希望发生的变化。

Ⅲ类配价结构中 Vv 的作用方向是 N_3，Vv 实施的结果是，N_3 发生了一定程度的变化——由不了解到了解，由不清楚到清楚。例如：

A. 把想法谈谈　　把要求讲讲

B. 把内容说说　　把情况摆摆

“谈、讲、说、摆”的结果，N_1 没有因此而得到什么新信息，N_2 也没有发生什么变化，而 N_3（当然也可以包括在场的其他人）却由此了解了有关的“想法”“要求”“内容”和“情况”。总之，通过 Vv 的实施，N_3 获得了自己想要了解的新信息。

综上所述，尽管从结构上看都是“把＋N＋Vv”，但由于深层的语义关系不同，同现成分的搭配关系不同，各类句子的使用语境不同，其配价结构类型及其 Vv 的作用方向也就不同。当然，这三种作用方向的出现概率是很不平衡的，其中Ⅱ类配价结构Vv的作用方向是把字祈使句Vv的基本方向，至于其他两类方向，所占比率十分有限。

3. 扩展句式和相关句式的配价分析

把字祈使句作为一种特定的句式，自有其相对定型的构造模式。然而，一旦进入言语交际中，说话者完全可以根据表达的需要对其加以扩展或调整，从而形成一系列扩展句式和相关句式。本节所要讨论的是，扩展和调整对句子配价结构的影响。

3.1 扩展句式的配价分析。把字祈使句扩展后，其配价结构既可以维持不变，也可能发生一定的变化，主要取决于配价结构和扩展成分的性质以及扩展的方式。

一般情况下，配价结构内部增添附加成分或整个结构充当紧缩句式的构件，均不影响句子的配价结构关系。增添的附加成分主要有三种：情态成分、修饰成分、连带成分。例如：

A. 把黄酒烫烫→请你把黄酒烫烫

把被子晒晒→该把被子晒晒了

B. 把东西收收→把桌上的东西收收

把猪喂喂→把猪再喂喂

C. 把饭热热→把饭热热再吃

把凳子抹抹→把凳子抹抹再坐

充当紧缩句式的构件大致也有三种情况：并列扩展式、连谓叠合式、假设紧缩式。例如：

A. 把地扫扫→把地扫扫，炕上也扫扫（＝把地扫扫＋把炕上扫扫），都扫干净

把桌子抹抹→把桌子抹抹，凳子、椅子也都抹抹

B. 把大衣晒晒→把老爷的旧大衣拿出来晒晒（＝把老爷的旧大衣拿出来＋把老爷的旧大衣晒晒）

把衣服洗洗→把战士们换下来的脏衣服都拿来洗洗

C. 把价钱减减→把价钱减减就好卖了（＝如果把价钱减减，就好卖了）

把脸擦擦→吃完了再把脸擦擦就凉快了

总之，在一般情况下无论是内部添加，还是参与组合，句子的配价结构关系不会改变。

然而，在少数情况下，增添某些修饰成分就会改变配价的结构关系，尤其是插入重复副词"再"和统括副词"都"等。按照常规，结果论元是不能进入把字祈使句充当 N_2 的，但是加上副词"再"以后，句子就可以接受。例如：

A. ＊把房子盖盖→把房子再盖盖

B. ＊把文章写写→把文章再写写

C. ＊把印章刻刻→把印章再刻刻

D. ＊你把那几条线画画→你再把那几条线画画

右组诸句之所以可以接受，是因为"再"的插入，使得 N_2 与 Vv 之间的语义角色关系发生了变化。N_2 由结果论元转化成了受事论元。同时，Vv 的语义也发生了相应的变化："盖"成了"翻盖"、"写"成了"改写"、"刻"成了"细刻"、"画"成了"描摹"。此外，插入其他重复副词，比如"再次、再度、重新"等，其转化结果大体也是如此。

再比如，在一般情况下，不定指的 N_2 是不能进入把字祈使句的，但句中添加了统括副词"都"之后，句子就变得可以接受了。例如：

A. ＊把几双皮鞋擦擦→你把几双皮鞋都擦擦吧

B. ＊把几件衣服洗洗→把几件衣服都洗洗

C. ＊把几把雨伞修修→把几把雨伞都修修

D. ＊把几块面包烤烤→把几块面包都烤烤

右组诸句之所以可以接受，是因为"都"的插入，使得 N_2 的指称特征发生了微妙的变化——由显性的不定指转变为隐性的定指了。在左组诸句中，"几"不但表示不定数，而且也兼表不定指，所以句子都是不合格的；而右组诸句的"几"虽然表面上也是表示概数的，但是由于"都"的概括统指，"几"的兼表不定指的指称功能就自行消失了——既然是所指对象的全部，那么，其所指的范围、对象在双方心目中自然是确定的了。类似的统括副词还有"全、全都、统统"等。

介词结构中的介宾究竟是不是配价成分，一直存在着不同的看法[⑧]。我们认为这一问题似乎不宜简单从事：一般的介词宾语显然不是配价结构中必不可少的必有论元，当然也不会影响价质与价量，只有少数在语义上是不可或缺的或省略后会影响理解的介词结构及其介宾才是配价结构中的必有论元。例如：

(38) 你把这件赝品(跟原件)比比。

(39) 把你的小刀(跟我)换换吧。

上面"跟原件"是必不可少的，否则句子就难以成立；而"跟我"虽然不是必不可少的，但如果脱离一定的语境就会影响理解，所以，其中的介宾都是配价成分。至于那些表示工具和方向的介词宾语就不能认为是必须与动词共现的配价成分。例如：

(40) 你把苹果(用开水)烫烫。

(41) 你把这些书(用东西)挡挡，也好看些。

(42) 请把吊车再(往下)降降。

(43) 把吊车再(往上)升升。

上面“用开水”“用东西”“往下”“往上”都可以省略，而且，省略以后也不影响理解，所以都不是配价结构中的必有论元。

3.2 相关句式的配价分析。与把字祈使句相关的句式数量较多、情况复杂，我们只讨论其中三种同把字祈使句关系密切、容易混淆的句式。

其一，动结式。动结式就是指“把＋N_2＋V＋C（与 V 同形的结果补语）”的句式。正因为与 Vv 同形，所以，这种动结式把字祈使句同重叠式把字祈使句在表层形式上完全相同。试比较：

A. 把灯开开[Vv]　　把灯开开[VC]
　把门开开[Vv]　　把门开开[VC]

上面左组是我们所讨论的把字祈使句，“开开”是动词重叠式；而右组则是动结式把字祈使句，其中第二个“开”是趋向动词充当补语，表示进入某种状态。除了“开”以外，可以形成这种同形歧构把字祈使句的趋向动词还有“上、下”等。例如：

B. 把螺丝下下[Vv]　　把螺丝下下[VC]
　把弦上上[Vv]　　把弦上上[VC]

其实，这两种表层形式相同、表义方式相近的句式，不但深层结构关系不同，而且语用表达效果也不同。同样是表示祈使，使用重叠式比使用动结式，语气舒缓些，情态也委婉些；前式近于礼貌的请求，后式多为严肃的命令。从配价结构关系上看，两者并没有实质性的区别，重叠式的 Vv 都是双价的，动结式的 V 和 C 经过整合消价后也是双价的[⑨]。

其二，连宾式。连宾式就是指“把＋N_2＋Vv＋N（工具宾语）”的句式。例如：

(44) 你把这片萝卜浇浇水。

(45) 把这条鱼过过油。

从语义上看，连宾式的 N_2 都是 Vv 的受事，后面的宾语都是实施 Vv 所使用的材料。所以，这些宾语也都可以以介宾的形式充当状语。例如：

A. 你把这两扇大门刷刷白漆＝你把这两扇大门用白漆刷刷

B. 你把这两本书包包书皮＝你把这两本书用书皮包包

连宾式中的工具宾语一般不宜省略，因为省略后不但句子的结构改变了，而且语义也不完整——连宾式的表义重点就在于后面的宾语。所以，从配价结构关系看，这类句式中的价载体都是三价的。同样的意思，如果用附状的方式来表示的话，其中的 Vv 却是双价的，因为，这类句子的表义重点不在介宾上，介词结构省略后句子的基本结构不变，语义也基本不变，而且不会影响理解。试比较：

A. 把这片萝卜用水浇浇→把这片萝卜浇浇

B. 把这两本书用书皮包包→把这两本书包包

总之，连宾式与附状式的配价结构和表义重点是不同的。

其三，兼语式。兼语式就是指“把＋N_2＋给（动词）＋N（兼语）＋Vv”的句式。例如：

(46) 把钳子给我用用。

(47) 等你妈来，把这些钱也给她瞧瞧。

兼语式把字祈使句是两种句子的套叠形式，其语义结构等于：把钳子给我＋让我用用钳子；把这些钱给她＋让她瞧瞧这些钱。从配价结构看，N_2 既是“给”的处置对象，又是“用”“瞧”的支配对象。所以，其中的“给”都是三价的，Vv 则是双价的。孤立地看，这类句中含有两个价载体的兼语式把字祈使句同我们所分析的把字祈使句似乎相距甚远。其实，现代汉语中还存在着一种与兼语式把字句表层形式完全一致的含介词“给”的把字祈使句。例如：

(48) 把报纸给大家念念。

(49) 把要求给我们讲讲，看看是不是能够办到。

在这类句子中，“大家”“我们”在语义上同“念”和“讲”之间不存在任何配价关系，它们既不是配价成分，也不是表达上所必需的，所以，句中只有一个价载体，Vv 仍然是双价的。由于现代汉语的“给”既可以是动词，又可以是介词，表层形式完全相同。因此，有时就可能出现可以有两种理解的歧义句。例如：

A. 把清样给他改改　　把鸡蛋给我挑挑

B. 把文章给他看看　　把衣服给我量量

如果“给”是动词，那么“改”和“看”的施事是“他”，“挑”和“量”的施事是“我”，整个句子是兼语式把字祈使句；如果“给”是介词，那么“改”“看”和“挑”“量”的施事就是句子隐含的主语——被祈使者“你”，整个句子是重叠式把字祈使句。而“给”到底是动词还是介词，必须在更大的语言单位里结合具体语境才能确定。

4. 结语

综上所述，一个动词是否可以进入把字祈使句，或者说某个把字祈使句是否可以接受，是要受到多方面因素制约的。主要有三点：首先，价载体的词汇义是构成配价结构的基础；其次，在特定的句式中，动词重叠和把字句式的语法义、祈使句类的语用义也都具有特定的制约作用；最后，必有论元 N_2 的同现方式、语义角色、指称特征、单复形式等各个方面的差异都会对配价结构的价质、价量产生一定的影响。

通过对把字祈使句及其扩展句式和相关句式的分析，我们感到，作为一种以谓词核心语义分析为基础的分析方法，配价语法确实具有较强的解释力。但是，研究汉语动词的配价——尤其是特殊句式中的配价，除了运用配价理论之外，还应当根据汉语特点，结合语言实际，配合使用语义特征分析法、变换分析法等方法，并借鉴运用格语法、转换生成语法等理论。唯有如此，才能使我们的分析更加深入、全面，才能进一步推动符合汉语实际的配价理论的发展。

附注

① 原文共有 14 对例句，载《语文研究》1990 年第 4 期；又见陆俭明(1993)第玖章。

② 陆俭明《〈现代汉语配价语法研究〉序》，《汉语学习》1995 年第 4 期。

③ 刘月华《动词重叠的表达功能及可重叠动词的范围》，《语法研究和探索》(二)，北京大学出版社 1984 年。

④ 朱德熙《语法讲义》第五章第十四节，商务印书馆 1982 年。

⑤ 崔希亮《“把”字句的若干句法语义问题》，《世界汉语教学》1995 年第 3 期。

⑥ 袁毓林《现代汉语祈使句研究》第一章，北京大学出版社 1993 年。

⑦ 陈平《释汉语中与名词性成分相关的四组概念》，《中国语文》1987 年第 2 期。

⑧ 吴为章《动词的“向”札记》，《中国语文》1993 年第 3 期；周国光《确定配价的原则和方法》，载沈阳、郑定欧主编《现代汉语配价语法研究》，北京大学出版社 1995 年。

⑨ 郭锐《述结式的配价结构与成分的整合》，载沈阳、郑定欧主编《现代汉语配价语法研究》，北京大学出版社 1995 年。

参考文献

崔希亮 1995 “把”字句的若干句法语义问题，《世界汉语教学》3 期。

范晓 1991 动词的“价”分类，《语法研究和探索》(五)，北京：语文出版社。

胡明扬 1994 吕叔湘先生在语法理论上的重大贡献，《中国语文》1 期。

陆俭明 1991 现代汉语不及物动词之管见，《语法研究和探索》(五)，北京：语文出版社。

陆俭明 1993《八十年代中国语法研究》，北京：商务印书馆。

马希文 1983 关于动词"了"的弱化形式/·lou/,《中国语言学报》(一),北京:商务印书馆。

沈阳 1994《现代汉语空语类研究》,济南:山东教育出版社。

沈阳、郑定欧 1995《现代汉语配价语法研究》,北京:北京大学出版社。

文炼、袁杰 1990 谈谈动词的"向",《汉语论丛》,上海:华东师范大学出版社。

吴为章 1993 动词的"向"札记,《中国语文》3 期。

袁毓林 1993《现代汉语祈使句研究》,北京:北京大学出版社。

袁毓林 1994 一价名词的认知研究,《中国语文》4 期。

张国宪 1993《现代汉语形容词的选择性研究》,上海师范大学博士学位论文。

张国宪 1994 有关汉语配价的几个理论问题,《汉语学习》4 期。

第四章　述结式"把"字句的构造及其配价整合

0. 前言

0.1 把字句无疑是近、现代汉语中最常用、最重要的句式之一。半个多世纪以来，语言学界的前辈和时贤，依据不同的理论背景，从各种不同的角度，对有关把字句的各个方面的问题展开过多方面的讨论，取得了相当的进展。然而，由于历史的原因，也存在着一些问题。主要是：表层现象的归纳和分析仍然居多，深层关系的探索和解释似嫌不足；结合句中动词的结构关系的分析较为详尽，结合句中短语的语义关系的分析则略嫌薄弱；运用结构主义的理论和方法比较纯熟，运用其他学说和流派的理论和方法则不够圆熟①。

0.2 自从配价语法理论被引介到我国以来，我国学者结合汉语自身的特点，从不同的角度对配价的理论和方法进行了深入的讨论；尤其是一些学者运用这一理论和方法对现代汉语中的一系列问题进行了卓有成效的研究，并取得了一系列成果。综观这些年来汉语配价研究的主要收获，几乎都集中在词类方面，尤其是与动词有关的配价指数的研究。然而，怎样结合某一类特定的句式或短语进行配价研究，还比较少。在这方面，郑定欧(1998)从词汇语法的角度对汉语把字句进行过成功的探讨，郭锐(1995)和王红旗(1995)曾经对述结式进行过深入的考察，笔者则也曾运用配价理论和方法对含有重叠动词的把字祈使句进行过探索[②]。本章准备在郑定欧(1998)、王红旗(1995)、郭锐(1995)、马希文(1987)的基础上，以配价理论为主要依据和方法，将把字句和述结式结合起来进行考察和分析。本章主要讨论两个方面的问题：述结式把字句的构成情况；述结式把字句的配价整合。

0.3 本章所说的述结式是指由两个非并列的谓词性成分构成的述补关系结构体，而且，后一个成分不能是趋向动词，其中不能插入结构助词"得"[③]。本章现代例句，除部分自拟的以外，大都选自王朔文集等现当代作品；为节省篇幅，相同类型的例句经常集中举例；现代汉语的均不注出处；有些还做了一定的删节。近代例句则一律注明出处。为了便于行文，本章将述结式把字句码化为：N_1 把 N_2VC(O)(其实，N_1 和 N_2 不一定都是体词，V 也不一定都是动词)。

1. 述结式把字句的构成情况

本节将从不同的角度考察近、现代汉语述结式把字句的构成情况。主要讨论 V 和 C 的内部关系和结构形式，N_1、N_2 和 O 的语义特征及其相互关系。

1.1 关于 V 和 C。首先，从 V 和 C 的内部关系看，可以进入述结式把字句的 VC 成分，既包括各种类型的述结式短语，也包括少数结合不很紧密的述结式谓词。试比较下面两组句子中的 VC，例(1)，(2)都是述结式短语，例(3)，(4)则是一些带有成词倾向的述结式谓词。例如：

(1) 把窗儿纸微润破，见君瑞披衣坐。(《董西厢》)/我若死了，就把你扶正。(《儒林外史》)/将袭人叫醒。(《红楼梦》)

(2) 壮起胆子，把它打翻。/你倒是把话说明白。/尽快把情况调查清楚。/您把我看扁了。/一个周末把我过糊涂了。

(3) 马嵬坡尘土中，可惜把一朵海棠花零落了。(《元曲选·

梧桐树》)/便把那两张状子都批准。(《儒林外史》)/把生死关头看破。(《儿女英雄传》)

(4) 单纯的女孩很容易把自己应负的责任夸大。/把他们谈兴正浓的聊天突然打断。/石静伸手把灯熄灭了。/我谢您,我就是嘴上千遍万遍,心里倒把您看轻了。/他在暗地里恨不得把我们拆散。

其次,从 VC 结构形式看,可以构成把字句的述结式,既包括简单的述结式,也包括带宾的、重叠的、联合的、连动的。例如:

(5) 怎肯把军情泄露了一些儿。(《元曲选·玉镜台》)/原来那瘟猫把床顶上的板跳塌了一块。(《儒林外史》)/赵蕾蓦地坐直身子,把话筒贴紧耳朵。/最后发展到把手伸入了人家的口袋。

(6) 马锐仰头把乱糟糟的头发压压平。/然后再把溅到墙上的颜料擦擦干净。

(7) 把你们批倒批臭再踏上一万只脚。/按我写的把检查抄工整,抄好。

还包括带补的、关联的、习语的等各种复杂的述结式。例如:

(8) 把吴钩看了(liǎo),栏杆拍遍,无人会,登临意。(《辛弃疾·青玉案》)/把那些家禽家畜宰好,洗净,按部位切割整齐并下锅连烧带炖。

(9) 他又把酒斟满了些。/司机赶紧把坐垫再放低一点。/消防队员把自动楼梯又升高了一点,可还是无济于事。

(10) 女理发员把我的头越推越小,她显然不能在适当的界限掌握住推子。/他俩找到了共同语言,并把话越说越投机。/别把人打坏了还得再把它修好。

(11) 到桌边,无数只手伸去抢酒瓶,抢杯子,把几十张长桌上的酒水一扫而光。

再次，从V和C各自性质看，V绝大多数都是动词性的，偶尔也可以是形容词性的（这正是本章不称动结式而称述结式的原因），譬如"累病、累倒、累糊涂、累散架、软化、热死、馋急、烦透、忙急、懒惯、苦伤心、急哭、急疯、急傻了眼、急红了眼"等。例如：

(12) 没把个妹妹急疯了。(《儿女英雄传》)/一连好几天的奔波、折腾，把她给累糊涂了。/赌注下得越大，输得越快，不一会儿一万块钱又没有了，把看的人都急红了眼。

就动词V的语义特征而言，绝大多数都是述人动词，而且一般都是自主动词，譬如"听腻了、看呆了、喝醉了、咬坏了、教会了、打伤了、摆正了、挂歪了"等。例如：

(13) 图把一春皆占断。(秦韬玉《牡丹》)/夸奖一回，奉承一回，把老太太的心都说活了。(《红楼梦》)/与其进行这种没有反应的谈话，不如自己玩牌，把她轰走。/她是在做梦，我就把她摇醒。

C的情况比较复杂，可以是动词性的，但更多的是形容词性的[④]。能够充当C的动词一般都不是动作动词，大都是性质、状态动词和心理、感觉动词。例如：

(14) 你把我老子都药死了。(《元曲选·窦娥冤》)/正是你那天把我碰伤的。/我耐心地等他把那些华丽的词藻全部用尽。/电话铃声把我吵醒了。/你把我拧疼了。/都快把我关心疯了。

少数表示位移的动词如"走、跑、飞"也可以用作C，但大多带有一定的趋向义。例如：

(15) 领班忙过来赔礼道歉，把那个服务员拉走了。/我赌咒发誓说下星期一定交，才把他们打发走。/把他老娘给气跑了。/

她一生气把所有的小雀、小鸟都赶走了。

能够充当C的形容词(或语素,下同),一般都是表示性状、变化的性质形容词。例如:

(16) 将骰子纸牌一并烧毁。(《红楼梦》)/你老人家这时候就去把他收拾妥当。(《儿女英雄传》)/你最好把话说清楚。/你也别把话说满。/方方不得不拉住我,使我别把人打坏。/那些变戏法的真骗人,我在后台全把他们看破了。/慧芳伸手把夏顺开扶正。

表示量度的形容词和表示感受的形容词大都比较适宜充当C。例如:

(17) 公只是将那头放重了。(《朱子语类》)/他把头发理短了。/你把问题扯远了。/她把褂子改小了。/船夫把前后两根缆绳都扣紧了。/今天牛奶送晚了。/他赶紧把窗帘拉严。/我忍了会儿,她仍骂不绝口,把我骂急了,和她对骂起来。/我会把你和天使搞混的。

少数是意义已经虚化的谓词⑤,主要有"却、到、着(著)、住、掉、完、好、动"等。例如:

(18) 欲将香匣放藏却。(《鱼元机》)/师把西堂鼻孔拽著。(《祖堂集》)/一把把张姑娘拉住。(《儿女英雄传》)/最后,她还是把钥匙找到了。/直到现在还在到处打听,发誓要把她找着。/遇到一个送饮料回来的女招待,他还把人家叫住。/我用毛巾把她额边的水擦掉。/他们决定马上就把这些违章建筑拆掉。/饭后主动积极地去刷碗,扫地,擦桌子,把一切都归置完了。/你把窗户关好,我们一会儿就来。/一席发自内心的话,把在座的人都打动了。

值得注意的是,现代汉语的一些词已经并正在虚化之中,有的已虚化成了一个程度副词。这些词跟在V后面，已经不再是述结式了，而是程度式了[6]。试比较下面三组，每组前句是述结式，后句是程度式，中句则介乎于两者之间，还可以勉强算是述结式：

(19) 经过这些天的摸底调查，我们已经把情况摸透了。/那时，恐怕也只有她妈妈能抚愈她的伤口……你算是把她伤透了。/你千万要小心，我哥哥把你恨透了。

(20) 让我来，让我自己来，你慢点，你把这个都撕坏了，这儿还有个暗扣。/你们俩你一句我一句的把人家吓坏了。/又是筹备年货，又是张罗年夜饭，可把两位老人给累坏了。

(21) 他坚持说那具女尸就是你，就是他把你淹死的。/你最好先别把话说死，最好为自己留点后路。/看不下去了，再看非把我气死。

最后，从C的语义指向看，大致有六种情况：a. 指向 N_1；b. 指向 N_2；c. 指向O；d. 指向V；e. 指向隐含项；f. 无明确指向。可以列表举例归纳如下表一：

表一

指　　向	例　　句
指向 N_1	我终于把它弄明白了。他俩把话越说越投机。
指向 N_2	中国队把比分扳平了。你们别把它掐死了。
指向O	把话筒贴紧耳朵。把口红涂满嘴唇。
指向V	她就把我抱紧了。请把问题讲清楚。
指向隐含项	尽量把话说明白。石静又把酒斟满。
无明确指向	把什么都估计到。我就把烟蒂扔掉。

所谓指向隐含项，就是指C的语义指向是表层结构中不存在的，但是在理解时可以想象得到的，隐含于深层的人或事或物。比如“尽量把话说明白”中的“明白”是指向听话人的，“石静又把酒斟满”中的“满”

是指向“盛酒的杯子”的。

1.2 关于 N_1 和 N_2 及 O。 首先，从 N_1、N_2 及 O 同 VC 的依存关系来看，它们三个都是构成述结式把字句的论元，但它们同 VC 联系的紧密程度并不相等。其中 N_2 都是必有论元，不但不能省略、隐含，甚至连移位都是不可能的。比如下面后三式都是不能成立的：

(22) 她揉着胸说，我把她搡疼了。→ * 她揉着胸说，我把[　]搡疼了。→ * 她揉着胸说，我把[　]搡疼了她。→ * 她揉着胸说，她我把[　]搡疼了。

而 N_1 和 O 则不一定都是把字句的必有论元。就 N_1 的情况来看，在述结式把字句中，N_1 既可以出现于表层，也可以省略或隐含。例如：

(23) 你把我们哭昏了，就出不出好主意来。(《老残游记》)/我把自己泪水纵横的脸搞干净。/这一问倒把马林生问愣住了。

(24) (你们几个)把那银子搬齐。(《儿女英雄传》)/有一次(她)把我打火了，追上去在她背上打了几拳，(我)把她给打哭了。/没承想说说就说岔了，(他们几个)把她给说哭了。

(25) 孩子的病又犯了，持续的高烧一直不退，[? 这下]可把她急疯了。/两场西北风一刮，气温立马降了下来，[? 温度]把凉在外面的豆腐都冻结实了。

上面(　)中省略的 N_1 可以根据上下文明确地补出来，自然是 VC 的必有论元；而[　]中隐含的 N_1，虽然在意念上是存在的，但不能明确地补出来，所以也就不是 VC 的必有论元。

一般说来，能够再带 O 的述结式把字句，其中的 O 都是 VC 的必有论元。例如：

(26) 凤姐一语倒把贾琏说没了话。(《红楼梦》)/李江云把口红涂满嘴唇，照照镜子。/她吃力地把吊盐水的架子拉近病床。

上面的“话”“嘴唇”和“病床”应该是VC的配价成分，因为没有“话”“嘴唇”“病床”，句子语义就不完整。然而，并非所有的O都是必不可少的，有些O省去后句子结构相对完整，基本语义不变，所以就不是VC的必有论元。大致有两种情况，一种为O是非定指的数量短语，另一种为O是形式宾语。例如：

(27) 他把计划推迟了(几天)。/他悄悄地把废纸篓拉近了(几公分)。

(28) 他把钥匙拿到了(手)。/他算是把敷衍的方法学到了(家)。

上面“几天”“几公分”和“手”“家”省略后句子结构相对完整，基本语义不变，只是不如原句精确，或者不如原句顺畅。尤其是“手”和“家”都是象征性的，徒有形式而已。

其次，从N_1和N_2及O的功能形类看，N_1可以是体词性的，也可以是谓词性的。例如：

(29) 再不想那日一席话一激，竟把他激成功了。(《红楼梦》)/这些天来，天天炒股把他炒糊涂了。/周围的人哗的一声笑了，不知头儿念了什么把他们逗乐了。

还可以是小句形式，甚至是复句形式充当把字句的N_1：

(30) 母亲不停地咳嗽把孩子咳醒了。/马林生如此一说，倒把儿子怄笑了。/我们别再谈了，你这么激动会把自己弄疯的，还是装傻算了。/如果我还在睡觉，她就拼命砸门，大声放收音机，把我闹醒。

就我们所收集到的语料看，绝大多数N_2都是体词性的，像下面这样的用法比较少见：

(31) 赌博改变了她的一切，这些年来，她把热情、朝气、诚实、忠贞全都和金钱一起输掉了。/三年下来，诚实、认真、勤恳都没有学会，反而把虚伪、圆滑、躲懒倒学会了。

很显然，谓词性词语一旦进入把字句充当 N_2，所表示的都是指称义而不再具有表述性了。就体词性成分而言，N_2 可以是名词性的、代词性的，也可以是数量短语、“的”字短语等：

(32) 把一块手绢儿全都哭湿了。/淡淡的梳妆，把三日的风霜都洗净了。/老这样永远也别想把话挑明。/把我这一腔柔情都给弄没了。/那天，我把她气哭了。/电话铃声把我吵醒，我仍沉溺在梦中纷乱的情节中。

(33) 他把几次机会都浪费光了，不会再有任何希望了。/何塞急忙把那个要饭的打发走。

能够充当O的成分，只能是体词性的，包括名词、代词和数量短语。例如：

(34) 怎将我一锤儿打坏天灵。(《元曲选·陈州粜米》)/你出去自站一站，把皮不冻破了你的！(《红楼梦》)/几个青年人把呢大衣浸透了水。/纳凉时，总是想方设法把座位挨近她俩。/最后虽然批了下来，但是几乎把原来申报的计划数砍掉将近一半。

再次，从语义特征看，N_1 大多数是人，但也可以是现象或行为。不过，有一点是肯定的：凡是 N_1 是[一生命]的现象或行为，那么，该把字句的 N_2 一般都是[+生命]的人或动物。例如：

(35) 她那满不在乎、随随便便的态度一下就把我迷住了。/他那一番不讲理的狡辩，可把我们大家气坏了。/一句话把刘大妈怄笑了：“瞧你说的，大妈是那乌眼鸡么？”

(36) 真是,过个星期天都把人过糊涂了。/平时也不发愁,一张嘴就能把人笑死,一点不像个搞工科的人。/这一问倒把马林生问愣住了。/接连几鞭把那头小毛驴给打乖了。

其实,无论是人也好,现象也好,行为也好,在致使类述结式把字句中,N_1 的深层含义是相通的,都具有或隐含有[+已知(known)]、[+致使(causative)]、[+有生(animate)]这样三个互相关联的语义特征。试比较下面三句:

(37) A. 大娘把孩子冻病了。

B. 墨水把袖口染红了。

C. 爬山把老王累病了。

这三句的主语都不是 VC 的施事,分别是主事、材料和行为,但具有上述三个特征却是一致的。首先,人("大娘")、物("墨水")、事("爬山")都是已知的,都是说话人发话时心中已确知存在和发生过的实体或行为,听话人也能够在具体的语境中辨识出该实体或该行为;而决不可能是其他任何还不知道的"大娘""墨水"和"爬山"。其次,"大娘""墨水""爬山"之所以可以在述结式把字句中同后面的"把 N_2VC"共现,就是由于它们的动态性存在导致了后面结果的发生。譬如,尽管"大娘"没有直接去"冻"孩子,但孩子受冻与"大娘"有关,或者是没有给他穿足够的衣服,或者是没有及时关窗户,或者是带他到较冷处去玩,等等。再次,"大娘"自然是有生的,"爬山"当然也得由人去爬,而"墨水"看似是没有生命的,其实,一瓶静止的墨水是绝对不会"染红袖口"的,一定是由人(别人或自己)动了它才会造成这样的结果。换句话说,A 句的有生性是显露于表层的,B 句的有生性是隐含于深层的,C 句的有生性则蒙后省略了。其实,如果把上面三句所省略和隐含的意思都说出来,就可以说成:

(37′) A. 大娘没有及时关窗户/没有给孩子添衣服/带孩子去水边玩了，把孩子冻病了。

B. 小张/某人随意甩墨水/不慎打翻了墨水瓶，把小李的/自己的袖口染红了。

C. (老王)年纪大了/身体比较弱，不间断地/长时间地爬山，把老王(自己)累病了。

上面分析的是致使类把字句，至于遭受类把字句，当然不会有[+致使]的语义特征。例如：

(38) 李老头也够惨的，去年年底刚死了老伴，现在又把个儿子给病死了。

很显然，这类把字句的 N_1 是 VC 的承受者，而不是发出者，都具有[－致使]的语义特征。

同 N_1 一样，N_2 也都是已知的，不论是体词性的词语，还是谓词性的词语。体词性的 N_2 的已知性和确定性人们已经做了广泛的论证。至于谓词性的词语，我们认为同体词性词语并没有实质性的区别。譬如上面例(31)中的“热情、朝气、诚实、忠贞、虚伪、圆滑、躲懒”都不是指一般意义上的、抽象的品行，而是指已知的、特定的某一个人业已形成的秉性。

在述结式把字句中，凡是属于必有论元的 O，一般同 N_1 和 N_2 存在着各种形式的领属关系、隶属关系、支配关系等，所以受 N_1 和 N_2 已知性的影响，O 大都也是已知的。譬如上面例(26)中的“话”“嘴唇”是“贾琏”和“李江云”的，“病床”是“她”所睡的那张床。只有那些非必有论元的，譬如例(27)中的 O，“几天”“几公分”才是未知的。

就 N_2 与 VC 的语义关系看，情况相当复杂，既可以是受事或施事，也可以是与事或结果，还可以是工具、材料等。从 N_2 与 N_1 的语义关系看，可以是施事与受事，整体与部分，主事与伴随，也可以是起因与对象，主体与客体，行为与施事等。

现将 N_2 与 VC 及 N_1 的语义关系列表归纳如表二：

表二

与 VC 关系	例　句	与 N_1 关系	例　句
受事	他把啤酒喝光了。	施事与受事	我把凳子修好了。
施事	练功把他练苦了。	整体与部分	她把眼睛哭红了。
与事	他把儿子说烦了。	主事与伴随	她把枕头哭湿了。
结果	他把房子画歪了。	起因与对象	噪声把他吵醒了。
工具	他把菜刀切钝了。	主体与客体	魔术把他迷住了。
材料	他把油漆刷完了。	行为与施事	做饭把她做烦了。

综上所述，作为一种具有独特个性特点的把字句，述结式把字句在内部结构、VC 性质、所表语义，以及与 VC 共现的 N_1、N_2 和 O 的语义关系等各个方面，都存在着各种错综复杂的依存和制约关系。作为述结式把字句的核心，VC 的性质不但决定了共现成分的类别和把字句的表义类型，而且也决定了 N_1、N_2 和 O 之间的相互关系。

2. 述结式把字句的配价整合

本节讨论可以用于把字句的述结式 VC 的配价指数及其整合的情况。

2.1 确定述结式配价的基本原则和分析方法。确定 VC 的配价指数必须有一定的语义基础，但最终的决定因素还是 VC 与句中必有成分的依存关系。因此，分析把字句中述结式的配价指数，不但要考虑与 VC 共现的 N_1 和 N_2 及 O 的语义角色，而且还要考虑到把字句的句式义。同时，本章同意如下的观点：汉语中所有的述结式，从深层的语义关系看，都是由两个或两个以上的表述复合而成的；所以，本章在分析各种类型的述结式的内部语义关系时，全都将它们分解开来加以解释。

一般认为，现代汉语中动词的配价指数可以分成四类：零价的，如“地震、海啸”等；一价的，如“走、死”等；二价的，如“看、学”等；三价的，如“给、送”等。形容词则可以分为两类：一价的，如“急、累”等；二价的，如“熟、狠”等[⑦]。零价动词是不可能构成述结式的，当然也就不存在零价述结式把字句。所以，下面这样的句子是不能成立的：

（39）＊9·21台湾大地震把台中一幢十二层的大楼地震倒塌了。

其余一价、二价和三价的自主动词大都可以充当把字句中的V；此外，少数一价形容词也可以充当把字句中的V。据此，我们可以根据把字句中与VC共现的必有论元数目的多少及其语义角色，把VC分成三个大类：一价述结式VC^1、二价述结式VC^2和三价述结式VC^3。

2.2 一价述结式。根据V和C本身的配价指数，一价述结式可以分为Ⅰ、Ⅱ两式。

一价Ⅰ式都是由一价V＋零价C整合而成的。比如：

A. 老庄家前几天把头水牛给死掉了（≈老庄家的水牛死了）。

B. 老李头四十岁上把个老婆给跑掉了（≈老李头的老婆跑了）。

这类句子属于典型的遭受类述结式把字句。N_1与VC句法上没有依存关系，但在语义上是VC的承受者。N_2同VC有依存关系，同N_1有领有关系。C已经虚化，没有明确的语义指向。一价Ⅰ式中的述结式配价关系可以标记为：一价Ⅰ式＝$(V^1+C^0)\rightarrow VC^1$。再例如：

（40）到七日上，把个白白胖胖的孩子跑掉了。（《儒林外史》）/那次牧场三号羊圈边上漏了一个缝，把好几头纯种绵羊给跑掉了。/蜜饯罐密封一点都不好，把里面的水分都给蒸发掉了。

一价Ⅱ式都是由一价 V＋一价 C 整合而成的。Ⅱ式多属于致使类把字句[8]，N_1 与 VC 没有依存关系，但大都是 VC 的肇始者。N_2 同 VC 有依存关系，C 的语义只指向 N_2。根据 N_1 与 N_2 的相互关系，还可以再分成三个小类：

a 类的 N_1 与 N_2 具有领属关系。比如：

A. 王大嫂把儿子给冻病了(≈王大嫂的儿子冻了＋儿子病了)。

B. 老头把老伴给气糊涂了(≈老头的老伴气了＋老伴糊涂了)。

b 类的 N_1 与 N_2 有使动关系。比如：

A. 长途劳顿把他累倒了(≈长途劳顿使他累了＋长途劳顿使他倒了)。

B. 意外损失把她急哭了(≈意外损失使她急了＋意外损失使她哭了)。

c 类的 N_1 与 N_2 有逆向支配关系。比如：

A. 长时间地看电视把她给坐乏了(≈她长时间地看电视＋她乏了)。

B. 一个劲地擦地板把她给累病了(≈她一个劲地擦地板＋她病了)。

在这三类把字句中，N_1 与 VC 都没有依存关系，也都不是 VC 的必有论元。据此，可以将一价Ⅱ式三个小类的述结式配价关系标记为：一价Ⅱ式＝(V^1+C^1)→VC^1。再例如：

(41) 9·21 台湾大地震把台中一幢十二层的大楼给震塌了。/天天躺在床上静养，不但不觉得舒坦，反而把她给躺累了。/你这种人多走几步路，还怕把脚走大吗？

现将一价述结式的配价整合情况归纳如表三：

表三

配价＼说明	整合公式	N_1和N_2的关系	例　句
一价Ⅰ式	$(V^1+C^0)\rightarrow VC^1$	领有关系	老李头把老婆给跑掉了。
一价Ⅱ式a	$(V^1+C^1)\rightarrow VC^1$	领属关系	老头把老伴给气糊涂了。
一价Ⅱ式b		使动关系	意外损失把她急哭了。
一价Ⅱ式c		逆向支配关系	一个劲地擦地板把她给累病了。

2.3 二价述结式。由二价述结式构成的把字句都是致使类把字句。根据V和C本身的配价指数，可以将二价述结式分为Ⅰ、Ⅱ、Ⅲ、Ⅳ、Ⅴ、Ⅵ六式。

二价Ⅰ式都是由一价V＋一价C整合而成的。Ⅰ式的V同N_1有依存关系，C的语义指向N_2。根据N_1和N_2的语义角色和相互之间的关系，又可以分为三个小类：

a类的N_1是整体，N_2是部分，相互之间有领属关系。比如：

A. 她把眼睛哭红了(≈她哭了＋她的眼睛红了)。

B. 他把嗓子喊哑了(≈他喊了＋他的嗓子哑了)。

b类的N_1是主事，N_2是旁及。比如：

A. 她把枕头哭湿了(≈她哭了＋她用的枕头湿了)。

B. 她把床单睡脏了(≈她睡了＋她用的床单脏了)。

c类的N_1是主事，N_2是伴随。比如：

A. 她把我们哭烦了(≈她哭了＋[听到她的哭声]我们烦了)。

B. 她把我的心哭碎了(≈她哭了＋[听到她的哭声]我的心碎了)。

在这三类把字句中，尽管V和C本身都是一价的，但是作为一个整体，VC与N_1和N_2分别具有依存关系，所以，N_1和N_2都是VC的必有论元。据此，我们可以将二价Ⅰ式三个小类的述结式配价关系统一标记为：二价Ⅰ式＝(V^1＋C^1)→VC^2。再例如：

(42) 好孩子，你把我的心都哭乱了。(《红楼梦》)/他看着马林生把眼睛完全瞪圆，才接着补充。/经他这一笑，倒把我给笑糊涂了，连忙问道："这里面还有什么学问吗？"

二价Ⅱ式都是由一价V＋二价C整合而成的，根据N_1和N_2相互之间的关系，又可以分为三个小类：

a类的N_1是主体，N_2是旁及或伴随，N_1和N_2有领有关系。比如：

A. 孩子把作业玩忘了(≈孩子玩＋孩子忘了作业)。

B. 小孩把肚褡跑没了(≈小孩跑＋小孩没了肚褡)。

b类的N_1是主事，N_2是对象或伴随，N_1和N_2有领属或领有关系。比如：

A. 老人把孙子给走丢了(≈老人的孙子走了＋老人丢了孙子)。

B. 孩子把蚂蚱给蹦没了(≈孩子的蚂蚱蹦了＋孩子没了蚂蚱)。

c类的N_1是处所或伴随，N_2是主体，N_2和N_1有关涉关系。比如：

A. 盘山路把她走怵了(≈她走盘山路＋她怵盘山路)。

B. 索道车把他坐怕了(≈他坐索道车＋他怕索道车)。

我们认为，"走""坐"都是一价动词，所以，"盘山路"和"索道车"不是"走"和"坐"的配价成分，但是它们都是"走怵"和"坐怕"的配价成分。在这三类把字句中，尽管V都是一价的，但是与C组合之后，VC与N_1和N_2都有了依存关系，所以，N_1和N_2都是VC的必有论元。据此，我们可以将二价Ⅱ式三个小类的述结式配价关系统一标记为：二价Ⅱ式＝$(V^1+C^2)\rightarrow VC^2$。再例如：

（43）几年生意跑下来，钱倒没赚多少，反而把老婆孩子跑没有了。/几次站到讲台上去之后，真的把那孩子给站怕了，此后老实多了。

二价Ⅲ式都是由二价 V＋零价 C 整合而成的，N_1 是主体，N_2 是对象。比如：

A. 她把我们迷住了（≈她迷住了我们）。

B. 我把烟蒂扔掉了（≈我扔掉了烟蒂）。

在这类把字句中，V 同 N_1 和 N_2 都有依存关系，C 无明确的语义指向。据此，我们可以将二价Ⅲ式的述结式配价关系标记为：二价Ⅲ式＝$(V^2+C^0)\rightarrow VC^2$。再例如：

（44）事过不久，他就基本上把这件事造成的心理负担卸掉，丢在了一边。/我这种身份的人你们不了解，看上去有名有地位令人钦慕，其实很受束缚，自己就把自己束缚住了。

现将二价述结式Ⅰ、Ⅱ、Ⅲ式的配价整合情况归纳如表四：

表四

说明 / 配价	整合公式	N_1 和 N_2 的关系	例句
二价Ⅰ式 a	$(V^1+C^1)\rightarrow VC^2$	整体与部分	她把眼睛哭红了。
二价Ⅰ式 b		主事与旁及	她把枕头哭湿了。
二价Ⅰ式 c		主事与伴随	她把我们哭烦了。

续表

配价 \ 说明	整合公式	N_1 和 N_2 的关系	例句
二价Ⅱ式 a	$(V^1+C^2)\to VC^2$	主体与旁及	孩子把作业玩忘了。
二价Ⅱ式 b		主事与对象	老人把孙子给走丢了。
二价Ⅱ式 c		处所与主体	盘山路把她走怵了。
二价Ⅲ式	$(V^2+C^0)\to VC^2$	主体与对象	我把烟蒂扔掉了。

二价Ⅳ式都是由二价 V+一价 C 整合而成的，这一类 VC 是述结式把字句 VC 的主体，内部情况比较复杂，还需进一步分类。我们大致可以从两个层次分类：首先，根据 V 和 C 的语义关系，将二价Ⅳ式分成三大类；然后又可以根据 N_1 和 N_2 的语义角色和相互之间的关系，再进一步将这三个大类分成小类。这样，二价Ⅳ式总共可以分为三个大类，十二个小类。

二价Ⅳ式第一大类，V 同 N_1 和 N_2 都有依存关系，C 的语义指向 N_2；根据 N_1 和 N_2 的关系，又可以分为五个小类：

a 类的 N_1 是施事，N_2 是受事。比如：

A. 他把碉堡炸毁了(≈他炸碉堡+碉堡毁了)。

B. 他把机器开坏了(≈他开机器+机器坏了)。

这类句式的 N_2 可以指物，如上面的“碉堡”“机器”，也可以指人，如下面的“我”“她”：

A. 她把我骂急了(≈她骂我+我急了)。

B. 我把她讲哭了(≈我讲她+她哭了)。

两者的区别是，虽然都是受到了 N_1 施加的行为，但指物 N_2 是被动的，指人 N_2 是能动的。

b 类的 N_1 是施事，N_2 是对象。比如：

A. 经理把他们拉走了(≈经理拉他们＋经理和他们一起走了)。

B. 司机把汽车开跑了(≈司机开汽车＋司机和汽车一起跑了)。

c类的 N_1 是施事,N_2 是结果。比如:

A. 他把院墙垒高了(≈他垒院墙＋垒的结果院墙高了)。

B. 他把衣服晾干了(≈他晾衣服＋晾的结果衣服干了)。

这类VC可以表达三种语义关系:甲、实现了预定目标,如上面两例。乙、偏离了目标。比如:

A. 他把坑儿挖浅了(≈他挖坑儿＋挖的结果坑儿浅了)。

B. 他把字儿写歪了(≈他写字儿＋写的结果字儿歪了)。

所谓偏离就是没有实现预定目标,本来准备挖深、写正的,但结果挖浅了、写歪了。丙、既可以是达到了目标,也可以是偏离了目标,有歧义。比如:

A. 他把头发理短了(≈他理头发＋理的结果头发短了)。

B. 他把水沟挖深了(≈他挖水沟＋挖的结果水沟深了)。

“理短”“挖深”都是有歧义的,“短”和“深”可能是希望的,也可能是过头的,必须在一定的语境中才能确定。上面a、b、c三种把字句,在近、现代汉语中都很常用。再例如:

(45)(猪八戒)把那坟墓一顿筑倒。(《西游记》)/大姐,您这句话真把我说臊了,确实不应该。咱不犯了成不成?/别以为她跟你特铁,我当着你面就能把她勾搭定。

d、e两个小类情况比较特殊,是一种逆向的致使类述结式把字句。在这两种句式中,N_1 是行为对象或行为本身,N_2 是行为的执行者。d类的 N_1 是受事,N_2 是施事。比如:

A. 方便面把他吃腻了(≈他吃方便面+他腻了)。

B. 港台歌曲把他听烦了(≈他听港台歌曲+他烦了)。

e类的 N_1 是行为,N_2 是该行为的主体。句中的V是对句首动词的重复。比如:

A. 编花篮把她编苦了(≈她编花篮,她苦了)。

B. 爬泰山把他爬累了(≈他爬泰山,他累了)。

主语是事物或行为的把字句,多是成句过程中"致使-位移"后名词短语移位的结果。再例如:

(46) 公款吃喝,把国家吃穷了,把党风吃坏了,把民心吃凉了。/到北京后,早晚两顿几乎顿顿都吃炸酱面,早把大家都给吃腻了。

二价Ⅳ式第二大类,V在语义上同 N_1 和隐含的受事、对象等有依存关系,C指向 N_2;根据 N_1 和 N_2 的关系,又可以分为四个小类:

a类的 N_1 是施事,N_2 是工具。比如:

A. 他把菜刀切钝了(≈他用菜刀切[东西],菜刀因为切东西钝了)。

B. 他把锤子砸坏了(≈他用锤子砸[东西],锤子因为砸东西坏了)。

b类的 N_1 是主体,N_2 是部件(同时也是天然的工具,两者又是整体和部分)。比如:

A. 他把肩膀扛肿了(≈他用肩膀扛[东西],他的肩膀因为扛东西肿了)。

B. 他把牙齿咬坏了(≈他用牙齿咬[东西],他的牙齿因为咬东西坏了)。

c类的 N_1 是主事，N_2 是处所。N_2 和 N_1 有关涉关系。比如：

A. 他把地板洗潮了（≈他在地板上洗［东西］，地板因洗而潮了）。

B. 他把房间弄脏了（≈他在房间里弄［东西］，房间因弄而脏了）。

d类的 N_1 是主事，N_2 是材料，V的语义对象隐含了。比如：

A. 他把涂料刷厚了（≈他往［某个墙面上］刷涂料，涂料比预期的或适当的标准厚了）。

B. 他把肥料上多了（≈他往［某种庄稼上］上肥料，肥料比预期的或适当的标准多了）。

这a、b、c、d四种把字句的 N_2 都是与V的动作所凭借的或有关联的事物，由于它们占据了“把”后宾语的位置，所以，V的真正的受事或对象只好隐含了。再例如：

(47)“你不说我跟你下棋把手都下臭了。”贾玲笑着离去。/别逞能了，这儿有啤酒扳子，把牙齿咬坏我可不负责。/把国家想没了，把哥哥的骨头想烂了，还想，想，想！

二价Ⅳ式第三大类，V同 N_1 和 N_2 都有依存关系，C的语义指向没有一定的规律。

a类的 N_1 是施事，N_2 是对象，C所指的旁及隐含了。比如：

A. 他把道理讲明白了（≈他讲道理，［听讲的人］明白了）。

B. 她把啤酒斟满了（≈她斟啤酒，［盛酒的杯子］满了）。

b类的 N_1 是施事，N_2 是受事，C指向V。比如：

A. 北蓓把我搂紧了（≈北蓓搂我＋搂紧了）。

B. 我把年货买早了（≈我买年货＋买早了）。

c类的 N_1 是主体，N_2 是对象，C指向 N_1。比如：

A. 他把问题搞清楚了(≈他搞问题,他清楚了)。

B. 他把要求弄明白了(≈他弄要求,他明白了)。

二价Ⅳ式三大类十二小类的述结式配价关系可以标记为:二价Ⅳ式=(V^2+C^1)→VC^2。再例如:

(48) 等我把缘故说明白。(《儿女英雄传》)/有些小分歧也不过是在究竟有多了不起上是否把话说满。/我将尽我所能把谎撒圆,撒得好看,要是再有点启发和教育意义就更好了。

二价Ⅴ式都是由二价 V+二价 C 整合而成的,根据 C 同 N_1 和 N_2 的关系,可以分为三个小类:

a 类的 C 的语义指向 N_2 和 N_1;N_1 是施事,N_2 是对象。比如:

A. 他们把官司打赢了(≈他们打官司+官司赢了)。

B. 他们把奖金赌输了(≈他们赌奖金+奖金输了)。

b 类的 C 指向 N_1;N_1 是施事,N_2 是受事。比如:

A. 他们把问题都听懂了(≈他们听问题+他们懂了)。

B. 他们把音标都学会了(≈他们学音标+他们会了)。

c 类的 C 指向 N_2 和 N_1;N_1 是施事,N_2 是使动。比如:

A. 他们把阴沟挖通了(≈他们挖阴沟+他们使阴沟通了)。

B. 他们把场地填平了(≈他们填场地+他们使场地平了)。

这三种把字句由于 V 和 C 都是二价的,C 都是动词,包括形动兼类词。据此,可以将二价Ⅴ式三个小类的述结式配价关系标记为:二价Ⅴ式=(V^2+C^2)→VC^2。再例如:

(49) 石静抖开一条新床单,铺在床上,用手把裙子抚平。/经过刻苦自学,他终于在临近退休那年又能把俄语大致地看懂了。

二价Ⅵ式都是由三价 V+一价 C 整合而成的,这类把字句的 N_1

是一个主谓宾短语。同一个 V，在句首带宾，句中带补，V 的价数被减去一价，即二价Ⅵ式＝$(V^3+C^1)\rightarrow VC^2$。比如：

A. 他天天送花把她送烦了(≈他天天送她花＋她烦了)。

B. 她不断要钱把他要穷了(≈她不断要他钱＋他穷了)。

前句如果没有“他”，既可以是“她自己送花＋她烦了”，也可以是“别人送她花＋她烦了”；后句则没有歧义。这同“送”和“烦”，“要”和“穷”的施受关系及其相互的语义适用性有关。其实，这两句也可以说成“他把她送烦了。”“她把他要穷了。”这样，V 的受事不在表层中出现而隐含于深层；但配价关系仍然是三价 V 减为二价 VC。

现将二价述结式Ⅳ式、Ⅴ式和Ⅵ式的配价整合情况归纳如表五：

表五

<table>
<tr><th colspan="2">说明
配价</th><th>整合公式</th><th>N_1 和 N_2 的关系</th><th>例　　句</th></tr>
<tr><td rowspan="5">第一类</td><td>二价Ⅳ式 a</td><td rowspan="5">$(V^2+C^1)\rightarrow VC^2$
[V 与 N_1 和 N_2 有关，C 指向 N_2]</td><td>施事与受事</td><td>他把碉堡炸毁了。</td></tr>
<tr><td>二价Ⅳ式 b</td><td>施事与对象</td><td>经理把他们拉走了。</td></tr>
<tr><td>二价Ⅳ式 c</td><td>施事与结果</td><td>他把院墙垒高了。</td></tr>
<tr><td>二价Ⅳ式 d</td><td>受事与施事</td><td>方便面把他吃腻了。</td></tr>
<tr><td>二价Ⅳ式 e</td><td>行为与主体</td><td>编花篮把她编苦了。</td></tr>
<tr><td rowspan="4">第二类</td><td>二价Ⅳ式 a</td><td rowspan="4">$(V^2+C^1)\rightarrow VC^2$
[V 与 N_1 和隐含项有关，C 指向 N_2]</td><td>施事与工具</td><td>他把菜刀切钝了。</td></tr>
<tr><td>二价Ⅳ式 b</td><td>主体与部件</td><td>他把肩膀扛肿了。</td></tr>
<tr><td>二价Ⅳ式 c</td><td>主事与处所</td><td>他把地板洗潮了。</td></tr>
<tr><td>二价Ⅳ式 d</td><td>主事与材料</td><td>他把肥料上多了。</td></tr>
<tr><td rowspan="3">第三类</td><td>二价Ⅳ式 a</td><td rowspan="3">$(V^2+C^1)\rightarrow VC^2$
[V 与 N_1 和 N_2 有关，C 指向 V、N_1 或隐含项]</td><td>施事与对象</td><td>他把道理讲明白了。</td></tr>
<tr><td>二价Ⅳ式 b</td><td>施事与受事</td><td>北蓓把我搂紧了。</td></tr>
<tr><td>二价Ⅳ式 c</td><td>主体与对象</td><td>他把问题搞清楚了。</td></tr>
<tr><td colspan="2">二价Ⅴ式 a</td><td rowspan="3">$(V^2+C^2)\rightarrow VC^2$</td><td>施事与对象</td><td>他们把官司打赢了。</td></tr>
<tr><td colspan="2">二价Ⅴ式 b</td><td>施事与受事</td><td>他们把问题都听懂了。</td></tr>
<tr><td colspan="2">二价Ⅴ式 c</td><td>施事与使动</td><td>他们把阴沟挖通了。</td></tr>
<tr><td colspan="2">二价Ⅵ式</td><td>$(V^3+C^1)\rightarrow VC^2$</td><td>行为与对象</td><td>他天天送花把她送烦了。</td></tr>
</table>

2.4 三价述结式。由三价述结式构成的把字句都可以另带宾语“O”，也都属于致使类把字句。根据V和C本身的配价指数，N_1和N_2相互之间的关系，可以分为Ⅰ、Ⅱ、Ⅲ、Ⅳ、Ⅴ、Ⅵ六式。

三价Ⅰ式都是由二价V＋零价C整合而成的。这类把字句的N_2和O都是表示确切数量的定指性数量短语，并且都具有整体和部分的关系。比如：

A. 他把十个苹果扔掉五个(≈他扔苹果＋十个苹果中的五个被扔掉了)。

B. 他把一锅米饭吃掉半锅(≈他吃米饭＋一锅米饭中的半锅被吃掉了)。

我们认为，“小强把窗玻璃砸破了好几块。”[9]这类把字句中的述结式可以算二价的，因为后面的数量短语删除后基本语义不变。但是三价Ⅰ式中的两句，如果删除后面的数量短语，句子的语义就改变了，所以“五个、半锅”都是VC的必有论元。两者的区别在于，前者是由二价V＋一价C构成的，而后者是由二价V＋零价C构成的(二价V＋一价C构成的VC也可以是三价的，详情见后)；而且，后者的N_2和O是定量的或准定量的，前者的N_2和O是非定量的。据此，可以将三价Ⅰ式的述结式配价关系标记为：三价Ⅰ式＝$(V^2+C^0)\rightarrow VC^3$。再例如：

(50) 几年下来，他把手里积蓄的十几万块钱用掉了十来万。/几年鸦片抽下来，他把祖上留下的十多亩地抽掉了七八亩。

三价Ⅱ式都是由二价V＋一价C整合而成的。根据N_1、N_2、O三者之间的语义关系，这类句式又可以分为五个小类。

a类的N_1和O有领属关系。比如：

A. 他把话筒贴紧耳朵(≈他用话筒贴自己的耳朵＋耳朵与

话筒很紧）。

B. 她把口红涂满嘴唇（≈她用口红涂自己的嘴唇＋嘴唇上口红满了）。

b类的 N_1 和 N_2 有领属关系。比如：

A. 她把脸凑近窗玻璃（≈她用脸凑窗玻璃＋窗玻璃与她的脸近）。

B. 我把肩膀靠近南墙（≈我用肩膀靠南墙＋南墙与我的肩膀近）。

c类的 N_2 和O有领属关系。比如：

A. 我从后头把他一下按低了头（≈我按他的头＋他的头低下了）。

B. 丁举人把孔乙己打折了腿（≈丁举人打孔乙己的腿＋孔乙己的腿折了）。

d类的 N_1 和O有工具或材料的关系。比如：

A. 他把各种零碎装满一网兜（≈他用网兜装零碎＋网兜被零碎装满了）。

B. 几个青年人把呢大衣浸透了水（≈青年人用水浸呢大衣＋呢大衣被水浸透了）。

e类的 N_2 和O都是数量短语，相互之间有整体和部分的关系。比如：

A. 他把十道数学题做对了八题（≈他做数学题＋十道数学题对了八题）。

B. 他把十道数学题算错了两题（≈他算数学题＋十道数学题错了两题）。

据此，可以将三价Ⅱ式五个小类的述结式配价关系统一标记为：三价Ⅱ式＝（V^2+C^1）→VC^3。这类三价述结式把字句在近、现代汉语中都很常见。再例如：

(51) 他把我个竹眼笼的球楼蹬折了四五根。(《元曲选·玉镜台》)/一着急却跌倒了，把靴子脱落了一只。(《三侠五义》)/把胯骨栽青了巴掌大的一大片。(《儿女英雄传》)/敌人把我们村里的青壮年拉走好几个。/皮肤像触电般把阵阵寒噤传遍他的全身。

三价Ⅲ式都是由二价V＋二价C整合而成的，即三价Ⅲ式＝（V^2+C^2）→VC^3。其中V和C与N_1和N_2分别具有支配关系和补充关系。比如：

A. 他把纸盒团成一团塞入投掷孔(≈他塞纸团＋纸团入投掷孔)。

B. 他把死者的气息也吸入了肺部(≈他吸气息＋气息入了肺部)。

三价Ⅳ式都是由三价V＋零价C整合而成的，即三价Ⅳ式＝（V^3+C^0）→VC^3。其中V同N_1、N_2、O三者都有依存关系，C没有明确的语义指向。比如：

A. 他把六百元的工资输掉三百多(≈他输掉工资＋输了三百多)。

B. 他把二十多亩地卖掉了一大半(≈他卖掉田地＋卖了一大半)。

三价Ⅴ式都是由三价V＋一价C整合而成的，即三价Ⅴ式＝（V^3+C^1）→VC^3。其中N_1是施事，N_2是与事，O是受事。比如：

A. 交际花把他给骗光了家产(≈交际花骗他家产＋他的家产光了)。

B. 掮客把他诓走了一大笔钱(≈掮客诓他钱＋他的一大笔钱走了)。

三价Ⅵ式都是由三价 V＋二价 C 整合而成的，即三价Ⅵ式＝$(V^3+C^2)\rightarrow VC^3$。其中 N_1 是施事，N_2 是受事，O 是与事；这类把字句一般较少出现。比如：

A. 他把这种方法教会了我(≈他教我这种方法＋我会这种方法了)。

B. 我把小窍门教懂了他们(≈我教他们小窍门＋他们懂小窍门了)。

总的说来，由上述四种三价 VC 构成的述结式把字句使用频率都不算太高。再例如：

(52) 只这一句，他才把公公婆婆说倒了过儿了。(《儿女英雄传》)/不到一小时，他把花店里的月季卖掉一大半。/国际饭店的大厨，毫无保留地把西餐烹调法教会了那些前来进修的厨师。

现将六种三价述结式的配价整合情况归纳如表六：

表六

配价＼说明	整合公式	N_1、N_2 和 O 的关系	例　句
三价Ⅰ式	$(V^2+C^0)\rightarrow VC^3$	N_2 和 O 整体和部分	他把十个苹果扔掉五个。
三价Ⅱ式 a	$(V^2+C^1)\rightarrow VC^3$ [N_1、N_2、O 三者之间的语义关系不同]	N_1 和 O 有领属关系	她把口红涂满嘴唇。
三价Ⅱ式 b		N_1 和 N_2 有领属关系	她把脸凑近窗玻璃。
三价Ⅱ式 c		N_2 和 O 有领属关系	丁举人把孔乙己打折了腿。
三价Ⅱ式 d		N_1 和 O 有工具关系	他把各种零碎装满一网兜。
三价Ⅱ式 e		N_2 和 O 整体和部分	他把十题数学题做对了八题。
三价Ⅲ式	$(V^2+C^2)\rightarrow VC^3$	N_1 和 N_2 有支配关系	他把纸盒团成一团塞入投掷孔。
三价Ⅳ式	$(V^3+C^0)\rightarrow VC^3$	N_2 和 O 整体和部分	他把六百元的工资输掉三百多。
三价Ⅴ式	$(V^3+C^1)\rightarrow VC^3$	施事、与事和受事	交际花把他给骗光了家产。
三价Ⅵ式	$(V^3+C^2)\rightarrow VC^3$	施事、受事和与事	他把这种方法教会了我。

据此，可以把 V 和 C 整合后同 VC 的配价关系归纳为五类：消价类，如$(V^2+C^1)\rightarrow VC^2$，$(V^3+C^1)\rightarrow VC^3$；合价类，如$(V^1+C^1)\rightarrow VC^2$，$(V^2+C^1)\rightarrow VC^3$；等价类，如$(V^2+C^0)\rightarrow VC^2$，$(V^3+C^0)\rightarrow VC^3$；增价类，如$(V^2+C^0)\rightarrow VC^3$；减价类，如$(V^3+C^1)\rightarrow VC^2$。

现将 V 和 C 的配价指数整合后同 VC 的配价指数相互换算的情况归纳如表七：

表七

VC 价	V 和 C 各自原来的配价指数	原指数	整合 VC 价	原指数	整合 VC 价
VC^1	V^1+C^0 / V^1+C^1	V^1+C^0	VC^1	V^2+C^2	VC^2 / VC^3
VC^2	V^1+C^1 / V^1+C^2 / V^2+C^0 / V^2+C^1	V^1+C^1	VC^1 / VC^2	V^3+C^0	VC^3
VC^2	V^2+C^2 / V^3+C^1	V^1+C^2	VC^2	V^3+C^1	VC^2 / VC^3
VC^3	V^2+C^0 / V^2+C^1	V^2+C^0	VC^2 / VC^3	V^3+C^2	VC^3
VC^3	V^2+C^2 / V^3+C^0 / V^3+C^1 / V^3+C^2	V^2+C^1	VC^2 / VC^3		

根据上面的分析，我们发现，在述结式把字句中，V 和 C 整合后同 VC 的配价指数之间具有消、合、等、增、减这样五种关系。造成这五种结果的原因，主要有三个方面：一是 V 和 C 各自的语义特征，二是与之共现的 N_1、N_2、O 三者的论元角色及相互的语义关系，三是把字句本身格式义的制约和影响。其中 V 和 C 的语义特征和 N_1、N_2、O 三者的语义关系起着主导作用。也就是说，相同类别的 V 和 C，尽管其本身的配价指数完全一致，但一旦进入不同的把字句，由于受到共现成分和句式的限制和影响，就可能成为不同配价指数的 VC；相反，不同类别的 V 和 C，尽管其本身的配价指数各不相同，但一旦进入不同共现关系的把字句，由于受到共现成分和句式的制约和影响，就可能成为相同配价指数的 VC。

3. 结语与余论

通过上面的研究，我们觉得，把字句是近、现代汉语中的一种极为复杂的句式，里面包含了多种不同层面的制约因素："VP"与"NP"，句式与句类，语义与表达，原因与结果，语言与言语，历时与共时，甚至准方言和共同语，个人风格和大众习惯等，都会对把字句的构成、表达、合法度产生程度不等的影响。不论我们依据哪一种理论背景，不管从哪一个角度去考察，无论是从结构和形式的角度，还是依存和配价的角度；是从转换和生成的角度，还是认知和功能的角度；只要所采用的语料是符合实际的，所采取的态度是认真负责的，那么，我们必然能够得到一定程度的收获。然而，任何一种理论都是既有优势又有局限的，所以，要想指望用某一种理论和方法就将汉语把字句中的所有问题全部解决，显然是不现实的；同样，本章的研究成果也只能是对汉语把字句研究的某一个方面所做的一个尝试，提供的一点启示而已。

附注

① 沈阳的《名词短语的多重移位形式及把字句的构造过程与语义解释》（《中国语文》1997 年第 6 期）和张伯江的《论汉语"把"字式的句法隐喻》（首届汉语言学国际研讨会论文，上海 1998 年）无疑是运用转换生成语法和认知及功能语法的理论、方法研究汉语把字句的成功尝试。

② 张谊生《"把＋N＋Vv"祈使句的成句因素》（《汉语学习》1997 年第 1 期）；张谊生《把＋N＋Vv 祈使句的配价研究》（载沈阳主编《配价理论与汉语语法研究》，语文出版社 2000 年）。

③ 本章认为，"扔给、交给、送给"属并列关系，"拿去、放开、走进"属动趋关系，都不是述结式。

④ 关于 C 的性质，详细情况请参看王红旗《动结式述补结构配价研究》（载沈阳、郑定欧主编《现代汉语配价语法研究》，北京大学出版社 1995 年）及其后面的附录。

⑤ 这类后补词，大都是动词性的，少数是形容词性的；刘丹青《"唯补词"初探》（《汉语学习》1994 年第 3 期）称之为唯补词。

⑥ 张谊生《程度副词充当补语的多维考察》，《世界汉语教学》2000 年第 2 期。

⑦ 张国宪《论双价形容词》，载沈阳、郑定欧主编《现代汉语配价语法研究》，北京大学出版社 1995 年。

⑧ 一价Ⅱ式偶尔也可以构成遭受类把字句。比如：例(36)就是一价Ⅱ式构成的遭受类述结式把字句。

⑨ 王红旗《动结式述补结构配价研究》，载沈阳、郑定欧主编《现代汉语配价语法研究》，北京大学出版社1995年。

参考文献

郭锐 1995 述结式的配价结构和成分的整合，《现代汉语配价语法研究》，北京：北京大学出版社。

金立鑫 1997 "把"字句的句法、语义、语境特征，《中国语文》6期。

吕叔湘 1984 把字用法的研究，《汉语语法论文集》，北京：商务印书馆。

马希文 1987 与动结式动词有关的某些句式，《中国语文》6期。

沈阳 1997 名词短语的多重移位形式及把字句的构造过程与语义解释，《中国语文》6期。

王红旗 1995 动结式述补结构配价研究，《现代汉语配价语法研究》，北京：北京大学出版社。

吴为章 1998 "结果动词"的向及其句型，《现代汉语配价语法研究》(第二辑)，北京：北京大学出版社。

张伯江 1998《论汉语"把"字式的句法隐喻》，首届汉语言学国际研讨会论文。

张谊生 1997 "把＋N＋Vv"祈使句的成句因素，《汉语学习》1期。

张谊生 2000 把＋N＋Vv祈使句的配价研究，《配价理论与汉语语法研究》，北京：语文出版社。

郑定欧 1998 现代汉语把字句工作单位的设计：原则与实践，《现代汉语配价语法研究》(第二辑)，北京：北京大学出版社。

后　记

我从事现代汉语虚词研究，迄今已快要有30年了。这些年来，我的探究兴趣从研究汉语副词开始，逐渐扩展到了汉语虚词的其他各个方面，主要是虚词的演化规律以及当代汉语虚词的发展趋势。近些年来，有关汉语虚词的功能与用法，包括副词、介词、连词、助词、语气词的发展与变化，都是我关注的研究课题。在撰写了一系列与汉语副词相关的研究论文的同时，我也陆续写下了一些与介词、连词、助词相关的研究论文。得益于近20年的研究积累，2013年我终于申请到教育部人文社会科学规划基金项目"介词演化的规律、机制及其句法后果研究"。考虑到研究课题的系统性与协调性以及科研项目的结项需要，近一段时间，我在汉语介词的研究方面多下了一点功夫，尽可能地发现问题，寻找课题；展开研究，撰写论文；参加会议，修改投稿。这两年多来，我有意识地集中精力在介词再虚化领域中努力探索，又陆续撰写并发表了一系列与汉语介词演化、发展相关的学术论文。结合我近20年来所撰写的一系列与介词有关的文章，终于完成了这部主要是研究介词演化后果与相关句式的专著。到目前为止，编入本书各章的这16个专题，全部都以论文形式在《中国语文》（两篇）、《语言科学》（两篇）、《语言研究》（两篇）、《语文研究》（两篇）、《语言教学和研究》、《汉语学报》、《汉语学习》、《语法研究和探索》、《语法化与语法研究》、《南开语言学刊》、《对外汉语研究》、《面临新世纪挑战的现代汉语语法研究》等杂志、集刊与文集上发表过（笔者参加2014年10月底在澳门大学召开的第十八次现代汉语语法学术讨论会所提交的《“借以”的同形异构及其双向演化与发展——兼论“借以”与“藉以、假以”之关系》一文，虽然也是研究介词悬空现象的，且已收录于“中国语文丛书”《语法研究和探索》(十八)，但因文集尚未发表，故没能收录于本书)，这次收入本书时，除了部分篇名略有改动之外，所有论文发表时限于篇幅所做的删节及各种省略之处，这次全部予以补齐。

综观收录于本书的16个研究专题，最早完成的《交互类短语与连介兼类词的分化》一文，是我攻读博士学位期间的习作，该文从撰写、发表到现在已有20年了。而最后完成的《介词悬空与“无以”和“难以”的否定化与趋同化》和《“X之于Y”的构式化与“之于”的介词化》，是我2013年下半年分别提交给重庆第二届汉语副词研究学术研讨会和新加坡第七届现代汉语语法国际研讨会的论文；这两篇文章最终以《从介词悬空到否定副词——兼论“无以”与“难以”的共现与趋同》和《“X之于Y”的结构类型与表达功能——兼论“X之于Y”的构式化与“之于”的介词化》为篇名分别在《语言教学与研究》和《语文研究》发表时，已经是2015年夏、秋之际了。回顾我近30年来的汉语虚词与语法化研究，副词研究无疑占据了大多数的时间，迄今已陆续出版了《现代汉语副词研究》《现代汉语副词探索》《现代汉语副词分析》，尚未出版的《现代汉语副词阐释》也已完成了大部分。不过，在探索副词的同时，对于其他虚词包括助词、介词和连词的探究，我一直都没有放松，通论性的《现代汉语虚词》早在2000年就已经出版，《助词与相关格式》也已于2002年面世了。而且，我每年都要交替为博士生、硕士生开设虚词研究的课程。现在，《介词的演变、转化及其句式》一书即将要由商务印书馆出版了，终于又可以了却我多年来的一个心愿了。

本书各专题作为论文正式发表前后，研讨会上的与会专家以及各家杂志的审稿人、编辑部，都曾提出过一系列建设性的修改意见，对文章质量的提高起到过重要的作用。同时，有些章节的改进，也直接、间接地受益于多年来选修我课程的多位博、硕士研究生；这些课题大多数曾经在博士生、硕士生的课堂上讲授过，在讲授与讨论中，学生们指出了一些疏漏和不妥之处，我自己也陆续发现了一些问题和差错；趁这次出版的机会，我尽量都做了修订或更正。本书各个章节在修订、校对过程中，曾得到了我的博、硕士研究生张亮、赵彧、田家隆的协助；他们三位分头通读全书的各篇文稿，提出了不少很有价值的修改意见。此外，收录于本书的《“从 X 到 Y”介词框架的构造与功能》一章，是在我与王敏敏女士合作完成的《“从 X 到 Y”的多维考察》一文的基础上修改、扩充而成的。1998 年我们联合提交了这篇文章的初稿，一起参加了在北京大学召开的’98 现代汉语语法学国际学术会议，会后该文经修改后收录在陆俭明主编，沈阳、袁毓林副主编的《面临新世纪挑战的现代汉语语法研究》(2000 山东教育出版社)一书中，值本书正式出版之际，笔者谨表诚挚的谢意。

为了本书的顺利出版，商务印书馆的责任编辑冯薇女士，在编辑与校对过程中花费了大量的心血。本书得以面世，还有幸得到了上海师范大学汉语言文字学科以及上海市重点学科、高峰学科建设经费的资助，对于所有的帮助、协助和资助，笔者在此一并表示由衷的感谢。

张谊生

2015 年 6 月 8 日，于上海师范大学科技苑

图书在版编目(CIP)数据

介词的演变、转化及其句式/张谊生著. —北京：商务印书馆，2016（2018.6重印）

ISBN 978-7-100-12200-9

Ⅰ. ①介… Ⅱ. ①张… Ⅲ. ①现代汉语—介词—研究 Ⅳ. ①H146.2

中国版本图书馆 CIP 数据核字(2016)第 091992 号

介词的演变、转化及其句式

张谊生 著

商 务 印 书 馆 出 版

(北京王府井大街 36 号 邮政编码 100710)

商 务 印 书 馆 发 行

北京市艺辉印刷有限公司印刷

ISBN 978-7-100-12200-9

2016年6月第1版 开本 880×1230 1/32

2018年6月北京第2次印刷 印张 14 5/8

定价：45.00元